Positive Psychologie kompakt

Reihe herausgegeben von

Ges. f. Positive Psychologie, Deutsche Gesellschaft für Positive Psychologie, Berlin, Deutschland

Die Reihe „Positive Psychologie kompakt" schlägt eine Brücke zwischen Wissenschaft und Praxis. Jeder Band bringt die wichtigsten Erkenntnisse eines Themengebietes verständlich auf den Punkt und befähigt Schritt für Schritt zur praktischen Anwendung.
Unter der Herausgeberschaft der Deutschen Gesellschaft für Positive Psychologie fassen ausgewiesene Experten den aktuellen Wissensstand zusammen und erläutern an Fallbeispielen und Interventionen, wie die Erkenntnisse aus Wissenschaft und Forschung konkret umgesetzt werden können. Neben den Autoren wirken unabhängige Rezensenten an den Bänden mit, um verschiedene Expertenperspektiven einfließen zu lassen.
Diese Reihe hat die Zielsetzung, das wissenschaftliche Knowhow der Positiven Psychologie für eine Vielzahl von Menschen nutzbar zu machen. Zielgruppe sind Fachkräfte, Wissenschaftler und Laien, die daran interessiert sind, sich selbst und andere Menschen sowie Organisationen dazu zu befähigen, ihr volles Potenzial zu entfalten.

Wolfhart Pentz

Positive Psychologie und Führung – ein Praxisleitfaden

Wolfhart Pentz
Egon Zehnder - Leadership Services
Berlin, Deutschland

ISSN 2945-9656   ISSN 2945-9664   (electronic)
Positive Psychologie kompakt
ISBN 978-3-662-70116-4   ISBN 978-3-662-70117-1   (eBook)
https://doi.org/10.1007/978-3-662-70117-1

Die Deutsche Nationalbibliothek verzeichnet diese Publikation in der Deutschen Nationalbibliografie; detaillierte bibliografische Daten sind im Internet über https://portal.dnb.de abrufbar.

© Springer-Verlag GmbH Deutschland, ein Teil von Springer Nature 2025

Das Werk einschließlich aller seiner Teile ist urheberrechtlich geschützt. Jede Verwertung, die nicht ausdrücklich vom Urheberrechtsgesetz zugelassen ist, bedarf der vorherigen Zustimmung des Verlags. Das gilt insbesondere für Vervielfältigungen, Bearbeitungen, Mikroverfilmungen und die Einspeicherung und Verarbeitung in elektronischen Systemen.
Die Wiedergabe von allgemein beschreibenden Bezeichnungen, Marken, Unternehmensnamen etc. in diesem Werk bedeutet nicht, dass diese frei durch jede Person benutzt werden dürfen. Die Berechtigung zur Benutzung unterliegt, auch ohne gesonderten Hinweis hierzu, den Regeln des Markenrechts. Die Rechte des/der jeweiligen Zeicheninhaber*in sind zu beachten.
Der Verlag, die Autor*innen und die Herausgeber*innen gehen davon aus, dass die Angaben und Informationen in diesem Werk zum Zeitpunkt der Veröffentlichung vollständig und korrekt sind. Weder der Verlag noch die Autor*innen oder die Herausgeber*innen übernehmen, ausdrücklich oder implizit, Gewähr für den Inhalt des Werkes, etwaige Fehler oder Äußerungen. Der Verlag bleibt im Hinblick auf geografische Zuordnungen und Gebietsbezeichnungen in veröffentlichten Karten und Institutionsadressen neutral.

Planung/Lektorat: Marion Krämer
Springer ist ein Imprint der eingetragenen Gesellschaft Springer-Verlag GmbH, DE und ist ein Teil von Springer Nature.
Die Anschrift der Gesellschaft ist: Heidelberger Platz 3, 14197 Berlin, Germany

Wenn Sie dieses Produkt entsorgen, geben Sie das Papier bitte zum Recycling.

Geleitwort

Führung bedeutet weit mehr als nur das Setzen von Zielen und das Verteilen von Aufgaben. Sie ist ein komplexer und facettenreicher Prozess, der entscheidend für den Erfolg und das Wohlbefinden von Organisationen und ihren Mitarbeitenden ist. In diesem Buch zeigt Wolfhart Pentz, wie Sie als Führungskraft nicht nur Ziele erreichen, sondern zugleich nachhaltige, gesunde und erfolgreiche Teams aufbauen können.

Jeder von uns hat das Potenzial, durch respektvolle Kommunikation, kluge Fragestellungen und achtsames Zuhören ein motivierendes und unterstützendes Arbeitsklima zu schaffen. Dabei geht es darum, wie wir durch systematische Entwicklung von Teams und Mitarbeitenden nicht nur individuelle Erfolge feiern können, sondern auch eine tiefere Erfüllung in unserer beruflichen Praxis finden.

In den letzten Jahren sind zahlreichen Forschungsergebnisse und Praxiserfahrungen, entstanden. Mit Blick für das Wesentliche hat Wolfhart Pentz hier wichtige Erkenntnisse zusammengetragen und in leicht anwendbare Praktiken überführt. Dabei verbindet er auf besondere Weise Präzision mit Pragmatismus – und mit Herz. In jedem Kapitel zeigt sich die zutiefst menschliche Haltung des Autors. Entstanden ist ein wunderbares Buch, das Ihnen konkrete Werkzeuge und Ansätze an die Hand gibt, mit denen Sie in Ihrer täglichen Führungspraxis zugleich effektiv und menschlich agieren können. Dabei stehen neben den klassischen Managementmethoden auch zahlreiche neue, forschungsbasierte Ansätze im Mittelpunkt, die darauf abzielen, das Wohlbefinden und die Leistung Ihrer Mitarbeitenden zu fördern.

Das Buch ist ein praktischer Ratgeber für Menschen in Führungsverantwortung. In einer Zeit, in der Arbeitswelten und Führungsanforderungen immer dynamischer werden, möchte es Ihnen Wege aufzeigen, wie Sie den Herausforderungen des Alltags mit Respekt, Menschlichkeit und klarem Fokus begegnen können. Zugleich aber weiß der Autor, dass Ratschläge Grenzen haben. Führung ist ein komplexer Vorgang. Die Beziehung zwischen Führenden und Geführten ist dynamisch und verändert sich je nach Situation und Kontext. Kein Ratgeber kann hier erschöpfend Auskunft geben. Daher ist dieses Buch mehr als ein Leitfaden. Es ist eine Einladung, zu erforschen, wie Sie Ihren eigenen Führungsstil weiterentwickeln können, um Ziele zu erreichen und gleichzeitig ein Umfeld zu schaffen, in dem Ihre Mitarbeitenden ebenso wie Sie selbst sich entfalten, gesund bleiben und gemeinsam zum Erfolg des Unternehmens beitragen können.

Viel Freude beim Lesen und Umsetzen!

Oktober 2024 Judith Mangelsdorf

Danksagung

Zur Entstehung dieses Buches haben viele Menschen beigetragen. Danken möchte ich zunächst Judith Mangelsdorf und Christine Celebi. Vor nunmehr 10 Jahren gründeten sie die Dachgesellschaft für Positive Psychologie (PP) in Deutschland. Gemeinsam mit Daniela Blickhan, der jetzigen ersten Vorsitzenden der Gesellschaft, haben sie unschätzbare Verdienste um die Förderung der PP im deutschsprachigen Raum erworben. Ich bin dankbar, dass ich an ihrer ersten Ausbildung zum Berater der Positiven Psychologie teilnehmen konnte.

Dankbar bin ich auch den vielen Führungskräften, mit denen ich in den vergangenen 20 Jahren als Berater arbeiten durfte. Wo in diesem Buch der intendierte Brückenschlag zwischen akademischer Forschung und Praxis gelungen ist, ist es vor allem ihnen zu verdanken.

Judith Mangelsdorf als Herausgeberin der Reihe, in dem dieses Buch erscheint, und Marion Kraemer vom Springer-Verlag möchte ich für Geduld und Zuspruch danken. Danken möchte ich auch der Gastautorin Julia Rieg und dem Gastautor Niels Van Quaquebeke, die mit ihrer tiefen Expertise dieses Buch großzügig bereichert haben (Kap. 7). Für Unterstützung bei Recherchearbeiten danke ich vor allem Elisa Timmermann und Sarah Kappelhoff. Sehr dankbar bin ich auch denen, die sich Zeit genommen haben, Texte zu lesen und Feedback zu geben: Eva Müller-Dannecker, Inga Hiltner, Julia Schetelig, Katharina Brinck, Kim Mertens, Martin Klussmann, Moritz Boldt, Leonie von Wittgenstein, Silke Cramer und vor allem Kathrin Heinitz. Ein ganz besonderer Dank gilt Friederike Landvoigt für ihre umfangreichen Lektoratsarbeiten, ihren Zuspruch und ihre Beharrlichkeit.

Zuletzt und zutiefst ein großer Dank an Annekathrin Pentz, ohne die dieses Buch nicht erschienen wäre.

Berlin, im Juni 2024   Wolfhart Pentz

Inhaltsverzeichnis

1 Einleitung: Gut führen 1
   1.1 Gut führen 2
   1.2 Von der Praxis in die Wissenschaft und zurück 3
   1.3 Positive Psychologie und Führung 4
   1.4 Wissenschaftszweig im Kontext 5
   1.5 Blick über den Tellerrand 6
   1.6 Führen, folgen und sich selbst führen 9
   1.7 Wie können Sie dieses Buch lesen? 10
   Literatur 10

2 Sinn stiften 15
   2.1 Einführung: Sinnstiften als Führungsaufgabe 16
   2.2 Sinn ist sinnvoll 17
   2.3 Sinnvolle Arbeit 20
   2.4 Sinnempfinden fördern in der Praxis 25
   2.5 Die richtige Balance 35
   2.6 Zusammenfassung 36
   Literatur 37

3 Gesundheitsförderlich führen 43
   3.1 Einführung: Gesundheit in Unternehmen und Organisationen 44
   3.2 Gesundheitsförderliches Führen 48
   3.3 Guter Umgang mit Stress 52
   3.4 Gesunde Umgebungen schaffen 60
   3.5 Betriebliches Gesundheitsmanagement (BGM) unterstützen 67
   3.6 Zusammenfassung 71
   Literatur 72

4 Teams führen 83
   4.1 Effektive Teams 84
   4.2 Teameffektivität fördern 87

4.3	Virtuelle Teams führen...	105
4.4	Zusammenfassung...	110
	Literatur..	111

5 Mitarbeitende entwickeln.. 123
    5.1 Einführung: Entwicklung ist Kernaufgabe von Führung............... 124
    5.2 Entwicklung ist gut für alle Beteiligten............................ 125
    5.3 Raum für Verbesserung – Beobachtungen aus der Praxis.............. 127
    5.4 Entwicklungsorientierte Führung.................................. 131
    5.5 Entwicklungsorientierte Methoden................................. 136
    5.6 Zusammenfassung.. 153
    Literatur... 154

6 Ziele erreichen... 163
    6.1 Einführung: Zielsetzung ist sinnvoll............................... 164
    6.2 Ziele setzen... 165
    6.3 Ziele erreichen.. 174
    6.4 Mit Ergebnissen umgehen... 183
    6.5 Zusammenfassung.. 190
    Literatur... 191

7 Respectful Inquiry: Mit Fragen und Zuhören motivierend führen:
   Julia Rieg und Niels Van Quaquebeke................................... 199
    7.1 Fragen und Zuhören als Führungsinstrument: der Stand der
        Wissenschaft.. 200
    7.2 Zehn Tipps, um Respectful Inquiry zu lernen und zu
        institutionalisieren... 212
    7.3 Zusammenfassung.. 221
    Literatur... 222

Einleitung: Gut führen

Inhaltsverzeichnis

1.1	Gut führen	2
1.2	Von der Praxis in die Wissenschaft und zurück	3
1.3	Positive Psychologie und Führung	4
1.4	Wissenschaftszweig im Kontext	5
1.5	Blick über den Tellerrand	6
1.6	Führen, folgen und sich selbst führen	9
1.7	Wie können Sie dieses Buch lesen?	10
Literatur		10

Erwachsene hierzulande verbringen durchschnittlich mehr Zeit mit Arbeit als mit Familie und Freunden. Kein Wunder also, dass viele von uns im Beruf mehr suchen als einen Broterwerb. Wir definieren uns maßgeblich darüber, was wir leisten, und gut die Hälfte von uns würde auch dann noch arbeiten gehen, wenn das Geld auch ohne Job reichen würde (Gaspar & Hollmann, 2015). Zwar schimpfen Menschen oft und gerne über den Arbeitsalltag. Aber laut Umfragen ist die große Mehrheit mit ihrer Arbeit – und mit den Vorgesetzten – zufrieden. Warum also ein weiteres Buch über Führung?

Die Motivation liegt in Beobachtungen, die ich in nunmehr 25 Jahren Beschäftigung mit dem Thema Führung und unzähligen Begegnungen mit Führungspersönlichkeiten gemacht habe. Unter guter Führung können Menschen aufblühen und über sich hinauswachsen. Sie erbringen dann herausragende, mitunter überraschende Beiträge für ihr Team und ihre Organisation – und sind dabei persönlich zufrieden und mental gesund. Das Gegenteil passiert unter schlechter Führung: Die Menschen verlieren den inneren Antrieb, reagieren gereizt und frustriert, leisten weniger und werden gesundheitlich anfällig.

© Der/die Autor(en), exklusiv lizenziert an Springer-Verlag GmbH, DE, ein Teil von Springer Nature 2025
W. Pentz, *Positive Psychologie und Führung – ein Praxisleitfaden,* Positive Psychologie kompakt, https://doi.org/10.1007/978-3-662-70117-1_1

Indem Sie dieses Buch zur Hand nehmen, zeigen Sie bereits, dass Ihnen ein guter Umgang mit Mitarbeitenden am Herzen liegt. Vielleicht haben Sie jüngst Führungsverantwortung übernommen und fragen sich, wie Sie Ihre Rolle optimal ausfüllen können. Vielleicht sind Sie schon länger in leitender Funktion tätig und tragen zum Wohl Ihrer Teammitglieder und zum Erfolg Ihrer Organisation bei. In beiden Fällen lohnt es sich, Ihre Führungskompetenzen auszubauen. Denn es mag viele gute Chefs und Chefinnen geben, Meisterschaft aber erlangen wenige. Dabei spielt weniger eine Rolle, ob Sie eine Ausbildung in Sachen Führung genossen haben. Zahlreiche Menschen, die leitende Aufgaben erfüllen, sind in diese Rolle eher „hineingerutscht". Das gilt in Wirtschaftsunternehmen genauso wie in Kindergärten, Schulen oder Universitäten, Friseursalons oder Restaurants, Orchestern oder Chören, Ministerien oder Kirchengemeinden, Sportvereinen oder gemeinnützigen Organisationen. Was zählt, ist Haltung: neugierig, reflektiv, interessiert an Menschen, werteorientiert. Was aber auch zählt ist Wissen! Die meisten „Fehler" in der Führung passieren nicht aus Absicht, sondern aus Unwissenheit. Doch was genau wissen wir über gute Führung?

1.1 Gut führen

Über gute Führung wird seit Jahrtausenden diskutiert. Seit etwa 80 Jahren gibt es systematische Führungsforschung. Zahlreiche Theorien sind aufgestellt und Konzepte erdacht worden. Manche wurden systematisch getestet und verglichen. Dabei wurde Großartiges geleistet, und wir profitieren heute von vielen Erkenntnissen dieser Führungsforschung. Trotzdem fällt die Antwort auf die Frage nach guter Führung häufig ernüchternd aus: Es kommt drauf an.

Inzwischen wissen wir zwar, worauf wir generell achten sollten. Doch Führung ist komplex, jeder Einzelfall ist anders. Was in einer Situation gut funktioniert, kann sich in einer anderen als wirkungslos erweisen. Eine einfache Formel für gute Führung kann auch dieses Buch nicht liefern. Aber die Erkenntnisse zahlreicher wissenschaftlicher Disziplinen können uns helfen, besser zu führen. Auf ihnen beruhen die folgenden Ausführungen.

Einigen wir uns zunächst auf eine Präzisierung: *Gut* führen heißt *wirksam* führen. Unser Führungsverhalten sollte Sinnvolles ermöglichen – und zwar nachhaltig, also so, dass wir unsere Ressourcen in einer Art und Weise nutzen, die auch die Bedürfnisse nachfolgender Generationen im Blick behält. Das gilt für drei Bereiche:

- menschlich führen = Bedingungen schaffen, unter denen Mitarbeitende Leistung erbringen und dabei persönlich wachsen und aufblühen können.
- ökologisch führen = ökologische Ressourcen so nutzen, dass sie langfristig erhalten bleiben oder sich sogar mehren („net positive").
- ökonomisch führen = stabile ökonomische Werte schaffen.

Dieser Dreiklang ist seit den späten 1990er-Jahren unter dem Titel „Triple Bottom Line" bekannt (Elkington, 2018). Alle drei Faktoren stehen in Abhängigkeit zueinander – wobei der zweite Faktor (ökologisch) eine Besonderheit aufweist: Es liegt eine einseitige Abhängigkeit vor. Während die Wirtschaft sowie der Mensch an sich die Natur brauchen, kommt die Natur bestens ohne uns aus. Das Gebot der ökologischen Nachhaltigkeit, das sich daraus ergibt, hat weitreichende Folgen für uns alle, gerade auch für Unternehmen und Führungskräfte.

Der Fokus dieses Buches liegt auf dem ersten Faktor, der menschlichen Führung. Doch diese geschieht im Kontext der anderen beiden Faktoren. Letztlich muss sich gute Führung an allen drei Faktoren messen lassen. Die Wirkung von Führung auf *ökologische* Faktoren rückt zunehmend in den Fokus der Forschung. Dabei zeigte sich z. B., dass umweltorientiertes Führungsverhalten einen positiven Einfluss auf das Umweltverhalten von Mitarbeitenden haben kann (Robertson & Carleton, 2018). Insgesamt steckt dieses Forschungsfeld aber noch in den Kinderschuhen. Die Wirkung von Führungsverhalten auf *ökonomische* Faktoren ist dagegen bereits seit vielen Jahren Gegenstand intensiver empirischer Forschung. Die Befunde zeigen klar: Gute menschliche Führung ist nicht nur gut für die Menschen, sondern auch gut für das Geschäftsergebnis.

Damit ist zugleich eine Grundannahme dieses Buches umrissen: *Wirtschaftliche Führung und menschliche Führung sind keine Gegensätze, sondern ein Gespann.* Weil menschliche Führung häufig mehr ökonomischen Wert nach sich zieht, müssen Sie sich nicht entscheiden, ob Sie wirtschaftlich oder menschlich führen möchten. Dafür liegen zahlreiche Belege vor, und wöchentlich kommen neue hinzu. Einige davon werden Sie auf den folgenden Seiten kennenlernen und dabei erfahren, dass menschliche Führung keineswegs bedeutet, immerfort nach Harmonie zu streben und alle Menschen mit Samthandschuhen anzufassen. Wir argumentieren also nicht aus einer Perspektive heraus, die womöglich dem Zeitgeist entspräche, sondern orientieren uns auch am wirtschaftlichen Erfolg. Wir sagen nicht (nur): „Du sollst menschlich führen, weil es moralisch geboten ist." Wir sagen (auch): „Du sollst menschlich führen, weil es ökonomisch sinnvoll ist."

1.2 Von der Praxis in die Wissenschaft und zurück

Unser Verhalten, unser Wohlbefinden, unsere Leistungsfähigkeit sind Ergebnis einer komplexen Wechselwirkung von psychischen, biologischen und sozialen Prozessen. Auch unsere physische Umgebung beeinflusst uns mehr, als wir lange angenommen haben. Daher sind sogar Architektur und Design von Bedeutung für unser Thema. Wie bereits angedeutet, speist sich dieses Buch deshalb aus mehreren Wissenschaften. Es verpflichtet sich keinem einzelnen Modell. Es basiert vielmehr auf Erfahrungen aus der Praxis und blickt aus der Perspektive der Arbeit mit Führungskräften auf die Forschung. Besonders die Positive Psychologie hat in den vergangenen zwei Jahrzehnten zahlreiche bedeutende Impulse geliefert. Viele davon sollen in diesem Buch für die Arbeitswelt fruchtbar gemacht werden. Auch andere Zweige der Psychologie sowie die Verhaltensökonomie, die Soziologie, die Biologie, die Neurowissenschaften, die Medizin und die Ernährungswissenschaften liefern Erkenntnisse, die wir einbeziehen. Ausgewählte relevante Erkenntnisse aus diesen Disziplinen werden im Buch dargestellt und in praktische Handlungsempfehlungen übersetzt.

1.3 Positive Psychologie und Führung

Lange Zeit lag der Fokus der psychologischen Forschung auf der Behandlung von psychischen Krankheiten wie Depressionen oder Angststörungen, also auf der Beseitigung von etwas Negativem. Als der US-amerikanische Psychologe Martin Seligman, der selbst jahrzehntelang zu Depressionen geforscht hatte, 1998 zum Präsidenten der mächtigen amerikanischen Psychologenvereinigung aufstieg, nutzte er seinen Einfluss, um den Fokus der psychologischen Forschung auf das Positive zu lenken, also auf das, was uns gesund erhält und aufblühen lässt. Seitdem haben die Forschungsaktivitäten stark zugenommen, die sich mit Themen wie Stärken, gute soziale Beziehungen, positive Emotionen, Sinn u. v. a. beschäftigen. Entstanden ist eine Bewegung, die mit dem Begriff Positive Psychologie beschrieben wird.

Die Positive Psychologie beschäftigt sich mit der Frage, wie Menschen aufblühen und ihr Potenzial entfalten können. Was können wir von Menschen lernen, denen das gut gelingt? Was können wir von positiven Ausnahmen lernen: z. B. von Situationen, Verhaltensweisen, Ergebnissen, die sich positiv von anderen abheben? Mit empirischen Forschungsmethoden werden Faktoren untersucht, die ein erfülltes Leben ermöglichen. Fünf solcher Faktoren fasste Seligman in seinem PERMA-Modell zusammen: *P*ositive Emotionen, *E*ngagement, *R*elationships (Beziehungen), *M*eaning (Sinn) und *A*ccomplishment (Gelingen). Inzwischen ist das Modell um weitere Faktoren wie körperliche Gesundheit, Mindset, Umwelt und finanzielle Sicherheit erweitert worden (Donaldson & Donaldson, 2020).

Die Positive Psychologie (PP) hat in den vergangenen 25 Jahren zahlreiche wesentliche Impulse für viele Lebensbereiche gegeben. Das gilt auch für die Arbeitswelt, besonders für die Führung von Menschen. Zwar ist die „Revolution in der Führung" (Seliger, 2014) bislang ausgeblieben, aber der Einfluss der PP ist deutlich spürbar. Das Stichwort „Stärkenorientierung" mag als Beispiel dienen. Nach ihren Kernstärken befragt, taten sich noch vor 10 Jahren viele unserer Klienten schwer mit der Antwort. Die eigenen Schwächen zu benennen, fiel ihnen dagegen leicht. Mittlerweile scheint das Konzept in vielen Unternehmen angekommen zu sein. Das bedeutet nicht automatisch, dass die Stärkenorientierung konsequent gelebt wird, doch zeigen sich Führungskräfte interessiert.

Was die Positive Psychologie nicht sein darf: ein Pflaster, das man bei Verletzungen durch schlechte Führung aufträgt. Bei negativen Symptomen wie etwa Erschöpfung, Frustration oder Angst helfen keine Dankbarkeitsübungen, sondern das Abstellen der Ursachen.

1.4 Wissenschaftszweig im Kontext

Martin Seligman gilt als Vater der Positiven Psychologie. Die Grundgedanken der Positiven Psychologie sind allerdings alles andere als neu. Schon die alten Griechen dachten darüber nach, wie Leben gelingen kann. Aristoteles' Begriff *Eudaimonia* ist nicht zufällig zentral für das Verständnis der Positiven Psychologie. Er setzt sich zusammen aus gut („eu") und Geist („daimon"). In der Literatur wird er oft übersetzt als Glückseligkeit, die aus einem tugend- und wertegeleiteten Leben entsteht. Dieser Begriff wird oft abgegrenzt vom sogenannten Hedonismus, einer Lebenseinstellung, die nach Lust und Vergnügen strebt und Leiden zu vermeiden sucht. Das eudaimonistische Glück dagegen schließt Leid nicht aus. Im Gegenteil: Leid gehört zum Leben. Leidvolle Erlebnisse können auch bereichernd sein und so zu einer tieferen Zufriedenheit beitragen. Es geht also – auch in der Positiven Psychologie – nicht um „Happiness", sondern um ein gelingendes Leben mit all seinen Facetten.

Im 20. Jahrhundert waren es neben William James vor allem die humanistischen Psychologinnen und Psychologen, allen voran Abraham Maslow, deren Forschungen zu den menschlichen Grundbedürfnissen vielen bekannt sind. Von Maslow stammt auch der Begriff Positive Psychologie (Maslow, 1954, S. 354). Mittlerweile ist dieser Forschungsbereich auch in der akademischen Landschaft Deutschlands angekommen: Judith Mangelsdorf hat 2021 die erste Professur für Positive Psychologie in Deutschland übernommen.

Etiketten wie „Positive Psychologie" haben allerdings einen Nachteil: Sie verursachen Spaltung und Streit. Wer gehört dazu und wer nicht? Was genau bedeutet positiv? Ist jede andere Psychologie dann negativ? Dies ist ein Buch für die Praxis, daher verzichten wir auf die Darstellung dieses Diskurses (s. dazu Pawelski, 2016a, b).

Worauf sich die (meisten) Anhängerinnen und Anhänger der Positiven Psychologie einigen können, sei hier kurz zusammengefasst:

- *nicht zu verwechseln mit „positivem Denken"*: Motivationscoaches rufen uns Sätze zu wie „Du bist der Beste", „Du schaffst das!" Schön und gut, aber mit der Positiven Psychologie hat das nichts zu tun. Studien haben klar gezeigt, dass unrealistische positive Selbstbilder schaden können (Killam & Kim, 2014; Oettingen et al., 2001). Ebenso wenig geht es um eine Diktatur des Positiven und Ignoranz gegenüber Schwächen und Fehlern. Dieses Phänomen ist zu Recht als „toxische Positivität" bezeichnet worden (z. B. Maas, 2021; Goodman, 2022).
- *mehr als „Happy-ologie"*. Was heißt eigentlich glücklich? Ein Aspekt von „glücklich" ist es, sich gut zu fühlen. Positive Emotionen bewusst zu spüren und zu genießen, sind beneidenswerte Fähigkeiten. Doch geht es in der PP um wesentlich mehr. Es geht um ein gelingendes, als sinnvoll erfahrenes Leben. Was unserem Leben Sinn gibt – zum Beispiel soziales Engagement, Kinder, der Erhalt der Natur – ist mitnichten nur mit positiven Emotionen verbunden. Das Ergebnis ist ein Zustand, das sich eher mit dem Begriff Zufriedenheit beschreiben lässt.

- *angenehme UND unangenehme Emotionen:* Anfangs lag der Forschungsfokus der Positiven Psychologie auf den angenehmen Gefühlen wie Freude, Ehrfurcht oder Liebe. Inzwischen hat sich das Blickfeld erweitert und bezieht die unangenehmen Emotionen wie Ärger, Wut und Verzweiflung mit ein. Sie gehören zum Leben dazu – und sie spielen eine wichtige Rolle (Kashdan & Biswas-Diener, 2015; Oishi & Kurtz, 2011).
- *Stärken UND Schwächen:* Der Fokus auf Stärken ist ein wichtiges Merkmal der Positiven Psychologie. Stärken anzuwenden und auszubauen, macht uns zufrieden und verleiht uns Energie. Das heißt aber nicht, die Schwächen in uns oder in anderen zu ignorieren. Eine übertriebene Stärke kann leicht zur Schwäche werden. Schon deshalb ist es unklug, Schwächen zu ignorieren. Studien deuten darauf hin, dass die Kombination aus Stärken- und Schwächenorientierung zu den besten Fortschritten in der Entwicklung führt (Celebi & Spörer, 2013). Wir sollten sie begutachten und bewusst entscheiden, welche Schwächen wir „bearbeiten" sollten – und wie wir unsere Stärken dabei nutzen können.
- *empirische Forschung:* Ebenso wie andere psychologische Forschungsdisziplinen (und anders als die humanistische Psychologie von Maslow & Co.) ist die Positive Psychologie eine empirische Wissenschaft. Ihre Hypothesen werden durch empirische Studien getestet. Wie in anderen Wissenschaften auch sind nicht alle vorliegenden Studien von hoher Qualität. Doch zahlreiche hochwertige Metaanalysen haben inzwischen die Wirksamkeit der Interventionen getestet und (häufig) bestätigt.

 Hintergrundwissen: Was ist eine Metaanalyse?

Eine Metaanalyse fasst die Ergebnisse mehrerer, zu einem Thema vorliegender Studien zusammen und wertet sie statistisch aus. Dabei werden in der Regel nur solche Studien einbezogen, die wissenschaftlichen Qualitätskriterien entsprechen. Dadurch kann die Aussagekraft einzelner Studien erhöht und die Wirkung ermittelt werden. Die meisten Metaanalysen in der Positiven Psychologie bestätigen die Wirkung der untersuchten Interventionen – mit kleinen bis mittleren Effektstärken. Ein Überblick über die wichtigsten Metaanalysen der vergangenen 3 Jahre finden sich in Donaldson und Chen (2021).

1.5 Blick über den Tellerrand

Jenseits der Positiven Psychologie dienen weitere Wissenschaftsdisziplinen als Inspirationsquelle dieses Buches – immer mit einem pragmatischen Blick auf hilfreiche, belastbare Erkenntnisse unabhängig von der Provenienz. Über diese Perspektiven hinweg haben sich ein paar Gedanken herauskristallisiert, die allen folgenden Kapiteln zugrunde liegen. Sie eignen sich m. E. als Leitgedanken für Führungskräfte:

1. *Balance:* „Die Dosis macht das Gift", so wird der mittelalterliche Arzt Paracelsus oft zitiert. Diese Weisheit lässt sich auf viele Bereiche des Lebens übertragen: Das Maß entscheidet, ob etwas gut ist oder nicht. So kann zu viel Selbstsicherheit ebenso problematisch werden wie zu wenig. Das gleiche gilt für die Diversität in einem Team oder den Grad der Innovation. Ihre „Nutzenkurve" hat oft einen umgekehrt u-förmigen Verlauf (Grant & Schwartz, 2011; Boudreau et al., 2012). Auch Stärken können, wenn wir sie übertreiben, zu Schwächen werden. Wo jeweils das Optimum liegt, hängt von der Situation ab und lässt sich nicht festlegen. Noch wichtiger wird die Frage der Balance, wenn zwei gleichermaßen wichtige Qualitäten miteinander in einem Spannungsverhältnis stehen. Dazu zählen etwa die kurzfristige vs. langfristige Orientierung oder Stabilität vs. Anpassung. Bei derlei Polaritäten (Johnson, 1992) geht es nie um ein Entweder-oder, sondern immer um die richtige Balance.
2. *Passung:* Die Frage, wie eine Person (mit ihren Fähigkeiten, Eigenschaften, Stärken, Erwartungen, Werten etc.) zu einer Aufgabe, Rolle oder Umgebung passt, beeinflusst ihre Motivation, ihre Leistung, oft auch ihr Stresserleben. Eine möglichst gute Passung herzustellen, ist daher ein wesentlicher Teil von Führung – einschließlich Selbstführung. „Gute" Passung heißt aber nicht unbedingt völlige Überlappung. Wenn wir uns entwickeln wollen, kann weniger Überlappung wünschenswert sein. Darüber hinaus muss auch der Führungsstil zur Situation und zur Person passen, ebenso wie die Absichten und Ziele zu den Motiven. Das heißt, als Führungskraft sollten Sie sich selbst und Ihre Mitarbeitenden gut kennen. Auch hierbei gilt es, Balance zu halten, namentlich zwischen echtem Interesse an der Person auf der einen Seite und Akzeptanz der Privatsphäre auf der anderen.
3. *Bedürfnisorientierung:* Im Verhältnis zu Kundinnen und Kunden richten wir unser Handeln ganz selbstverständlich an deren Bedarfen aus. Marketing-Experten kennen diese Bedarfe manchmal besser als die Kunden selbst – und können Menschen so für sich und ihre Produkte und Dienstleistungen gewinnen. Doch was ist mit den Bedürfnissen der Menschen in der eigenen Organisation? Was brauchen sie für ihr psychisches Wohlbefinden, persönliches Wachstum und selbstbestimmtes Handeln? Die amerikanischen Psychologen Edward Deci und Richard Ryan (2017) sind dieser Frage in jahrelangen Forschungen nachgegangen und haben drei zentrale Grundbedürfnisse identifiziert: das Bedürfnis nach Kompetenz, nach sozialer Eingebundenheit sowie nach Autonomie. Die Erfüllung dieser Grundbedürfnisse steht nicht nur mit Wohlbefinden in Zusammenhang, sondern auch mit vielen wünschenswerten Ergebnissen in der Arbeitswelt. Die Theorie dieser Basisbedürfnisse ist Teil der sogenannten Selbstbestimmungstheorie (s. Kasten), die in der psychologischen Führungsforschung ausgesprochen häufig herangezogen wird. Aufgrund einer Fülle von empirischen Belegen für die Wichtigkeit der drei psychologischen Grundbedürfnisse kann das Modell als Kompass für gute menschliche Führung dienen.
4. *Evidenzbasierung:* Argumenten und Handlungsempfehlungen in diesem Buch liegen Evidenzen zugrunde. Die meisten stammen aus der empirischen Forschung verschiedener wissenschaftlicher Disziplinen. Die Frage nach den Evidenzen sollte

aber nicht nur von Wissenschaftlerinnen und Wissenschaftlern, sondern auch von Führungskräften gestellt werden. Ihre Führungsentscheidungen sollten nicht nur auf eigenen Erfahrungen oder Einzelmeinungen beruhen, sondern auf guten Evidenzen. Allerdings fällt es in der Praxis oft schwer, relevante Daten zu identifizieren oder ihre Qualität zu bewerten. Führungskräfte müssen keine Wissenschaft betreiben. Sie sollten sich aber an einem Grundsatz orientieren, den das *Center for Evidence-Based Management* aufgestellt hat: Legen Sie die Basis Ihrer Entscheidungen, indem Sie kritisches Denken mit *der besten verfügbaren Evidenz* kombinieren (Barends et al., 2014b).

5. *Neugier und Experimentierfreude:* Menschen sind komplexe Lebewesen, deren Verhalten von vielen Bedingungen abhängt. Die Wirkung von Führungsverhalten bleibt oft unberechenbar. Was mit einem Team, an einem Ort oder zu einem bestimmten Zeitpunkt gut funktioniert hat, kann mit einem anderen Team, an einem anderen Ort oder zu einem anderen Zeitpunkt ganz anders verlaufen. Was in einer akademischen Studie gelingt, womöglich unter Laborbedingungen, muss in Ihrem Team noch lange nicht wiederholbar sein. Daher ist es ratsam, jeder Situation mit Neugier zu begegnen. Wenn Sie einzelnen Handlungsempfehlungen dieses Buches oder anderer Quellen folgen, betrachten Sie es als Experiment mit offenem Ausgang. Beobachten Sie – wie in der Wissenschaft – die Folgen Ihrer Intervention und ziehen Sie Schlüsse. Es macht Spaß und spart Ihnen sicher mehr Zeit, als es Sie kostet.

6. *Ethisch verantwortungsvoll:* Viele der Erkenntnisse aus der Führungsforschung und die daraus abgeleiteten Instrumente sind kraftvoll. Diese Kraft kann dazu missbraucht werden, menschliche Ressourcen auszunutzen. Die Intention dieses Buches ist freilich eine andere: Es soll Sie darin unterstützen, die Menschen in Ihrer Organisation – ebenso wie sich selbst – in ihrem Wohlbefinden und damit zugleich in ihrer Leistungsfähigkeit zu stärken.

 Hintergrundinformationen: die Selbstbestimmungstheorie von Richard Ryan and Edward Deci

Auf Basis jahrelanger Forschung entwickelten die amerikanischen Psychologen Richard Ryan und Edward Deci eine komplexe Theorie zur Motivation von Menschen, die Selbstbestimmungstheorie. Sie gehen davon aus, dass Menschen in ihren Handlungen und Verhaltensweisen in unterschiedlichem Maß selbstbestimmt sind. Ein niedriger Grad liegt vor, wenn Menschen etwa durch Belohnung oder Bestrafung motiviert werden. Hier sprechen sie von externer bzw. extrinsischer Motivation. Wenn Menschen dagegen aus eigenem innerem Antrieb handeln, dann liegt ein hohes Maß an Selbstbestimmung vor. Dazwischen gibt es verschiedene Abstufungen: je höher der Grad an Selbstbestimmung, so die Theorie, desto stärker die Motivation.

> Die Selbstbestimmungstheorie geht davon aus, dass die Befriedigung sogenannter psychologischer Grundbedürfnisse für ein hohes Maß an Selbstbestimmung unabdingbar ist. Psychologische Grundbedürfnisse sind universell, also in jedem Menschen vorhanden, unabhängig vom kulturellen Umfeld, dem sozialen Status oder den individuellen Präferenzen. Ryan und Deci haben drei solcher Grundbedürfnisse identifiziert: das Bedürfnis nach Autonomie, nach sozialer Verbundenheit sowie nach Wirksamkeit und Kompetenzerleben.
>
> - *Autonomie*: Menschen wollen selbst über das eigene Handeln entscheiden. Sie wollen sich auf eine Weise verhalten können, die im Einklang mit den eigenen Werten und Interessen steht.
> - *Verbundenheit („belonging")*: Menschen wollen sich mit anderen verbunden fühlen. Dazu gehört das Gefühl, bedeutsam zu sein, akzeptiert zu werden und zu ihrer Umgebung zu passen.
> - *Kompetenz*: Menschen wollen sich als kompetent erleben. Sie möchten das Gefühl haben, dass ihr Handeln eine Wirkung zeigt.
>
> Die Selbstbestimmungstheorie ist bis heute eine der am stärksten beforschten Theorien. Inzwischen gibt es Hunderte von Studien und Dutzende von Metaanalysen, die in verschiedensten Lebensbereichen, z. B. Gesundheit, Sport, Bildung, Arbeitswelt etc., durchgeführt wurden. Viele dieser Studien bestätigen eine der zentralen Aussagen der Theorie: Die Befriedigung der drei psychologischen Grundbedürfnisse steht in engem Zusammenhang mit Gesundheit und Wohlbefinden, mit intrinsischer Motivation und mit Leistung (Ng et al., 2012; Vasconcellos et al., 2020; Heidari, 2019; Tang et al., 2020; Rigby & Ryan, 2018; Szulawski et al., 2021).
>
> Aus dieser Datenlage können wir schließen, dass die drei genannten Grundbedürfnisse als Kompass für Führungskräfte dienen können. In diesem Buch werden sie aus verschiedenen Perspektiven beleuchtet, insbesondere im Kontext von Sinnempfinden (Kap. 2), Gesundheit (Kap. 3) und Kommunikation (Kap. 7).

1.6 Führen, folgen und sich selbst führen

Führen geht nicht ohne Folgende. Die meisten Führungskräfte haben selbst eine Chefin oder einen Chef, sind also selbst auch Folgende. Gut zu folgen, ist vielleicht ebenso eine Kunst, wie gut zu führen. Beides erfordert Selbstführung. Und die beginnt mit Selbstreflexion, also dem Nachdenken über sich selbst, über das eigene Denken und Handeln und die Beziehungen zu der eigenen Umwelt. So erlangen wir Klarheit über Fragen wie die folgenden: *Wer möchte ich sein? Was sind meine Stärken? Was geht hier gerade vor? Was ist mir (in dieser Situation) wichtig? Wie fühle ich mich gerade und was könnte der Grund dafür sein? Wie wirke ich auf andere?* Diesen Zustand der Klarheit nennen wir Selbstbewusstheit („self-awareness"). Hinzu kommt die Bewusstheit über andere Menschen (einschließlich ihrer Bedürfnisse, Ziele, etc.) über die außere Situation und über den weiteren Kontext. Doch Bewusstheit ist nur der erste Schritt. Selbstführung erfordert auch die *Steuerung* des eigenen Handelns. Darin liegt zwar nicht das Hauptaugenmerk dieses Buches. Doch viele der hier vorgestellten Erkenntnisse und Methoden sind auch auf die Selbststeuerung anwendbar. Das Buch unterstützt einen Führungsstil, der Bedingungen schafft, in denen Menschen ihre Grundbedürfnisse erfüllen können, in denen sie wachsen, aufblühen und zugleich Leistung erbringen können. Das gilt auch für Sie: Nur wenn Ihre eigenen Grundbedürfnisse erfüllt sind, können Sie (zumindest längerfristig) zu einer guten Führungskraft reifen.

1.7 Wie können Sie dieses Buch lesen?

Die folgenden Kapitel widmen sich jeweils einem Aspekt von Führung: Sinn stiften (Kap. 2), gesundheitsfördernd führen (Kap. 3), Teams führen (Kap. 4), Mitarbeitende entwickeln (Kap. 5), Ziele erreichen (Kap. 6) und wirksam kommunizieren (Kap. 7). In jedem dieser Kapitel werden praktische Verhaltensweisen für Führungskräfte empfohlen und relevante Evidenzen vorgestellt. Konkrete Werkzeuge und Praxistipps sind in separaten Kästen beschrieben. Gelegentliche Hintergrundinformationen – ebenfalls in Kästen – können ohne Verständnisverlust übersprungen werden. Jedes Kapitel ist in sich abgeschlossen und kann unabhängig von den anderen gelesen werden. Im Interesse einer besseren Lesbarkeit wurden – sofern eine geschlechtsneutrale Formulierung nicht möglich war – sowohl die weibliche als auch die männliche Schreibweise verwendet. Gelegentlich findet sich auch nur die weibliche oder nur die männliche Form. In jedem Fall sind immer alle Geschlechter gemeint.

Literatur

2013 IEEE International Symposium on Technology and Society (ISTAS): Social Implications of Wearable Computing and Augmediated Reality in Everyday Life. (2013). 2013 IEEE International Symposium on Technology and Society (ISTAS). Toronto, ON, Canada, 27.06.2013–29.06.2013: IEEE.

Ajzen, I. (2002). Perceived behavioral control, self-efficacy, locus of control, and the theory of planned behavior. *Journal of Applied Social Psychology, 32*(4), 665–683. https://doi.org/10.1111/j.1559-1816.2002.tb00236.x.

Applin, S.A., & Fischer, M.D. (2013). Watching Me, Watching You. (Process surveillance and agency in the workplace). 2013 IEEE International Symposium on Technology and Society (ISTAS): Social Implications of Wearable Computing and Augmediated Reality in Everyday

Life. 2013 IEEE International Symposium on Technology and Society (ISTAS). Toronto, ON, Canada, 27.6.2013–29.6.2013: IEEE, 268–275.

Arnsten, A.F.T. (2009). Stress signalling pathways that impair prefrontal cortex structure and function. *Nature reviews Neuroscience, 10*(6), 410–422. https://doi.org/10.1038/nrn2648.

Barends, E., Janssen, B., Have, W.t., & Have, S.t. (2014a). Effects of change interventions: What kind of evidence do we really have? *The Journal of Applied Behavioral Science, 50*(1), 5–27.

Barends, E., Rousseau, D.M., & Briner, R.B. (2014b). Evidence-Based Management. The Basic Principles. Hg. v. CEBMa center for Evidence-Based Management. Amsterdam. https://cebma.org/assets/Uploads/Evidence-Based-Practice-The-Basic-Principles.pdf. Zugegriffen: 24. Apr. 2024.

Barends, E., Villanueva, J., Rousseau, D.M., Briner, R.B., Jepsen, D.M., Houghton, E., & Have, S.t. (2017). Managerial attitudes and perceived barriers regarding evidence-based practice: An international survey. *PLoS ONE, 12*(10), e0184594. https://doi.org/10.1371/journal.pone.0184594.

Barsade, S.G. (2002). The Ripple Effect: Emotional Contagion and its Influence on Group Behavior. *Administrative Science Quarterly, 47*(4), 644–675. https://doi.org/10.2307/3094912.

Baumeister, R.F. (2002). Ego Depletion and Self-Control Failure: An Energy Model of the Self's Executive Function. *Self and Identity, 1*(2), 129–136. https://doi.org/10.1080/152988602317319302.

Bitkom e. V. (18.03.2020). Corona-Pandemie: Arbeit im Homeoffice nimmt deutlich zu. Berlin. Andreas Streim, a.streim@bitkom.org. https://www.bitkom.org/Presse/Presseinformation/Corona-Pandemie-Arbeit-im-Homeoffice-nimmt-deutlich-zu. Zugegriffen: 24. Apr. 2024.

Boudreau, K.J., Guinan, E.C., Lakhani, K.R., & Riedl, C.A. (2012). The novelty paradox & bias for normal science. Evidence from randomized medical grant proposal evaluations. Cambridge, Mass. (Harvard Business School working paper, 13–053). https://dash.harvard.edu/bitstream/handle/1/10001229/13-053.pdf?sequence=1&isAllowed=y. Zugegriffen: 25. Apr. 2024.

Briner, R., & Barends, E. (2016). The Role of Scientific Findings in Evidence Based HR. *People & Strategy, 39,* 16–20. https://cebma.org/assets/Uploads/Briner-Barends-The-Role-of-Scientific-Findings-in-Evidence-Based-HR-v2.pdf. Zugegriffen: 25. Apr. 2024.

Celebi, C. & Spörer, N. (2013). Stärkenfokussierung oder Defizitorientierung? Förderung berufsbezogener Kompetenzen von Lehramtsstudierenden mit Hilfe des Interventionsprogramms „Gestärkt für den Lehrerberuf". 14. Fachgruppentagung Pädagogische Psychologie (PAEPS), Deutsche Gesellschaft für Psychologie, Hildesheim, 23. September 2013.

Chee, M.W.L., & Chuah, L.Y.M. (2008). Functional neuroimaging insights into how sleep and sleep deprivation affect memory and cognition. *Current Opinion in Neurology, 21*(4), 417–423. https://doi.org/10.1097/WCO.0b013e3283052cf7.

Czeisler, C.A., & Fryer, B. (2006). Sleep deficit: The performance killer. *Harvard Business Review, 84*(10), 53–59.

Day, D.V. & Lord, R.G. (1988). Executive Leadership and Organizational Performance: Suggestions for a New Theory and Methodology. *Journal of Management, 14*(3), 453–464. https://doi.org/10.1177/014920638801400308.

Deci, E.L., & Ryan, R.M. (1993). Die Selbstbestimmungstheorie der Motivation und ihre Bedeutung für die Pädagogik. *Zeitschrift für Pädagogik, 39*(2), 223–238.

Deci, E.L., & Ryan, R.M. (2000). The „what" and „why" of goal pursuits: Human needs and the self-determination of behavior. *Psychological Inquiry ,11*(4), 227–268.

Diener, Ed., Nickerson, C., Lucas, R.E., & Sandvik (Hrsg.) (2002). Dispositional Affect and Job Outcomes. *Social Indicators Research, 59*(3), 229–259. https://doi.org/10.1023/A:1019672513984.

Donaldson, S.I., & Chen, C. (Hrsg.). (2021). *Positive Organizational Psychology Interventions: Design and Evaluation.* Wiley-Blackwell.

Donaldson, S.I., & Donaldson, S.I. (2020). The Positive Functioning at Work Scale: Psychometric Assessment, Validation, and Measurement Invariance. *J well-being assess, 4,* 181–215. https://doi.org/10.1007/s41543-020-00033-1.

Donaldson, S.I., Lee, J.Y., & Donaldson, S.I. (2019). Evaluating Positive Psychology Interventions at Work: A Systematic Review and Meta-Analysis. *International Journal of Applied Positive Psychology, 4*(3), 113–134. https://doi.org/10.1007/s41042-019-00021-8.

Edmondson, A.C. (2018). *The fearless organization. Creating Psychological Safety in the Workplace for Learning, Innovation, and Growth.* Wiley.

Elkington, J. (2018). 25 Years Ago I Coined the Phrase „Triple Bottom Line." Here's Why It's Time to Rethink It. *Harvard Business Review,* Juni 25.

Enste, D., Grunewald, M., & Kürten, L. (2018). Vertrauenskultur als Wettbewerbsvorteil in digitalen Zeiten. IW Trends 02/2028. *Vierteljahresschrift zur empirischen Wirtschaftsforschung, 45*(2). https://www.iwkoeln.de/studien/dominik-h-enste-mara-grunewald-louisa-marie-kuerten-vertrauenskultur-als-wettbewerbsvorteil-in-digitalen-zeiten-391018.html#:~:text=Eine%20gelebte%20Vertrauenskultur%20ist%20ein,eine%20Grundlage%20f%C3%BCr%20erfolgreiche%20Zusammenarbeit. Zugegriffen: 25. Apr. 2024.

Falk, A., & Kosfeld, M. (2006). The Hidden Costs of Control. *American Economic Review, 96*(5), 1611–1630. https://doi.org/10.1257/aer.96.5.1611.

Fischhoff, B. (1975). Hindsight ≠ foresight: The effect of outcome knowledge on judgment under uncertainty. *Journal of Experimental Psychology: Human Perception and Performance, 1*(3), 288–299. https://doi.org/10.1037/0096-1523.1.3.288.

Frenda, S.J., & Fenn, K.M. (2016). Sleep less, think worse: The effect of sleep deprivation on working memory. *Journal of Applied Research in Memory and Cognition, 5*(4), 463–469. https://doi.org/10.1016/j.jarmac.2016.10.001.

Gaspar, C., & Hollmann, D. (2015). Bedeutung der Arbeit. Ergebnisse der Befragung. Unter Mitarbeit von Marc Bartels und Sarah Kebbedies. Hg. v. Bertelsmann Stifung und Gfk Verein. Gütersloh, Nürnberg. https://www.bertelsmann-stiftung.de/de/publikationen/publikation/did/bedeutung-der-arbeit. Zugegriffen: 25. Apr. 2024.

Goodman, W. (2022). *Toxic positivity. Keeping it real in a world obsessed with being happy.* TarcherPerigree.

Grant, A. M., & Schwartz, B. (2011). Too Much of a Good Thing: The Challenge and Opportunity of the Inverted U. *Perspectives on Psychological Science: A journal of the Association for Psychological Science, 6*(1), 61–76. https://doi.org/10.1177/1745691610393523.

Heidari, A. (2019). The Role of Basic Psychological Needs Satisfaction and Autonomous Motivation. In Academic Achievement: A Self-Determination Theory Perspective. *Rooyesh-e-Ravanshenasi Journal (RRJ), 8*(10), 63–70.

Johnson, B. (1992). *Polarity management. Identifying and managing unsolvable problems.* HRD Press.

Kahneman, D. (2011). *Thinking, fast and slow.* Farrar, Straus and Giroux.

Kahneman, D., & Tversky, A. (1979). Prospect Theory: An Analysis of Decision under Risk. *Econometrica, 47*(2), 263–291. https://doi.org/10.2307/1914185.

Kashdan, T.B., & Biswas-Diener, R. (2015). *The upside of your dark side. Why being your whole self – not just your „good" self – drives success and fulfillment.* Plume.

Killam, K.M., & Kim, Y.-H. (2014). Positive Psychological Interventions and Self-Perceptions: A Cautionary Tale. In A.C. Parks & S.M. Schueller (Hrsg.), *The Wiley Blackwell handbook of positive psychological interventions* (S. 450–461). Wiley-Blackwell (Wiley Clinical Psychology Handbooks).

Lennon, A. (2021). Fight, Flight, or Freeze: What Is the Stress Response For? 23. Juni 2021. Hg. v. PsychCentral. https://psychcentral.com/blog/fight-flight-freeze-stress-response. Zugegriffen: 25. Apr. 2024.

Lieberson, S., & O'Connor, J.F. (1972). Leadership and Organizational Performance: A Study of Large Corporations. *American Sociological Review, 37*(2), 117–130. https://doi.org/10.2307/2094020.

Lim, J., & Dinges, D.F. (2010). A meta-analysis of the impact of short-term sleep deprivation on cognitive variables. *Psychological Bulletin, 136*(3), 375–389. https://doi.org/10.1037/a0018883.

Maas, A. (2021). *Die Happiness-Lüge. Wenn positives Denken toxisch wird.* Eden Books.

Maslow, A.H. (1954). *Motivation and personality.* Harper & Row. https://www.holybooks.com/wp-content/uploads/Motivation-and-Personality-Maslow.pdf. Zugegriffen: 25. Apr. 2024.

Merrill, R.M., Aldana, S.G., Pope, J.E., Anderson, D.R., Coberley, C.R., Grossmeier, J.J., & Whitmer, R.W. (2013). Self-Rated Job Performance and Absenteeism According to Employee Engagement, Health Behaviors, and Physical Health. *Journal of Occupational & Environmental Medicine, 55*(1), 10–18. https://doi.org/10.1097/JOM.0b013e31827b73af.

Ng, Johan Y. Y., Ntoumanis, N., Thøgersen-Ntoumani, C., Deci, E.L., Ryan, R.M., Duda, J.L., & Williams, G.C. (2012). Self-Determination Theory Applied to Health Contexts: A Meta-Analysis. *Perspectives on Psychological Science: A journal of the Association for Psychological Science, 7*(4), 325–340. https://doi.org/10.1177/1745691612447309.

Ntoumanis, N., Ng, Johan Y.Y., Prestwich, A., Quested, E., Hancox, J.E., Thøgersen-Ntoumani, C., et al. (2021). A meta-analysis of self-determination theory-informed intervention studies in the health domain: Effects on motivation, health behavior, physical, and psychological health. *Health Psychology Review, 15*(2), 214–244. https://doi.org/10.1080/17437199.2020.1718529.

Oettingen, G., Pak, H.-j., & Schnetter, K. (2001). Self-regulation of goal-setting: Turning free fantasies about the future into binding goals. *Journal of Personality and Social Psychology, 80*(5), 736–753.

Oishi, S., & Kurtz, J.L. (2011). The Positive Psychology of Positive Emotions: An Avuncular View. In K. M. Sheldon, T. Kashdan, & M.F. Steger (Hrsg.), *Designing positive psychology. Taking stock and moving forward* (S. 101–114). Oxford University Press (Series in positive psychology).

Parks, A.C., & Schueller, S.M. (Hrgs.). (2014). *The Wiley Blackwell handbook of positive psychological interventions.* Wiley-Blackwell (Wiley Clinical Psychology Handbooks).

Pawelski, J.O. (2016a). Defining the ‚positive' in positive psychology: Part I. A descriptive analysis. *The Journal of Positive Psychology, 11*(4), 339–356. https://doi.org/10.1080/17439760.2015.1137627.

Pawelski, J.O. (2016b). Defining the ‚positive' in positive psychology: Part II. A normative analysis. *The Journal of Positive Psychology, 11*(4), 357–365. https://doi.org/10.1080/17439760.2015.1137628.

Pearce, C.L., Sims Jr, H.P., Cox, J.F., Ball, G., Schnell, E., Smith, K.A., & Trevino, L. (2003). Transactors, transformers and beyond: A multi-method development of a theoretical typology of leadership. *Journal of Management Development, 22*(4), 273–307.

Prochaska, J.O., & DiClemente, C.C. (1983). Stages and processes of self-change of smoking: Toward an integrative model of change. *Journal of Consulting and Clinical Psychology, 51*(3), 390–395. https://doi.org/10.1037/0022-006X.51.3.390.

Raidl, M. & Tyborski, R. (2020). Die digitale Überwachung: Wie Unternehmen ihre Mitarbeiter beschatten. *Handelsblatt,* 24.06.2020. https://www.handelsblatt.com/technik/digitale-revolution-die-digitale-ueberwachung-wie-unternehmen-ihre-mitarbeiter-beschatten/25917236.html. Zugegriffen: 25. Apr. 2024.

Rigby, C.S. & Ryan, R.M. (2018). Self-determination theory in human resource development: New directions and practical considerations. *Advances in Developing Human Resources, 20*(2), 133–147. https://doi.org/10.1177/1523422318756954.

Robertson, J.L., & Carleton, E. (2018). Uncovering How and When Environmental Leadership Affects Employees' Voluntary Pro-environmental Behavior. *Journal of Leadership & Organizational Studies, 25*(2), 197–210. https://doi.org/10.1177/1548051817738940.

Roy, M.M., & Liersch, M.J. (2013). I am a better driver than you think: Examining self-enhancement for driving ability. *Journal of Applied Social Psychology, 43*(8), 1648–1659. https://doi.org/10.1111/jasp.12117.

Ryan, R.M., & Deci, E.L. (2000). Self-determination theory and the facilitation of intrinsic motivation, social development, and well-being. *American Psychologist, 55*(1), 68–78.

Ryan, R.M., & Deci, E.L. (2017). *Self-determination theory: Basic psychological needs in motivation, development, and wellness*. The Guilford Press.

Schröder, M. (2020). *Wann sind wir wirklich zufrieden? Überraschende Erkenntnisse zu Arbeit, Liebe, Kindern, Geld*. C. Bertelsmann.

Seliger, R. (2014). *Positive leadership. Die Revolution in der Führung (Systemisches Management)*. Schäffer-Poeschel Verlag.

Shaw, S.R., Gomes, P., Polotskaia, A., & Jankowska, A.M. (2015). The relationship between student health and academic performance: Implications for school psychologists. *School Psychology International, 36*(2), 115–134. https://doi.org/10.1177/0143034314565425.

Sheldon, K.M., Kashdan, T., & Steger, M.F. (Hrsg.). (2011). *Designing positive psychology. Taking stock and moving forward*. Oxford University Press (Series in positive psychology).

Shi, R., Zhang, S., Xu, H., Liu, X., & Miao, D. (2015). Regulatory focus and burnout in nurses: The mediating effect of perception of transformational leadership. *International Journal of Nursing Practice, 21*(6), 858–867. https://doi.org/10.1111/ijn.12315.

Srivastava, A., Bartol, K.M., & Locke, E.A. (2006). Empowering leadership in management teams: Effects on knowledge sharing, efficacy, and performance. *Academy of Management Journal, 49*(6), 1239–1251.

Sy, T., Côté, S., & Saavedra, R. (2005). The Contagious Leader: Impact of the Leader's Mood on the Mood of Group Members, Group Affective Tone, and Group Processes. *Journal of Applied Psychology, 90*(2), 295–305. https://doi.org/10.1037/0021-9010.90.2.29.

Szulawski, M., Kaźmierczak, I., & Prusik, M. (2021). Is self-determination good for your effectiveness? A study of factors which influence performance within self-determination theory. *PLoS ONE, 16*(9), e0256558. https://doi.org/10.1371/journal.pone.0256558.

Tafet, G.E., & Bernardini, R. (2003). Psychoneuroendocrinological links between chronic stress and depression. *Progress in Neuro-Psychopharmacology and Biological Psychiatry, 27*(6), 893–903. https://doi.org/10.1016/S0278-5846(03)00162-3.

Tang, M., Wang, D., & Guerrien, A. (2020). A systematic review and meta-analysis on basic psychological need satisfaction, motivation, and well-being in later life: Contributions of self-determination theory. *PsyCh Journal, 9*(1), 5–33. https://doi.org/10.1002/pchj.293.

Ulich, E. (2011). *Arbeitspsychologie*. 7. Aufl. vdf Hochschulverlag AG, Schäffer-Poeschel.

Vasconcellos, D., Parker, P.D., Hilland, T., Cinelli, R., Owen, K.B., Kapsal, N. et al. (2020). Self-determination theory applied to physical education: A systematic review and meta-analysis. *Journal of Educational Psychology, 112*(7), 1444–1469.

Vinney, C. (2020). What's the difference between eudaimonic and hedonic happiness. Hg. v. ThoughtCo. Dotdash Meredith brand. https://www.thoughtco.com/eudaimonic-and-hedonic-happiness-4783750. zuletzt aktualisiert am 13. Feb. 2020, Zugegriffen: 25. Apr. 2024.

Yukl, G. A. (1998). *Leadership in organizations* (4. Aufl.). Prentice Hall.

Zhang, X., & Bartol, K.M. (2010). Linking empowering leadership and employee creativity. The influence of psychological empowerment, intrinsic motivation, and creative process engagement. *Academy of Management Journal, 53*(1), 107–128.

Sinn stiften 2

Inhaltsverzeichnis

2.1 Einführung: Sinnstiften als Führungsaufgabe 16
2.2 Sinn ist sinnvoll 17
    2.2.1 Die individuelle Ebene. 17
    2.2.2 Die organisationale Ebene 18
    2.2.3 Vermittlung zwischen organisationalem und individuellem Sinn 19
2.3 Sinnvolle Arbeit 20
    2.3.1 Verbreitung von Sinnempfinden in der Arbeit 20
    2.3.2 Entstehung von Sinnempfinden 22
    2.3.3 Sinn durch erfüllte Grundbedürfnisse 23
2.4 Sinnempfinden fördern in der Praxis 25
    2.4.1 Sinnorientiert führen 25
    2.4.2 Arbeitstätigkeiten und Rollen gestalten 29
    2.4.3 Erfüllung von Grundbedürfnissen erleichtern 31
2.5 Die richtige Balance. 35
2.6 Zusammenfassung 36
Literatur. 37

Überblick

- Warum Sinnstiftung eine Führungsaufgabe ist
- Welchen Nutzen Sinn für Organisationen und Individuen hat
- Wie es um Sinn in der Arbeitswelt bestellt ist
- Wie Sinn entsteht
- Warum Führungskräfte Sinn nicht „managen" können (und wie sie trotzdem zum Sinnempfinden beitragen können)
- Wie die Erfüllung von psychologischen Grundbedürfnissen auf Sinn einzahlt

© Der/die Autor(en), exklusiv lizenziert an Springer-Verlag GmbH, DE, ein Teil von Springer Nature 2025
W. Pentz, *Positive Psychologie und Führung – ein Praxisleitfaden,* Positive Psychologie kompakt, https://doi.org/10.1007/978-3-662-70117-1_2

2.1 Einführung: Sinnstiften als Führungsaufgabe

Für die meisten von uns ist der Beruf mehr als ein bloßer Broterwerb. Die Arbeit strukturiert den Tag, verschafft Begegnungen mit anderen, kann uns das Gefühl vermitteln, kompetent zu sein und gebraucht zu werden, und sie prägt unsere Identität. Kurzum: Arbeit bildet eine der Säulen eines zufriedenen Lebens, während uns Arbeitslosigkeit mittelfristig frustriert (z. B. Schröder, 2020, S. 155, 156). Im folgenden Kapitel geht es aber nicht um den Sinn der Arbeit an sich, sondern um den Sinn *während* der Arbeit. Wann erleben wir unsere Tätigkeit am Arbeitsplatz als sinnvoll und warum ist diese Frage für uns wichtig?

Die Sinnforschung widmet sich der Arbeitswelt seit mindestens einem halben Jahrhundert. Wegweisend war die Forschung der Organisationspsychologen Greg Oldham und Richard Hackman, die sich in den 1970er-Jahren der Frage widmeten, wie Menschen sich in unterschiedlichen Berufen auf lange Sicht motivieren lassen. Ihre grundlegende These lautete, dass eine wichtige Quelle der Motivation in der Aufgabe selbst liege. Oldham und Hackman formulierten fünf Eigenschaften motivierender beruflicher Tätigkeiten: Vielfalt, klare Struktur, Autonomie, Feedback – und Sinn (Oldham & Hackman, 1976). Seitdem haben sich vor allem die Psychologie, die Soziologie und später auch die Verhaltensökonomie mit der Frage nach dem Sinn am Arbeitsplatz befasst.

Sinn hat einen festen Platz in den Lehrbüchern der Organisationspsychologie und des Personalmanagements. Für die klassische Ökonomie gilt das weniger, obwohl es gute betriebswirtschaftliche Gründe für die Beschäftigung mit sinnvoller Arbeit gibt (Nikolova & Cnossen, 2020; Cassar & Meier, 2018). Eher gelegentlich fanden die Erkenntnisse der Sinnforschung Eingang in die Managementliteratur. In einem Artikel des Harvard Business Review aus dem Jahr 1994 beispielsweise erklärten Christopher Bartlett (Harvard) und Sumantra Ghoshal (London School of Economics) die Definition und Artikulation von Purpose zur wichtigsten Aufgabe des Topmanagements (Bartlett & Ghoshal, 1994). Inzwischen hat sich der Anspruch, Sinn zu stiften, längst auf alle Führungsebenen ausgeweitet. Sinnstiften verlängert damit die ständig wachsende Liste der Führungsaufgaben um einen scheinbar abstrakten und schwierigen Punkt. Trotzdem akzeptieren viele Führungskräfte Sinnstiftung als Teil ihrer Verantwortung. Aber es regt sich auch Widerspruch. „Ich weiß, dass Sinn wichtig ist, aber das ist nun mal nicht so mein Ding." Das ist ein noch eher harmloser Kommentar. Einer der Gründe für diese Zurückhaltung in Sachen Sinn: Der Begriff klingt philosophisch, und das übersetzen Führungskräfte in der Wirtschaft gern mit „wirklichkeitsfremd".

Die gute Nachricht: Sinn zu stiften, ist gar nicht so kompliziert, wie manche meinen. Denn Sinn bedeutet nicht, dass wir zu jedem Zeitpunkt „happy" sein müssen. Oft entsteht Sinn gerade in Zeiten besonderer Anstrengung, manchmal auch in leidvollen Phasen. Ebenso wenig müssen wir, um Sinn zu empfinden, unbedingt an den großen Themen der Menschheit arbeiten. Sinn kann in jeder Art von Arbeit entstehen. Nicht selten ist er auch unabhängig von der eigentlichen Arbeitsaufgabe. Sinn ist das Gefühl, an etwas teilzuhaben, das über uns selbst ebenso hinausgeht, unabhängig von der Schaffung eines ökonomischen Mehrwerts für das Unternehmen. Er kann in den kleinen, alltäglichen Begebenheiten entstehen, z. B. in der Interaktion mit anderen Menschen, im Erleben von persönlichem Wachstum, in der Erfahrung, dass das eigene Handeln für andere bedeutsam ist. Umgekehrt kann das Gefühl von Sinnhaftigkeit auch leicht ersticken, etwa wenn wir unfair behandelt werden oder zu wenig Wertschätzung für unsere Person oder unsere Arbeit empfinden. Sinn braucht ein humanes Umfeld, damit er sich entfalten kann. Es gibt vieles, was Führungskräfte tun können, um Sinn zu fördern, und manches, was sie vermeiden sollten. Das Schöne ist: Der Aufwand lohnt sich doppelt – für Ihr Unternehmen und für Sie selbst!

2.2 Sinn ist sinnvoll

Sinn ist keine vorübergehende Modeerscheinung, sondern ein menschliches Bedürfnis (Baumeister, 1991; Yeoman, 2014). Auch wenn wir die eigentliche Frage nach dem Sinn des Lebens nicht beantworten können, soll unser Dasein doch sinnvoll sein. Das gilt auch für das Arbeitsleben. Angesichts fundamentaler Unsicherheiten wie etwa der Coronavirus-Pandemie oder internationaler, einander überlagernder Krisen dürfte die Sinnfrage zusätzlich Gewicht gewinnen. Kaum eine Branche kann vorhersagen, wie sie künftig arbeiten wird. Sicher ist: Die Produkte, Dienstleistungen, Prozesse und Arbeitsweisen werden sich ändern – aber niemand weiß, wann, wie und wo. Im Lichte dieser Umstände brauchen Menschen mehr Orientierung denn je. Wenn schon die künftige Konstellation und der Ort der Arbeit ungewiss bleiben, soll wenigstens das eigene Tun grundsätzlich gut, richtig und sinnvoll erscheinen. Damit keine Missverständnisse aufkommen: Der Wunsch nach Sinn braucht keine Krise. Die Krise verstärkt ihn allerdings.

Wenn wir über Sinn in der Arbeitswelt reden, können wir zwei Ebenen betrachten: Die Ebene der Organisation (Warum gibt es die Organisation?) und die Ebene des Individuums (Inwieweit erlebe ich meine Arbeit als sinnvoll?). Der Fokus dieses Kapitels ist die individuelle Ebene. Aber natürlich können beide Ebenen miteinander verbunden sein. Daher werfen wir ebenfalls einen Blick auf die Ebene der Organisation.

2.2.1 Die individuelle Ebene

Die positive Wirkung individuellen Sinnempfindens im Arbeitskontext ist gut belegt. Eine Metaanalyse, die 44 Studien mit insgesamt mehr als 23.000 Teilnehmenden einschloss, hat mittelstarke bis starke Zusammenhänge zu Engagement, Arbeitszufriedenheit, Kündigungsneigung und Arbeitsleistung sowie Lebenszufriedenheit und Gesundheit gefunden (Allan et al., 2019). Evident ist etwa, dass eine als sinnvoll erkannte Arbeit intrinsisch motiviert. Damit einher gehen viele positive Dinge, wie z. B. eine höhere Leistungs- und Anpassungsfähigkeit, Proaktivität, Vitalität, stärkere emotionale Bindung und geringere Neigung zu kündigen. Menschen, die ihre Tätigkeiten als sinnvoll betrachten, sind zufriedener mit ihrer Arbeitssituation, identifizieren sich stärker mit der Organisation und engagieren sich eher über die eigentlichen Aufgaben hinaus als Mitarbeitende, die in ihrem Job lediglich einen Broterwerb sehen (zusammenfassend s. Schell, 2018, S. 17). Auch die jüngste Auswertung umfangreicher Befragungen in 30 europäischen Ländern über einen Zeitraum von 10 Jahren führte zu positiven Befunden: Sinnvolle Arbeit führte demnach zu weniger Absentismus (weniger Fehltagen), weniger Präsentismus (Erscheinen am Arbeitsplatz trotz Krankheit), mehr Bereitschaft zur Weiterbildung sowie zur Absicht, später in den Ruhestand zu gehen. Auch die Kundenzufriedenheit scheint von sinnvoller Arbeit zu profitieren (Gartenberg et al., 2019).

2.2.2 Die organisationale Ebene

Allerorten lässt sich vernehmen: ein klarer Unternehmenssinn („purpose") führe zu besseren Unternehmensergebnissen. Doch anders als auf der individuellen Ebene liefert die akademische Forschung hier weniger Klarheit. Das liegt mindestens teilweise an Schwierigkeiten der Messung. Den Einfluss von Unternehmenssinn auf die Motivation der Mitarbeitenden oder die finanzielle Leistungsfähigkeit von Unternehmen zu messen, ist sehr aufwendig. Einige Studien zeigen zwar durchaus, dass Purpose und das Engagement der Mitarbeitenden eines Unternehmens zusammenhängen (z. B. van Tuin, 2020). Doch was für das eine Unternehmen gilt, muss nicht auf gleiche Weise für andere gelten. Die Aussagen der Unternehmen über Begriffe wie Mission, Vision, Purpose, Credo zeigen eine große Bandbreite an Definitionen. Die Statements unterscheiden sich inhaltlich, sind unterschiedlich lang, unterschiedlich konkret und wenden sich an teils unterschiedliche Stakeholder (z. B. David et al., 2014). Die bloße Existenz eines Purpose-Statements besagt also nicht viel. Es kommt darauf an, wie es ausgestaltet und gelebt wird. Doch worauf sollten Führungskräfte in diesem Kontext achten?

Eine interessante Studie stammt von Claudine Gartenberg (University of Pennsylvania), Andrea Prat (Columbia University) und George *Serafeim* (Harvard Business School). Die Forschenden konnten die Daten von mehr als 450.000 Mitarbeitenden aus 429 Unternehmen über 6 Jahre auswerten. Die Daten stammten von der Organisation „Great Place To Work", die jährlich ein Ranking der besten Arbeitgeber erstellt. In den Unternehmen, die sich an dem Wettbewerb beteiligen, werden anonyme Befragungen von Mitarbeitenden durchgeführt. Dabei geht es um Themen wie Vertrauen, Teamgeist, Gesundheitsförderung, Vergütung und Qualität der Führung. Auf dieser Basis ermittelten Gartenberg und ihre Kollegen zunächst drei wesentliche Faktoren: die Stärke des Purpose, die Klarheit der Führung sowie den Zusammenhalt in der Organisation (Kameraderie). Dann untersuchten sie, ob bzw. inwieweit diese Faktoren die finanzielle Leistung der Unternehmen beeinflussen. Als Indikator für die Leistung des Unternehmens nutzen sie u. a. die Kapitalrendite (Jahresüberschuss plus Zinsaufwand/Gesamtkapital). Um die Stärke von Purpose, Zusammenhalt und Klarheit der Führung zu messen, wurde der Grad der Zustimmung zu bestimmten Aussagen ermittelt.

Für *Purpose* wurden Aussagen ausgewählt, die die Bedeutsamkeit und Wirkung der Arbeit betreffen. Beispiele:

- „Meine Arbeit hat eine besondere Bedeutung, es ist nicht nur ein Job."
- „Ich bin stolz, anderen zu erzählen, dass ich hier arbeite."
- „Die Art, wie wir einen Beitrag zur Gesellschaft leisten, gibt mir ein gutes Gefühl."

Die *Klarheit* der Führung wurde mit folgenden Items gemessen:

- „Das Management macht ihre Erwartungen klar."
- „Das Management hat eine klare Vorstellung davon, wohin sich die Organisation entwickelt und wie sie dahin kommt."
- „Mir stehen die Ressourcen zur Verfügung, die ich für meinen Job brauche."

Beim Faktor *Zusammenhalt* (Kamaraderie) ging es um das Gefühl einer familiären Atmosphäre, Kollegialität und Spaß bei der Arbeit.

Die Ergebnisse sind erhellend: Die Stärke des Purpose allein hatte keinen Einfluss auf die finanzielle Performanz. Ebenso wenig wirkte sich eine Kombination aus starkem Purpose und starkem Zusammenhalt aus. Erst die Verbindung von starkem Purpose und Klarheit der Führung zeigte positive Effekte. Und noch etwas überrascht: Treiber dieses Effekts waren nicht die Topführungskräfte, sondern hauptsächlich das mittlere Management. Nur wenn in diesen mittleren Ebenen die gemessenen Werte hoch waren, traten die Effekte auf.

Die Ergebnisse korrelierten mit der Kapitalrendite: Der Unterschied zwischen den besten und den schlechtesten Unternehmen (oberstes vs. unterstes Zehntel) betrug fast 3,9 %!

Zusammengefasst: Ein starker Unternehmenssinn kann tatsächlich die finanzielle Performanz stärken. Dafür gibt es allerdings zwei Bedingungen: Der Purpose muss – besonders im mittleren Management – stark verankert und mit Klarheit in der Führung verbunden sein (Gartenberg et al., 2019).

2.2.3 Vermittlung zwischen organisationalem und individuellem Sinn

Bei der Arbeit an einem Unternehmenssinn (Purpose) sollten möglichst viele Menschen beteiligt sein. Dennoch ist es kaum möglich, eine Sinnformulierung zu finden, die allen Mitgliedern der Organisation aus dem Herzen spricht. Es wird immer Lücken geben zwischen dem organisationalen Purpose und den individuellen Sinnvorstellungen. Solche Lücken sind völlig normal und können sogar Ausgangspunkt für fruchtbare Diskussionen sein. Bleiben diese Lücken aber unbeachtet, kann sich die Kraft des Purpose nicht entfalten. Im schlimmsten Fall entsteht Zynismus unter den Mitarbeitenden, die sich nicht mit dem Purpose identifizieren können. Daraus ist folgende Überzeugung entstanden: Mindestens genauso wichtig wie das Ergebnis der Sinnarbeit ist es, mit den Mitarbeitenden darüber ins Gespräch zu kommen bzw. im Gespräch zu bleiben. Das Ziel dieser Gespräche ist nicht die vollständige Übereinstimmung von Unternehmenssinn und individuellem Sinn, sondern deren fruchtbare Koexistenz. Voraussetzung dafür ist eine Haltung, die zwei scheinbar gegensätzliche Aspekte ausbalanciert: das Bestreben nach hoher Übereinstimmung auf der einen Seite und die Offenheit für Differenzen auf der anderen (Smith & Kouchaki, 2023).

▶ **Praxistipp: Die Sinnebenen aktiv adressieren**

Was können Sie als Führungskraft konkret tun, um die beiden Ebenen von Sinn (organisational und individuell) aktiv zu adressieren? Die in den USA tätigen Organisationsexperten Maryam Kouchaki und Isaac Smith haben dazu mehrere Wege vorgeschlagen (Smith & Kouchaki, 2023), von denen wir hier einige aufgreifen wollen:

Regelmäßige Sinngespräche initiieren: Ermutigen Sie die Mitarbeitenden regelmäßig, über Sinn (und Unsinn) ihrer Tätigkeit miteinander zu sprechen. Dies kann bei informellen Gelegenheiten ebenso erfolgen wie im formalen Rahmen, z. B. als Teil von Workshops, Teammeetings oder in Mitarbeitendengesprächen. Beginnen Sie damit bereits im Einstellungs- und Onboarding-Prozess. Sprechen Sie selbst über den Sinn des Unternehmens und laden Sie Ihr Gegenüber dazu ein, über das eigene Empfinden von Sinnhaftigkeit laut nachzudenken.

(Mögliche Fragen: Was ist dir persönlich wichtig? Wie passt das zu dem Purpose des Unternehmens?)

Sinnintegration ermöglichen: Gemeinsam Möglichkeiten eruieren, die täglichen Aufgaben so zu gestalten (bzw. umzugestalten), dass sie den Mitarbeitenden „sinnvoller" erscheinen. Das könnte z. B. durch eine Umverteilung der Aufgaben im Team oder durch eine Priorisierung der besonders sinnvollen Aufgaben gelingen.

(Mögliche Fragen: Wie passen deine Aufgaben zu dem, was dir selbst wichtig ist? Wie passen sie zu den Unternehmenszielen? Was könntest du daran ändern, sodass eine größere Integration von beidem möglich wird?)

2.3 Sinnvolle Arbeit

2.3.1 Verbreitung von Sinnempfinden in der Arbeit

Die Innsbrucker Sinnforscherin Tatjana Schnell und ihr Team haben 284 Berufstätigen positiv formulierte Aussagen zum Sinn vorgelegt und sie gebeten, diese entweder zu bestätigen oder zu verwerfen. Die Befragung ergab eine durchschnittliche Zustimmung von

3,3 auf einer Skala von 0–5, also ein insgesamt recht positives Bild mit Potenzial nach oben. Wie sich ebenfalls zeigte, sehen Menschen in leitenden Funktionen eher Sinn in ihrer Arbeit (3,78) als Menschen in nichtleitenden Funktionen (3,05). Das liegt vermutlich an der mit Führungspositionen verbundenen höheren Autonomie. Trotzdem wünschen sich viele Führungskräfte mehr Sinn. In einer Studie mit 735 Managerinnen und Managern in Großbritannien gaben zwei Drittel an, Sinn im Arbeitsleben zu vermissen (Schnell, 2018, S. 14). Dazu passen die Ergebnisse einer weiteren Befragung von mehr als 100.000 Berufstätigen in Nordamerika, Europa, Asien: Etwa die Hälfte (51 %) der Befragten wären bereit, weniger Gehalt oder eine niedrigere Position hinzunehmen, wenn ihre Arbeit im Gegenzug mehr Sinn ergäbe (Schnell, 2018, S. 14). In einer weiteren Befragung von mehr als zweitausend Personen in Amerika waren es sogar über 90 %. Für einen dauerhaft sinnvollen Job würden diese Befragten im Durchschnitt auf 23 % ihres künftigen Einkommens verzichten (Achor et al., 2018)! Nun handeln Menschen im wirklichen Leben nicht immer so, wie sie es in Fragebögen angeben. Wir wissen also nicht, ob Menschen wirklich Sinn gegen einen Teil des Gehalts eintauschen würden, wenn es diese Option gäbe. Wir können aber eine viel wichtigere Erkenntnis ableiten: Viele Menschen wollen mehr Sinn, und es lohnt sich, diesem Wunsch nachzukommen.

 Hintergrundwissen: Sinn über Generationen

Die jüngere Generation legt mehr Wert auf Sinn. So oder ähnlich kann man es den Medien entnehmen. Aber stimmt das? Befragungen der sogenannten Generationen Y (geboren zwischen 1980 und 2000) zeigen, dass dieser Generation sinnvolle, erfüllende Arbeit wichtig ist. Bisher konnte aber m. E. niemand nachweisen, dass dies bei den Babyboomern (geboren 1946–1964) oder der Generation X (geboren 1965–1979) anders sei. Der Unterschied zwischen den Generationen besteht vielmehr vor allem darin, dass jüngere Menschen den Wunsch nach Sinn deutlicher artikulieren. Außerdem nimmt die empfundene *Wichtigkeit* der Arbeit im Leben bei der Generation Y ab. Sie suchen den Sinn tendenziell eher in der Freizeit. Eine höhere Bedeutung von sinnvoller Arbeit hingegen lässt sich kaum nachweisen (Hardering, 2018).

Vergleiche der Generationen fördern jedoch einen anderen interessanten Befund zutage: Jede Generation unterstellt den anderen, nur wegen des Geldes arbeiten zu gehen, und billigt vor allem sich selbst zu, einen höheren Sinn in der Arbeit zu suchen (Weeks & Schaffert, 2019). Die Psychologie nennt dieses Phänomen „extrinsic motivation bias" und weist es auch in den Beziehungen von Führungskräften und Mitarbeitenden nach: Nur ich selbst bzw. meinesgleichen hält Werte hoch und ist intrinsisch motiviert. Alle anderen sind extrinsisch motiviert. Es versteht sich beinahe von selbst, dass sich diese Vorurteile nicht belegen lassen.

2.3.2 Entstehung von Sinnempfinden

Wann empfinden Menschen ihre Arbeit als sinnvoll? Es gibt viele Dinge, die das Sinnempfinden von Menschen bei der Arbeit beeinflussen, z. B. die Bedeutsamkeit eines Ziels oder die Art und Weise, wie und mit wem die Arbeit ausgeführt wird. Dabei ist Sinn niemals objektiv. Vielmehr schreiben wir Dingen (z. B. Aufgaben, Zielen, Tätigkeiten, Ereignissen etc.) subjektiv einen Sinn zu. Diese subjektive Einschätzung können wir mit mehr oder weniger vielen Menschen teilen. Hinzu kommt: Diese Einschätzung kann sich im Lauf des Lebens ändern. Sinn ist also individuell und dynamisch. Entsprechend komplex ist auch die Forschung zum Thema Sinn im Leben und Sinn der Arbeit. Im Folgenden möchte ich diese Komplexität stark vereinfachen.

Das macht Sinn, sagen wir auf Neudeutsch, wenn wir einen Zusammenhang verstehen, z. B. den zwischen unserer Aufgabe und einem bestimmten Ziel. Wenn dagegen unklar ist, warum oder wozu wir etwas tun, dann sagen wir: *Das macht keinen Sinn, das führt zu nichts*. Der Begriff Sinn entstammt dem indogermanischen Wortstamm „*sent*". Das heißt, „eine Richtung nehmen, eine Fährte suchen". Etymologisch ist Sinn damit der *Weg*, der zu einem Ergebnis führt, nicht das Ergebnis selbst. Doch auch das Ziel selbst kann von Menschen als mehr oder weniger sinnvoll erlebt werden, sofern sie das Gefühl haben, dazu in relevantem Maße *beitragen* zu können.

Aus diesen Überlegungen lassen sich grob zwei mögliche Sinnquellen ableiten (Schnell, 2018): erstens die Bedeutsamkeit des Ziels und zweitens die Art und Weise, wie dieses Ziel erreicht wird.

1. *Die Bedeutsamkeit des Ziels:* In dieser Kategorie geht es um Sinnempfindung, die mit dem Ziel selbst zusammenhängt. Ein bedeutsames Ziel kann z. B. der Purpose der Organisation sein, also die berühmte Warum-Frage. Es kann mich mit Stolz erfüllen, wenn ich Teil einer Organisation bin, dessen Purpose ich wichtig und gut finde. Das gilt besonders dann, wenn mein eigener Beitrag zu diesem Purpose wesentlich (oder zumindest erkennbar) ist. Bedeutsam können aber auch Aktivitäten sein, die die Organisation unabhängig von (oder zusätzlich zu) ihrem eigentlichen Purpose leistet, etwa einen Beitrag zur Umwelt. Ebenso können auch Teamziele oder eigene Ziele als bedeutsam empfunden werden. Mit Ziel kann dabei auch die Wirkung der eigenen Tätigkeit gemeint sein. Dabei gibt es Tätigkeiten, die von einer Mehrheit als besonders relevant betrachtet werden, z. B. im Bereich Gesundheit, Sicherheit, Bildung. Dennoch ist die Zuschreibung von Bedeutung sehr individuell. So könnte z. B. ein Frisör es als bedeutsames Ziel empfinden, Schönheit in die Welt zu bringen – genauso wie eine Architektin, ein Landschaftsgärtner, eine Goldschmiedin oder eine Reinigungskraft. Aber alle diese Personen könnten auch andere Wirkungen ihrer Arbeit als bedeutsam empfinden.

2. *Die Art und Weise, wie dieses Ziel erreicht wird:* Hier geht es nicht um den Inhalt des Ziels, sondern darum, *wie* wir unsere Arbeit erleben. Das ist vor allem eine Frage der

Passung: Wie gut passt die Tätigkeit zu der Persönlichkeit und ihren Stärken, Werten, Präferenzen, persönlichen Zielen etc.? Wie gut passt die Arbeit zu anderen wichtigen Bereichen meines Lebens (z. B. Familie, Religion, Hobbies)? Das Erleben der Arbeit wird aber auch beeinflusst von der Art des Umgangs miteinander, z. B. dem Maß an Wertschätzung und gegenseitiger Unterstützung und dem Gefühl der Zugehörigkeit. Zugehörigkeit ist ein psychologisches Grundbedürfnis, ebenso wie das Erleben von Kompetenz und Autonomie (s. Kap. 3). Inwieweit können wir uns im Arbeitskontext weiterentwickeln und persönlich wachsen? Wie ist das Maß an Autonomie und Mitbestimmung? All diese Faktoren beeinflussen die Art, wie wir Arbeit erleben. Ein positives Arbeitserleben lässt die Arbeit sinnvoll erscheinen. Negative Erfahrungen können dagegen das Sinnempfinden reduzieren.

2.3.3 Sinn durch erfüllte Grundbedürfnisse

Die Vertreter der Selbstbestimmungstheorie (s. Kap. 1) haben in den vergangenen Jahren außerordentlich wichtige Beiträge zur Sinnforschung geleistet. Die zentrale Erkenntnis: Das Gefühl von sinnvoller Arbeit hängt stark davon ab, inwieweit unsere psychologischen Grundbedürfnisse im Arbeitskontext befriedigt werden. Was heißt das? Die Selbstbestimmungstheorie postuliert drei zentrale menschliche Grundbedürfnisse: Zugehörigkeit („relatedness"), Kompetenz und Autonomie. Im Jahr 2012 hat die Psychologin Nette Weinberg gemeinsam mit den beiden Begründern der Theorie, Ryan und Deci, einen Zusammenhang zwischen diesen Grundbedürfnissen und dem Sinn im Leben ins Spiel gebracht. Demnach trägt die Befriedigung der Grundbedürfnisse dazu bei, unser Leben bedeutsam zu machen (Weinstein et al., 2012). Dieser Zusammenhang ist inzwischen von anderen Forschenden empirisch bestätigt worden (Martela et al., 2018). Er gilt in ähnlicher Weise auch für sinnvolle Arbeit. Arbeit wird umso mehr als bedeutsam und sinnvoll empfunden, je mehr diese Grundbedürfnisse erfüllt sind (Martela & Riekki, 2018).

Neben diesen drei Grundbedürfnissen haben die Forschenden ein viertes Element untersucht, das sie Benefizienz („beneficience") nennen, was so viel wie „Gutes tun" bedeutet. Der Begriff ist eng verknüpft mit dem, was die Sozialpsychologie als „prosoziales Verhalten" kennt. Damit sind Handlungen gemeint, die anderen Menschen zugutekommen. Es ist seit langem bekannt, dass prosoziale Handlungen sich positiv auf das eigene Wohlbefinden auswirken. Wir alle kennen das: Anderen etwas Gutes zu tun, fühlt sich gut an. Das konnte auch neurobiologisch gezeigt werden. Entscheidungen zu prosozialem Verhalten aktivieren das Belohnungszentrum des Gehirns und führen so zu positiven Gefühlen (Harbaugh et al., 2007).

Beim Begriff Benefizienz geht es aber nicht um die Handlung selbst, sondern um deren Ergebnis: das gute Gefühl (Martela & Ryan, 2016).

Martela und Riekki haben dieses Verständnis von Benefizienz im Kontext von sinnvoller Arbeit empirisch untersucht. Sie fanden heraus, dass Benefizienz auch unabhängig von den drei zuvor genannten Grundbedürfnissen (Zugehörigkeit, Kompetenz und Autonomie) mit sinnvoller Arbeit zusammenhängt. Unterm Strich konnten diese vier Grundbedürfnisse 60–70 % der Unterschiede in der Wahrnehmung der Sinnhaftigkeit von Arbeit erklären.

 Hintergrundwissen: Schenken macht glücklich

Geld macht nicht glücklich, lautet das Credo vieler Lebensratgeber. Die schlechte Nachricht: Das stimmt nur bis zu einem gewissen Grad. Studien zeigen einen positiven, wenn auch nicht besonders starken Zusammenhang zwischen den finanziellen Mitteln und der Zufriedenheit (z. B. Schröder, 2020, S. 77–85). Die gute Nachricht: Viel glücklicher als der Besitz von Geld macht es, davon etwas abzugeben. Die kanadische Sozialpsychologin Elizabeth Dunn und ihr Team konnten zeigen, dass Menschen unabhängig von ihrem Einkommen zufriedener sind, wenn sie ihr Geld für andere ausgeben. Bei dem Befund handelte es sich nicht nur um eine Korrelation. Das prosoziale Ausgabeverhalten erwies sich tatsächlich als die Ursache für die erhöhte Zufriedenheit. In einer Studie wurden die Teilnehmenden morgens nach dem Grad ihrer Zufriedenheit gefragt. Dann gab man ihnen unverhofft einen Geldbetrag, entweder 5 $ oder 20 $. Dieses Geld sollten sie entweder für sich oder für andere Menschen ausgeben. Am Abend wurden sie wiederum nach ihrer Zufriedenheit befragt. Dabei zeigte sich: Diejenigen, die ihr Geld für andere ausgegeben hatten, waren deutlich zufriedener – unabhängig von der erhaltenen Summe (Dunn et al., 2008). Dass Verschenken glücklich macht, scheint ein universales Phänomen zu sein, wie spätere Studien von Elizabeth Dunn und anderen Forschenden zeigten. Sie fanden einen positiven (wenngleich unterschiedlich starken) Zusammenhang in 120 der 136 untersuchten Länder.

Doch nicht erst Erwachsene, sondern schon Kleinkinder scheinen beim Verschenken Glücksgefühle zu entwickeln, wie Studien mit Zweijährigen zeigten. Die Kinder erhielten von einer Forscherin acht Süßigkeiten. Danach beobachteten sie, wie die Forscherin eine weitere Süßigkeit einem Plüschaffen gab. Schließlich sollten die Kleinen selbst dem Spielzeug eine Süßigkeit „füttern", zunächst eines, das sie von der Forscherin bekamen, danach eines von den eigenen. Um das Maß ihrer Zufriedenheit zu messen, wurden ihre Gesichtsausdrücke aufgezeichnet und von anderen Forschenden, die die Studieninhalte nicht kannten, ausgewertet. Dabei zeigte sich: Die Zufriedenheit der Kleinen war dann am größten, wenn sie dem Affen von ihren *eigenen* Leckereien abgaben (Aknin et al., 2012, 2022; Dunn et al., 2014; Song et al., 2020).

2.4 Sinnempfinden fördern in der Praxis

Die umfangreiche Forschungsliteratur gibt uns zahlreiche Hinweise, wie Führungskräfte das Sinnempfinden von Mitarbeitenden fördern können. Die folgenden Handlungsempfehlungen lassen sich in drei Bereiche gruppieren:

- sinnorientierte Führung,
- Gestaltung von Arbeitstätigkeit und Rollen,
- Erleichterung der Erfüllung von Grundbedürfnissen.

2.4.1 Sinnorientiert führen

Primum non nocere lautet ein Grundsatz ärztlichen Handelns: erstmal keinen Schaden anrichten. Das lässt sich eins zu eins auf Führungskräfte übertragen. Wie wir gesehen haben, neigen Menschen von sich aus dazu, ihrer Arbeit einen Sinn zuzuschreiben. Dazu brauchen sie keine Führungskraft. Gleichwohl können Führungskräfte das Sinnempfinden erleichtern – oder erschweren. Im schlimmsten Fall können sie vorhandenen Sinn sogar zerstören. Leider ist das recht häufig der Fall, wie Catherine Bailey und Adrian Madden vor ein paar Jahren gezeigt haben. Die beiden britischen Forschenden fragten 135 Menschen in zehn verschiedenen Organisationen, was ihre Arbeit sinnvoll macht und was diesen Sinn möglicherweise wieder zerstört. Dabei kristallisierten sich sieben Faktoren heraus, die sich besonders negativ auf das Sinnempfinden auswirken (s. Kasten „Die sieben Todsünden von Führung vermeiden"). Allesamt liegen mindestens teilweise im Einflussbereich von Führungskräften. Je mehr dieser Faktoren auftreten, desto stärker ist ihre sinnzerstörende Wirkung.

▶  **Praxistipp: Die „sieben Todsünden" von Führung vermeiden**

1. *Engagement am Arbeitsplatz als selbstverständlich betrachten:* mangelnde Wertschätzung und Aufmerksamkeit; kein Lob, kein Dank, kein Gruß; Kritik an der Arbeit trotz enormer Anstrengungen.
2. *Menschen unfair behandeln:* mangelndes Urteilsvermögen z. B. bei der Verteilung von Ressourcen oder beim Zugang zu Entwicklungsmöglichkeiten; intransparente Bevorzugung bestimmter Mitarbeitender.
3. *Sinnlose Aufgaben vergeben:* z. B. Aufgaben, deren Sinn nicht erkennbar ist oder die nicht zum Profil der betroffenen Mitarbeitenden passen; schlecht geplante Aufträge, die kurze Zeit später wieder rückgängig gemacht werden.
4. *Die Meinung und Erfahrungen der Mitarbeitenden übergehen:* z. B. nicht zuhören oder sogar Aufgaben übertragen, die ein Mensch als regelwidrig betrachtet oder aus anderen Gründen innerlich ablehnt (z. B. aufgrund von Zeitdruck Qualitätsansprüche reduzieren).

5. *Menschen physischen oder emotionalen Gesundheitsrisiken aussetzen:* z. B. vermeidbare Unfälle riskieren, Menschen unter unverhofft schwierigen Bedingungen arbeiten lassen (Temperaturen, Schmutz, Aggressionen anderer).
6. *Menschen isolieren*: z. B. Mitarbeitende bewusst ächten oder herabsetzen; die Verbindung zu Teammitgliedern oder anderen wichtigen Personen unterbinden (oder nicht fördern).
7. *Menschen in Wertekonflikte bringen:* z. B. starker Fokus auf Ergebnisse (Kosten oder Gewinn) zu Ungunsten von Qualität, Professionalität oder ethischen Ansprüchen.

(Bailey & Madden, 2016; Übersetzung vom Verfasser).

Führungskräfte können aber nicht nur Schaden vermeiden, sondern auch aktiv die Entstehung von Sinn unterstützen. Aber Achtung: Hier geht es nicht darum, den Mitarbeitenden zu erklären, warum ihre Arbeit sinnvoll ist. Es ist eine Illusion, zu glauben, wir könnten damit ein Gefühl der Sinnhaftigkeit in anderen erzeugen (Lips-Wiersma et al., 2022). Menschen entwickeln ihre eigenen Sinnvorstellungen, „Belehrungen" darüber sind eher abträglich (Lips-Wiersma & Morris, 2009).

Als Führungskraft können Sie aber mit den Mitarbeitenden ins Gespräch kommen, z. B. über die Vision der Organisation oder deren Werte. Dabei können Sie vermitteln, was für Sie selbst bedeutsam daran ist – und die Mitarbeitenden einladen, das Gleiche zu tun. Durch Klarheit und Transparenz können Sie außerdem Zusammenhänge sichtbar machen und so zum Sinnentstehungsprozess der Menschen beitragen.

Vision vermitteln: Gehört Ihr Unternehmen zu den Organisationen, die eine klare Vision formuliert haben? Falls nicht, können Sie darauf hinwirken. Wenn Ihr Unternehmen aber eine Vision formuliert und Werte priorisiert hat, dann stellt sich die Frage: Wie stark nutzen Sie diese als Orientierung für Ihre eigene Führungsarbeit? Wenn Sie das nicht oder selten tun, dann fragen Sie sich: warum? Vielleicht finden Sie die Vision nicht überzeugend oder Sie sehen einen Konflikt mit ihren eigenen Sinn- und Wertvorstellungen. In beiden Fällen ist es wichtig, diese Spannung für sich zu lösen. Denn nur dann, wenn Sie völlig – oder mindestens in wesentlichen Teilen – hinter der Vision stehen, können Sie diese auch glaubhaft vermitteln. Laut Jörg Felfes Analyse gelingt es 36 % der Führungskräfte, eine überzeugende Vision zu formulieren. Bei fast genauso vielen (34 %) ist das jedoch nicht der Fall (Felfe et al., 2018). Erwarten Sie aber nicht, dass jedes Ihrer Teammitglieder von Ihrer Vision inspiriert ist. Geben Sie anderen den Raum, ein je eigenes Verhältnis zur Vision zu finden.

Eigene Sinnquellen, Werte und Überzeugungen kennen und vermitteln: Was gibt Ihrem Leben Sinn? Woraus beziehen Sie Sinn in Ihrer Arbeit? Nicht einmal jede fünfte Führungskraft kann solche Fragen klar beantworten (Craig & Snook, 2014). Die eigenen Werte und Überzeugungen werden dagegen häufiger thematisiert. Jörg Felfe und sein Team haben Mitarbeitende zum Verhalten ihrer Führungskräfte befragt. Immerhin 38 % der Führungskräfte, so die Wahrnehmung der Befragten, sprechen häufig oder sehr häufig über ihre Werte und Überzeugungen. Beunruhigende 31 % tun das aber selten oder nie. Ein ähnliches Bild ergibt sich bei der Frage, inwieweit ethische Konsequenzen bei Entscheidungen berücksichtigt werden. Bei gut 40 % der Führungskräfte sei das regelmäßig der Fall, bei knapp 27 % selten oder nie (Felfe et al., 2018). Reflektieren Sie also über Ihre eigenen Sinnquellen. Worin bestehen Ihre persönlichen Werte und Überzeugungen? Was davon möchten Sie anderen vermitteln und zu einem Teil Ihres Führungsstils machen? Wo besteht die Gefahr, dass Sie Ihre eigenen Werte verletzen und so Ihre Glaubwürdigkeit schwächen?

Klare Erwartungen und Perspektive geben: Wie wir in der oben zitierten Studie von Gartenberg und ihren Kollegen sahen, kann eine starke Vision bzw. ein starker Purpose allein noch nicht viel ausrichten. Erst in Kombination mit einer klaren Führung wirkte sich ein starker Purpose deutlich positiv auf die finanziellen Ergebnisse der untersuchten Unternehmen aus (Gartenberg et al., 2019). Was genau heißt Klarheit der Führung? Das Management muss nicht nur wissen und vermitteln, wohin die Organisation sich entwickeln soll, sondern auch den Weg zum Ziel klären und die Schritte dahin klar kommunizieren. Das gilt auch für die damit verbundenen Erwartungen an die Mitarbeitenden. Und nicht zuletzt müssen Führungskräfte für die Ressourcen sorgen, die ihr Team braucht, um den formulierten Erwartungen zu entsprechen.

Gründe aufzeigen: Menschen möchten verstehen, warum sie etwas tun und wem ihre Arbeit zugutekommt. Zu häufig werden Ziele beschworen, Aufgaben verteilt oder Entscheidungen getroffen, ohne die Gründe zu erklären. Manchmal reichen wenige Sätze: „Das Angebot muss heute noch raus, weil eine wichtige Entscheiderin beim Kunden übermorgen in den Urlaub fährt." Gehen Sie nicht automatisch davon aus, dass die Gründe allen klar sind. Versetzen Sie sich in die Lage Ihrer Mitarbeitenden oder – noch zuverlässiger – fragen Sie nach! Manchmal versteht das mittlere Management die Entscheidungen der Topriege selbst nicht so genau. Sätze wie „Das kommt von ganz oben" enthalten aber keine befriedigende Begründung. Also fragen Sie nach! Verdeutlichen Sie Ihren Vorgesetzten, wie wichtig den Mitarbeitenden das Verständnis von Beweggründen ist. Unabhängig davon, wie viel Klarheit Sie selbst „von oben" bekommen – finden Sie selbst gute Gründe.

Wirkung aufzeigen: Schaffen Sie Transparenz darüber, was die Arbeit der Menschen *bewirkt*. Zum Beispiel sind sich Mitarbeitende ohne Kundenkontakt nicht immer bewusst darüber, wie ihre Arbeit von den (internen oder externen) Kunden genutzt und geschätzt wird. Ein Feedback von zufriedenen Kunden kann eine erstaunliche Wirkung haben, besonders wenn es persönlich überbracht wird (s. Kasten „Erfolg motiviert"). Doch selbst kritisches Feedback vom Kunden kann motivierend wirken, wenn es zur Verbesserung des eigenen Produkts führt.

> **Hintergrundwissen: Erfolg motiviert**
>
> Der amerikanische Organisationspsychologe Adam Grant unternahm einen Test mit 33 Mitarbeitenden eines Callcenters. Die Teilnehmenden erhielten die Aufgabe, Spenden für eine Universität einzuwerben. Diese Gelder sollten Menschen zugutekommen, die sich ein Studium andernfalls nicht leisten konnten. Die Forschenden teilten Mitarbeitende eines Callcenters in drei Gruppen ein. Der ersten Gruppe legten sie zwei Briefe vor, in denen (echte) ehemalige Stipendiaten und Stipendiatinnen beschrieben, welchen Nutzen sie aus Spenden gezogen hatten. Die zweite Gruppe bekam Briefe, in denen ehemalige Mitarbeitende des Callcenters den Nutzen der Tätigkeit für sich selbst beschrieben. Die dritte Gruppe musste lediglich ein paar Fragen beantworten. In den nächsten 4 Wochen wurde genau erfasst, wer wie viel Spenden einwerben konnte. Das Ergebnis: Bei den Gruppen zwei und drei änderte sich fast nichts an der Summe der eingeworbenen Spenden. Die Mitarbeitenden der ersten Gruppe aber, die die Briefe von Begünstigten gelesen hatten, sammelten weit mehr als doppelt so viele Spenden ein (von knapp 1300 USD auf mehr als 3100 USD). Noch stärker wurde der Effekt, als die Mitarbeitenden persönlichen Kontakt mit einer Spendenempfängerin hatten. Für 15 min sprach eine Stipendiatin zu den Mitarbeitenden darüber, welche Wirkung die Zuwendung für sie hatte. Diesmal verfünffachte sich die Summe der eingeworbenen Spenden (Grant, 2008a, b; s. auch Kosfeld et al., 2017).

Sinnlose Arbeiten vermeiden bzw. „managen": Vor allem tun Führungskräfte gut daran, das Sinnempfinden ihrer Mitarbeitenden nicht durch Unachtsamkeit zu zerstören. Schon eine unbedachte abfällige Bemerkung kann das Sinnempfinden nachhaltig stören. Das Gefühl, „für die Tonne" gearbeitet zu haben, hat eine besonders starke negative Wirkung. Natürlich lassen sich Misserfolge nicht immer vermeiden, sie gehören zum Alltag. Das bedeutet aber keineswegs, dass die investierte Arbeit sinnlos gewesen ist. Sie lässt schließlich Schlüsse für den weiteren Weg zu. Anders liegt der Fall, wenn eine Entscheidung „von oben" eine monate- oder jahrelange Arbeit ergebnislos beendet. In solchen Situationen wächst der Frust. Zwar kann die Entscheidung rational richtig fürs Unternehmen sein. Wenn die Führung sie aber falsch, zu spät oder gar nicht erläutert, treibt sie Mitarbeitende in die innere Kündigung. Es geht nicht ums Schönreden, aber vielleicht gibt es doch eine sinnvolle Erkenntnis aus der Situation? Vermeiden Sie Reaktionen wie: „Das hat eh alles keinen Sinn!" oder „War ja sowieso klar, dass das nichts werden konnte". Erörtern Sie im Team Fragen wie: Was können wir daraus lernen? Was können wir im nächsten Projekt anders machen? Manchmal gibt es jedoch selbst auf die besten Fragen keine guten Antworten. Seien Sie trotzdem präsent und zeigen Sie Verständnis für Frustration.

Hintergrundwissen: Arbeit für die Tonne – eine Autobahn in den Frust

Der Verhaltensökonom Dan Ariely und seine Kollegen wagten ein einfaches Experiment: Sie baten Studierende, bestimmte Lego-Figuren zusammenzubauen, und bezahlten pro fertiggestellte Figur einen bestimmten Geldbetrag. Die fertiggestellten Figuren wurden auf einen Tisch gestellt, so dass die Teilnehmenden sie sehen konnten. Die Teilnehmenden wussten jedoch, dass die Figuren später wieder auseinandergenommen und die Teile wiederverwendet werden würden. Im Schnitt bauten die Teilnehmenden elf Figuren, die der Versuchsleiter dankend entgegennahm.

In einer leicht veränderten Anordnung, der „Sisyphus-Version", baute der Versuchsleiter vor den Augen der Teilnehmenden die erste Lego-Figur wieder auseinander, während sein Gegenüber an einer zweiten arbeitete. Für den Bau der dritten Figur schob der Versuchsleiter die Einzelteile der ersten Figur herüber, die der Teilnehmer oder die Teilnehmerin eben noch zusammengebaut hatte. Die zunichtegemachte Arbeit war also offenkundig. In dieser Versuchsanordnung verging den Studierenden der Spaß am Bauen deutlich schneller. Sie bauten im Schnitt nur sieben Figuren.

„Indem wir die Arbeit der Studenten vor ihren Augen vernichteten, zerstörten wir die Freude am Lego-Bauen", resümiert Ariely. Obwohl beide Studierendengruppen wussten, dass ihre Bauten recycelt werden würden, erschien die Arbeit sinnlos, wenn das so deutlich sichtbar wurde.

Das Ergebnis ist nicht überraschend – oder doch? Sicherheitshalber befragte Ariely Studierende in einem dritten Experiment, in dem er die Versuche beschrieb, aber nicht durchführte. Die Teilnehmenden sollten schätzen, wie viele Figuren die Studierenden in der ersten und in der Sisyphus-Versuchsanordnung wohl bauen würden. Antwort: In der Sisyphus-Variante würde lediglich eine Figur weniger entstehen. Ganz offensichtlich unterschätzen wir, in welchem Ausmaß die Umstände die Wahrnehmung von Sinn und damit die Motivation beeinflussen (Ariely et al., 2008).

2.4.2 Arbeitstätigkeiten und Rollen gestalten

Durch die Veränderung von Rollen oder Aufgaben lässt sich das Erleben der Arbeit möglicherweise positiv bereichern. Hier sind einige Ideen dazu:

mehr Mitbestimmung ermöglichen: Überlegen Sie, ob Sie einigen Rollen mehr Mitbestimmung und Eigenverantwortung geben können. Vielleicht können Sie Entscheidungsbefugnisse erweitern oder andere Leitungsaufgaben auf andere Rollen verteilen. Möglicherweise können Sie so auf die Teilnahme an bestimmten Meetings verzichten und so auch für sich selbst mehr Freiraum schaffen.

Austauschformate schaffen: Diskutieren Sie mit Ihrem Team, welche Art von Austausch (z. B. Erfahrungsaustausch, Lerndialoge, sozialer Austausch) hilfreich wäre. Austausch kann den Zusammenhalt im Team sowie das Gefühl der Zugehörigkeit steigern. Vielleicht gibt es eine Person in Ihrem Team, die besondere Stärken in dieser Hinsicht hat und an die Sie die Organisation dieser Formate delegieren können.

eine gute Passung finden: Menschen empfinden eher einen Sinn in ihrer Arbeit, wenn sie zu ihnen passt (Hansen, 2013). Das gilt z. B. in Bezug auf Interessen, Persönlichkeit, Präferenzen, Stärken und Werte – und natürlich für die Qualifikation. Befragungen der vergangenen Jahre ergaben: Eine Mehrheit der Berufstätigen (53–60 %) fühlt sich genau richtig gefordert, 30–40 % allerdings fühlen sich unterfordert und 7–8 % überfordert (Dannhäuser & Däfler, 2016a; Schnell, 2018). Beides steht dem Gefühl von Sinnhaftigkeit im Wege und kann sich überdies negativ auf den Gemüts- und Gesundheitszustand auswirken. Symptome wie Erschöpfung, Gereiztheit, sozialer Rückzug können die Folge sein (Schnell, 2018). Es geht nicht um eine perfekte, sondern um eine möglichst gute Passung – und um eine Vermeidung von Konflikten zwischen der Arbeit und anderen wichtigen Aspekten der Persönlichkeit. In Bezug auf Werte ist es z. B. wichtig, dass Menschen grundsätzlich hinter den Unternehmenszielen stehen können und keine Widersprüche zu den eigenen Werten und Interessen erkennen (Schnell, 2018). In Bezug auf Stärken geht es darum, dass Menschen möglichst viele ihrer Stärken im Alltag anwenden können. Wie das am besten zu erreichen ist, müssen Sie nicht alleine entscheiden. Laden Sie Ihre Mitarbeitenden dazu ein, darüber nachzudenken, wie die Passung noch verbessert werden kann. Eine Möglichkeit ist z. B. das sogenannte Job Crafting (s. Kasten).

▶ **Praxistool: Job Crafting – ein Job nach Maß**

Jane Dutton und Amy Wrzesniewski haben vor gut zwei Jahrzehnten den Begriff *Job Crafting* eingeführt (Wrzesniewski & Dutton, 2001). Sie meinen damit die aktive Gestaltung der eigenen Tätigkeit – und zwar nicht durch die Führungskraft, sondern durch die Betroffenen selbst. Es geht darum, die Tätigkeit so zu ändern, dass das Sinnempfinden bei der Arbeit erhöht wird.

Job Crafting kann auf drei Ebenen abzielen: die eigentlichen Aufgaben, die Beziehungen sowie die inneren Einstellungen.

- *Gestaltung der Aufgaben („task crafting"):* Fast alle Arbeitsstellen umfassen Aufgaben, die verändert werden können, um der Stelle mehr Bedeutung zu verleihen. Mitarbeitende können zusätzliche Aufgaben übernehmen, die sie als sinnvoll empfinden. Sie können auch bestehende Aufgaben neu gewichten oder so verändern, dass sie z. B. mehr ihrer Stärken dabei einsetzen können.
- *Gestaltung der Beziehungen („relational crafting"):* Gute Verbindungen zu anderen Menschen können eine wichtige Sinnquelle sein. Vielleicht lassen sich innerhalb der bestehenden Tätigkeit neue Beziehungen aufbauen oder bestehende Beziehungen vertiefen.

- *Job Crafting durch veränderte Wahrnehmung („cognitive crafting"):* Ein bedeutender Aspekt der Arbeitsplatzanpassung ist die Einstellung zu den Beziehungen und Aufgaben, zum Beruf im Allgemeinen und zum Unternehmen oder der Organisation im Besonderen. Wir können unsere Wahrnehmung z. B. auf den Teil konzentrieren, der besonders sinnvoll ist, oder uns auf das größere Ziel besinnen, dem die Aufgabe dient. Oder wir können eine Aufgabe, die uns vielleicht schwerfällt, als ein Lernfeld sehen.

Metaanalysen der letzten Jahre haben gezeigt, dass Job Crafting in positivem Zusammenhang mit Engagement und Leistung steht (Boehnlein & Baum, 2022; Rudolph et al., 2017). Es ist besonders wirksam, wenn dadurch die Aufgabe anspruchsvoller wird und mehr Wachstumsmöglichkeiten bietet (Lichtenthaler & Fishbach, 2019).

Job Crafting erfolgt durch die betroffenen Mitarbeitenden selbst. Ihre Rolle als Führungskräfte ist es, die Mitarbeitenden dazu zu ermutigen und sie dabei zu unterstützen. Zugleich ist es Ihre Aufgabe, darauf zu achten, dass die Veränderungen im Rahmen der übergeordneten Ziele bleiben.

2.4.3 Erfüllung von Grundbedürfnissen erleichtern

Arbeit wird umso mehr als bedeutsam und sinnvoll empfunden, je stärker dabei unsere psychologischen Grundbedürfnisse erfüllt werden (Martela & Riekki, 2018). Aber Achtung: Führungskräfte sind nicht dafür verantwortlich, die psychologischen Bedürfnisse der Mitarbeitenden zu befriedigen. Sie tragen jedoch eine Verantwortung dafür, *Bedingungen* zu schaffen, unter denen Mitarbeitende ihre eigenen Bedürfnisse erfüllen können. Der Blick auf die Grundbedürfnisse lohnt sich in mehrfacher Hinsicht. Ihre Erfüllung steht in positivem Zusammenhang nicht nur mit Sinn, sondern auch mit Leistung, wie die umfangreiche Metaanalyse von Christopher Cerascoli und seinem Team (2016) gezeigt hat.

Zugehörigkeit ermöglichen: Ein Gefühl der Zugehörigkeit entsteht, wenn wir spüren, dass wir wichtig sind, z. B. für andere Menschen oder für das Erreichen bestimmter Ziele. Ein weiterer Aspekt der Zugehörigkeit ist das Gefühl, in den jeweiligen Kontext zu „passen", z. B. aufgrund von Gemeinsamkeiten (Hagerty et al., 1992). Das Gefühl, dazuzugehören, stärkt sowohl unsre Gesundheit als auch unser Sinnempfinden (Lambert et al., 2013; Schnell et al., 2019). Ausgrenzung oder gar Mobbing können es zerstören und uns physisch und mental beschädigen. Als Führungskraft können Sie Bedingungen schaffen, die ein Zugehörigkeitsgefühl wahrscheinlicher machen. Sorgen Sie für ein gutes Miteinander. Hier sind darüber hinaus ein paar konkrete Ideen:

- *Persönliche Verbindungen ermöglichen:* Sprechen Sie mit Ihrem Team, wie die Verbindung zwischen den Teammitgliedern gestärkt werden kann. Achten Sie darauf, dass sich alle Mitarbeitenden zu wenigstens einem oder zwei anderen zugehörig fühlen. Schaffen Sie Gelegenheiten zum Austausch (z. B. gemeinsame Pausen, formale und informelle Begegnungen, Team-Events). Insbesondere wenn Menschen im Homeoffice arbeiten, ist das wichtig. Achten Sie auf potenziell einsame Menschen, besonders dann, wenn diese sich in Übergängen befinden (z. B. durch eine neue Rolle, einen neuen Wohn- oder Arbeitsort, nach Trennungen oder Todesfällen). Wo sinnvoll, stellen Sie Verbindungen zwischen Teammitgliedern her.

- *Gegenseitige Unterstützung im Team fördern:* Unterstützung im Team kann z. B. durch Lerndialoge (s. Kap. 6) oder durch kollektive Fallberatung (s. nachfolgender Kasten) erfolgen. Ermutigen Sie auch informelle Arten der gegenseitigen Unterstützung. Erkundigen Sie sich nach Unterstützungsbedarfen, die möglicherweise nicht direkt mit der Arbeit zu tun haben. Wertschätzen Sie bereits vorhandene Unterstützungsaktivitäten. Wo sinnvoll, sorgen Sie für weitere Unterstützung oder bieten sie selbst welche an.
- *Individuelle Beiträge würdigen:* Verdeutlichen Sie den positiven Beitrag der individuellen Mitarbeitenden, z. B. zu den gemeinsamen Zielen, zur Atmosphäre im Team etc. Binden Sie sie bei Entscheidungen ein und zeigen Sie konkret auf, wie die Kompetenzen und Perspektiven der Mitarbeitenden in Ihre Entscheidungen einfließen.
- *Ausgrenzungen verhindern:* Eine starke Form von Ausgrenzung ist Mobbing. Es schädigt nicht nur das Sinnempfinden, sondern auch die Gesundheit. Suchen Sie bei Bedarf auch kompetente Unterstützung, z. B. aus dem Personalbereich. Aber übertreiben Sie es nicht: Ein bisschen über andere zu lästern, ist menschlich.

 Praxistool: kollegiale Fallberatung

Die kollegiale Fallberatung ist eine Form der gemeinsamen Beratung im Team oder unter beruflich Gleichgestellten. Eine Person (die „Fallgeberin") bringt eine Situation ein, für die gemeinsam in der Gruppe Lösungen gesucht werden. Es gibt verschiedene Varianten dieser Methode, von denen die meisten einem strukturierten Ablauf folgen. Eine sehr wirksame Variante wurde von Vera und Wilfried Schley (Schley & Schley, 2010) entwickelt. Sie besteht aus fünf Phasen.

1. Fallbeschreibung (5 min): Zunächst schildert die Fallgeberin in wenigen Minuten ihr Thema. Das Team stellt kurze Nachfragen. Danach wechselt die Fallgeberin in die Rolle einer Zuhörerin und überlässt den Teamkollegen die nächsten drei Schritte. (Manchmal ist es leichter, wenn die Fallgeberin dem Kreis der Kollegen den Rücken kehrt, sodass kein Blickkontakt besteht.)
2. Spiegelung des Wahrgenommenen (10 min): Das Team tausch sich darüber aus, was es gehört, gesehen und wahrgenommen hat.
3. Identifikation des (möglichen) Kernthemas (10 min): Das Team spekuliert darüber, was „das Thema hinter dem Thema" sein könnte.

2.4 Sinnempfinden fördern in der Praxis

4. Ratschläge (10 min): Hier werden Lösungsideen ausgetauscht und diskutiert.
5. Feedback (5 min): In dieser Phase kommt die Fallgeberin wieder zurück in den Kreis. Sie teilt mit dem Team ihre Gedanken zu folgenden Fragen (beispielhaft): Was hat mich angesprochen? Was hat mich überrascht? Welche Schlussfolgerungen ziehe ich daraus? Zuletzt bedankt sie sich beim Team.

Die kollegiale Fallberatung führt nicht nur zu möglichen Lösungen für konkrete Fälle, sondern kann auch das Gefühl von Zusammengehörigkeit und gegenseitiger Unterstützung stärken.

Autonomie fördern: Selbstbestimmtes Handeln erfordert Wahlmöglichkeiten und Spielräume. Für Führungskräfte, die ja Ergebnisverantwortung tragen, bedeutet das: Sie müssen auf die Bereitschaft und Fähigkeit der Mitarbeitenden vertrauen, Ergebnisse zu erreichen.

- *Partizipativ führen:* Beziehen Sie Ihre Mitarbeitenden in wichtige Entscheidungen ein, z. B. indem Sie ihre Meinung einholen oder Lösungsdiskussionen führen. Stellen Sie dabei offene Fragen und zeigen Sie Interesse und Wertschätzung für die Perspektiven der anderen.
- *Wissen teilen und Transparenz schaffen:* Selbstbestimmtes Handeln erfordert Wissen über Hintergründe und aktuelle Informationen. Teilen Sie Ihr Wissen, nicht nur in fachlicher Hinsicht, sondern auch darüber, wie das Unternehmen funktioniert.
- *Flexibilität ermöglichen:* Hier geht es um Spielräume für die Mitarbeitenden, z. B. in Bezug darauf, *wie* (oder auch wann, wo, mit wem) ein bestimmtes Ziel erreicht wird. Vielleicht können Sie auch flexible Arbeitszeiten bzw. Homeoffice anbieten.

Kompetenzerleben stärken: Menschen streben danach, sich als wirksam und kompetent zu erleben. Dazu gehört auch das Gefühl, Herausforderungen erfolgreich bewältigen zu können.

- *Die Expertise der Mitarbeitenden würdigen und nutzen:* Menschen wollen in dem, was sie sind und was sie tun, gesehen werden. Seien Sie also aufmerksam und würdigen Sie in angemessener Weise die Beiträge Ihrer Mitarbeitenden. Nutzen Sie bewusst die Expertise der Mitarbeitenden. Zeigen Sie auf, wie diese in Ihre Entscheidungen einfließt.
- *Stärkennutzung fördern:* Stärken sind Dinge, die wir gut können und die uns Energie geben. Je mehr unserer Stärken wir im Arbeitskontext nutzen können, desto positiver ist das Erleben der Arbeit (Harzer & Ruch, 2013). Daher ist es wichtig, die Stärken der Mitarbeitenden zu kennen – und Möglichkeiten zu schaffen, diese auch zu nutzen.

- *Gute Qualität ermöglichen*: Viele Menschen wollen einfach gute Arbeit machen. Sie ziehen Stolz daraus, ihr „Handwerk" zu beherrschen. Der amerikanische Sinnforscher Michael Pratt und sein Team nennen diese Haltung daher *Craftsmanship* (Handwerkskunst) *Orientation* (Pratt et al., 2013, S. 177). Wenn eine Arbeit etwa aus Zeitgründen nicht in guter Qualität geleistet werden kann, führt das leicht zu Frustration. Wertschätzen Sie daher die Qualität der Arbeit und achten Sie darauf, dass Menschen genug Zeit und Freiraum für gute Arbeit haben.

Für weitere Ideen (inkl. Mentoring, Coaching, Feedback geben) siehe Kap. 5 in diesem Band.

Gutes tun („Benefizienz") fördern: Anderen Gutes tun wirkt belohnend (Harbaugh et al., 2007) und stärkt das Sinnempfinden derjenigen, die es tun (Martela & Ryan, 2016; Bolino & Grant, 2016). Primär geht es hier also nicht um Sie als Akteur, sondern um Ihre Mitarbeitenden. Die Frage ist: Wie können Sie Bedingungen schaffen, die es Ihren Mitarbeitenden leichter machen, anderen etwas Gutes zu tun?

- *Prosoziales Verhalten im Team fördern:* Prosozial ist ein Verhalten, dass das Wohlbefinden von anderen Menschen unterstützt. Es steht in positivem Zusammenhang nicht nur mit Sinnempfinden, sondern auch mit Leistung, Produktivität, Lernen und Kundenzufriedenheit. Als Führungskraft haben Sie einen großen Einfluss darauf. Mitarbeitende neigen eher zu prosozialem Verhalten, wenn ihre Führungskräfte offen, vertrauensvoll und unterstützend agieren, Dankbarkeit ausdrücken und unterstützendes Verhalten wertschätzen (Bolino & Grant, 2016).
- *Ehrenämter unterstützen:* Etwa 40 % der Deutschen engagieren sich in Ehrenämtern. Das sind fast 29 Mio. Menschen, von denen vielleicht auch jemand in Ihrem Team arbeitet. Als Führungskraft können Sie deren Engagement unterstützen, z. B. durch Wertschätzung oder durch Freistellungen für ehrenamtliche Tätigkeiten.
- *Gemeinnützige Tätigkeiten initiieren:* Gemeinsam im Team einen halben Tag Bäume zu pflanzen oder andere gemeinnützige Tätigkeiten auszuüben, kann eine wunderbare und zutiefst sinnstiftende Aktivität sein. Zahlreiche Agenturen bieten Vermittlungen an gemeinnützige Organisationen an.
- *Spenden organisieren:* Viele Unternehmen fördern die Wohltätigkeit ihrer Angestellten durch Programme zur Spendenverdopplung. Das heißt, für jeden Euro, den Mitarbeitende für einen guten Zweck spenden, legt das Unternehmen einen weiteren Euro drauf. Einige Unternehmen belohnen gute Arbeit mit Spenden statt mit Boni. Aus einer Liste von möglichen Spendenempfängern können die belohnten Mitarbeitenden auswählen, für wen die Firma eine bestimmte Summe spendet (O'Brien & Kassirer, 2019; Aknin et al., 2022). Vielleicht können Sie so etwas in Ihrer Organisation anregen bzw. – falls schon vorhanden – bekannter machen.

2.5 Die richtige Balance

Zu viel des Guten kann schädlich sein. Das betrifft sowohl das *Stiften* als auch das *Empfinden* von Sinn. Achten Sie darauf, dass Sie es mit der Sinnstiftung nicht übertreiben. Werden Sie nicht zum Sinnapostel. Gerade wenn Sinnstiften einer Ihrer Stärken ist, besteht die Gefahr dazu. Bleiben Sie authentisch. Wenn Sie bisher wenig über Sinn gesprochen haben, empfehlen sich kleine Schritte. Vermeiden Sie Monologe, suchen Sie stattdessen den Dialog. Fragen Sie aktiv nach Feedback. Achten Sie auch bei Ihren Mitarbeitenden darauf, dass sie es nicht übertreiben.

Gleiches gilt für das *Sinnempfinden*. Die Gefahr liegt hier nicht in einer etwaigen Überdosis an Sinn, sondern in einer möglichen Selbstaufopferung als Folge eines starken Sinnempfindens. Das kommt besonders häufig in Berufen oder Ehrenämtern vor, in denen Menschen unmittelbar die Wirkung ihrer Arbeit auf andere Menschen, Tiere oder die Umwelt erleben, also etwa in den Bereichen Gesundheit, Soziales, Bildung oder Naturschutz. Wenn Menschen eine besonders starke Leidenschaft für ihre Aufgaben empfinden, kann das zur Vernachlässigung der eigenen Gesundheit oder anderer Bedürfnisse und Interessen führen. Wenn sich die Leidenschaft kaum noch steuern lässt, kann sie schnell zur Belastung werden – für die leidenschaftliche Person ebenso wie für ihre Umwelt (s. Kasten „wenn die Leidenschaft zur Falle wird"). Als Führungskraft sollten Sie auf eine gute Balance achten. Mit Selbstaufopferung ist auf Dauer niemandem gedient. Bei Bedarf ermuntern und unterstützen Sie besonders uneigennützige Mitarbeitende darin, auch für sich selbst zu sorgen. Im Fall von obsessiver, außer Kontrolle geratener Leidenschaft für eine gute Sache ermuntern Sie die Betroffenen, auch andere Aktivitäten in ihrem Leben zu verfolgen. Gegebenenfalls holen Sie Expertenrat ein.

 Hintergrundwissen: wenn die Leidenschaft zur Falle wird

Der kanadische Psychologe Robert Vallerand unterscheidet zwischen zwei Formen von Leidenschaft: harmonisch und obsessiv. In beiden Fällen geht es um Tätigkeiten oder Dinge, die wir lieben und wertvoll finden. Bei der harmonischen Leidenschaft stehen diese Tätigkeiten oder Dinge in Harmonie zu anderen Aktivitäten des Lebens. Diese Harmonie gerät bei der obsessiven Leidenschaft aus den Fugen. Der Hang zu diesen Dingen oder Tätigkeiten kann möglicherweise nicht mehr kontrolliert werden. Beide Formen von Leidenschaft können zu ausgezeichneter Leistung führen. Obsessive Leidenschaft hat jedoch häufig unerwünschte Nebenwirkungen, z. B. das Gefühl von Überlastung und Kontrollverlust bis hin zum Burnout. Der Grund liegt oft darin, dass wir nach Beendigung der Tätigkeit nicht abschalten und uns anderen Aktivitäten unseres Lebens widmen können. Obsessive Leidenschaft kann auch Folgen für andere Menschen haben, etwa durch die Übertragung von negativen Emotionen und durch konfliktreiche

> Beziehungen. Selbst positive Aktivitäten wie etwa Yoga können schaden, wenn wir sie mit obsessiver Leidenschaft ausführen. Statt der sonst auftretenden positiven gesundheitlichen Effekte empfinden wir verstärkt negative Emotionen. Bei harmonischer Leidenschaft treten diese negativen Effekte nicht auf. Jede Leidenschaft hat ihre guten Seiten (gute Leistung, hohe Energie), doch nur die harmonische Leidenschaft geht mit positiven Nebenwirkungen einher, z. B. in Bezug auf unsere Gesundheit und die Qualität unserer Beziehungen (Vallerand, 2015).

2.6 Zusammenfassung

Sinnstiften als Führungsaufgabe:

- Führungskräfte können vieles tun (und sollten manches vermeiden), um Sinnempfinden zu unterstützen.
- Sinnstiften ist einfacher, als viele denken.

Sinn ist sinnvoll:

- Eine von den Mitarbeitenden als sinnvoll erlebte Arbeit steht in positivem Zusammenhang mit vielen wünschenswerten Faktoren, z. B. Leistung, Arbeitszufriedenheit, Lebenszufriedenheit und Gesundheit.
- Auf der Ebene der Gesamtorganisation sind die Befunde für die Wirkung eines definierten Unternehmenssinns (Purpose) uneindeutig. Evidenzen deuten aber darauf hin, dass ein Purpose sich dann positiv auf finanzielle Indikatoren auswirkt, wenn es mit Klarheit der Führung einhergeht.

Sinnvolle Arbeit:

- Es mag überraschen: Sinn in der Arbeit ist weit verbreitet. Die meisten Menschen haben das Gefühl, ihre Arbeit ist sinnvoll. Dennoch wünschen sich Menschen mehr Sinn – und sind laut Befragungen auch bereit, dafür weniger Gehalt in Kauf zu nehmen.
- Zwei Quellen von Sinn der Arbeit sind besonders wichtig: der Beitrag zu einem bedeutsamen Ziel und ein positives Erleben der Arbeit (z. B. durch eine hohe Passung, durch Wertschätzung und Zugehörigkeit).

Sinnempfinden in der Praxis fördern:

- Die meisten Menschen haben das Gefühl, ihre Arbeit sei sinnvoll. Führungskräfte sollten es vermeiden, dieses Sinnempfinden zu beschädigen, z. B. durch unfaire Behandlung oder durch Erteilen offensichtlich sinnloser Aufgaben.
- Es ist eine Illusion, zu glauben, Führungskräfte könnten den Mitarbeitenden die Bedeutsamkeit ihrer Arbeit erklären. Das ist auch nicht notwendig, denn Menschen finden oft selbst einen Sinn in ihrem Handeln. Aber Sie können mit den Mitarbeitenden ins Gespräch darüber kommen und z. B. Ihr eigenes Sinnempfinden teilen. Durch Klarheit und Transparenz können Sie außerdem Zusammenhänge sichtbar machen und so zu einem positiven Sinnentstehungsprozess beitragen.
- Führungskräfte haben einen großen Einfluss darauf, wie Menschen ihre Arbeit erleben. Das wiederum beeinflusst das arbeitsbezogene Sinnempfinden der Menschen. Ein positives Arbeitserleben kann z. B. gefördert werden durch einen wertschätzenden Umgang miteinander, durch eine hohe Passung (Übereinstimmung von persönlichen Fähigkeiten, Stärken, Werten etc. und den Anforderungen der Arbeit) und durch eine Art der Begleitung, die es den Mitarbeitenden ermöglicht, ihre Grundbedürfnisse zu erfüllen.

Die richtige Balance:

- Auch beim Thema Sinn ist eine gute Balance wichtig. Ein sehr starkes Sinnempfinden kann z. B. zu einer Überbetonung bestimmter Handlungen führen, die wiederum die Vernachlässigung anderer relevanter Aspekte (z. B. Gesundheit, Familie) zur Folge haben kann.

Literatur

Achor, S., Reece, A., Kellerman, G. R., & Robichaux, A. (2018). 9 out of 10 people are willing to earn less money to do more meaningful work. *Harvard business review, 96*(6), 82–89.

Aknin, L. B., Hamlin, J. K., & Dunn, E. W. (2012). Giving leads to happiness in young children. *PLoS ONE, 7*(6), e39211. https://doi.org/10.1371/journal.pone.0039211.

Aknin, L. B., Dunn, E. W., & Whillans, A. V. (2022). The emotional rewards of prosocial spending are robust and replicable in large samples. *Current Directions in Psychological Science, 31*(6), 536–545. https://doi.org/10.1177/09637214221121100.

Allan, B. A., Batz-Barbarich, C., Sterling, H. M., & Tay, L. (2019). Outcomes of meaningful work: A meta-analysis. *Journal of Management Studies, 56*(3), 500–528. https://doi.org/10.1111/joms.12406.

Anik, L., Aknin, L. B., Norton, M. I., Dunn, E. W., & Quoidbach, J. (2013). Prosocial bonuses increase employee satisfaction and team performance. *PLoS ONE, 8*(9), 75509. https://doi.org/10.1371/journal.pone.0075509.

Ariely, D., Kamenica, E., & Prelec, D. (2008). Man's search for meaning: The case of Legos. *Journal of Economic Behavior & Organization, 67*(3–4), 671–677. https://doi.org/10.1016/j.jebo.2008.01.004.

Badura, B., Ducki, A., Schröder, H., Klose, J., & Meyer, M. (Hrsg.). (2018). *Fehlzeiten-Report 2018: Sinn erleben – Arbeit und Gesundheit*. Springer (Fehlzeiten-Report).

Bailey, C., & Madden, A. (2016). What makes work meaningful – Or meaningless. New research offers insights into what gives work meaning, as well as into common management mistakes that can leave employees feeling that their work is meaningless. *MIT Sloan Management Review, 57*(4), 53–61.

Bartkus, B., Glassman, M., & McAfee, B. (2006). Mission statement quality and financial performance. *European Management Journal, 24*(1), 86–94. https://doi.org/10.1016/j.emj.2005.12.010.

Bartlett, C. A., & Ghoshal, S. (1994). Changing the role of top management: Beyond strategy to purpose. *Harvard business review, 72*(6), 79–88.

Bartlett, C. A., & Ghoshal, S. (1995). Changing the role of top management: Beyond systems to people. *Harvard business review, 73*(3), 132–142.

Baumeister, R. F. (1991). *Meanings of life*. Guilford press.

Berg, J. M., Dutton, J. E., & Wrzesniewski, A. (2013). Job Crafting and meaningful work. In J. D. Bryan, S. B. Zinta, & F. S. Michael (Hrsg.), *Purpose and meaning in the workplace* (S. 81–104). American Psychological Association.

Boehnlein, P., & Baum, M. (2022). Does job crafting always lead to employee well-being and performance? Meta-analytical evidence on the moderating role of societal culture. *The International Journal of Human Resource Management, 33*(4), 647–685. https://doi.org/10.1080/09585192.2020.1737177.

Bolino, M. C., & Grant, A. M. (2016). The bright side of being prosocial at work, and the dark side, too: A review and agenda for research on other-oriented motives, behavior, and impact in organizations. *Academy of Management Annals, 10*(1), 599–670.

Bundesministerium für Familie, Senioren, Frauen und Jugend. (18.03.2021). Zahlen, Daten, Fakten zur Entwicklung des freiwilligen Engagements in Deutschland. Erste Ergebnisse des 5. Deutschen Freiwilligensurveys liegen vor. https://www.bmfsfj.de/bmfsfj/aktuelles/presse/pressemitteilungen/zahlen-daten-fakten-zur-entwicklung-des-freiwilligen-engagements-in-deutschland--176840. Zugegriffen: 19. März 2024.

Caldwell, C., Floyd, L., Taylor, J., & Woodard, B. (2014). Beneficence as a source of competitive advantage. *Journal of Management Development, 33*(10), 1057–1079. https://doi.org/10.1108/JMD-01-2013-0007.

Cameron, K., Dutton, J., & Quinn, R. E. (Hrsg.). (2003). *Positive organizational scholarship: Foundations of a new discipline*. Berrett-Koehler Publishers.

Carpentier, J., & Mageau, G. A. (2013). When change-oriented feedback enhances motivation, well-being and performance: A look at autonomy-supportive feedback in sport. *Psychology of Sport and Exercise, 14*(3), 423–435. https://doi.org/10.1016/j.psychsport.2013.01.003.

Cassar, L., & Meier, S. (2018). Nonmonetary incentives and the implications of work as a source of meaning. *Journal of Economic Perspectives, 32*(3), 215–238.

Cerasoli, C. P., Nicklin, J. M., & Nassrelgrgawi, A. S. (2016). Performance, incentives, and needs for autonomy, competence, and relatedness: a meta-analysis. *Motivation and Emotion, 40*(6), 781–813. https://doi.org/10.1007/s11031-016-9578-2.

Literatur

Chirkov, V. I., Ryan, R. M., & Sheldon, K. M. (Hrsg.). (2011). *Human autonomy in cross-cultural context*. Springer Netherlands (Cross-Cultural Advancements in Positive Psychology).

Craig, N., & Snook, S. (2014). From purpose to impact: Figure out your passion and put it to work. *Harvard business review, 92*(5), 105–111.

Crum, A. J., & Langer, E. J. (2007). Mind-set matters. *Psychological Science, 18*(2), 165–171. https://doi.org/10.1111/j.1467-9280.2007.01867.x.

IST Hochschule für Management. (28.04.2016). Studie „Glücklich im Beruf" veröffentlicht. https://www.ist-hochschule.de/blog/studie-gluecklich-im-beruf-veroeffentlicht/. Zugegriffen: 20. März 2024.

Däfler, M.-N., & Dannhäuser, R. (Hrsg.). (2016a). *Glücklicher im Beruf ... mit der Kompass-Strategie*. Springer Fachmedien Wiesbaden GmbH.

Däfler, M.-N., & Dannhäuser, R. (2016b). Bestandsaufnahme. In M.-N. Däfler & R. Dannhäuser (Hrsg.), *Glücklicher im Beruf ... mit der Kompass-Strategie* (S. 1–21). Springer Fachmedien Wiesbaden GmbH.

David, M. E., & David, F.R. (2014). Mission statement theory and practice: a content analysis and new direction. *International Journal of Business, Marketing, & Decision Science 7* (1), 95–110. https://www.strategyclub.com/wp-content/uploads/2014/09/David-pdf-file.pdf. Zugegriffen: 20. März 2024.

Desmidt, S., Prinzie, A., & Decramer, A. (2011). Looking for the value of mission statements: A meta-analysis of 20 years of research. *Management Decision, 49*(3), 468–483. https://doi.org/10.1108/00251741111120806.

Dik, B. J., Byrne, Z. S., & Steger, M. F. (Hrsg.). (2013). *Purpose and meaning in the workplace*. American Psychological Association.

Dunn, E. W., Aknin, L. B., & Norton, M. I. (2008). Spending money on others promotes happiness. *Science, 319*(5870), 1687–1688. https://doi.org/10.1126/science.1150952.

Dunn, E. W., Aknin, L. B., & Norton, M. I. (2014). Prosocial spending and happiness: using money to benefit others pays off. *Current Directions in Psychological Science, 23*(1), 41–47. https://doi.org/10.1177/0963721413512503.

Dunnette, M. D., & Hough, L. M. (Hrsg.). (1991). *Handbook of industrial and organizational psychology* (2. Aufl.). Consulting Psychologists Press.

Dutton, J. E. (2003). *Energize your workplace. How to create and sustain high-quality connections at work*. Jossey-Bass (University of Michigan Business School management series).

Dutton, J. E., & Heaphy, E. D. (2003). The power of high quality connections. In K. Cameron, J. Dutton, & R. E. Quinn (Hrsg.), *Positive organizational scholarship: Foundations of a new discipline* (S. 262–278). Berrett-Koehler Publishers.

Felfe, J., Krick, A., & Reiner, A. (2018). Wie kann Führung Sinn stiften? – Bedeutung der Vermittlung von Sinn für die Gesundheit. In B. Badura, A. Ducki, H. Schröder, J. Klose, & M. Meyer (Hrsg.), *Fehlzeiten-Report 2018: Sinn erleben – Arbeit und Gesundheit* (S. 213–223). Springer.

Frémeaux, S., & Pavageau, B. (2022). Meaningful leadership: How can leaders contribute to meaningful work? *Journal of Management Inquiry, 31*(1), 54–66. https://doi.org/10.1177/1056492619897126.

Gagné, M., & Bhave, D. (2011). Autonomy in the workplace: An essential ingredient to employee engagement and well-being in every culture. In: I. C. Valery, M. R., Richard, & M. S. Kennon (Hrsg.), *Human autonomy in cross-cultural context* (Bd. 1, S. 163–187). Springer Netherlands (Cross-Cultural Advancements in Positive Psychology).

Gartenberg, C., Prat, A., & Serafeim, G. (2019). Corporate purpose and financial performance. *Organization Science, 30*(1), 1–18.

Grant, A. M. (2008a). Employees without a cause: The motivational effects of prosocial impact in public service. *International Public Management Journal, 11*(1), 48–66. https://doi.org/10.1080/10967490801887905.

Grant, A. M. (2008b). The significance of task significance: Job performance effects, relational mechanisms, and boundary conditions. *Journal of Applied Psychology, 93*(1), 108–124. https://doi.org/10.1037/0021-9010.93.1.108.

Hackman, J. R., & Oldham, G. R. (1976). Motivation through the design of work: Test of a theory. *Organizational Behavior and Human Performance, 16*(2), 250–279. https://doi.org/10.1016/0030-5073(76)90016-7.

Hagerty, B. M., Lynch-Sauer, J., Patusky, K. L., Bouwsema, M., & Collier, P. (1992). Sense of belonging: A vital mental health concept. *Archives of psychiatric nursing, 6*(3), 172–177. https://doi.org/10.1016/0883-9417(92)90028-h.

Hansen, J.-I.C. (2013). A person-environment fit approach to cultivation meaning. In J. D. Bryan, S. B. Zinta, & F. S. Michael (Hrsg.), *Purpose and meaning in the workplace* (S. 37–55). American Psychological Association.

Harbaugh, W. T., Mayr, U., & Burghart, D. R. (2007). Neural responses to taxation and voluntary giving reveal motives for charitable donations. *Science, 316*(5831), 1622–1625. https://doi.org/10.1126/science.1140738.

Hardering, F. (2018). Die Sinnsuche der Generation Y. Zum Wandel von Ansprüchen an den Sinn (in) der Arbeit. In B. Badura, A. Ducki, H. Schröder, J. Klose, & M. Meyer (Hrsg.), *Fehlzeiten-Report 2018: Sinn erleben – Arbeit und Gesundheit*. Springer.

Harzer, C., & Ruch, W. (2013). The application of signature character strengths and positive experiences at work. *Journal of Happiness Studies: An Interdisciplinary Forum on Subjective Well-Being, 14*(3), 965–983. https://doi.org/10.1007/s10902-012-9364-0.

Henderson, R., & van Steen, E. (2015). Why do firms have „purpose"? The firm's role as a carrier of identity and reputation. *American Economic Review, 105*(5), 326–330. https://doi.org/10.1257/aer.p20151072.

Ilgen, D. R., & Hollenbeck, J. R. (1991). The structure of work: Job design and roles. In M. Dunnette & L. M. Hough (Hrsg.), *Handbook of industrial and organizational psychology* (2. Aufl., S. 165–207). Consulting Psychologists Press.

Kosfeld, M., Neckermann, S., & Yang, X. (2017). The effects of financial and recognition incentives across work contexts: The role of meaning. *Economic Inquiry, 55*(1), 237–247. https://doi.org/10.1111/ecin.12350.

Kreitler, S., & Urbánek, T. (Hrsg.). (2014). *Conceptions of meaning*. Nova Publishers (Perspectives on cognitive psychology).

Lambert, N. M., Stillman, T. F., Hicks, J. A., Kamble, S., Baumeister, R. F., & Fincham, F. D. (2013). To belong is to matter. *Personality and Social Psychology Bulletin, 39*(11), 1418–1427. https://doi.org/10.1177/0146167213499186.

Lavigne, G. L., Forest, J., Fernet, C., & Crevier-Braud, L. (2014). Passion at work and workers' evaluations of job demands and resources: A longitudinal study. *Journal of Applied Social Psychology, 44*(4), 255–265. https://doi.org/10.1111/jasp.12209.

Lichtenthaler, P. W., & Fischbach, A. (2019). A meta-analysis on promotion- and prevention-focused job crafting. *European Journal of Work and Organizational Psychology, 28*(1), 30–50. https://doi.org/10.1080/1359432X.2018.1527767.

Linley, P. A., Harrington, S., & Garcea, N. (Hrsg.). (2010). *Oxford handbook of positive psychology and work*. Oxford University Press (Oxford library of psychology).

Lips-Wiersma, M., & Morris, L. (2009). Discriminating between ‚Meaningful Work' and the ‚Management of Meaning'. *Journal of business ethics, 88*(3), 491–511. https://doi.org/10.1007/s10551-009-0118-9.

Lips-Wiersma, M., Bailey, C., Madden, A., & Morris, L. (2022). Why we don't talk about meaning at work. *MIT Sloan Management Review*, Juni 07.

Littman-Ovadia, H., & Steger, M. (2010). Character strengths and well-being among volunteers and employees: Toward an integrative model. *The Journal of Positive Psychology, 5*(6), 419–430. https://doi.org/10.1080/17439760.2010.516765.

Lysova, E. I., Allan, B. A., Dik, B. J., Duffy, R. D., & Steger, M. F. (2019). Fostering meaningful work in organizations: A multi-level review and integration. *Journal of vocational behavior, 110,* 374–389. https://doi.org/10.1016/j.jvb.2018.07.004.

Martela, F., & Riekki, T. J. J. (2018). Autonomy, competence, relatedness, and beneficence: A multicultural comparison of the four pathways to meaningful work. *Frontiers in Psychology 9,* Artikel 1157. https://doi.org/10.3389/fpsyg.2018.01157.

Martela, F., & Ryan, R. M. (2016). The benefits of benevolence: Basic psychological needs, beneficence, and the enhancement of well-being. *Journal of Personality, 84*(6), 750–764. https://doi.org/10.1111/jopy.12215.

Martela, F., Ryan, R. M., & Steger, M. F. (2018). Meaningfulness as satisfaction of autonomy, competence, relatedness, and beneficence: Comparing the four satisfactions and positive affect as predictors of meaning in life. *Journal of Happiness Studies, 19*(5), 1261–1282. https://doi.org/10.1007/s10902-017-9869-7.

Martela, F., & Steger, M. F. (2016). The three meanings of meaning in life: Distinguishing coherence, purpose, and significance. *The Journal of Positive Psychology, 11*(5), 531–545. https://doi.org/10.1080/17439760.2015.1137623.

Nikolova, M., & Cnossen, F. (2020). What makes work meaningful and why economists should care about it. *Labour Economics, 65,* 101847. https://doi.org/10.1016/j.labeco.2020.101847.

O'Brien, E., & Kassirer, S. (2019). People are slow to adapt to the warm glow of giving. *Psychological Science, 30*(2), 193–204. https://doi.org/10.1177/0956797618814145.

Pouthier, V. (2017). Griping and joking as identification rituals and tools for engagement in cross-boundary team meetings. *Organization Studies, 38*(6), 753–774. https://doi.org/10.1177/0170840616685358.

Pratt, M., Pradies, C., & Lpisto, D. A. (2013). Doing well, doing good and doing with: Organizational practices for effectively cultivating meaningful work. In B. J. Dik, S. Z. Byrne, & M. F. Steger (Hrsg.), *Purpose and meaning in the workplace* (S. 173–196). American Psychological Association.

Rudolph, C. W., Katz, I. M., Lavigne, K. N., & Zacher, H. (2017). Job crafting. A meta-analysis of relationships with individual differences, job characteristics, and work outcomes. *Journal of vocational behavior, 102*(6), 112–138. https://doi.org/10.1016/j.jvb.2017.05.008.

Schley, V., & Schley, W. (2010). *Handbuch Kollegiales Team-Coaching. Systemische Beratung in Aktion.* Studien Verlag.

Schnell, T. (2014). Meaning in life operationalized: An empirical approach to existential psychology. In S. Kreitler & T. Urbánek (Hrsg.), *Conceptions of meaning* (S. 173–194). Nova Publishers (Perspectives on cognitive psychology).

Schnell, T. (2018). Von Lebenssinn und Sinn in der Arbeit. In B. Badura, A. Ducki, H. Schröder, J. Klose, & M. Meyer (Hrsg.), *Fehlzeiten-Report 2018. Sinn erleben – Arbeit und Gesundheit* (S. 11–21). Springer Berlin Heidelberg (Fehlzeiten-Report).

Schnell, T., Höge, T., & Weber, W. G. (2019). „Belonging" and its relationship to the experience of meaningful work. In R. Yeoman, C. Bailey, A. Madden, & M. Thompson (Hrsg.), *The Oxford handbook of meaningful work* (S. 165–185). Oxford University Press (Oxford Handbooks).

Schnell, T. (2020). *Psychologie des Lebenssinns* (2. Aufl.). Springer.

Smith, I. H., & Kouchaki, M. (2023). Personal purpose and values narrow the gap between company and employee purpose. *Harvard Business Review*, November, 02.

Schröder, M. (2020). *Wann sind wir wirklich zufrieden? Überraschende Erkenntnisse zu Arbeit, Liebe, Kindern, Geld*. C. Bertelsmann.

Song, Y., Broekhuizen, M. L., & Dubas, J. S. (2020). Happy little benefactor: Prosocial behaviors promote happiness in young children from two cultures. *Frontiers in Psychology*, 11, Artikel 1398. https://doi.org/10.3389/fpsyg.2020.01398.

Steger, M. F. (2019). Meaning in life and in work. In R. Yeoman, C. Bailey, A. Madden, & M. Thompson (Hrsg.), *The Oxford handbook of meaningful work* (S. 207–220). Oxford University Press.

Steger, M. F., & Dik, B. J. (2010). Work as meaning: Individual and organizational benefits of engaging in meaningful work. In P. A. Linley, S. Harrington, & N. Garcea (Hrsg.), *Oxford handbook of positive psychology and work*. Oxford University Press (Oxford library of psychology).

Steger, M. F., Dik, B. J., & Duffy, R. D. (2012). Measuring meaningful work. *Journal of Career Assessment, 20*(3), 322–337. https://doi.org/10.1177/1069072711436160.

Stone, D. N., Deci, E. L., & Ryan, R. M. (2009). Beyond talk: Creating autonomous motivation through self-determination theory. *Journal of General Management, 34*(3), 75–91. https://doi.org/10.1177/030630700903400305.

Tims, M., Derks, D., & Bakker, A. B. (2016). Job crafting and its relationships with person-job fit and meaningfulness: A three-wave study. *Journal of vocational behavior, 92*, 44–53. https://doi.org/10.1016/j.jvb.2015.11.007.

Vallerand, R. J. (2015). *The psychology of passion: A dualistic model*. Oxford University Press (Series in Positive Psychology).

van Tuin, L., Schaufeli, W. B., van den Broeck, A., & van Rhenen, W. (2020). A corporate purpose as an antecedent to employee motivation and work engagement. *Frontiers in Psychology* 11, Artikel 572343. https://doi.org/10.3389/fpsyg.2020.572343.

van Wingerden, J., & Poell, R. F. (2019). Meaningful work and resilience among teachers: The mediating role of work engagement and job crafting. *PLoS ONE, 14*(9), e0222518. https://doi.org/10.1371/journal.pone.0222518.

van Wingerden, J., & van der Stoep, J. (2018). The motivational potential of meaningful work: Relationships with strengths use, work engagement, and performance. *PLoS ONE, 13*(6), e0197599. https://doi.org/10.1371/journal.pone.0197599.

Wassink, S. G., van Wingerden, J., & Poell, R. F. (2022). Correction: Meaningful work and resilience among teachers: The mediating role of work engagement and job crafting. *PLoS ONE, 17*(5), e0269347.

Weeks, K. P., & Schaffert, C. (2019). Generational differences in definitions of meaningful work: A mixed methods study. *Journal of business ethics, 156*, 1045–1061.

Weinstein, N., Ryan, R. M., & Deci, E. L. (2012). Motivation, meaning, and wellness: A self-determination perspective on the creation and internalization of personal meanings and life goals. In P. T. P. Wong (Hrsg.), *The human quest for meaning: Theories, research, and applications* (2. Aufl., S. 81–106). Routledge/Taylor & Francis Group.

Wong, P. T. P. (Hrsg.). (2012). *The human quest for meaning: Theories, research, and applications* (2. Aufl.). Routledge/Taylor & Francis Group (Personality and clinical psychology series).

Wrzesniewski, A., & Dutton, J. E. (2001). Crafting a job: Revisioning employees as active crafters of their work. *The Academy of Management Review, 26*(2), 179–201. https://doi.org/10.2307/259118.

Yeoman, R. (2014). Conceptualising meaningful work as a fundamental human need. *Journal of business ethics, 125*, 235–251.

Yeoman, R., Bailey, C., Madden, A., & Thompson, M. (Hrsg.). (2019). *The Oxford handbook of meaningful work*. Oxford University Press (Oxford Handbooks).

Gesundheitsförderlich führen 3

Inhaltsverzeichnis

3.1 Einführung: Gesundheit in Unternehmen und Organisationen 44
    3.1.1 Wie gesund sind Menschen in Unternehmen und Organisationen?. 44
    3.1.2 Gesundheit ist mehr als die Abwesenheit von Krankheit 46
3.2 Gesundheitsförderliches Führen 48
    3.2.1 Haltung: Gesundheit ist wichtig. 50
    3.2.2 Bewusstheit und Achtsamkeit: die Signale erkennen. 50
    3.2.3 Verhalten: aktiv für Wohlbefinden sorgen 51
3.3 Guter Umgang mit Stress. 52
    3.3.1 Körperliche Reaktion bei Stress. 53
    3.3.2 Auslöser für Stress. 54
    3.3.3 Die Wirkung von Stress hängt auch von der Person ab 55
    3.3.4 Was können Sie tun? Drei Stoßrichtungen im Umgang mit Stress 57
        3.3.4.1 Unnötige Ursachen von Stress vermeiden 57
        3.3.4.2 Ausgleich schaffen 59
        3.3.4.3 Ressourcen zur Stressbewältigung stärken. 59
3.4 Gesunde Umgebungen schaffen. 60
    3.4.1 Gesunde soziale Umgebung schaffen 61
    3.4.2 Kontakt zur Natur ermöglichen 63
    3.4.3 Akustische Bürogestaltung 66
3.5 Betriebliches Gesundheitsmanagement (BGM) unterstützen 67
    3.5.1 Angebote prüfen und erweitern 68
    3.5.2 Nachfrage fördern 70
3.6 Zusammenfassung 71
Literatur. 72

© Der/die Autor(en), exklusiv lizenziert an Springer-Verlag GmbH, DE, ein Teil von
Springer Nature 2025
W. Pentz, *Positive Psychologie und Führung – ein Praxisleitfaden,* Positive Psychologie
kompakt, https://doi.org/10.1007/978-3-662-70117-1_3

Überblick

- Wie es um Gesundheit in Unternehmen steht
- Warum es ethisch und ökonomisch geboten ist, Gesundheit zu fördern
- Was es heißt, gesundheitsfördernd zu führen
- Wie Sie gut mit Stress umgehen können
- Wie Sie das betriebliche Gesundheitsmanagement unterstützen können
- Wie Sie eine gesunde Umgebung schaffen können

3.1 Einführung: Gesundheit in Unternehmen und Organisationen

3.1.1 Wie gesund sind Menschen in Unternehmen und Organisationen?

Wie würden Sie selbst Ihren eigenen Gesundheitszustand auf einer Skala von 1 (extrem schlecht) bis 10 (extrem gut) einschätzen? Mit dieser Frage setzte sich eine Online-Befragung im Auftrag der pronova BKK (Arbeiten 2023) auseinander. Die Ergebnisse waren durchaus erfreulich: 69 % der über 1000 Teilnehmenden zeigten sich äußerst zufrieden mit ihrem Gesundheitszustand und platzierten sich selbst im oberen Bereich der Skala (7–10). 20 % verortete sich in den mittelmäßigen Gefilden (5–6), während 11 % ihre Gesundheit auf der Skala der Selbsteinschätzung am unteren Ende ansiedelten – von eher schlecht bis hin zu sehr schlecht (1–4).

Eine weitere Perspektive bietet der Blick auf die Krankenstände. Die ca. 5,7 Mio. Arbeitnehmenden, die bei der Techniker Krankenkasse versichert sind, waren im Jahr 2023 durchschnittlich 19,4 Tage krank. Das ist gegenüber dem Rekordjahr 2022 nochmal ein Anstieg um 0,4 Tage. Am häufigsten traten Erkältungskrankheiten auf (5,1 Fehltage), gefolgt von psychischen Erkrankungen (3,6 Fehltage) und Krankheiten des Muskel- und Skelettsystems (2,8 Fehltage), darunter die „Volkskrankheit" Rückenschmerzen. Die Häufigkeit psychischer Erkrankungen ist im Vergleich zum Jahr 2000 um 130 % angestiegen. Diese Entwicklung verdeutlicht, wie wichtig es ist, physische und psychische Aspekte gemeinsam zu betrachten (Grobe & Bessel, 2023). Die Krankenstände variieren je nach Branche und Berufsart. Die körperlich anstrengenden Berufe weisen einen deutlich höheren Krankenstand auf als weniger anstrengende Berufe (s. Kasten).

> **📖 Hintergrundwissen: Krankenstand in ausgewählten Berufen (in Tagen pro Jahr)**
>
> | | |
> |---|---|
> | Metallverarbeitende Berufe | 28,0 |
> | Gesundheitsberufe | 20,8 |
> | Sozial- und Erziehungsberufe | 20,6 |
> | Ordnungs- und Sicherheitsberufe | 20,5 |
> | Agrarberufe | 19,6 |
> | Medien- und geisteswissenschaftliche Berufe | 14.8 |
> | Verwaltungs-, Wissenschafts- und sozialwissenschaftliche Berufe | 13,9 |
>
> (Quelle: Grobe & Bessel, 2023)

Doch Fehltage allein geben uns kein verlässliches Bild über die Gesundheit in Organisationen. Nicht jeder, der sich krankmeldet, ist wirklich krank (pronova, 2023). Und nicht jede, die zur Arbeit erscheint, ist wirklich gesund. Vielleicht sind Sie auch schon mal zur Arbeit gegangen, obwohl Sie eigentlich krank waren. Falls ja, sind Sie damit nicht allein. Jede/r Zweite entschließt sich zumindest gelegentlich dazu und jede/r Vierte sogar oft. Das zeigte eine Studie der Techniker Krankenkasse (Walter et al., 2022). Selbst grippale Infekte mit Fieber halten demnach viele Menschen nicht davon ab, zur Arbeit zu gehen (Chevalier & Kaluza, 2015). Das Phänomen, dass Menschen trotz Krankheit zur Arbeit gehen, nennen Wissenschaftler Präsentismus. Es zeigt sich tendenziell häufiger bei Frauen, bei jüngeren Personen und bei Mitarbeitenden kleiner Unternehmen (Walter et al., 2022). Ein wesentlicher Grund für dieses Verhalten sind offenbar Schuldgefühle. Fast zwei Drittel haben ein schlechtes Gewissen, wenn sie sich krankmelden (pronova, 2018). Weitere Gründe: Man möchte gesundheitliche Probleme nicht gerne zugeben, anderen nicht zur Last fallen oder wichtige Termine versäumen. Hinzu kommt: Viele Menschen gehen einfach gerne zur Arbeit. Tatsächlich steht Präsentismus in einem positiven Zusammenhang mit Arbeitszufriedenheit (Walter et al., 2022). Trotzdem ist es nicht empfehlenswert, im Krankheitsfall zu arbeiten. Präsentismus nützt weder dem Unternehmen noch den einzelnen Mitarbeitenden, im Gegenteil. Die Covid-Pandemie dürfte dazu beigetragen haben, dass Menschen mit ansteckenden Krankheiten inzwischen seltener zur Arbeit gehen (Armocida et al., 2024). Doch andere anzustecken ist nicht das einzige Risiko. Menschen, die eigentlich krank sind, verursachen häufiger Fehler, sind weniger produktiv und laufen stärker Gefahr, Unfälle zu erleiden (Webster et al., 2019).

Führungskräfte wirken auch hier als Vorbilder. Präsentismus bei Führungskräften führt zu mehr Präsentismus bei ihren Mitarbeitenden – und in der Konsequenz zu mehr Krankheitstagen (Dietz et al., 2020).

Das bedeutet: Wenn Sie als Führungskraft trotz Krankheit zur Arbeit kommen, richten Sie wahrscheinlich Schaden an. Die Forschenden geben daher folgende Empfehlungen (Dietz et al., 2020): Bleiben Sie zu Hause, wenn Sie krank sind – und arbeiten Sie nicht.

- Sensibilisieren Sie Ihre Mitarbeitenden für das Thema Präsentismus und ermutigen Sie sie, im Krankheitsfall ebenfalls zu Hause zu bleiben, ohne zu arbeiten.
- Treffen Sie klare Regeln für die Abwesenheit.
- Unterstützen Sie eine Neuverteilung der Aufgaben im Team für die Zeit der Abwesenheit von kranken Mitarbeitenden (Vertretungsregel).

 Hintergrundwissen: Präsentismus im Homeoffice: „Workahomeism"

Für Beschäftigte im Homeoffice ist es noch wahrscheinlicher, dass sie trotz Krankheit arbeiten, wie neue Untersuchungen ergeben haben (Walter et al., 2022). Brosi und Gerpott haben den Begriff „Workahomeism" geprägt und meinen damit das Phänomen, dass Personen im Krankheitsfall zu Hause bleiben und dort arbeiten (Brosi & Gerpott, 2023). Schuldgefühle sind auch hier ein wichtiger Grund (Brosi & Gerpott, 2023). Zwar besteht im Homeoffice keine Ansteckungsgefahr, doch die anderen genannten Risikofaktoren treffen auch hier zu. Da die Kommunikation mit Mitarbeitenden im Homeoffice ohnehin mehr Sorgfalt erfordert, erscheint es hier besonders wichtig, klare Vereinbarungen für das Verhalten im Krankheitsfall und klare Vertretungsregeln zu treffen.

3.1.2 Gesundheit ist mehr als die Abwesenheit von Krankheit

Weniger Fehltage heißt also nicht weniger Krankheit. Vielleicht noch wichtiger: Abwesenheit von Krankheit ist nicht gleichbedeutend mit Gesundheit. „Die Gesundheit ist ein Zustand des vollständigen körperlichen, geistigen und sozialen Wohlergehens und nicht nur das Fehlen von Krankheit oder Gebrechen", so definierte es die Weltgesundheitsorganisation bereits 1946 (World Health Organization, 2020). Gesundheit, so wird hier klar, kann also auf zweierlei Weise gefördert werden: zum einen durch Vermeidung von Krankheit und krankheitsauslösenden Faktoren, zum anderen durch das Stärken jener Faktoren, die unser Wohlbefinden steigern. In Bezug auf den ersten Aspekt, die Vermeidung von Krankheit, ist – auch dank gesetzlicher Regelungen auf europäischer und nationaler Ebene – schon viel erreicht worden. Hierzulande sind Arbeitgebende dazu verpflichtet, Gesundheit und Leben der Mitarbeitenden zu schützen. Gesetze wie das Arbeitsschutzgesetz oder das Arbeitssicherheitsgesetz legen die Rahmenbedingungen fest, die den Arbeitsalltag sicherer gestalten sollen. Aber nicht alles kann durch Gesetze geregelt werden. Weiterhin gibt es etliche vermeidbare Faktoren, die Krankheiten auslösen können. Dazu zählen z. B. schlechte Führung sowie (weitere) unnötige Stressauslöser.

Der zweite Pfad, die Förderung von Wohlbefinden, ist das zentrale Forschungsfeld der Positiven Psychologie. Sie untersucht die Wirkung psychologischer Faktoren wie etwa Optimismus, Zufriedenheit, Sinn, positive Beziehungen oder positive Gefühle auf das

Wohlbefinden. Dabei treten erstaunliche Zusammenhänge mit der Gesundheit zutage. Ein Beispiel: Menschen, die häufiger positive Gefühle erleben, erkälten sich seltener und leben sogar länger (s. Kasten).

> **Hintergrundwissen: Immunität und Langlebigkeit durch positive Gefühle?**
>
> Die Forschung der letzten Jahre liefert immer mehr Hinweise darauf, dass positive Emotionen in Zusammenhang stehen mit Langlebigkeit und Gesundheit. Einige eindrucksvolle Studien verdeutlichen diese Zusammenhänge:
>
> Deborah Danner und ihre Kollegen von der Universität von Kentucky untersuchten den Zusammenhang von positiven Emotionen und Langlebigkeit am Beispiel von 180 Nonnen eines katholischen Ordens. Dazu analysierten sie autobiografische Texte, die die Frauen beim Eintritt in den Orden im Jahr 1930 verfasst hatten. Zu diesem Zeitpunkt betrug das Durchschnittsalter der Nonnen 22 Jahre. Das Forschungsteam ermittelte das Maß an positiven Emotionen, die in diesen Texten zum Ausdruck kam. Dabei stellten sie fest: Diejenigen, die in ihren Texten die meisten positiven Emotionen zum Ausdruck gebracht hatten, lebten im Durchschnitt etwa 7 Jahre länger als diejenigen, die die wenigsten positiven Wörter benutzt hatten (Danner et al., 2001).
>
> Eine weitere Studie fand heraus, dass Personen mit positiven Emotionen weniger schnell krank werden und Personen mit negativen Emotionen im Gegenzug mehr Symptome ausbilden. Für diese Untersuchung haben über 300 gesunde Erwachsene mehrere Wochen lang ihre Emotionen dokumentiert – waren sie glücklich, entspannt oder depressiv und ängstlich? Im Anschluss daran wurde den Studienteilnehmenden über Nasentropfen ein Erkältungsvirus verabreicht und sie mussten einige Tage lang in Quarantäne verbringen. Die Beobachtung: Glückliche(re) Menschen erkrankten nicht nur weniger schnell, sondern auch weniger schwer als Menschen, die unglücklich waren (Cohen et al., 2003).
>
> Diese (und zahlreiche ähnliche) Erkenntnisse sind zweifellos faszinierend. Wir sollten jedoch im Hinterkopf behalten, dass es sich hierbei um *Korrelationen* handelt. Wir können (noch) nicht mit Sicherheit sagen, ob Wohlbefinden, Optimismus oder ein Sinn im Leben tatsächlich die *Ursachen* für eine bessere Gesundheit sind oder ob die gemessenen Zusammenhänge auf andere Art und Weise zustande kommen. Zwar deuten viele Befunde auf einen ursächlichen Zusammenhang hin (z. B. Diener & Chan, 2011), doch die Beziehungen zwischen psychologischen Faktoren und unserer Gesundheit sind komplex. Sie zu entschlüsseln, bleibt weiterhin eine spannende Aufgabe der Forschung (Kar, 2023).

Diese Erkenntnisse sind von besonderer Bedeutung für die Diskussion über gute Führung und spielen in mehreren Kapiteln dieses Buches eine Rolle (s. etwa die gesundheitliche Wirkung von Sinn: Kap. 2). In diesem Kapitel geht es darum, welche konkreten Schritte Führungskräfte und Unternehmen ergreifen können, um die Gesundheit zu fördern – sowohl die eigene als auch die ihrer Mitarbeitenden. Dabei stehen vier Handlungsfelder im Fokus: gesundheitsförderliches Führen, guter Umgang mit Stress, Unterstützung des betrieblichen Gesundheitsmanagements sowie Schaffung von gesunden Umgebungen.

3.2 Gesundheitsförderliches Führen

Gesundheit ist ein hohes Gut. Sie zu erhalten, ist ein ethisches Gebot für alle, die mit Menschen zu tun haben. Glücklicherweise steht dieses ethische Gebot nicht im Konflikt mit organisationalen Zielen. Im Gegenteil: Gesunde Menschen haben mehr Ressourcen, gute Arbeit zu erbringen. Ein Investment in die Gesundheit ist somit ein Investment in die Profitabilität (Salanova et al., 2021). Umgekehrt ist Krankheit ein signifikanter Kostenfaktor. Im Jahr 2022 haben deutsche Unternehmen ca. 70 Mrd. EUR Lohnzahlungen im Krankheitsfall (Entgeltfortzahlung) geleistet (iwd, 2024). Hinzu kommt: Die Arbeit derjenigen, die krankheitsbedingt ausfallen, muss auf andere Schultern verteilt werden. Auf Dauer kann das zu Überbelastungen führen. Aus dieser Datenlage ergibt sich eine klare Schlussfolgerung: Die Förderung der Gesundheit ist eine strategische Führungsaufgabe.

Verschiedene Führungsstile können die Gesundheit der Mitarbeitenden positiv oder negativ beeinflussen. Das wird von einer Fülle wissenschaftlicher Studien gestützt (Franke et al., 2015; Kuoppala et al., 2008). Ein negatives Führungsverhalten, z. B. die Erniedrigung von Mitarbeitenden oder dominantes Auftreten in Konflikten, kann zu einer Vielzahl von Problemen führen. Dazu gehören niedrigere Arbeitszufriedenheit, Stress, Ängste, emotionale Erschöpfung und psychosomatische Beschwerden (Kuoppala et al., 2008; Schilling & May, 2015; Schyns & Schilling, 2013). Doch auch scheinbar weniger schädliche Formen von Führung, wie der passive oder nachlässige Führungsstil, oft als Laissez-Faire bezeichnet, können sich negativ auf die Gesundheit der Mitarbeitenden auswirken. Im Gegensatz dazu gehen positive Führungsstile mit erhöhtem Wohlbefinden, besserer Gesundheit sowie weniger emotionaler Erschöpfung und Stress der Mitarbeitenden einher. Gesundheitsfördernde Führung hat einen signifikant positiven Einfluss auf die wahrgenommenen Jobressources und -autonomie und beeinflusst sogar das Sinnempfinden (Rigotti et al., 2014). Auch auf physischer Ebene sind die Effekte von Führung auf die Gesundheit nachweisbar. In einer Studie zeigte sich ein um 45 % (!) reduziertes Risiko eines herzbedingten Todes, wenn die Führungskraft als gerecht wahrgenommen wird (Elovainio et al., 2006). Fördert die Führungskraft faire soziale Interaktionen und unterstützt die Mitarbeitenden, dann wirkt sich das positiv auf Blutdruck und Immunsystem aus (Keicolt-Glaser et al., 2002).

In Krisenzeiten ist gesundheitsförderliche Führung besonders wichtig, denn dann sind Menschen besonderen Risikofaktoren ausgesetzt (Klebe et al., 2021a). Doch gerade in Krisen – das hat die Coronavirus-Pandemie gezeigt – scheint es Führungskräften besonders schwerzufallen, sich um die Gesundheit der Mitarbeitenden zu kümmern (Klebe et al., 2021b).

Was genau können Führungskräfte tun, um die Gesundheit von Mitarbeitenden zu fördern? Vor etwa 10 Jahren hat die Bundesanstalt für Arbeitsschutz und Arbeitsmedizin (BAUA) das Projekt „Gesundheit in der Arbeitswelt" gestartet. Ziel war es, eine wissenschaftliche Standortbestimmung zu den Einflussfaktoren auf die Gesundheit zu erstellen. Bezüglich des Einflussfaktors „Führung" wurden mehr als 200 Studien ausgewertet und acht Merkmale gesunder Führung identifiziert (Montano et al., 2016, S. 6). Eine auf Mitarbeitende (statt nur auf Aufgaben) ausgerichtete Führung beinhaltet:

- eine transparente und respektvolle Kommunikation,
- die Bereitstellung von relevanten Informationen und Entscheidungen,
- Ermunterung und Förderung von Kreativität,
- einen partizipativen, dialogischen Führungsstil (inkl. Feedback zu den Arbeitsergebnissen),
- Gerechtigkeit (z. B. Transparenz über Entscheidungsprozesse, faire Verteilung von Ressourcen inkl. Möglichkeiten zur Weiterbildung),
- Anerkennung und Wertschätzung,
- die strikte Vermeidung von destruktiver Führung.

Diese Liste liest sich wie eine Anleitung zu einem guten Führungsverhalten. Grob vereinfacht kann man folgende Wertung daraus ziehen: Ein anständiger und menschlicher Umgang mit anderen ist gut für deren Gesundheit. Das ist für sich genommen schon ein sehr wertvoller Befund. Doch Führungskräfte können noch mehr tun, um die Gesundheit von Mitarbeitenden aktiv zu fördern. Gesundheitsorientierte Führung zielt darauf ab, die Gesundheitsorientierung der Mitarbeitenden zu stärken. Dabei geht es nicht um Bevormundung, sondern um Stärkung der Eigeninitiative. Die Führungsforschenden Franziska Franke – eine der Autorinnen der BAUA-Studie – und Jörg Felfe haben dazu ein Modell entwickelt, das gesundheitsförderliche Führung auf 3 Ebenen beschreibt (Franke et al., 2015):

1. Haltung: der Gesundheit einen hohen Stellenwert einräumen
2. Bewusstheit und Achtsamkeit: physische und psychische Signale erkennen, Emotionen wahrnehmen, Selbst-Mitgefühl entwickeln
3. Verhalten: aktiv für Wohlbefinden sorgen

Diese 3 Ebenen sind nicht nur für die unmittelbare Mitarbeiterführung relevant, sondern auch für Sie als Führungskraft (Ihre Selbstführung). Ihre Vorbildwirkung wird wiederum einen Einfluss auf Haltung, Bewusstheit und Verhalten Ihrer Mitarbeitenden haben und deren eigene Gesundheitsorientierung fördern. Mitarbeitende zeigen z. B. mehr Selbstfürsorge, wenn sie bei ihrer Führungskraft eine Gesundheitsorientierung wahrnehmen (Horstmann, 2018). Die positive Wirkung dieser Art von gesundheitsorientierter Führung ist in zahlreichen Studien belegt worden. Mitarbeitende, deren Führungskraft gesundheitsorientiert agiert, empfinden tendenziell weniger Stress, sind eher in der Lage, Privates und Berufliches zu balancieren und sind insgesamt gesünder (Klug et al., 2019; Klebe et al., 2021a).

Im Folgenden finden Sie einige konkrete Vorschläge für Ihren Führungsalltag. Sie sind entlang der drei Ebenen des oben beschriebenen Models strukturiert. Auf jeder dieser Ebenen geht es um Sie selbst ebenso wie um Ihre Mitarbeitenden.

3.2.1 Haltung: Gesundheit ist wichtig

Nehmen Sie das Thema Gesundheit ernst. Achten Sie auf gute Arbeitsbedingungen für sich und andere. Reduzieren Sie dazu – falls nötig – auch die täglichen Anforderungen, die Sie an Ihr Team stellen (Klebe et al., 2021a). Demonstrieren Sie eine grundsätzlich positive und unterstützende Haltung gegenüber gesundheitsförderlichen Aktivitäten, auch wenn Sie vielleicht nicht von der Wirksamkeit jeder einzelnen Maßnahme überzeugt sind. Machen Sie keine abfälligen Bemerkungen oder Gesten, wenn Ihnen jemand von seinen gesundheitsfördernden Praktiken oder Ernährungsweisen erzählt. Solche impliziten Hinweise auf Ihre Gedanken werden wahrgenommen! Sprechen Sie über Gesundheit und schätzen Sie Kollegen wert, die etwas für ihre Gesundheit tun. Widmen Sie beispielsweise die ersten 10 min eines Meetings dem Austausch zu Sport und Ernährung: Wer hat die besten Tipps? Oder teilen Sie bei einem gemeinsamen Teammittagessen, worauf Sie in Zukunft in gesundheitlicher Hinsicht achten wollen. Erklären Sie deutlich, dass „krank" auch wirklich „krank" bedeutet und nicht „zumindest die Mails kann man lesen" – und halten Sie sich daran. Ziehen Sie möglicherweise Gesundheitsseminare in Betracht. Damit werden alle Beteiligten sensibilisiert – sowohl für die Bedeutung von Gesundheit im Allgemeinen als auch für die eigenen Defizite im Umgang mit Gesundheit.

Achtung: Eine Führungskraft, die ständig betont, wie „busy" sie ist, wie wenig sie schläft und wie wenig Zeit sie für die eigenen Hobbies hat, signalisiert damit, dass Gesundheit geringe Priorität in ihrem Leben hat. Da die Führungskraft nicht nur als Vorbild fungiert, sondern auch die tatsächlichen Arbeitsbedingungen gestalten kann – z. B. in Bezug auf erwartete Erreichbarkeit oder Arbeitszeiten –, hat sie die Möglichkeit, das Gesundheitsverhalten ihrer Mitarbeitenden zu beeinflussen.

3.2.2 Bewusstheit und Achtsamkeit: die Signale erkennen

Erhöhen Sie Ihre Aufmerksamkeit für Ihre eigene Befindlichkeit und die von anderen Menschen. Achten Sie auf Leistungsgrenzen und Warnsignale bei sich selbst und bei Ihren Mitarbeitenden. Informieren Sie sich über die Anzeichen von Stress und die Möglichkeiten, ihm entgegenzuwirken. Öffnen Sie sich für Achtsamkeitsübungen, durch die Sie Ihren eigenen Gesundheitszustand und infolgedessen auch den der Mitarbeitenden besser wahrnehmen können (Franke et al., 2015). Unaufmerksamkeit, Zuspätkommen oder Vergesslichkeit könnten beispielsweise Hinweise darauf sein, dass jemand gerade nicht voll leistungsfähig ist. Unterstellen Sie also nicht direkt Unfähigkeit oder böse Absichten, letzteres trifft in den wenigsten Fällen zu.

Sie müssen keine Gedanken lesen können: Fragen Sie lieber einmal mehr nach, wenn Sie etwas Ungewöhnliches bemerken. Erkundigen Sie sich, was Ihr Gegenüber benötigt, sei es Zeit, Pausen oder Unterstützung von Kollegen, um mit gesundheitlichen Herausforderungen umzugehen. Halten Sie regelmäßige Check-ins zum Wohlbefinden aller. Was beschäftigt das Team? Sprechen Sie darüber, woran Sie selbst bei sich bemerken, dass es Ihnen nicht gut geht. Zeigen Sie dabei ein wirkliches Interesse am Wohlbefinden der Mitarbeitenden. Aber übertreiben Sie es nicht: Gesundheit wird von vielen Menschen als Privatsache betrachtet, und „zu viel des Guten" kann zu einem Gefühl der Bevormundung führen.

3.2.3 Verhalten: aktiv für Wohlbefinden sorgen

Der gesunde Lebensstil beginnt mit Ihnen selbst. Auch wenn die Arbeit manchmal hektisch wird und die Wellen hochschlagen, denken Sie daran, gelegentlich einen Anker auszuwerfen und sich eine Pause zu gönnen. Und noch wichtiger: Ermutigen Sie Ihr Team dazu, dasselbe zu tun. Das bedeutet in der Praxis: Leben Sie gesund. Bauen Sie, auch wenn es eng wird, Pausen in Ihren Arbeitsalltag ein – und ermuntern Sie andere ebenfalls dazu. Schicken Sie Ihre Mitarbeitenden nach Hause, wenn sie krank sind – und bleiben Sie selbst auch zu Hause. Seien Sie in der Kantine ebenfalls ein Vorbild und ernähren Sie sich gesund. Nehmen Sie teil an Maßnahmen des betrieblichen Gesundheitsmanagements und ermuntern Sie Ihre Kollegen, das ebenfalls zu tun. Das betriebliche Gesundheitsmanagement ist wie eine Navigationskarte mit Routen für bessere Gesundheit. Fragen Sie nach, was Ihre Mitarbeitenden für Ihre Gesundheit tun möchten und was sie dazu brauchen. Ermöglichen Sie beispielsweise flexible Arbeitsgestaltung (etwa Ausdehnung der Mittagspause) für Arzt- oder Sporttermine. Auch wichtig: Schlafen Sie genug!

 Hintergrundwissen: Schlaf und Führung

Schlaf ist wichtig – für die Stimmung, das Gedächtnis, die Leistung, die Gesundheit – und für gute Führung. Führungskräfte, die (zu) wenig schlafen, a) sind gereizter, ungeduldiger, manipulativer und aggressiver, b) haben schlechtere Beziehungen zu ihren Mitarbeitenden und hemmen deren Engagement, c) und werden negativer und weniger mitreißend wahrgenommen. Führungskräfte, die ihren

> Mitarbeitenden späte E-Mails schreiben oder sich mit besonders langen Arbeitszeiten brüsten, senden ungesunde Signale. Schlimmer noch, sie beeinträchtigen damit den Schlaf ihrer Mitarbeitenden. Managementprofessor Christopher Barnes hat in Studien festgestellt, dass Mitarbeitende solcher Führungskräfte durchschnittlich 25 min weniger und zudem schlechter schlafen (Barnes, 2018).
>
> Schlafmangel der Mitarbeitenden hat wiederum negative Folgen für deren Gesundheit, Sicherheit und Leistung (Litwiller et al., 2017).

Die Führung virtueller Teams wird häufig als „schwieriger" empfunden, auch in Bezug auf das Thema Gesundheit (Effimov et al., 2020). Der Austausch ist weniger eng, die Grenzen zwischen Verantwortlichkeiten und Aufgaben, zwischen Arbeitszeit und Freizeit können leichter verschwimmen. Daher ist im Fall von virtuellen Teams besondere Aufmerksamkeit gefragt.

▶ **Praxistipps: gesundheitsorientierte Führung von virtuellen Teams**
Wie können Sie unter virtuellen Bedingungen die Gesundheit von Mitarbeitenden im Blick behalten? Das fragten Wissenschaftlerinnen des Universal Medical Centers Hamburg-Eppendorf diverse Führungskräfte im Rahmen einer qualitativen Studie. Ein Hauptbefund dabei ist die zentrale Rolle des Vertrauens, welches die Befragten aktiv förderten (Efimov et al., 2020). Durch eine vertrauensvolle Beziehung im Team konnten persönliche und sensible Themen angesprochen werden, was die Grundlage für ehrlichen Austausch zum Thema Gesundheit darstellt. Weitere genannte Aspekte:

- gesundheitsorientierte Kommunikation (z. B. regelmäßige Erinnerungen an die Wichtigkeit, auf die eigene Gesundheit zu achten).
- Unterstützung beim Einhalten der Grenzen zwischen Arbeitszeit und Freizeit (z. B. durch Regelung der Erreichbarkeit).
- Förderung des sozialen Austauschs (z. B. durch gelegentliche persönliche Meetings, Chatforen, virtuelle Kaffeepausen).
- Durchführung (online) von Gefährdungsbeurteilungen (Informationen dazu stellt die Bundesanstalt für Arbeitsschutz und Arbeitsmedizin [BAUA] auf ihrer Internetseite kostenlos zur Verfügung).

3.3 Guter Umgang mit Stress

Mehr als die Hälfte der Arbeitnehmenden fühlt sich laut der TK-Stressstudie (Wohlers & Hombrecher, 2016) gestresst. Stress ist aber nicht immer schädlich. Im Gegenteil: Stress ist sogar wichtig und kann unter bestimmten Voraussetzungen auch positive

Effekte haben. Wer kennt das nicht: Eine „gesunde Portion" Stress, z. B. kurz vor einer wichtigen Deadline, bringt uns in Schwung und lässt uns produktiver arbeiten. Wenn der Stresspegel dann wieder sinkt, ist alles gut. Problematisch wird Stress dann, wenn er über einen längeren Zeitraum anhält. Konzentrations- und Einschlafstörungen sind oft die Folgen, manchmal auch schwerwiegende gesundheitliche Probleme. Was oft übersehen wird, ist die Rolle, die Führungskräfte bei der Gestaltung des Stresserlebens ihrer Mitarbeitenden spielen.

Im Folgenden werden wir betrachten, welche Faktoren Stress auslösen können und was Führungskräfte tun können, um diese Auslöser (Stressoren) zu vermeiden oder in ihrer Wirkung zu reduzieren. Doch nicht alle Stressoren lassen sich vermeiden. Daher werden wir auch darauf schauen, wie Sie sich selbst und ihre Mitarbeitenden dabei unterstützen können, gut damit umzugehen. Zunächst aber schauen wir uns an, was eigentlich im Körper passiert, wenn wir in Stress geraten.

3.3.1 Körperliche Reaktion bei Stress

Im Laufe der Evolution haben wir einen hocheffizienten Mechanismus entwickelt, mit potenziell gefährlichen Situationen umzugehen. Wenn unser Gehirn eine akute Bedrohung erkennt, setzt es einen komplexen Prozess in Gang: Zunächst schüttet der Körper Adrenalin und andere Hormone aus. Dies führt dazu, dass unsere Bronchien sich erweitern, die Herzfrequenz steigt und die Venen sich zusammenziehen. Zudem wird die Verarbeitung von Fetten und Zucker beschleunigt. Durch diese Vorgänge stehen dem Körper mehr Sauerstoff und Energie zur Verfügung. Wir sind in einem Zustand erhöhter Bereitschaft zu Kampf oder Flucht – das, was als die bekannte Fight-or-Flight-Reaktion bezeichnet wird. Etwa 15 min später erfolgt die Ausschüttung des als „Stresshormon" bekannten Kortisols. Es verstärkt die Wirkung von Adrenalin und – wenn anhaltend erhöht – unterdrückt u. a. die Immunfunktion. Das ist sinnvoll, denn eine Immunreaktion, z. B. Fieber, würde den Körper schwächen. In kritischen Situationen stünden dann wichtige Energiereserven für die Bekämpfung von Stressoren nicht zur Verfügung. Sobald der Stress wieder abflacht und der Kortisolspiegel sinkt, fährt das Immunsystem wieder hoch: Das ist einer der Gründe, warum wir manchmal nach stressigen Arbeitstagen, gerade am Wochenende oder im Urlaub, krank werden (Ditzen & Stoffels, 2016).

Eine Stressreaktion mit erhöhtem Kortisol ist also in vielen Situationen hilfreich – und zunächst einmal nicht schädlich. Ganz im Gegenteil, ein bestimmtes Stressniveau ist gut für uns, denn es hält uns agil und flexibel. Würde man Stress und Leistung in einer Matrix abbilden, würde sich eine Kurve in der Form eines umgekehrten U bilden. Doch welche Arten von Stress sind schädlich und wann genau tritt die schädliche Wirkung ein? Um diese Fragen zu beantworten, beleuchten wir zunächst einmal die verschiedenen Quellen von Stress. Wir unterscheiden im Folgenden zwischen umgebungsbedingten Stressoren, die physikalische, technologische oder auch soziale Ursprünge haben können, und personenbedingten Stressoren.

3.3.2 Auslöser für Stress

Im Stressbericht der Techniker Krankenkasse werden eine Reihe von umgebungsbedingten Ursachen von Stress genannt, die grob in drei Gruppen zusammengefasst werden können (Meyer et al., 2021): hohe Belastung, ungünstige Arbeitsbedingungen und ungünstige soziale Faktoren.

- *Hohe Belastung*: Ein Drittel der Arbeitnehmer leidet häufig unter dem Gefühl von hohem Termindruck und zu viel Arbeit. Als belastend werden auch die ständige Informationsflut, das Gefühl, immer erreichbar sein zu müssen, und der Balanceakt von Arbeit und Familie empfunden. Viele dieser Faktoren erzeugen ein Gefühl von Kontrollverlust, was wiederum Unsicherheit und Stress auslösen kann (Allen & Shoard, 2005; Derks & Bakker, 2010; Jarvenpaa & Lang, 2005). Zu hohe Arbeitsanforderungen erschweren es zudem, in der Freizeit abzuschalten (Sonnentag & Fritz, 2015). Das kann sich auf Dauer negativ auf die Gesundheit auswirken.
- *Ungünstige Arbeitsbedingungen*: Jeder vierte Arbeitnehmende klagt über häufige Unterbrechungen und Störungen am Arbeitsplatz und jeder Fünfte empfindet Lärm, Temperatur oder Lichtverhältnisse häufig als stressig. Weitere Stressoren sind ungenaue Anweisungen (von 19 % häufig erlebt) und zu wenig Handlungsspielraum (von 13 % häufig erlebt). Ersteres lässt sich durch Sorgfalt und klärende Nachfragen leicht vermeiden. Bei der Frage der Spielräume ist die Sache jedoch nicht so eindeutig. Das optimale Level an Autonomie hängt ab von Person und Situation. Manche Personen haben ein großes Bedürfnis, selbst zu entscheiden, wie sie ihre Arbeitsziele verfolgen. Andere wiederum präferieren kleinere Entscheidungsspielräume und bevorzugen klare Ansagen (Kubicek et al., 2017). Unter hohem Zeitdruck und in komplexen Situationen ist ein moderates Maß an Autonomie am besten, um Unsicherheit zu minimieren und Motivation zu erhalten.
- *Ungünstige soziale Faktoren*: Jeder zehnte Mitarbeitende beklagt einen häufigen Mangel an Anerkennung. Wertschätzendes Feedback kann hier zu höherer Arbeitszufriedenheit (Stocker et al., 2014, 2019) führen. Sogar die negative Auswirkung von ungünstigen Arbeitsbedingungen wird durch Wertschätzung der Arbeitsleistung abgeschwächt (Stocker et al., 2019). Schlechte Stimmung im Team (von 12 % häufig erlebt) und Probleme mit den Vorgesetzten (von 5 % häufig erlebt) sind weitere soziale Stressoren.

Auch wenn die Prozentzahlen insgesamt moderat erscheinen, lohnt es sich, auf diese Faktoren zu achten – zumal hier nur diejenigen berücksichtigt wurden, die die genannten Stressoren *häufig* erlebt haben. Einige dieser Faktoren lassen sich leicht vermeiden, andere sind weniger beeinflussbar. Ein Bewusstsein für diese Faktoren ermöglicht es aber, erhöhte Stresslevel zu einem gewissen Grad vorherzusehen und deren Wirkung zu berücksichtigen.

3.3.3 Die Wirkung von Stress hängt auch von der Person ab

Unterschiedliche Menschen reagieren unterschiedlich auf Stress. Ein beeinflussender Faktor ist das Gefühl, Kontrolle über sein Leben zu haben. Manche Menschen glauben, nur wenig Einfluss zu haben. Andere haben ein stärkeres Gefühl der internen Kontrolle. In Stresssituationen produzieren diese Menschen deutlich weniger Kortisol. Sie erleben also weniger Stress als Menschen, die das Gefühl haben, dass viele Dinge im Leben zufällig passieren (Pruessner et al., 2005).

Ein weiterer Faktor ist unsere subjektive Wahrnehmung einer Situation. Wir können schwierige Situationen als Herausforderung oder als Bedrohung wahrnehmen. Manche Menschen glauben generell, dass sie die Ressourcen haben, um auch schwierigen Anforderungen gerecht zu werden. Andere Menschen hingegen haben als Grundannahme ein klares „Ich kann das sowieso nicht". Sie sehen eine potenzielle Niederlage, wo andere eine Chance sehen. Interessant ist, dass diese Einstellungen nicht unbedingt mit dem tatsächlichen Können einer Person übereinstimmen. Tatsächlich wirkt sich jede dieser Einstellungen unterschiedlich auf physische Reaktionen im Körper aus (Seery, 2011).

Die *Einstellung* gegenüber Stress im Allgemeinen spielt eine große Rolle. Abiola Keller und ihr Team (2012) zeigten, dass kognitive Annahmen über Folgen von Stress im Zusammenhang mit Gesundheit stehen. Die Teilnehmenden der Studie, die ein hohes Stressniveau angaben, hatten ein um 43 % erhöhtes Risiko, vorzeitig zu sterben. Spannenderweise betraf dies allerdings nur diejenigen, die *glaubten*, Stress habe eine starke Wirkung auf ihre Gesundheit.

Ist Stress also nur schädlich, wenn wir *glauben*, er sei schädlich? Das können wir aus dieser Studie noch nicht schließen. Sie zeigt nur, dass es einen *Zusammenhang* zwischen den Faktoren gibt. Das heißt aber noch nicht unbedingt, dass der Glaube, Stress sei gesundheitsschädlich, den frühzeitigeren Tod *verursacht* hat. Es könnte auch sein, dass die Kausalität umgekehrt verläuft: Wer eine schlechtere Gesundheit hat, glaubt eher, dass Stress gesundheitsschädlich sei. Eine andere Erklärung wäre, dass beide Faktoren, Gesundheit und Einstellung gegenüber Stress, von einem dritten Faktor beeinflusst werden. Um festzustellen, ob die Einstellung gegenüber Stress der Grund für die körperlichen Konsequenzen ist, muss man erst die Einstellung verändern und danach die Konsequenzen von Stress messen. Genau das haben die Psychologin Alia Crum (Standford) und ihr Team in einer Studie (2017) getan. Das Ergebnis: Unsere Einstellungen können tatsächlich die Wirkung von Stress auf unseren Körper beeinflussen (s. Kasten). Wenn wir glauben, dass gelegentlicher Stress gut für uns ist, reagiert unser Körper gesünder auf Stress, als wenn wir glauben, Stress sei schlecht für uns. An diesen Einstellungen können wir arbeiten.

> **Hintergrundwissen: Unsere Einstellungen beeinflussen die hormonale Reaktion auf Stress**
>
> Alia Crum und ihr Team wollten wissen, ob die hormonelle Reaktion durch eine Beeinflussung der Einstellungen positiv verändert werden kann. Mit Einstellungen meinen wir das, was Menschen über Stress glauben; insbesondere die Annahme, ob Stress gefährlich für uns ist oder nicht. Um diese Einstellung zu beeinflussen, wurden die Teilnehmenden der Studie in zwei Gruppen eingeteilt. Der einen Gruppe wurde ein Video gezeigt, das positive Effekte von Stress beschrieb, wie z. B. erhöhte Leistung. Die anderen schauten sich ein Video an, das nur schädliche Konsequenzen von Stress thematisierte. Im Anschluss daran wurden alle Teilnehmenden einer stressigen Situation ausgesetzt. Sie mussten sich einem Interview unterziehen und erhielten dabei unangenehmes Feedback.
>
> Anhand von Speichelproben, die vor und nach der Intervention entnommen wurden, analysierten die Forschenden die Veränderung von zwei Hormonen, die im Zusammenhang mit Stress stehen: das Stresshormon Kortisol sowie ein Hormon mit dem komplizierten Namen Dehydroepiandrosteron, kurz DHEA. Dieses Hormon steht mit kognitiver Leistung und der Stärkung des Gehirns in Verbindung. Interessant ist das Verhältnis beider Hormone. Forschungen der letzten Jahre haben gezeigt, dass ein höherer DHEA-Anteil mit höherer akademischer Leistung, Resilienz und besserer Problemlösungsfähigkeit zusammenhängt.
>
> Wie hat nun die Beeinflussung der Einstellungen auf die Stressreaktion gewirkt? Alle Teilnehmenden, egal welches Video sie geschaut hatten, zeigten nach dem stressigen Interview ähnlich hohe Kortisolspiegel. Messbare Unterschiede gab es hingegen im DHEA-Spiegel: Die Teilnehmenden der Gruppe, die das „Stress-ist-gut-Video" gesehen hatten, schütteten deutlich mehr DHEA aus als die Gruppe, die das „Stress-ist-gefährlich-Video" gesehen hatte.
>
> Damit war erwiesen: Was wir über Stress *glauben*, beeinflusst die Stressreaktion unseres Körpers.

Es liegt also teilweise in unserer Hand, wie wir auf Stress reagieren. Das heißt aber nicht, dass Menschen selbst schuld sind, wenn sie unter Stress leiden! Einstellungen zum Stress und das Gefühl von Kontrolle – wie viele andere Eigenschaften – sind teilweise genetisch bedingt und werden in weiteren Teilen im Lauf des Lebens erlernt. Sie zu verändern, fällt manchen Menschen leichter als anderen. Hinzu kommt: Anhaltender Stress ist für uns alle ein Gesundheitsrisiko. Selbst wenn wir alle eine „Stress-ist-gut-Überzeugung" entwickeln könnten, würde uns das auf Dauer nicht ausreichend schützen. Ein guter Umgang mit Stress erfordert u. a. Ruhe- und Erholungsphasen. Doch oft hält der Stress auch nach Feierabend an. In der TK-Stressumfrage gaben 38 % an, abends und am Wochenende nicht abschalten zu können. 29 % gelingt das auch im Urlaub nicht (Wohlers & Hombrecher, 2016). Das kann zu einem anhaltend hohen Kortisolspiegel führen. Mögliche negative Folgen: eine verringerte Immunfunktion, Schlafstörungen, Bluthochdruck, Fettleibigkeit, Angstzustände, Depressionen, Konzentrationsstörungen und Gedächtnisverlust.

Ob Stress uns krank macht oder nicht, hängt somit von verschiedenen Faktoren ab. Umgebungsbedingte Einflüsse, wie z. B. die Dauer und Höhe der Anforderungen, spielen eine große Rolle. Dazu kommen unsere Einstellungen gegenüber Stress sowie unsere (sozialen) Ressourcen (Lohmann-Haislah, 2012). All diese Faktoren interagieren und ergeben zusammen unser Stressempfinden und Stresslimit. Wichtig ist, sich dieser Faktoren bewusst zu sein und frühzeitig zu handeln, bevor Stress chronisch wird.

 Hintergrundwissen: wann Stress besonders kritisch wird (Kocalevent, 2019)

Stress im Arbeitsleben kann für uns dann besonders gesundheitsschädlich sein, wenn:

- er chronisch wird,
- wir keine Ruhephasen haben und auch abends bzw. am Wochenende nicht abschalten können,
- wir glauben, dass Stress gesundheitsschädlich ist,
- wir das Gefühl haben, ihn nicht bewältigen zu können,
- wir stressbedingt weniger gesund leben (weniger gesunde Ernährung, Schlaf, Bewegung, soziale Kontakte),
- es Vorerkrankungen gibt.

3.3.4 Was können Sie tun? Drei Stoßrichtungen im Umgang mit Stress

Führungskräfte können drei Dinge tun, um schädliche Folgen von Stress zu vermeiden:

1. unnötige Ursachen von Stress vermeiden.
2. Ausgleich schaffen.
3. Ressourcen zur Stressbewältigung stärken.

3.3.4.1 Unnötige Ursachen von Stress vermeiden

Nicht alle umgebungsbedingten Faktoren lassen sich vermeiden – doch viele Ursachen sind „hausgemacht". Als Führungskraft ist es oft einfacher, diese unnötigen Faktoren zu beeinflussen. Bereits durch „einfache" Änderungen lässt sich nämlich das Wohlbefinden der Mitarbeitenden erhöhen. Dies zeigt z. B. eine Studie von Holman und Axtell (2016): Sie veränderten die Arbeitsbedingungen. Mitarbeitende eines Callcenters erhielten mehr Entscheidungsspielraum – z. B. konnten sie selbst entscheiden, wann und welche Aufgaben sie zuerst erledigten und wann sie Pausen machten. Darüber hinaus bekamen sie regelmäßig qualitativ hochwertiges Feedback von ihren Vorgesetzten. Die Resultate waren ein höheres Wohlbefinden der Mitarbeitenden sowie bessere Leistungen.

Weitere konkrete Maßnahmen zur Vermeidung von Stress:

Arbeitsbelastung:

- *klare Ziele festlegen, die innerhalb der Arbeitszeit erreichbar sind:* Unklarheiten können zu Unsicherheit und schlimmstenfalls zu unnötiger Arbeit führen. Durch regelmäßige Überprüfung der Prioritäten können Sie die (reale und gefühlte) Arbeitsbelastung steuern.
- *Erwartungen bzgl. der Erreichbarkeit steuern:* Viele Menschen haben das Gefühl, auch nach Feierabend erreichbar sein zu müssen. Studien zeigen, dass dies zu zusätzlichem Stress führen kann. Präzisieren Sie also Ihre diesbezüglichen Erwartungen und kommunizieren Sie diese klar an Ihre Mitarbeitenden.

Arbeitsbedingungen:

- *angemessene Handlungsspielräume geben:* Lassen Sie Mitarbeitende an der Organisation der Arbeit partizipieren. Lassen Sie sie über die Art und Weise der Zielerreichung mitentscheiden. Sprechen Sie am besten individuell ab, wie viel Autonomie die oder der jeweilige Mitarbeitende benötigt, um effektiv und motiviert arbeiten zu können.
- *Arbeitsbedingungen verbessern:* Als Führungskraft fällt es Ihnen oft leichter als anderen, einfache Probleme zu beseitigen. Sie können unangenehme Aufgaben eher delegieren oder sich Unterstützung holen. Mitarbeitende haben womöglich Hemmungen, nach Hilfe zu fragen, um nicht inkompetent oder schwach zu wirken. Sprechen Sie mit ihnen darüber, wie Sie ihre Arbeit unterstützen können.

Soziale Faktoren:

- *individuelle Anerkennung und Wertschätzung geben:* „Nicht geschimpft ist genug gelobt" ist nun wirklich veraltet. Suchen Sie Gelegenheiten für explizite Wertschätzungen (s. Kap. 6).
- *gute Beziehungen zu den Kollegen fördern:* Es ist (in den meisten Fällen) nicht Ihre Rolle, die Beziehungen im Team direkt zu beeinflussen. Indirekt können Sie jedoch, z. B. durch Ihren Führungsstil, die Qualität der Beziehungen im Team beeinflussen (vgl. Abschn. 6.2.2). In jedem Fall sollten Sie auf die Stimmung im Team achten. Bei Stress ziehen Sie gegebenenfalls einen Teamcoach hinzu. Im Fall von Mobbing müssen Sie eingreifen.

3.3.4.2 Ausgleich schaffen

Erholungsphasen während der Arbeit ermöglichen
Dauerstress ohne Erholungsphasen ist schädlich – und vermeidbar. Sorgen Sie unbedingt für Ruhephasen zur Regeneration. Da der positive Effekt von Erholung nicht langanhaltend ist (Bloom et al., 2009), sollten während der Arbeit regelmäßige regenerative Phasen entstehen. Das gilt auch für Sie selbst – in Ihrem eigenen Interesse, aber auch, weil Sie Vorbild sind. Feiern Sie Etappenerfolge und ermutigen Sie Ihre Mitarbeitenden, nach angespannten Phasen auch einmal früher nach Hause zu gehen. Zudem sollten Sie kleine kurze Pausen zwischen der Arbeit ermöglichen, um das Gefühl von Stress zu mildern. Vor allem kurze Pausen mit entspannenden Tätigkeiten (z. B. dehnen, Spazierengehen, kurze Entspannungsübungen) oder sozialen Aktivitäten wirken sich positiv auf das Wohlbefinden der Menschen aus (Kim et al., 2017). Wenn Sie die Möglichkeiten haben, richten Sie Räume zur aktiven und passiven Entspannung ein:

- Räume zum Austausch mit Kollegen (z. B. Pausenräume, Orte mit Wasserspender/Kaffeeautomat etc.).
- Räume mit sportlichen Betätigungsmöglichkeiten, z. B. Kicker oder Billard (Achtung: Lärm vermeiden).
- Ruheräume, ggf. mit Liegen für kurze Schlafpausen oder Meditation. Ruheräume sind ein oft unterschätztes, aber sehr wirkungsvolles Mittel zur Regeneration. Für die Akzeptanz dieser Räume ist es allerdings unerlässlich, dass Führungskräfte sie selbst nutzen (Konkol et al., 2017).

Die positive Wirkung von Natur nutzen
Wirkungsvoll sind auch Besprechungen beim Spazierengehen („walking meetings") – besonders dann, wenn Sie kreative Lösungen für bestimmte Probleme finden oder Ideen generieren wollen. Allerdings funktioniert das nur, wenn eine ruhigere Umgebung in Reichweite liegt und nicht mehr als insgesamt drei Personen beteiligt sind.

Erholung in der arbeitsfreien Zeit fördern
Unterstützen Sie Ihre Mitarbeitenden darin, in ihrer Freizeit abzuschalten. Das fällt dann besonders schwer, wenn am Schluss des Arbeitstages noch wichtige Arbeitsziele offen sind. Ermutigen Sie sie dazu, am Ende des Arbeitstages zu planen, wann, wo und wie sie die ausstehenden Aufgaben fertigstellen werden. Den Tag bewusst zu beenden (und sich selbst explizit die Erlaubnis dazu zu geben) kann beim Abschalten helfen.

3.3.4.3 Ressourcen zur Stressbewältigung stärken

Positiven Umgang mit Stress lernen
Unterstützen Sie Trainings zur Stressbewältigung. Techniken mit nachweislich hohem positiven Effekt sind Sport, gesunde Ernährung, Achtsamkeitsübungen, progressive

Muskelentspannung oder Meditation. Je breiter das Repertoire an Techniken, desto flexibler können Methoden passend zur Situation eingesetzt werden.

Anforderungsbedingte Fertigkeiten entwickeln und stärken
Anspruchsvolle Arbeitsaufgaben können als Bedrohung erlebt werden, wenn uns die Fähigkeiten fehlen, die wir zu ihrer Erledigung brauchen. Sind die nötigen Fertigkeiten jedoch vorhanden, bewerten wir solche Aufgaben eher als Herausforderung (Seery, 2011). Fähigkeiten erleichtern es Menschen, ein Gefühl von Kontrolle über ihre Arbeitsanforderungen zu bekommen. Achten Sie daher darauf, inwieweit die notwendigen Fähigkeiten vorhanden sind. Wo das nicht ausreichend der Fall ist, fördern Sie die Weiterentwicklung der betreffenden Mitarbeitenden.

Persönliche Bindung zu Kollegen und dem Job aufbauen und pflegen
Eine weitere wichtige Ressource zur Stressbewältigung ist ein starkes soziales Netzwerk (Quilling et al., 2024). Dabei kommt es nicht darauf an, *wie viele* Freunde oder Vertraute wir haben. Wichtiger ist vielmehr das *Gefühl*, gut unterstützt zu werden (Retzbach, 2017). Achten Sie darauf, ob Ihre Mitarbeitenden Vertraute im Unternehmen haben. Sorgen Sie dafür, dass sie genügend Raum haben, ihr Unterstützungsnetzwerk zu pflegen. Im Fall von Mobbing schreiten Sie ein!

3.4 Gesunde Umgebungen schaffen

Schauen Sie sich einmal um in dem Raum, in dem Sie gerade diese Seiten lesen: Wie wirkt er auf Sie? Wie wohl fühlen Sie sich darin? Unsere physische Umgebung hat einen Einfluss auf unser Handeln und unser Wohlbefinden. Manche beeinflussenden Faktoren fallen uns direkt ins Auge: die Deckenhöhe, die Wandfarbe, die Möbel, die Bilder, Blicke aus dem Fenster. Andere sind subtiler: Temperatur, Gerüche, Gesprächsfetzen oder sogar einzelne Worte, die wir kaum bewusst wahrnehmen.

Zu diesen Einflüssen gibt es inzwischen ein lange Forschungstradition. Das Gesundheitswesen war hier ein wichtiger Vorreiter. Der Architekt Roger Ulrich führte bereits in den 1980er-Jahren eine Studie in einem Krankenhaus durch und stellte fest, dass ein Zimmer mit Aussicht auf Bäume die Heilung von Patienten nach Operationen positiv beeinflusste. Darauf folgten zahlreiche Studien, die eine positive Wirkung diverser Designelemente (Kunst, Lichtgestaltung, Lärmvermeidung) auf Patienten und Mitarbeitende zeigten (Andrade & Devlin, 2015; Robertson Cooper, 2015; Ulrich et al., 2008). Auf Basis dieser wissenschaftlichen Evidenzen werden daher immer mehr Krankenhäuser auf eine Art und Weise gestaltet, die das Wohlbefinden von Patienten und Mitarbeitenden erhöhen. Dieser Ansatz wird *Evidence Based Design* genannt.

Wenn man sich diesen Hebel bewusst macht, kann man ihn gezielt nutzen. Inzwischen ist das Thema auch in Unternehmen angekommen. In erster Linie geht es dort allerdings nicht um die Gesundheit der Mitarbeitenden, sondern um Produktivität und die Attraktivität des Arbeitgebers. Hinzu kommt, dass viele Unternehmen in den letzten Jahren zu offenen Bürogestaltungen übergegangen sind. Die häufigsten Gründe: Kostenersparnis und bessere Kommunikation. Ob sich letzteres dabei einstellt, ist fraglich. Messungen haben ergeben, dass die persönliche Kommunikation durch den Wechsel in offene Räume sogar dramatisch abnehmen kann (Bernstein & Waber, 2019; s. auch Abschn. 3.4.3). Auch das Kostenargument ist möglicherweise sehr kurz gegriffen. Es würde nur dann aufgehen, wenn man davon ausgeht, dass die Produktivität nicht unter den Veränderungen leidet. Die Personalkosten sind um ein Vielfaches höher als die Kosten für die Infrastruktur (inkl. Miete) eines Arbeitsplatzes. Selbst kleine Einbußen der Produktivität können den Kostenvorteil schnell auffressen. Es gibt also viele Gründe, warum das Thema Office-Design für Unternehmen relevant ist.

Die Gestaltung des Arbeitsplatzes hat einen erheblichen Einfluss auf die Zufriedenheit der Mitarbeitenden, sie kann sich aber auch gesundheitlich auswirken. Das gilt auch für Büroräume. Im Vergleich zu sozialen Aspekten und Führungsstilen scheinen die gesundheitlichen Effekte der Bürogestaltung allerdings deutlich kleiner zu sein. Das ergab jedenfalls eine jüngere Studie, die in der Schweiz durchgeführt wurde (Windlinger et al., 2018). Trotzdem sollte dieser Aspekt von Führungskräften und Unternehmen nicht vernachlässigt werden. Die Stiftung „Gesundheitsförderung Schweiz" hat einen hervorragenden Leitfaden herausgegeben, in dem u. a. alle relevanten Einflussfaktoren wie Farben, Temperatur, Luftqualität, Licht etc. beschrieben und mit entsprechenden Handlungsempfehlungen versehen sind (Konkol et al., 2017).

Im Folgenden wollen wir den Fokus auf drei Aspekte legen, die in der praktischen Diskussion um Gesundheit am Arbeitsplatz noch wenig Berücksichtigung finden: gesunde soziale Umgebung, Kontakt zur Natur und akustische Bürogestaltung.

3.4.1 Gesunde soziale Umgebung schaffen

Gute soziale Beziehungen sind gut für unsere Gesundheit. Das ist durchaus wörtlich gemeint. In der Medizin sind die gesundheitlichen Effekte von sozialen Beziehungen seit langem gut belegt. Ein zentraler Aspekt einer gesunden sozialen Umgebung ist soziale Unterstützung. Allein das *Gefühl*, Unterstützung in Anspruch nehmen zu können, kann z. B. stressmildernd wirken (Uchino, 2009). Etliche Langzeitstudien haben gezeigt: Menschen, die sich unterstützt fühlen, haben ein deutlich reduziertes Sterberisiko (Gronewold et al., 2020; Vonneillich & Franzkowiak, 2022; Waldinger & Schulz, 2023). Die Abwesenheit von sozialer Unterstützung hat dagegen eine negative Wirkung auf unsere Gesundheit. Der gesundheitsschädliche Effekt von Einsamkeit ist vergleichbar mit dem von 15 Zigaretten am Tag (Holt-Lunstad et al., 2017)!

> **Hintergrundwissen: soziale Beziehungen und Gesundheit**
>
> Im Jahre 1938 befragten Forschende der medizinischen Fakultät der Harvard-Universität 286 Studenten. Es blieb nicht bei dieser einen Befragung. Die Harvard-Männer – damals waren Frauen an Harvard nicht zugelassen – wurden in regelmäßigen Abständen befragt. Über die Jahre kamen viele weitere Teilnehmende, Frauen und Männer, hinzu. Die sogenannte Harvard-Grant-Studie (benannt nach dem ersten Sponsor William T. Grant) ist bis heute die längste Langzeitstudie, die jemals durchgeführt wurde. Sie förderte viele Erkenntnisse darüber zutage, was zu einem gelingenden Leben beiträgt. Gegenwärtig wird die Studie von Robert Waldinger geleitet. Befragt nach der wichtigsten Erkenntnis dieses Mammutprojekts antwortete Waldinger: „Beziehungen, Beziehungen, Beziehungen". Was Waldinger besonders beeindruckt hat, war die Erkenntnis, dass Beziehungen nicht nur zufrieden machen, sondern auch eine erhebliche Wirkung auf die Gesundheit haben (Waldinger & Schulz, 2023; Kaufman, 2023).
>
> Wie beeinflussen soziale Beziehungen unsere Gesundheit? Es gibt drei Erklärungsansätze (Vonneilich & Franzkowiak, 2022).
>
> - Puffer-Effekt: Soziale Beziehungen wirken wie ein Puffer gegen die negativen Konsequenzen von Stress oder von Erkrankungen. Zum Beispiel können soziale Beziehungen dazu beitragen, Entzündungsprozesse im Körper zu reduzieren (Leschak & Eisenberger, 2019).
> - Haupteffekt: Das „Erleben" von sozialem Eingebundensein hat vermutlich einen langfristig positiven Effekt auf unsere Gesundheit. Es ermöglicht uns, „aufzublühen" und Selbstvertrauen zu entwickeln.
> - Verändertes Verhalten: Soziale Beziehungen motivieren uns vielleicht, mehr Verantwortung für unser Leben zu übernehmen und uns z. B. gesünder (bzw. weniger risikoreich) zu verhalten.

Was heißt das für die Arbeitswelt? In der praktischen Diskussion um eine gesunde Arbeitsumgebung wird die Rolle der sozialen Beziehungen oft übersehen (Thissen et al., 2023). Das ist bedauerlich, zumal inzwischen eine Reihe spannender Beiträge aus der Arbeitsforschung vorliegen (z. B. Caputo et al., 2023; Jolly et al., 2021; Pauksztat & Grech, 2022; Methot et al., 2021; Schulz-Dadaczynski, 2023; Thissen et al., 2023). Weitgehende Einigkeit besteht darüber, dass sich soziale Unterstützung positiv auf die Leistung und Gesundheit auswirkt. Gegenstand der Forschung sind die Fragen, wie dies am besten gestaltet werden kann – und durch wen. Der Fokus liegt dabei auf Unterstützung durch die Führungskraft und – vielleicht noch wichtiger, durch die Mitarbeitenden untereinander.

Anna Schultz-Dadaczynski, Psychologin in der Bundesanstalt für Arbeitsschutz und Arbeitsmedizin, hat in einer umfangreichen Interviewstudie untersucht, welche Formen

3.4 Gesunde Umgebungen schaffen

sozialer Unterstützung als hilfreich empfunden wurden – insbesondere in Situationen von Zeit- und Leistungsdruck (Schulz-Dadaczynski, 2023). Unter anderem wurden folgende drei Arten der Unterstützung genannt:

- *emotionale Unterstützung*: die Möglichkeit, im Gespräch über Ängste und Sorgen zu reden oder Ermutigung zu erfahren.
- *instrumentelle Unterstützung*: praktische Hilfen, z. B. mal eine Aufgabe übernehmen, beim Einrichten von Computerprogrammen helfen.
- *informationale Unterstützung*: Informationen und Ideen austauschen, gemeinsam Lösungen diskutierten.

Als Führungskraft können Sie hier viel beitragen, aber Sie müssen dies nicht alles allein schultern. Im Gegenteil: Es ist wichtig, dass die Mitarbeitenden diese Art von Unterstützung (auch) untereinander bereitstellen. Dies erfordert ein Klima der Offenheit und der psychologischen Sicherheit. Praktische Ideen, wie Sie ein solches Klima fördern können, finden Sie in Abschn. 4.2.2. Eine wichtige Voraussetzung dafür sind Möglichkeiten zum informellen Austausch unter Ihren Mitarbeitenden. Gemeinsame Mittagspausen sind dafür sinnvoll: Sie stärken den Teamzusammenhalt und reduzieren das Stressempfinden (Bellini et al., 2019; Waber, 2013). Aber auch die informellen Gespräche während der Arbeitszeit sind in Sachen Gesundheit und Teamzusammenhalt sinnvoll (Paukstzat & Grech, 2022; Method et al., 2021). Gerade in Phasen hohen Zeitdrucks können solche Gespräche ein wichtiger Stresspuffer sein. Leider sind sie gerade dann von vielen Führungskräften nicht gerne gesehen.

Weitere praktische Ideen zur Stärkung der sozialen Beziehungen finden Sie in Abschn. 2.4.3.

3.4.2 Kontakt zur Natur ermöglichen

Kontakt mit der Natur scheint gut für unser Wohlbefinden zu sein. Wir sahen bereits, dass ein Blick auf Bäume den Heilungserfolg von Patienten in Krankenhäusern beschleunigen kann. Aber können auch gesunde Menschen von Kontakt mit der Natur profitieren? Zahlreiche Studien haben sich in den letzten Jahren mit dieser Frage befasst. Die meisten davon warten mit positiven Befunden auf.

 Hintergrundwissen: Kontakt mit der Natur reduziert Stress

Im Jahr 2004 befragte Ulrika Stigsdotter, Professorin für Landschaftsplanung und Gesundheitsdesign an der Universität von Kopenhagen, fast 600 Arbeitnehmer, um herauszufinden, wie sich der Zugang zu Grünanlagen auf das Stressniveau auswirkt. Dazu teilte sie die Befragten in vier Kategorien ein.

1. Menschen ohne Zugang zu oder Blick auf Grünanlagen;
2. Menschen, die zwar Zugang zu einer Grünanlage hatte, aber nur selten davon Gebrauch machten;
3. Menschen, die einmal oder mehrmals pro Woche ihre Pause in einer Grünanlage verbrachten;
4. Menschen, die von ihrem Arbeitsplatz auf eine Grünanlage schauen konnten und dort mehrmals pro Woche ihre Pause verbrachten.

Das Ergebnis war eindeutig: Das Stressniveau der Personen in der ersten Kategorie war doppelt so hoch wie das der Menschen in der vierten Kategorie. Die Personen der Kategorie 2 hatten das zweithöchste, die der Kategorie 3 das dritthöchste Stressniveau. Je mehr Kontakt Mitarbeitende mit Natur hatten, desto weniger gestresst waren sie (Stigsdotter, 2004).

Allerdings halten einige dieser Untersuchungen den harten wissenschaftlichen Kriterien für hochwertige Studien nicht stand und werden daher in anspruchsvollen Metaanalysen nicht berücksichtigt (Andersen et al., 2021). Dennoch bleibt ein klar positiver Befund. Die jüngste Metaanalyse (Corazon et al., 2019) kommt zu dem Schluss: Es gibt solide Evidenzen für positive Effekte auf psychologischer Ebene, z. B. empfundener Stress, Wohlbefinden und positive Gefühle. Die Befunde in Bezug auf physiologische Effekte (z. B. Blutdruck, Puls, Kortisol) sind dagegen uneinheitlich.

Mehr Grün am Arbeitsplatz
Es macht also Sinn, darüber nachzudenken, wie Natur in die Arbeitsumgebung integriert werden kann. Unternehmen können z. B. über Begrünung von Außenflächen oder von sichtbaren Dachflächen nachdenken. Aber auch Innenräume können begrünt werden. Dazu bedarf es vielleicht nicht einmal einer Zustimmung der Unternehmensleitung. Pflanzen in Büros sind ein relativ preiswerter Weg, die Natur an den Arbeitsplatz zu bringen. Sie können sich positiv auf die Konzentration, die empfundene Qualität der Luft, die Zufriedenheit mit dem Arbeitsplatz und sogar auf die Kreativität und Produktivität auswirken (Hähn et al., 2021; Nieuwenhuis et al., 2014).

 Hintergrundwissen: Reinigen Zimmerpflanzen die Luft?
Immer wieder kann man in den Medien lesen, dass Zimmerpflanzen auch zur Reinigung und Entgiftung der Luft beitragen. Was sagt die Wissenschaft dazu? Unter Laborbedingungen konnte man tatsächlich signifikante Effekte nachweisen. In der Praxis allerdings ist die Wirkung aufgrund des Luftaustausches sehr gering. Michael Waring, Professor für Architektur- und Umweltingenieurwesen am *Drexel College of Engineering* in Philadelphia, hat sich die Forschung der letzten 30 Jahre

> dazu angeschaut. Sein Fazit: Um eine spürbare luftreinigende Wirkung zu erzielen, müsste man je nach Pflanzenart etwa 10–1000 Pflanzen pro Quadratmeter unterbringen (Cummings & Waring, 2020; Gibbens, 2019). Unabhängig von technisch messbaren Effekten können sich Pflanzen aber auf die *wahrgenommene* Luftqualität positiv auswirken (Hähn et al., 2021; Nieuwenhuis et al., 2014).

Am besten eignen sich grüne, eher kleine und wenig duftende Pflanzen. Das zumindest war das Ergebnis einer Studie in Shanghai (Qin et al., 2014). Das dort untersuchte Büro war sehr eng besetzt – vielleicht fallen die Präferenzen bei Ihnen anders aus. Pflanzen können an einzelne Arbeitsplätze oder auch in Pausenräumen, Kantinen oder anderen Bereichen angesiedelt werden. Auch vertikale Pflanzenwände lassen sich relativ leicht installieren. Achten Sie dabei aber auf Allergien und planen Sie die Bewässerung. Falls Sie nicht mit lebenden Pflanzen experimentieren wollen, versuchen Sie es mit Naturmotiven auf Bildern oder Naturmaterialien – auch sie können eine positive Wirkung entfalten (Kort et al., 2006).

Kurze Begegnungen mit der Natur in den Arbeitsalltag integrieren
Viele Arbeitnehmer können sich ihren Arbeitsort nicht aussuchen und auch ihr Büro möglicherweise nicht umgestalten. Was dann? Eine gute Alternative zur Gestaltung des Arbeitsplatzes besteht darin, Begegnungen mit der Natur in seinen Arbeitsalltag einzubauen und Außenräume zu nutzen.

Bereits ein 10- bis 20-minütiger Spaziergang in der Natur kann ausreichen, um einen positiven Effekt zu spüren (Meredith et al., 2020). Vielleicht können Sie in der nächsten Pause oder auf dem Weg zur Arbeit durch einen Park spazieren, die ein oder andere Besprechung während eines Spaziergangs abhalten (s. Kasten „Walking Meetings") oder das nächste Mittagessen auf eine nahe gelegene Grünfläche verlegen? Falls das in Ihrer Umgebung nicht umsetzbar ist, können Sie auch mit Naturvideos experimentieren – z. B. in der Pause einer Besprechung. Neueste Studien zeigen, dass auch sie eine positive Wirkung entfalten können, auch wenn die Effekte im Vergleich zum „echten" Erleben deutlich geringer sind (Eckes et al., 2021; Grassini et al., 2022).

▶ **Praxistool: Walking Meetings (Clayton et al., 2015)**

Wie der Name schon verrät, sind *Walking Meetings* Termine, die im Gehen abgehalten werden. Durch die Bewegung sind wir entspannter, können besser mit neuen Situationen umgehen und sind kreativer. Deshalb eignen sich Walking Meetings vor allem für Meetings, in denen Kreativität gefragt ist. Hier sind ein paar praktische Hinweise:

- maximal 3 Personen: Besprechungen im Gehen funktionieren am besten zu zweit oder zu dritt. Bei größeren Teilnehmerzahlen wird ein Gespräch

im Gehen schwieriger (natürlich können Sie Besprechungen mit größeren Runden auch ohne Gehen im Freien halten).
- informieren: Wenn Sie ein Walking Meeting planen, lassen Sie es die anderen Teilnehmenden rechtzeitig wissen, damit diese sich passend kleiden können.
- Notizen: Nehmen Sie sich etwas zum Notieren mit, falls Sie wichtige Gedanken notieren möchten.

3.4.3 Akustische Bürogestaltung

Störgeräusche reduzieren
Dass Lärm am Arbeitsplatz schädlich sein kann, ist seit langem bekannt. Tatsächlich fühlen sich viele Menschen durch Lärm am Arbeitsplatz gestört – in einer Studie betraf das jeden zweiten Befragten (pronova, 2018). Neben schlechter räumlicher Ausstattung, mangelnder Privatsphäre und unzureichender Luftqualität gehört Lärm daher zu den Faktoren, die die Zufriedenheit der Mitarbeitenden am meisten beeinträchtigen. Lärm schränkt die subjektive Leistungsfähigkeit ein (Bae et al., 2021; Frontczak et al., 2012; Windlinger et al., 2018) und kann als potenzieller Stressfaktor auch unsere physische Gesundheit beeinträchtigen. An Arbeitsplätzen mit sehr hohen Lärmbelastungen, wie z. B. Baustellen, sind in der Regel Arbeitsschutzmaßnahmen und Lärmgrenzen gesetzlich vorgeschrieben. In Großraumbüros oder anderen Umgebungen (Kindergärten, Schulen, Restaurants) wird Lärm jedoch oft unterschätzt. Die meisten Arbeitnehmer fühlen sich durch Gespräche von Kollegen, Telefonate, Klingeln von Telefonen und umherlaufende Personen immens in ihrer Arbeit gestört (Interface, 2019). Führungskräfte sollten deshalb auf Lärmvermeidung achten und gegebenenfalls Maßnahmen ergreifen. Ein erster sinnvoller Schritt ist das Gespräch mit den Mitarbeitenden. Wenn sich Lärm dabei als ein Problem herausstellt, können Sie gemeinsam Ideen entwickeln, störende Lärmquellen zu minimieren. Vielleicht hilft es schon, ein paar Regeln gegenseitiger Rücksichtnahme zu vereinbaren, z. B. unterbrechungsfreie Zeiten, Regeln zum Telefonieren etc.

Vielleicht können Sie aber auch geräuscharme Geräte anschaffen, schallschluckende Elemente nutzen (z. B. Pflanzen, Bodenbeläge/Teppiche), separate Telefonbereiche einrichten oder Ruheräume schaffen.

 Hintergrundwissen: Sound Masking
Das ständige Mithören von Hintergrundgesprächen etwa im Großraumbüro beeinträchtigt die Arbeitsleistung unseres Gehirns erheblich (LeCompte et al., 1997). Selbst wenn wir die Sprache nicht verstehen, können wir sie nicht leicht ausblenden. Eine mögliche Lösung ist das sogenannte Sound Masking, an dem

> Forschende des Fraunhofer Instituts für Bauphysik in Stuttgart arbeiten. Dabei werden störende Geräusche wie etwa menschliche Stimmen gezielt durch neutrale Geräusche überlagert (Renz et al., 2019). Anders als Hintergrundgespräche rückt das neutrale Geräusch für uns schnell in den Hintergrund und stört uns nicht weiter. Der Radius, in dem Gespräche gehört werden, verringert sich. Das gilt auch für die eigenen Telefonate. Sound Masking hat also nicht nur eine positive Wirkung auf unser Hören und unsere Leistung, sondern steigert zusätzlich auch noch unser Gefühl von Privatsphäre.

Positive Wirkung von Musik nutzen
Neben der Eliminierung von negativen Geräuschen können wir auch „gute" Geräusche erzeugen und zu unserem Vorteil nutzen. Ruhige Musik (ohne Sprache) kann z. B. einen entspannenden Effekt auf Menschen haben. Andere Studien zeigen, dass fröhliche Musik uns optimistischer macht und rhythmische Musik uns vitalisieren kann. Stefan Koelsch (Psychologe, Soziologe und Musiker) empfiehlt daher, positiv klingende Musik bei der Arbeit zu hören. Nur Investment-Bankern und Hedgefonds-Managern rät er (wohl mit einem Augenzwinkern), „dauerhaft und ausschließlich traurige Musik zu hören", um sich „vor Optimismus und Risikofreude zu schützen" (Kölsch, 2019, S. 82).

Wie sich Musik bei der Arbeit auswirken kann, zeigte z. B. ein Experiment von Victoria Goldshteyn und ihren Kolleginnen (2016). Sie ließen in vier verschiedenen Organisationen einen Kammersänger und einen Pianisten während der Mittagspause mit verschiedenen Stücken (beispielsweise Foxtrott, Tango und klassische Lieder) auftreten. Das Ergebnis: Die Beteiligten fühlten sich entspannter, aktiver und gesünder. Warum also nicht experimentieren? Ruhige Musik in der Kantine, rhythmische Musik in der Workshoppause oder gar eine kleine Live-Aufführung zur Mittagspause? Allerdings sollten Sie dabei nicht nur Ihrem eigenen Musikgeschmack folgen. Der entspannende Effekt von Musik hat auch mit den individuellen musikalischen Präferenzen zu tun: Was Sie entspannend finden, mag andere nerven. Treffen Sie also keine einsamen Entscheidungen. Beziehen Sie die Mitarbeitenden in die Musikauswahl ein.

3.5 Betriebliches Gesundheitsmanagement (BGM) unterstützen

Unter dem Stichwort „betriebliches Gesundheitsmanagement" (BGM) haben viele Unternehmen seit Jahren zahlreiche gesundheitsfördernde Maßnahmen eingeleitet. Studien zeigen eine positive Wirkung der BGM-Maßnahmen auf die Gesundheit der Teilnehmenden (Barthelmes et al., 2019). Doch nicht überall sind solche Maßnahmen verfügbar.

3.5.1 Angebote prüfen und erweitern

Gesundheitsfördernde Maßnahmen sind inzwischen weit verbreitet. Laut einer Onlinebefragung von 1650 Arbeitnehmenden in Deutschland im Jahr 2018 gaben immerhin 67 % an, Zugang zu gesundheitsfördernden Maßnahmen zu haben. Größere Unternehmen erwiesen sich dabei als deutlich aktiver als kleinere. In Unternehmen mit mehr als 250 Mitarbeitenden bieten ca. 80 % entsprechende Maßnahmen an. Bei Unternehmen mit bis zu 10 Mitarbeitenden sind es immerhin 28 % (pronova, 2018). Die häufigsten Maßnahmen sind betriebsärztliche Untersuchungen und gesunde Kantinenangebote, gefolgt von Sportangeboten und Gesundheitsberatung. Auffällig ist, dass es in der öffentlichen Verwaltung die meisten BGM-Angebote und im Handel und im Dienstleistungssektor die wenigsten gibt.

Insgesamt lassen sich zwei Typen von Maßnahmen unterscheiden:

1. Optimierung der Arbeitsumgebung (z. B. Arbeitsschutzmaßnahmen, ergonomische Bürostühle etc.) – sogenannte *Verhältnisprävention*.
2. Förderung des Verhaltens der Mitarbeitenden sowohl am Arbeitsplatz (z. B. Kurse zu Themen wie Entspannung, Ernährung, richtiges Sitzen) als auch darüber hinaus (z. B. vergünstigte Mitgliedschaften in Sportvereinen) – sogenannte *Verhaltensprävention*.

 Hintergrundwissen: Achtsamkeit und Stressreduktion

Sind Achtsamkeitsseminare wirklich effektiv oder ein nur Hype ohne wirklichen Nutzen?

Ein Blick nach Bhutan zeigt, dass Achtsamkeit mehr sein könnte als ein vorübergehender Trend. Die dortige Regierung hat es sich zur Aufgabe gemacht, das Wohlbefinden der Staatsangehörigen zu maximieren. Eines ihrer Projekte in Kooperation mit Wissenschaftlern der Universität von Pennsylvania war die Entwicklung eines Schulcurriculums. Dieses lehrt zusätzlich zum akademischen Wissen auch andere wichtige Fertigkeiten. Das sogenannte Brain Brushing, bei dem Schüler vor dem Unterricht eine kurze Achtsamkeitsübung machen, wirkte sich positiv auf das Wohlbefinden und die akademischen Leistungen der Schüler aus (Wiking, 2017).

Über die letzten Jahre zeichnet sich ein starker Trend ab, Achtsamkeitsseminare in Unternehmen anzubieten und in den Arbeitsalltag zu integrieren (z. B. Meditationsgruppen in der Mittagspause).

Mittlerweile gibt es etliche Studien, die das Thema untersuchen – jedoch gibt es keine einheitliche Definition von Achtsamkeit. Hinzukommt: Bei weitem nicht alle der vorliegenden Studien halten wissenschaftlicher Kritik stand. Daher sollten die Ergebnisse der Studien differenziert betrachtet werden. Man geht jedoch

> davon aus, dass Achtsamkeitsübungen auch in der Arbeitswelt Aufmerksamkeit/Konzentration erhöhen und Stress abbauen (Good et al., 2016). Inzwischen gibt es Veröffentlichungen, die Indizien liefern, welche Interventionen positive Effekte haben. Vor allem Kurse in MBSR (Mindfulness-Based Stress Reduction) scheinen in Unternehmen zu helfen, Stresslevel bei einer gesunden Population zu reduzieren (Barthelmes et al., 2019; Sharma & Rush, 2014). Eine spannende neue Entwicklung ist die Kombination von Mindfulness und Stärkenorientierung (Whelan-Berry & Niemiec, 2021).

In einigen Unternehmen hat sich das BGM inzwischen zu einem ganzheitlichen Konzept entwickelt. Die Idee ist, dass auf Basis einer Analyse der gegenwärtigen Situation gezielte Maßnahmen angeboten werden. Die besten Konzepte werden seit 2009 jährlich mit dem Corporate Health Award (Initiative von EUPD Research und dem Handelsblatt) ausgezeichnet. Neben dem Begriff *Corporate Health* verbreitet sich auch der aus Amerika stammende Begriff *Corporate Wellness* in Deutschland. Folgende digitale und analoge Maßnahmen sollen hier sowohl physisches als auch psychisches Wohlbefinden fördern:

- Sport und Bewegung: Fitnessprogramme, Wellnessangebote, Leihfahrräder, Beteiligung an Sportveranstaltungen (z. B. Firmenlauf), Entspannungskurse etc.
- Ernährung: ausgewogenes Essensangebot in Kantinen und in Meetings, Mitgliedschaften in Bioläden.
- gemeinsame „Fun-Aktivitäten": z. B. gemeinsames Kochen in der Mittagspause, Team-Challenges.
- digitale Instrumente: Online-Plattformen, Tracking-Apps.

Viele Unternehmen bieten ihren Mitarbeitenden inzwischen auch individuelle und anonyme Beratung an, z. B. durch sogenannte Employee Assistance Programme (Unterstützungsprogramme für Mitarbeitende). Inhalt und Umfang dieser Beratungsangebote variieren dabei je nach Anbieter. Sie richten sich direkt an die Mitarbeitenden und sind nicht auf die unmittelbaren Arbeitsthemen begrenzt. Neben der Beratung zum Thema Gesundheit umfassen sie häufig auch Unterstützung bei finanziellen und rechtlichen Fragen oder bei Suchtproblemen. Das Prinzip dabei ist Hilfe zur Selbsthilfe. Das ist eine erfreuliche Entwicklung, selbst wenn das dahinterliegende Motiv der Entscheider nicht immer (nur) die Gesundheit der Mitarbeitenden ist.

Dennoch: Nicht überall sind gesundheitsfördernde Angebote vorhanden. Viele Unternehmen sind noch auf dem Weg, einige haben die Reise noch gar nicht begonnen. Vielleicht können Sie als Führungskraft hier einen positiven Beitrag leisten. Dabei können Sie auch interessierte Mitarbeitende und deren Ideen mit einbeziehen, z. B. in Form von betrieblichen Gesundheitszirkeln (s. Kasten).

▶  **Praxistool: betrieblicher Gesundheitszirkel (Aust & Ducki, 2004; Leka & Cox, 2010)**
Betriebliche Gesundheitszirkel sind strukturierte, regelmäßige Treffen von Mitarbeitenden innerhalb eines Unternehmens, die sich mit Gesundheitsthemen am Arbeitsplatz befassen. Ziel ist es, gemeinsam Möglichkeiten zur Gesundheitsförderung zu entwickeln und umzusetzen. Die Zirkel sollten von der obersten Führungsebene unterstützt werden. Die Gruppen setzen sich meist aus 10–15 Teilnehmenden zusammen, die manchmal hierarchieübergreifend, manchmal aber auch aus der gleichen Ebene ausgewählt werden. Die Treffen sollten von geschulten Personen moderiert werden. Typische Themen sind ergonomische Arbeitsplatzgestaltung, Stressbewältigung, Ernährung oder Bewegungsförderung. Der Ablauf der Zirkelarbeit gliedert sich in konkrete Phasen wie Vorbereitung, Analyse von Arbeitsanforderungen, Entwicklung von Verbesserungsvorschlägen, deren Umsetzung sowie die Umsetzungsüberprüfung und die Evaluation.

3.5.2 Nachfrage fördern

Doch wen erreichen die Angebote des BGM eigentlich? Einige Studien zeigen, dass vor allem die Menschen, die ohnehin schon Wert auf ihre Gesundheit legen, die BGM-Maßnahmen in Anspruch nehmen. Wo das der Fall ist, werden sich die erwarteten Effekte auf die gesamte Belegschaft kaum einstellen. Wie aber können Unternehmen die Mitarbeitenden erreichen, die von den Angeboten am meisten profitieren würden?

Als Führungskraft können Sie Mitarbeitende für das Thema sensibilisieren und ein gutes Vorbild sein. In gemeinsamen reflektierenden Gesprächen können Sie zur Nutzung der Angebote ermutigen. Aber Sie können Menschen nicht zur Teilnahme an BGM-Maßnahmen verdonnern. Wichtig ist es, Bevormundung zu vermeiden und Eigenverantwortung zu fördern. Darauf zielt das Konzept *Enhealthment* ab (Burger & Scheer, 2017). *Enhealthment* ist ein „Ansatz, der Gesundheitskompetenz und eigenverantwortliches, gesundheitsbewusstes Handeln systematisch stärkt. Bedarfs- und lösungsorientiert wird Hilfe zur Selbsthilfe gegeben und der Mensch in geeignete Gesundheitsangebote gelotst." (Burger & Scheer, 2017, S. 579). Damit Menschen eigenverantwortlich im Sinne ihrer Gesundheit handeln können, brauchen sie Gesundheitskompetenz (z. B. das Wissen, welches Verhalten ihrer Gesundheit hilft). Als Führungskraft können Sie vielleicht dafür sorgen, dass für die jeweilige Zielgruppe geeignete Angebote zugänglich sind. Außerdem braucht es Motivation, das gesundheitsförderliche Verhalten umzusetzen, sowie Zutrauen in die eigenen Stärken. Auch hier können Sie entsprechende Signale senden.

3.6 Zusammenfassung

Gesundheit in Unternehmen und Organisationen:

- Eine Mehrheit der Menschen erfreut sich allgemein einer guten Gesundheit.
- Mit durchschnittlich 19 Tagen liegt der Krankenstand in Deutschland allerdings auf einem Rekordhoch.
- Gesundheit ist mehr als die Abwesenheit von Krankheiten und umfasst körperliches, soziales und psychisches Wohlbefinden.

Gesundheitsförderlich Führen:

- Führungsstil kann die Gesundheit Ihrer Mitarbeitenden (positiv oder negativ) beeinflussen.
- Ein „anständiger" (fairer, menschlicher, wertschätzender) Umgang mit Mitarbeitenden ist gut für deren Gesundheit.
- Ein bewusst gesundheitsorientierter Führungsstil geht darüber hinaus und umfasst eine positive *Haltung* zum Thema Gesundheit, *Bewusstheit und Achtsamkeit* für gesundheitsbezogene Signale sowie ein aktives auf Wohlbefinden ausgerichtetes *Verhalten*.

Guter Umgang mit Stress:

- Stress ist eine „gesunde" Reaktion unseres Körpers, doch anhaltender Stress und zu wenig Ruhephasen können gesundheitsschädlich sein.
- Die Wirkung von Stress hängt auch von der inneren Einstellung der Betroffenen ab.
- Führungskräfte können unnötige Ursachen von Stress vermeiden, Möglichkeiten zum Ausgleich schaffen sowie die Ressourcen zur Stressbewältigung stärken.

Gesunde Umgebung schaffen:

- Eine Umgebung, in der Menschen ihre psychologischen Grundbedürfnisse nach Verbundenheit, Autonomie, Kompetenz und Sinn befriedigen können, fördert unsere mentale und physische Gesundheit.
- Kontakt zur Natur kann unter bestimmten Umständen in den Arbeitsalltag integriert werden; er wirkt sich positiv auf die (psychische) Gesundheit aus.
- Die akustische Bürogestaltung umfasst den Einsatz von angenehmen Geräuschen (z. B. Musik) und die Vermeidung von Störgeräuschen.

Betriebliches Gesundheitsmanagement (BGM) unterstützen:

- Gesundheitsfördernde Maßnahmen sind in großen Unternehmen weit verbreitet, in kleineren Organisationen aber seltener anzutreffen.
- Die Maßnahmen erreichen vor allem diejenigen Mitarbeitenden, die sowieso auf ihre Gesundheit achten.
- Durch Vorbildwirkung und durch reflektierende Gespräche kann die Nutzung gezielt gefördert werden.

Literatur

Allen, D. K., & Shoard, M. (2005). Spreading the load: Mobile information and communications technologies and their effect on information overload. *Information Research: An International Electronic Journal 10*(2), 227–243.

Andersen, L., Corazon, S. S. S., & Stigsdotter, U. K. (2021). Nature Exposure and Its Effects on Immune System Functioning: A Systematic Review. *International Journal of Environmental Research and Public Health 18*(4), Artikel 1416. https://doi.org/10.3390/ijerph18041416.

Andrade, C. C., & Devlin, A. S. (2015). Stress reduction in the hospital room: Applying Ulrich's theory of supportive design. *Journal of Environmental Psychology 41*, S. 125–134. https://doi.org/10.1016/j.jenvp.2014.12.001.

Ariely, D. (2009). *Predictably irrational. The hidden forces that shape our decisions.* Harper.

Armocida, E., Martini, M., Bussolati, O., & Simonetti, O. (2024). Covid-19 pandemic: An unconventional social media. A way to solve unresolved health issues? *Acta Biomedica Atenei Parmensis 95*(2), Artikel e2024045. https://doi.org/10.23750/abm.v95i2.14980.

Aust, B., & Ducki, A. (2004). Comprehensive Health Promotion Interventions at the Workplace: Experiences With Health Circles in Germany. *Journal of Occupational Health Psychology 9*(3), 258–270. https://doi.org/10.1037/1076-8998.9.3.258.

Badura, B., Ducki, A., Schröder, H., Klose, J., & Meyer, M. (Hrsg.). (2016). Fehlzeiten-Report 2016. Unternehmenskultur und Gesundheit – Herausforderungen und Chancen. Springer (Fehlzeiten-Report).

Badura, B., Ducki, A., Schröder, H., Klose, J., & Meyer, M. (Hrsg.). (2018). Fehlzeiten-Report 2018. Sinn erleben – Arbeit und Gesundheit. Springer (Fehlzeiten-Report).

Badura, B., Ducki, A., Schröder, H., & Meyer, M. (Hrsg.). (2021). Fehlzeiten-Report 2021. Betriebliche Prävention stärken – Lehren aus der Pandemie. Springer (Fehlzeiten-Report).

Bae, S., Martin, C. S., & Asojo, A. O. (2021). Indoor environmental quality factors that matter to workplace occupants: an 11-year-benchmark study. *Building Research & Information 49*(4), 445–459. https://doi.org/10.1080/09613218.2020.1794777.

Bal, M. P. (Hrsg.). (2024). Elgar Encyclopedia of Organizational Psychology. Edward Elgar Pub (Elgar Encyclopedias in Business and Management series)

Bargh, J. A., Chen, M., & Burrows, L. (1996). Automaticity of social behavior: direct effects of trait construct and stereotype-activation on action. *Journal of Personality and Social Psychology 71*(2), 230–244. https://doi.org/10.1037/0022-3514.71.2.230.

Barnes, C. M. (2018). Sleep Well, Lead Better. *Harvard Business Review,* September–October 2018.

Barnes, C. M., Awtrey, E., Lucianetti, L., & Spreitzer, G. (2020). Leader sleep devaluation, employee sleep, and unethical behavior. *Sleep Health* 6 (3), 411–417.e5. https://doi.org/10.1016/j.sleh.2019.12.001.

Barthelmes, I., Bödeker, W., Sörensen, J., Kleinlerchner, K.-M., & Ody, J. (2019). Wirksamkeit und Nutzen arbeitsweltbezogener Gesundheitsförderung und Prävention. Zusammenstellung der wissenschaftlichen Evidenz 2012–2018. iga.Report 40. Unter Mitarbeit von Simone Inkrot und Heil Katrin Lea. Hg. v. Initiative Gesundheit und Arbeit (iga). Dresden. https://www.iga-info.de/fileadmin/redakteur/Veroeffentlichungen/iga_Reporte/Dokumente/iga-Report_40_Wirksamkeit_und_Nutzen_Gesundheitsfoerderung_Praevention.pdf. Zugegriffen: 26. Apr. 2024.

Bellini, D., Hartig, T., & Bonaiuto, M. (2019). Social support in the company canteen: A restorative resource buffering the relationship between job demands and fatigue. *Work* 63(3), 375–387. https://doi.org/10.3233/WOR-192944.

Bernstein, E., & Waber, B. (2019). The truth about open offices. There are reasons why they don't produce the desired interactions. *Harvard business review 97*(6), 82–91.

Bloom, de J., Kompier, M., Geurts, S., Weerth, de C., Taris, T., & Sonnentag, S. (2009). Do We Recover from Vacation? Meta-analysis of Vacation Effects on Health and Well-being. *Journal of Occupational Health* 51(1), 13–25. https://doi.org/10.1539/joh.K8004.

Böcken, J., Braun, B., & Meierjürgen, R. (Hrsg.). (2015). Gesundheitsmonitor 2015. Bürgerorientierung im Gesundheitswesen – Kooperationsprojekt der Bertelsmann Stiftung und der BARMER GEK. Bertelsmann Stiftung. https://permalink.obvsg.at/AC12624027.

Brani, O., Hefferon, K., Lomas, T., Ivtzan, I., & Painter, J. (2014). The impact of body awareness on subjective wellbeing: The role of mindfulness. *International Body Psychotherapy Journal* 13(1), 95–107.

Brosi, P., & Gerpott, F. H. (2023). Stayed at home – But can't stop working despite being ill?! Guilt as a driver of presenteeism at work and home. *Journal of Organizational Behavior* 44(6), 853–870. https://doi.org/10.1002/job.2601.

Bundeszentrale für gesundheitliche Aufklärung (BZgA) (Hrsg.). (2023). *Leitbegriffe der Gesundheitsförderung und Prävention. Glossar zu Konzepten, Strategien und Methoden.*

Burger, S., & Scheer, S. (2017). „enhealthment" im Betrieblichen Gesundheitsmanagement. *Arbeitsmedizin Sozialmedizin Umweltmedizin* 52(8), 578–582.

Burrow, A. L., & Hill, P. L. (2011). Purpose as a form of identity capital for positive youth adjustment. *Developmental Psychology 47*(4), 1196–1206. https://doi.org/10.1037/a0023818.

Cameron, K. S. (2013). *Practicing positive leadership. Tools and techniques that create extraordinary results.* Berrett-Koehler Publishers.

Cameron, K. S., Quinn, R. E., Degraff, J., & Thakor, A. V. (2014). *Competing values leadership* (2. Aufl.). Edward Elgar Publishing (New horizons in management).

Caputo, A., Gatti, P., Clari, M., Garzaro, G., Dimonte, V., & Cortese, C. G. (2023). Leaders' Role in Shaping Followers' Well-Being: Crossover in a Sample of Nurses. *International journal of environmental research and public health 20*(3), Artikel 2386. https://doi.org/10.3390/ijerph20032386.

Chetri, S., Dutta, T., Mandal, M. K., & Patnaik, P. (Hrsg.). (2023). *Understanding Happiness.* Springer.

Chevalier, A., & Kaluza, G. (2015). Psychosozialer Stress am Arbeitsplatz: Indirekte Unternehmenssteuerung, selbstgefährdendes Verhalten und die Folgen für die Gesundheit. In J. Böcken, B. Braun, & R. Meierjürgen (Hrsg.), Gesundheitsmonitor 2015. Bürgerorientierung im Gesundheitswesen – Kooperationsprojekt der Bertelsmann Stiftung und der BARMER GEK (S. 228–253). Bertelsmann Stiftung.

Claes, R. (2014). Sickness Absence and Sickness Presence. In C. W. Maria, J. de Jonge Peeters, & T. W. Taris (Hrsg.), An Introduction to Contemporary Work Psychology (S. 367–390). Wiley.

Clayton, R., Thomas, C., & Smothers, J. (2015). How to do walking meetings right. In: *Harvard business review* August 05, 2015. https://sankalagroup.com/trailhead/HBR%20-%20Walking%20Meetings.pdf. Zugegriffen: 29. Apr. 2024.

Cohen, S., Doyle, W. J., Turner, R. B., Alper, C. M., & Skoner, D. P. (2003). Emotional Style and Susceptibility to the Common Cold. *Psychosomatic Medicine 65*(4), 652–657. https://doi.org/10.1097/01.PSY.0000077508.57784.DA.

Corazon, S. S., Sidenius, U., Poulsen, D. V., Gramkow, M. C., Stigsdotter, U. K. (2019). Psycho-Physiological Stress Recovery in Outdoor Nature-Based Interventions: A Systematic Review of the Past Eight Years of Research. *IJERPH, 16*(10), 1711. https://doi.org/10.3390/ijerph16101711.

Cotton Bronk, K., Hill, P. L., Lapsley, D. K., Talib, T. L., & Finch, H. (2009). Purpose, hope, and life satisfaction in three age groups. *The Journal of Positive Psychology 4*(6), 500–510. https://doi.org/10.1080/17439760903271439.

Crum, A. J., Akinola, M., Martin, A., & Fath, S. (2017). The role of stress mindset in shaping cognitive, emotional, and physiological responses to challenging and threatening stress. *Anxiety, Stress, & Coping, 30*(4), 379–395. https://doi.org/10.1080/10615806.2016.1275585.

Crum, A. J., Salovey, P., & Achor, S. (2013). Rethinking stress: The role of mindsets in determining the stress response. *Journal of Personality and Social Psychology, 104*(4), 716–733. https://doi.org/10.1037/a0031201.

Cummings, B. E., & Waring, M. S. (2020). Potted plants do not improve indoor air quality: A review and analysis of reported VOC removal efficiencies. *Journal of exposure science & environmental epidemiology, 30*(2), 253–261. https://doi.org/10.1038/s41370-019-0175-9.

Danner, D. D., Snowdon, D. A., & Friesen, W. V. (2001). Positive emotions in early life and longevity: Findings from the nun study. *Journal of Personality and Social Psychology 80*(5), 804–813. https://doi.org/10.1037/0022-3514.80.5.804.

Derks, D., & Bakker, A. B. (2010). The Impact of E-mail Communication on Organizational Life. *Cyberpsychology; Journal of psychosocial research on Cyberspace 4*(1), Artikel 4.

Diener, Ed., & Chan, M. Y. (2011). Happy People Live Longer: Subjective Well-Being Contributes to Health and Longevity. *Applied Psychology: Health and Well-Being, 3*(1), 1–43. https://doi.org/10.1111/j.1758-0854.2010.01045.x.

Dietz, Carolin; Zacher, Hannes; Scheel, Tabea; Otto, Kathleen; Rigotti, Thomas (2020). Leaders as role models: Effects of leader presenteeism on employee presenteeism and sick leave. *Work & Stress, 34*(3), 300–322. https://doi.org/10.1080/02678373.2020.1728420.

Dilani, A. (Hrsg.). (2004). *Design & Health III. Health promotion through environmental design.* Design & Health. International Academy for Design and Health.

Ditzen, B., & Stoffel, M. (2016). Kein Halten mehr: Wenn Stress krank macht. *Ruperto Carola Forschungsmagazin* Dezember 2016 (9), 94–101. https://heiup.uni-heidelberg.de/journals/rupertocarola/issue/view/2362/349. Zugegriffen: 29. Apr. 2024.

Donaldson-Feilder, E., Lewis, R., & Yarker, J. (2009). Preventing stress: Promoting positive manager behaviour. Hg. v. Chartered Institute of Personnel and Development. London. https://www.cipd.org/en/knowledge/reports/preventing-stress-report/. Zugegriffen: 29. Apr. 2024.

Donaldson-Feilder, E., Munir, F., & Lewis, R. (2013). Leadership and Employee Well-being. In H. Skipton Leonard, R. Lewis, A. M. Freedman, & J. Passmore (Hrsg.), *The Wiley Blackwell handbook of the psychology of leadership, change, and organizational development* (S. 155–173). Wiley (Wiley-Blackwell handbooks in organizational psychology).

Eckes, A., Seifert, W., Büssing, A. G., & Fiebelkorn, F. (2021). Comparing the effects of primary nature experiences and 360 nature videos on subjective vitality – A pilot study in a (virtual) tropical greenhouse. *Umweltpsychologie, 25*(1), 96–122.

Efimov, I., Harth, V., & Mache, S. (2020). Health-Oriented Self- and Employee Leadership in Virtual Teams: A Qualitative Study with Virtual Leaders. *International journal of environmental research and public health, 17*(18), Artikel 6519. https://doi.org/10.3390/ijerph17186519.

Elovainio, M., Kivimäki, M., Puttonen, S., Lindholm, H., Pohjonen, T., & Sinervo, T. (2006a). Organisational injustice and impaired cardiovascular regulation among female employees. *Occupational and Environmental Medicine, 63*(2), 141–144.

Elovainio, M., Leino-Arjas, P., Vahtera, J., & Kivimäki, M. (2006b). Justice at work and cardiovascular mortality: a prospective cohort study. *Journal of psychosomatic research, 61*(2), 271–274. https://doi.org/10.1016/j.jpsychores.2006.02.018.

Felfe, J. (Hrsg.). (2015). *Trends der psychologischen Führungsforschung*. Hogrefe (Psychologie für das Personalmanagement, 27).

Felfe, J., & van Dick, R. (Hrsg.). (2016). *Handbuch Mitarbeiterführung. Wirtschaftspsychologisches Praxiswissen für Fach- und Führungskräfte*. Springer (Springer Reference Psychologie).

Franke, F., Ducki, A., & Felfe, J. (2015). Gesundheitsförderliche Führung. In J. Felfe (Hrsg.), *Trends der psychologischen Führungsforschung* (S. 253–264). Hogrefe (Psychologie für das Personalmanagement, 27).

Franke, F., Felfe, J., & Pundt, A. (2014). The Impact of Health-Oriented Leadership on Follower Health: Development and Test of a New Instrument Measuring Health-Promoting Leadership. *German Journal of Human Resource Management: Zeitschrift für Personalforschung, 28*(1–2), 139–161. https://doi.org/10.1177/239700221402800108.

Fredrickson, B. (2010). *Positivity. Groundbreaking research to release your inner optimist and thrive*. Oneworld.

Fredrickson, B. (2013). *Love 2.0. Finding Happiness and Health in Moments of Connection*. Penguin Group.

Frobeen, A. (2023). Den Körper achtsam wahrnehmen – mit dem „Body Scan" zum Download. Hg. v. TK Die Techniker. Techniker Krankenkasse. https://www.tk.de/techniker/magazin/life-balance/aktiv-entspannen/body-scan-download-2007110. Zugegriffen: 02.Mai 2024.

Frontczak, M., Schiavon, S., Goins, J., Arens, E. A., Zhang, H., & Wargocki, P. (2012). Quantitative relationships between occupant satisfaction and satisfaction aspects of indoor environmental quality and building design. *Indoor Air, 22*(2), 119–131. https://doi.org/10.1111/j.1600-0668.2011.00745.x.

Fujishiro, K., & Heaney, C. A. (2017). „Doing what I do best": The association between skill utilization and employee health with healthy behavior as a mediator. *Social science & medicine, 175*, 235–243. https://doi.org/10.1016/j.socscimed.2016.12.048.

Gerpott, F. H., & Brosi, P. (2024). Entry on Presenteeism. In M. P. Bal (Hrsg.), *Elgar Encyclopedia of Organizational Psychology* (S. 551–553). Edward Elgar Pub (Elgar Encyclopedias in Business and Management series).

Gibbens, S. (2019). Which houseplants should you buy to purify air? None of them. Bringing plants indoors can provide a number of benefits, but cleaner air isn't one of them, say experts. Hg. v. National Geographic. https://www.nationalgeographic.com/science/article/houseplants-dont-purify-indoor-air. Zugegriffen: 2. Mai 2024.

Goldshteyn, V., Arevshatian, L., & Lewis, R. (2016). Music as an HR resource for employee wellbeing. Hg. v. HR Zone. https://hrzone.com/music-as-an-hr-resource-for-employee-wellbeing/. Zugegriffen: 2. Mai 2024.

Good, D. J., Lyddy, C. J., Glomb, T. M., Bono, J. E., Brown, K. W., Duffy, M. K., et al. (2016). Contemplating Mindfulness at Work: An Integrative Review. *Journal of Management, 42*(1), 114–142. https://doi.org/10.1177/0149206315617003.

Grassini, S., Segurini, G. V., & Koivisto, M. (2022). Watching Nature Videos Promotes Physiological Restoration: Evidence From the Modulation of Alpha Waves in Electroencephalography. *Frontiers in psychology,13*, Artikel 871143. https://doi.org/10.3389/fpsyg.2022.871143.

Grobe, T., & Bessel, S. (2023). Gesundheitsreport 2023 – Arbeitsunfähigkeiten. Hg. v. Techniker Krankenkasse. Hamburg (Gesundheitsreport, 2016). https://www.tk.de/resource/blob/2146912/b3da7656eefb503fd4f836b2fc75974c/gesundheitsreport-au-2023-data.pdf. zuletzt geprüft am https://www.tk.de/resource/blob/2146912/44b10e23720bf38c1559538949dd1078/gesundheitsreport-au-2023-data.pdf?trk=public_post_comment-text.

Grobe, T., & Steinmann, S. (2016). Gesundheitsreport 2016. Gesundheit zwischen Beruf und Familie. Hamburg: Techniker Krankenkasse (Gesundheitsreport, 2016). www.tk.de/resource/blob/2034302/0eac411909c8215ba82b4f2cf86a8d8f/gesundheitsreport-2016-data.pdf. Zugegriffen: 21. Mai 2024.

Groen, B. H., Jylhä, T., & van Sprang, H. (2018). Healthy Offices: An evidence-based trend in Facility Management? In Tampere University of Technology (Hrsg.), *Proceedings of the 1st Transdisciplinary Workplace Research Conference. Unter Mitarbeit von Suvi Nenonen, Alpo Salmisto und Vitalija Petrulaitiene. TWR 2018:Transdisciplinary Workplace Research Conference,* Tampere, 19.–21. September 2018, S. 6. Tampere (Tampereen teknillinen yliopisto. Rakennustekniikan laboratorio. Rakennustuotanto ja -talous. Raportti, 26).

Gronewold, J., Kropp, R., Lehmann, N., Schmidt, B., Weyers, S., Siegrist, J., et al. (2020). Association of social relationships with incident cardiovascular events and all-cause mortality. *Heart, 106*(17), 1317–1323. https://doi.org/10.1136/heartjnl-2019-316250.

Gunnarsdóttir, S., & Björnsdóttir, K. (2003). Health promotion in the workplace: The perspective of unskilled workers in a hospital setting. *Scandinavian journal of caring sciences, 17*(1), 66–73. https://doi.org/10.1046/j.1471-6712.2003.00122.x.

Hähn, N., Essah, E., & Blanusa, T. (2021). Biophilic design and office planting: A case study of effects on perceived health, well-being and performance metrics in the workplace. *Intelligent Buildings International, 13*(4), 241–260. https://doi.org/10.1080/17508975.2020.1732859.

Hefferon, K. (2013). *Positive psychology and the body. The somatopsychic side to flourishing.* Open University Press.

Henderson, A. A., & Horan, K. A. (2021). A meta-analysis of sleep and work performance: An examination of moderators and mediators. *Journal of Organizational Behavior, 42*(1), 1–19. https://doi.org/10.1002/job.2486.

Hollederer, A. (2023). Betriebliche Gesundheitsförderung in Deutschland für alle? Ergebnisse der BIBB-/BAuA-Erwerbstätigenbefragung 2018. *Gesundheitswesen (Bundesverband der Ärzte des Öffentlichen Gesundheitsdienstes (Germany)), 85*(4), 277–288. https://doi.org/10.1055/a-1658-0125.

Holman, D., & Axtell, C. (2016). Can job redesign interventions influence a broad range of employee outcomes by changing multiple job characteristics? A quasi-experimental study. *Journal of Occupational Health Psychology, 21*(3), 284–295. https://doi.org/10.1037/a0039962.

Holt-Lunstad, J., Robles, T. F., & Sbarra, D. A. (2017). Advancing social connection as a public health priority in the United States. *The American psychologist, 72*(6), 517–530. https://doi.org/10.1037/amp0000103.

Horstmann, D. (2018). Enhancing Employee Self-Care. *European Journal of Health Psychology, 25*(3), 96–106. https://doi.org/10.1027/2512-8442/a000014.

Hughes, R., Kinder, A., & Cooper, C. L. (2019). *The wellbeing workout. How to manage stress and develop resilience.* Springer Nature.

Interface Inc. (Hrsg.). (2019). Sound Advice for Open Office Design. July 16, 2019. https://blog.interface.com/sound-advice-open-office-design/. Zugegriffen: 11. Juni 2024.

iwd. Der Informationsdienst des Instituts der deutschen Wirtschaft (Hrsg.). (2024). Der Krankenstand in Deutschland. https://www.iwd.de/artikel/krankenstand-in-deutschland-498654/. Zugegriffen: 10. Juni 2024.

Jarvenpaa, S. L., & Lang, K. R. (2005). Managing the Paradoxes of Mobile Technology. *Information Systems Management, 22*(4), 7–23. https://doi.org/10.1201/1078.10580530/45520.22.4.20050901/90026.2.

Jolly, P. M., Kong, D. T., & Kim, K. Y. (2021). Social support at work: An integrative review. *Journal of Organizational Behavior, 42*(2), 229–251. https://doi.org/10.1002/job.2485.

Judge, T. A., Thoresen, C. J., Bono, J. E., & Patton, G. K. (2001). The job satisfaction-job performance relationship: A qualitative and quantitative review. *Psychological Bulletin, 127*(3), 376–407.

Kahneman, D. (2011). *Thinking, fast and slow*. Lane.

Kar, N. (2023). Happiness and Health: An Intricate Relationship. In S. Chetri, T. Dutta, M. K. Mandal, & P. Patnaik (Hrsg.), *Understanding Happiness* (S. 205–231). Springer.

Kaufman, S. B. (2023b). The Secret to a Happy Life. The Psychology Podcast. Interview mit Robert Waldinger. Podcast, Saturday, November 2.

Keller, A., Litzelman, K., Wisk, L. E., Maddox, T., Cheng, E. R., Creswell, P. D., & Witt, W. P. (2012). Does the perception that stress affects health matter? The association with health and mortality. *Health Psychology, 31*(5), 677–684. https://doi.org/10.1037/a0026743.

Kelloway, E. K., & Barling, J. (2010). Leadership development as an intervention in occupational health psychology. *Work & Stress, 24*(3), 260–279. https://doi.org/10.1080/02678373.2010.518441.

Kiecolt-Glaser, J. K., McGuire, L., Robles, T. F., & Glaser, R. (2002). Emotions, morbidity, and mortality: new perspectives from psychoneuroimmunology. *Annual review of psychology, 53*, 83–107. https://doi.org/10.1146/annurev.psych.53.100901.135217

Kim, E. S., Sun, J. K., Park, N., Kubzansky, L. D., & Peterson, C. (2013). Purpose in life and reduced risk of myocardial infarction among older U.S. adults with coronary heart disease: a two-year follow-up. *Journal of Behavioral Medicine, 36*(2), 124–133. https://doi.org/10.1007/s10865-012-9406-4.

Kim, S., Park, Y., & Niu, Q. (2017). Micro-break activities at work to recover from daily work demands. *Journal of Organizational Behavior, 38*(1), 28–44. https://doi.org/10.1002/job.2109.

Kirch, D. (2019). Der Bodyscan: Anleitung und Wirkung. DFME – Deutsches Fachzentrum für Achtsamkeit. Wardenburg. https://dfme-achtsamkeit.com/bodyscan-definition-anleitung-wirkungsweise/. Zugegriffen: 6. Mai 2024.

Klebe, L., Felfe, J., & Klug, K. (2021a). Healthy Leadership in Turbulent Times: The Effectiveness of Health-Oriented Leadership in Crisis. *British Journal of Management 32*(4), 1203–1218. https://doi.org/10.1111/1467-8551.12498.

Klebe, L., Klug, K., & Felfe, J. (2021b). The Show Must Go On. The Effects of Crisis on Health-Oriented Leadership andFollower Exhaustion During the COVID-19 Pandemic. *Zeitschrift für Arbeits- und Organisationspsychologie A&O, 65*(4), 231–243. https://doi.org/10.1026/0932-4089/a000369.

Kleinschmidt, C. (2015). Kein Stress mit dem Stress. Eine Handlungshilfe für Führungskräfte. Hg. v. Initiative Neue Qualität der Arbeit. Berlin. https://www.inqa.de/DE/themen/gesundheit/psychische-gesundheit-am-arbeitsplatz/fuehrungskraft-kein-stress-mit-dem-stress.html. Zugegriffen: 2. Mai 2024.

Klug, K., Felfe, J., & Krick, A. (2019). Caring for Oneself or for Others? How Consistent and Inconsistent Profiles of Health-Oriented Leadership Are Related to Follower Strain and Health. *Frontiers in Psychology, 10*, Artikel 2456. https://doi.org/10.3389/fpsyg.2019.02456.

Kocalevent, R.-D. (2019). Gesunder Stress. *Gehirn & Geist, 10,* 28–33.

Kölsch, S. (2019). *Good vibrations. Die heilende Kraft der Musik* (2. Aufl.). Ullstein.

Konkol, J., Schanné, F., Lange, S., Windlinger I. L., Neck-Häberli, R., Weichbrodt, J., et al. (2017). Gesundheitsförderliche Büroräume und Workplace Change Management – ein Leitfaden: Handlungsempfehlungen für Unternehmen in der Schweiz, um bei der Planung, Implementierung und Bewirtschaftung von Büroräumen die psychische Gesundheit der Mitarbeitenden zu fördern. Hg. v. Gesundheitsförderung Schweiz. Bern. https://gesundheitsfoerderung.ch/node/967. Zugegriffen: 6. Mai 2024.

Kort, Y. A. W. de, Meijnders, A. L., Sponselee, A. A. G., & IJsselsteijn, Wijnand A. (2006). What's wrong with virtual trees? Restoring from stress in a mediated environment. *Journal of Environmental Psychology, 26*(4), 309–320. https://doi.org/10.1016/j.jenvp.2006.09.001.

Korunka, C., & Kubicek, B. (Hrsg.). (2017). *Job Demands in a Changing World of Work*. Springer International Publishing.

Kubicek, B., Paškvan, M., & Bunner, J. (2017). The Bright and Dark Sides of Job Autonomy. In C. Korunka & B. Kubicek (Hrsg.), *Job Demands in a Changing World of Work* (S. 45–63). Springer International Publishing.

Kuo, M. (2015). How might contact with nature promote human health? Promising mechanisms and a possible central pathway. *Frontiers in Psychology, 6*, Artikel 1093.

Kuoppala, J., Lamminpää, A., Liira, J., & Vainio, H. (2008). Leadership, Job Well-Being, and Health Effects – A Systematic Review and a Meta-Analysis. *Journal of Occupational & Environmental Medicine, 50*(8), 904–915. https://doi.org/10.1097/JOM.0b013e31817e918d.

Lambert, N. M., Stillman, T. F., Hicks, J. A., Kamble, S., Baumeister, R. F., & Fincham, F. D. (2013). To belong is to matter: Sense of belonging enhances meaning in life. *Personality & Social Psychology Bulletin, 39*(11), 1418–1427. https://doi.org/10.1177/0146167213499186.

LeCompte, D. C., Neely, C. B., & Wilson, J. R. (1997). Irrelevant speech and irrelevant tones: the relative importance of speech to the irrelevant speech effect. *Journal of Experimental Psychology. Learning, Memory, and Cognition, 23*(2), 472–483. https://doi.org/10.1037/0278-7393.23.2.472.

Lee, J., Tsunetsugu, Y., Takayama, N., Park, B.-J., Li, Q., Song, C., et al. (2014). Influence of Forest Therapy on Cardiovascular Relaxation in Young Adults. *Evidence-Based Complementary and Alternative Medicine*, Artikel 834360. https://doi.org/10.1155/2014/834360.

Leka, S., & Cox, T. (2010). Psychosocial Risk Management at the Workplace Level. In S. Leka & J. Houdmont (Hrsg.), *Occupational health psychology* (S. 124–156). Wiley-Blackwell.

Leka, S., & Houdmont, J. (Hrsg.). (2010). *Occupational health psychology*. Wiley-Blackwell.

Leonard, H. S., Lewis, R., Freedman, A. M., & Passmore, J. (Hrsg.). (2013). The Wiley Blackwell handbook of the psychology of leadership, change, and organizational development. Wiley (Wiley-Blackwell handbooks in organizational psychology).

Leschak, C. J., & Eisenberger, N. I. (2019). Two Distinct Immune Pathways Linking Social Relationships With Health: Inflammatory and Antiviral Processes. *Psychosomatic medicine, 81*(8), 711–719. https://doi.org/10.1097/PSY.0000000000000685.

Litwiller, B., Snyder, L. A., Taylor, W. D., & Steele, L. M. (2017). The relationship between sleep and work: A meta-analysis. *The Journal of Applied Psychology, 102*(4), 682–699. https://doi.org/10.1037/apl0000169.

Liu, Y., Raza, J., Zhang, J., Zhu, N., & Gul, H. (2022). Linking autonomy support and health at work: The self-determination theory perspective. *Current Psychology, 41*(6), 3651–3663. https://doi.org/10.1007/s12144-020-00884-0.

Logan, A. C., & Selhub, E. M. (2014). *Your brain on nature. The science of nature's influence on your health, happiness and vitality*. Collins.

Lohmann-Haislah, A. (2012). Stressreport Deutschland 2012. Psychische Anforderungen, Ressourcen und Befinden. Unter Mitarbeit von Martin Schütte, Beate Beermann, Martina Morschhäuser, Anke Siefer, Hermann Burr und Linn Bodnar. Bundesanstalt für Arbeitsschutz und Arbeitsmedizin (Stressreport Deutschland, 2012). https://www.rehm-verlag.de/__STATIC__/Archiv/medien/01-personal/luz/self/stressreport_1710929594000.pdf. Zugegriffen: 6. Mai 2024.

Luthans, F., Avolio, B. J., Avey, J. B., & Norman, S. M. (2007). Positive psychological capital: Measurement and relationship with performance and satisfaction. *Personnel Psychology, 60*(3), 541–572.

Marselle, M. R., Irvine, K. N., Warber, S. L. (2014). Examining group walks in nature and multiple aspects of well-being: A large-scale study. *Ecopsychology, 6*(3), 134–147.

Mattes, D., & Lang, C. (2021). Embodied Belonging: In/exclusion, Health Care, and Well-Being in a World in Motion. *Culture, Medicine and Psychiatry, 45*(1), 2–21. https://doi.org/10.1007/s11013-020-09693-3.

Meredith, G. R., Rakow, D. A., Eldermire, E. R. B., Madsen, C. G., Shelley, S. P., & Sachs, N. A. (2020). Minimum Time Dose in Nature to Positively Impact the Mental Health of College-Aged Students, and How to Measure It: A Scoping Review. *Frontiers in Psychology,* 10, Artikel 2942. https://doi.org/10.3389/fpsyg.2019.02942.

Methot, J. R., Rosado-Solomon, E. H., Downes, P. E., & Gabriel, A. S. (2021). Office Chitchat as a Social Ritual: The Uplifting Yet Distracting Effects of Daily Small Talk at Work. *Academy of Management Journal 64*(5), 1445–1471. https://doi.org/10.5465/amj.2018.1474.

Meyer, B., Hill, A., & Dilba, D. (2021). Entspann dich, Deutschland. TK-Stressstudie 2021. Hg. v. Techniker Krankenkasse. Hamburg. https://www.tk.de/resource/blob/2118106/cbdb7ed26363a35145d753516510f92d/stressstudie-2021-pdf-zum-download-data.pdf. Zugegriffen: 11. Juni 2024.

Montano, D., Reeske-Behrens, A., & Franke, F. (2016). Psychische Gesundheit in der Arbeitswelt – Führung. Hg. v. Bundesanstalt für Arbeitsschutz und Arbeitsmedizin (BAuA).

Nieuwenhuis, M., Knight, C., Postmes, T., & Haslam, S. A. (2014). The relative benefits of green versus lean office space: Three field experiments. *Journal of Experimental Psychology: Applied, 20*(3), 199–214. https://doi.org/10.1037/xap0000024.

Ntoumanis, N., Ng, J. Y. Y., Prestwich, A., Quested, E., Hancox, J. E., Thøgersen-Ntoumani, C., et al. (2021). A meta-analysis of self-determination theory-informed intervention studies in the health domain: Effects on motivation, health behavior, physical, and psychological health. *Health Psychology Review, 15*(2), 214–244. https://doi.org/10.1080/17437199.2020.1718529.

Oh, B., Lee, K. J., Zaslawski, C., Yeung, A., Rosenthal, D., Larkey, L., & Back, M. (2017). Health and well-being benefits of spending time in forests: Systematic review. *Environmental health and preventive medicine, 22*(1), 71–81. https://doi.org/10.1186/s12199-017-0677-9.

Pangert, B., Pauls, N., & Schüpbach, H. (2016). *Die Auswirkungen arbeitsbezogener erweiterter Erreichbarkeit auf Life-Domain-Balance und Gesundheit. Projektnummer: F2353* (2. Aufl.). Bundesanstalt für Arbeitsschutz und Arbeitsmedizin.

Pauksztat, B., & Grech, M. R. (2022). Building social support: The impact of workgroup characteristics, the COVID-19 pandemic and informal interactions. *Work, 72*(4), 1175–1189. https://doi.org/10.3233/WOR-220020.

Peeters, M. C. W., Jonge, J. de, & Taris, T. W. (Hrsg.). (2014). *An Introduction to Contemporary Work Psychology.* Wiley.

pronova BKK. (2018). Betriebliches Gesundheitsmanagement: Ergebnisse der Arbeitnehmerbefragung. Hg. v. pronova BKK. Ludwigshafen. https://www.pronovabkk.de/media/downloads/presse_studien/studie_bgm_2018/pronovaBKK_BGM_Studie2018.pdf. Zugegriffen: 16. Okt. 2020.

pronova BKK. (2023). Arbeiten 2023. Ergebnisse einer Befragung von Arbeitnehmer*innen. Hg. v. pronova BKK. Ludwigshafen. https://www.pronovabkk.de/unternehmen/presse/studien/arbeiten-2023.html. Zugegriffen: 12. Juni 2024.

Pruessner, J. C., Baldwin, M. W., Dedovic, K., Renwick, R., Mahani, N. K., Lord, C., et al. (2005). Self-esteem, locus of control, hippocampal volume, and cortisol regulation in young and old adulthood. *NeuroImage 28*(4), 815–826. https://doi.org/10.1016/j.neuroimage.2005.06.014.

Qin, J., Sun, C., Zhou, X., Leng, H., & Lian, Z. (2014). The effect of indoor plants on human comfort. *Indoor and Built Environment, 23*(5), 709–723. www.researchgate.net/publication/274476416_The_effect_of_indoor_plants_on_human_comfort.

Quilling, E., Brähler-Dieling, N., Kuchler, M., & Trojan, A. (2024). Soziale Netzwerke und Netzwerkförderung. In Bundeszentrale für gesundheitliche Aufklärung (BZgA) (Hrsg.), *Leitbegriffe der Gesundheitsförderung und Prävention. Glossar zu Konzepten, Strategien und Methoden.*

Rath, T. (2015). *Eat Move Sleep. Was uns wirklich gesund macht.* Goldmann.

Reif, J., Spieß, E., & Stadler, P. (Hrsg.). (2018). *Effektiver Umgang mit Stress. Gesundheitsmanagement im Beruf.* Springer (Die Wirtschaftspsychologie (DWP)).

Renz, T., Leistner, P., & Liebl, A. (2019). Sound Masking in Büroumgebungen. *Bauphysik, 41*(3), 143–150. https://doi.org/10.1002/bapi.201900006.

Retzbach, J. (2017). Stress lass nach! *Gehirn & Geist* 6, 18–23.

Rigotti, T., Holstad, T., Mohr, G., Stempel, C., Hansen E., Loeb, C., et al. (2014). Rewarding and sustainable healthpromoting leadership. Project F 2199. Hg. v. Bundesanstalt für Arbeitsschutz und Arbeitsmedizin (BAuA). https://www.baua.de/DE/Angebote/Publikationen/Berichte/F2199.html. Zugegriffen: 11. Juni 2024.

Robertson Cooper (Hrsg.). (2015). Human Spaces. The Global Impact of Biophilic Design in the Workplace. https://greenplantsforgreenbuildings.org/wp-content/uploads/2015/08/Human-Spaces-Report-Biophilic-Global_Impact_Biophilic_Design.pdf. Zugegriffen: 29. Apr. 2024.

Robertson, I. H. (2016). *The stress test. How pressure can make you stronger and sharper.* Bloomsbury.

Rowold, J., & Heinitz, K. (2008). Führungsstile als Stressbarrieren. Zum Zusammenhang zwischen transformationaler, transaktionaler, mitarbeiter- und aufgabenorientierter Führung und Indikatoren von Stress bei Mitarbeitern. *Zeitschrift für Personalpsychologie, 7*(3), 129–140. https://doi.org/10.1026/1617-6391.7.3.129.

Ruckriegel, K., Haupt, A., & Niklewski, G. (2015). *Gesundes Führen mit Erkenntnissen der Glücksforschung.* Haufe-Lexware.

Salanova, M., Acosta-Antognoni, H., Llorens, Susana; Le Blanc, Pascale (2021). We Trust You! A Multilevel-Multireferent Model Based on Organizational Trust to Explain Performance. *International Journal of Environmental Research and Public Health 18*(8), Artikel 4241. https://doi.org/10.3390/ijerph18084241.

Schilling, J., & May, D. (2015). Negative und destruktive Führung. In J. Felfe (Hrsg.), *Trends der psychologischen Führungsforschung* (S. 317–330). Hogrefe (Psychologie für das Personalmanagement, 27).

Schulz-Dadaczynski, A. (2023). Die Rolle sozialer Beziehungen am Arbeitsplatz bei Arbeit unter Zeit- und Leistungsdruck. *Prävention und Gesundheitsförderung, 18*(1), 132–137. https://doi.org/10.1007/s11553-022-00935-3.

Schyns, B., & Schilling, J. (2013). How bad are the effects of bad leaders? A meta-analysis of destructive leadership and its outcomes. *The Leadership Quarterly, 24*(1), 138–158. https://doi.org/10.1016/j.leaqua.2012.09.001.

Seery, M. D. (2011). Challenge or threat? Cardiovascular indexes of resilience and vulnerability to potential stress in humans. *Neuroscience and Biobehavioral Reviews, 35*(7), 1603–1610. https://doi.org/10.1016/j.neubiorev.2011.03.003.

Selhub, E. M., & Logan, A. C. (2014). *Your Brain On Nature: The Science of Nature's Influence on Your Health, Happiness, and Vitality.* HarperCollins Publishers Ltd.

Sharma, M., & Rush, S. E. (2014). Mindfulness-Based Stress Reduction as a Stress Management Intervention for Healthy Individuals: a systematic review. *Journal of Evidence-Based Complementary & Alternative Medicine, 19*(4), 271–286. https://doi.org/10.1177/2156587214543143.

Smit, Brandon W. (2016). Successfully leaving work at work: The self-regulatory underpinnings of psychological detachment. *Journal of Occupational and Organizational Psychology 89* (3), 493–514. https://doi.org/10.1111/joop.12137.

Sonnentag, S., & Fritz, C. (2015). Recovery from job stress: The stressor-detachment model as an integrative framework. *Journal of Organizational Behavior, 36*(S1), 72–103. https://doi.org/10.1002/job.1924.

Spieß, E., & Reif, J. A. M. (2018). Quellen von Stressoren. In J. Reif, E. Spieß, & P. Stadler (Hrsg.), *Effektiver Umgang mit Stress. Gesundheitsmanagement im Beruf* (S. 13–31). Springer (Die Wirtschaftspsychologie (DWP)).

Steinmann, Susanne; Grobe, Thomas (2016). Gesundheitsreport 2016. Gesundheit zwischen Beruf und Familie. Hg. v. Techniker Krankenkasse. Hamburg.

Stigsdotter, U. K. (2004). A garden at your Workplace may reduce stress. In A. Dilani (Hrsg.), *Design & Health III. Health promotion through environmental design* (S. 147–157). Design & Health. International Academy for Design and Health.

Stocker, D., Jacobshagen, N., Krings, R., Pfister, I. B., & Semmer, N. K. (2014). Appreciative leadership and employee well-being in everyday working life. *Zeitschrift für Personalforschung, 28*(1–2), 73–95. https://doi.org/10.1177/239700221402800105.

Stocker, D., Keller, A. C., Meier, L. L., Elfering, A., Pfister, I. B., Jacobshagen, N., Semmer, N. K. (2019). Appreciation by supervisors buffers the impact of work interruptions on well-being longitudinally. *International Journal of Stress Management, 26*(4), 331–343. https://doi.org/10.1037/str0000111.

Swett, C. (1975). Outpatient phenothiazine use and bone marrow depression. A report from the drug epidemiology unit and the Boston collaborative drug surveillance program. *Archives of General Psychiatry, 32*(11), 1416–1418. https://doi.org/10.1001/archpsyc.1975.01760290084010.

Tampere University of Technology (Hrsg.). (2018). Proceedings of the 1st Transdisciplinary Workplace Research Conference. Unter Mitarbeit von Suvi Nenonen, Alpo Salmisto und Vitalija Petrulaitiene. TWR 2018:Transdisciplinary Workplace Research Conference. Tampere, 19.–21. September 2018. Tampere (Tampereen teknillinen yliopisto. Rakennustekniikan laboratorio. Rakennustuotanto ja -talous. Raportti, 26). http://www.twrnetwork.org/wp-content/uploads/2018/10/TWR2018-Proceedings.pdf. Zugegriffen: 2. Mai 2024.

Thissen, L., Biermann-Teuscher, D., Horstman, K., & Meershoek, A. (2023). (Un)belonging at work: An overlooked ingredient of workplace health. *Health promotion international, 38*(3), daad061. https://doi.org/10.1093/heapro/daad061.

Thissen, L., Biermann-Teuscher, D., Horstman, K., & Meershoek, A. (2023). (Un)belonging at work: An overlooked ingredient of workplace health. *Health promotion international, 38*(3), Artikel daad061, 1–11. https://doi.org/10.1093/heapro/daad061.

Tindle, H. (2013). *Up: How positive outlook can transform our health and aging.* Hudson Street Press.

Uchino, B. N. (2009). What a Lifespan Approach Might Tell Us about Why Distinct Measures of Social Support have Differential Links to Physical Health. *Journal of social and personal relationships, 26*(1), 53–62. https://doi.org/10.1177/0265407509105521.

Ulrich, R. S. (1984). View Through a Window May Influence Recovery from Surgery. *Science, 224*(4647), 420–421. https://doi.org/10.1126/science.6143402.

Ulrich, R. S., Zimring, C., Quan, X., Joseph, A., & Choudhary, R. (2004). The role of the physical environment in the hospital of the 21st century. A once-in-a-lifetime opportunity. Concord: The Center for Health Design. www.healthdesign.org/sites/default/files/Role%20Physical%20Environ%20in%20the%2021st%20Century%20Hospital_0.pdf.

Ulrich, R. S., Zimring, C., Zhu, X., DuBose, J., Seo, H.-B.; Choi, Y.-S., et al. (2008). A Review of the Research Literature on Evidence-Based Healthcare Design. *HERD: Health Environments Research & Design Journal, 1*(3), 61–125. https://doi.org/10.1177/193758670800100306.

Vohs, K. D., Mead, N. L., & Goode, M. R. (2006). The Psychological Consequences of Money. *Science, 314*(5802), 1154–1156. https://doi.org/10.1126/science.1132491.

Vonneillich, N., & Franzkowiak, P. (2022). Soziale Unterstützung. In Bundeszentrale für gesundheitliche Aufklärung (BZgA) (Hrsg.), *Leitbegriffe der Gesundheitsförderung und Prävention. Glossar zu Konzepten, Strategien und Methoden*.

Waber, B. (2013). *People analytics – How social sensing technology will transform business and what it tells us about the Future of Work. 36 Bände*. FT Press (FT Press Analytics).

Waldinger, R., & Schulz, M. (2023a). *The good life and how to live it. Lessons from the world's longest study on happiness*. Rider.

Walter, U. N., Beer, M., Hopf, M. V., Möller, M., Grobe, T. G., & Bessel, S. (2022). Präsentismus in einer zunehmend mobilen Arbeitswelt. Datenanalyse und aktuelle Studienlage 2022. Hg. v. Techniker Krankenkasse. https://www.tk.de/resource/blob/2143222/39c2cdc51308cf253f358a2e98f4a87f/tk-studie-praesentismus-data.pdf. Zugegriffen: 10. Juni 2024.

Webster, R. K., Liu, R., Karimullina, K., Hall, I. M., Amlôt, R., & Rubin, G. J. (2019). A systematic review of infectious illness Presenteeism: prevalence, reasons and risk factors. *BMC public health, 19*(1), 799–811. https://doi.org/10.1186/s12889-019-7138-x.

Whelan-Berry, K., & Niemiec, R. (2021). Integrating Mindfulness and Character Strengths for Improved Well-Being, Stress, and Relationships: A Mixed-Methods Analysis of Mindfulness-Based Strengths Practice. *International Journal of Wellbeing, 11*(2), 38–50. https://doi.org/10.5502/ijw.v11i2.1545.

Wiking, M. (2017). *The little book of lykke. The Danish search for the world's happiest people*. Penguin Canada (The Happiness Institute Series).

Windlinger Inversini, L., Igic, I., & Konkol, J. (2018). Belastende Faktoren im Büroraum und deren Einfluss auf die psychische Gesundheit und das Arbeitsengagement: Ergebnisse aus der Befragung mit Friendly Work Space Job-Stress-Analysis. Hg. v. Gesundheitsförderung Schweiz. Bern (Faktenblatt; 31). https://gesundheitsfoerderung.ch/node/837.

Wohlers, K., & Hombrecher, M. (2016). Entspann dich, Deutschland! TK-Stressstudie 2016. Hg. v. Techniker Krankenkasse. https://www.tk.de/resource/blob/2026630/9154e4c-71766c410dc859916aa798217/tk-stressstudie-2016-data.pdf. Zugegriffen: 6. Mai 2024.

World Health Organization (Hrsg.). (2020). Basic documents: forty-ninth edition (including amendments adopted up to 31 May 2019). https://apps.who.int/gb/bd/pdf_files/BD_49th-en.pdf. Zugegriffen: 10. Juni 2024.

Zwingmann, I., Wegge, J., Wolf, S., Rudolf, M., Schmidt, M., & Richter, P. (2014). Is transformational leadership healthy for employees? A multilevel analysis in 16 nations. *Zeitschrift für Personalforschung, 28*(1–2), 24–51. https://doi.org/10.1177/239700221402800103.

Teams führen

4

Inhaltsverzeichnis

4.1 Effektive Teams 84
    4.1.1 Merkmale von Teams 84
    4.1.2 Teameffektivität – mehr als Zielerreichung 85
4.2 Teameffektivität fördern 87
    4.2.1 Design 87
        4.2.1.1 Inspirierende Vision, klare Ziele 87
        4.2.1.2 Passendes Team (Fähigkeiten, Diversität, Größe) 88
        4.2.1.3 Wirksame Strukturen und Prozesse 90
    4.2.2 Kultur 92
        4.2.2.1 Sicherheit und Vertrauen 92
        4.2.2.2 Positive Kommunikation 93
        4.2.2.3 Gute Beziehungen, gutes Verhalten 95
    4.2.3 Lernen 97
        4.2.3.1 Lernverhalten in Teams 97
        4.2.3.2 Lernen in Konflikten 99
        4.2.3.3 Teamcoaching 100
    4.2.4 Führen 101
        4.2.4.1 Bereiche der Teamführung 101
        4.2.4.2 Geteilte Führung 102
        4.2.4.3 Selbstbewusstheit 103
4.3 Virtuelle Teams führen 105
    4.3.1 Mehr Struktur und Spielregeln 107
    4.3.2 Vertrauen stärken 108
    4.3.3 Virtuelle Teams als Lerngelegenheit für Führung in Komplexität 110
4.4 Zusammenfassung 110
Literatur 111

© Der/die Autor(en), exklusiv lizenziert an Springer-Verlag GmbH, DE, ein Teil von Springer Nature 2025
W. Pentz, *Positive Psychologie und Führung – ein Praxisleitfaden*, Positive Psychologie kompakt, https://doi.org/10.1007/978-3-662-70117-1_4

Überblick

- Wann eine Gruppe ein Team ist
- Warum Team-Effektivität mehr ist als nur Zielerreichung
- Welche Faktoren zur Team-Effektivität beitragen
- Wie Sie als Teamleiterin oder Teamleiter die Team-Effektivität fördern können
- Was bei virtuellen Teams besonders zu beachten ist

4.1 Effektive Teams

4.1.1 Merkmale von Teams

Kaum ein Unternehmen funktioniert ohne sie: Teams. Die meisten von uns haben schon Team-Erfahrungen gesammelt, sei es beruflich (z. B. in Projektteams, Führungsteams, Schichtteams) oder in der Freizeit (z. B. im Sport oder in ehrenamtlichen Aufgaben). Nicht selten arbeiten Menschen sogar parallel in verschiedenen Teams. Doch nicht jede Gruppe von Menschen, die zusammenarbeiten, ist ein Team. Was zeichnet ein Team aus?

Ein Team ist eine Gruppe von Menschen, die ein gemeinsames Ziel verfolgen, zu dessen Erreichen sie aufeinander angewiesen sind. Das ist eines der Merkmale, die Teams von anderen Gruppen unterscheiden, deren Mitglieder jeweils individuelle Ziele verfolgen, auch wenn sie sich dabei gegenseitig unterstützen.

>  **Merkmale von Teams**
>
> David Clutterbuck, einer der renommiertesten Teamforscher, nennt unter anderem folgende Kriterien für Teams (Clutterbuck et al., 2019):
>
> - kleine Gruppe zwischen 2 und 10 Personen
> - Mitglieder stehen in einer wechselseitigen Abhängigkeit
> - klar erkennbar, wer und wer nicht im Team inkludiert ist
> - systemischer Bezug zum Organisationskontext ist definiert
> - bestehend aus Personen mit sich ergänzenden Fähigkeiten
> - gemeinsame Verfolgung eines spezifischen Ziels
> - zum Erreichen des Ziels oder zur Erfüllung der Aufgabe ist soziale Interaktion notwendig

Es gibt viele verschiedene Arten von Teams, z. B.:

- **Führungsteams** (z. B. Vorstand, Abteilungsteams) bestehen aus Mitgliedern mit bestimmten Aufgaben und sich daraus ergebenden Positionen. Die Zusammensetzung dieser Teams ändert sich in der Regel nur dann, wenn einzelne Mitglieder ausscheiden und nachbesetzt werden. Das Konstrukt dieses Teams überdauert aber die Mitgliedschaft einzelner.

- **Projektteams** bestehen dagegen nur für einen bestimmten Zeitraum und lösen sich normalerweise wieder auf, wenn die gestellte Aufgabe gelöst ist. Manche Projekte bestehen mehrere Jahre, andere nur wenige Wochen.
- **Fluide Teams** sind solche, deren Mitgliedschaft stark variiert. Das ist zum Beispiel bei Teams von Flugbegleitenden oder in der Notfallmedizin der Fall, findet sich aber auch immer häufiger in agilen Organisationen. Fluide Teams haben häufig einen höheren Grad an Selbstorganisation. In der Regel sind sie aber Teil einer hierarchischen Organisation, in der es eine klassische Leitungsrolle gibt (Neumer & Nicklich, 2021).

Alle diese Formen von Teams können auch als virtuelle Teams agieren, wenn es die Art der Aufgabe zulässt.

4.1.2 Teameffektivität – mehr als Zielerreichung

Ein Team ist mehr als die Summe seiner Mitglieder, so heißt es. Doch das ist keine Selbstverständlichkeit. Wenn Sie schon einmal ein Team geführt haben, dann wissen Sie, dass es nicht leicht ist, eine Gruppe von Menschen zu einem wirksamen (also effektiven) Team zu formen. Bevor wir uns die Faktoren wirksamer Teams anschauen, müssen wir uns zunächst klar werden, was genau ein wirksames Team ist.

Wann also ist ein Team effektiv? In der Praxis wird meist der Grad der Zielerreichung gemessen. Doch das allein reicht als Indikator für die Effektivität eines Teams nicht aus. Es geht auch um die Frage, *wie* diese Ziele erreicht werden. Aus Sicht der Positiven Psychologie sollten Teamziele erreicht werden, ohne dabei die persönlichen und kollektiven Ressourcen zu verbrauchen. Im Gegenteil: In wirklich effektiven Teams werden die individuellen und kollektiven Ressourcen sogar noch gestärkt. Das heißt, sowohl das Team als auch die individuellen Mitglieder werden besser und wachsen an ihren Aufgaben. Passend dazu nennen die Team-Forschenden um Ruth Wageman und Richard Hackmann drei Kriterien für wirklich gute Teams (Wageman et al., 2008; S. 10, 11): Erreichen von Ergebnissen, Ausbau kollektiver Fähigkeiten und Ausbau individueller Fähigkeiten. Im Sinne der Selbstbestimmungstheorie (siehe Einleitung) fügen wir hier den Kriterien zwei und drei noch Gedanken zu menschlichen Bedürfnissen und Ressourcen hinzu.

- **Erreichen von Ergebnissen:** Jedes Team hat (interne oder externe) Kunden, für die die Teamziele von Bedeutung sind. Effektive Teams treffen (im besten Fall übertreffen) die Erwartungen dieser Kunden.
- **Ausbau kollektiver Fähigkeiten:** Effektive Teams entwickeln nicht nur ein gemeinsames *Commitment* für die Teamziele, sie bauen auch ihre kollektiven Fähigkeiten und Arbeitsstrategien für mögliche künftige Projekte aus.
- **Ausbau individueller Ressourcen:** In effektiven Teams erleben sich alle Teammitglieder als zugehörig und in ihrem Beitrag wirksam. Sie können sich selbstbestimmt weiterentwickeln und ihre eigenen Fähigkeiten ausbauen.

Wie können wir diese anspruchsvollen Ziele erreichen? Oder anders gefragt: Welche Faktoren beeinflussen die Teameffektivität? Die Anzahl wissenschaftlicher Studien, die der Frage nach wirksamen Teams nachgehen, ist riesig. Zum Glück gibt es immer wieder neue Metaanalysen, die helfen, den Überblick zu behalten (z. B. Mathieu et al., 2019). Sie zeigen die Ergebnisse der Forschung, die in manchen Punkten klar, in anderen widersprüchlich sind. Aus der Vielzahl der Faktoren, die die Wirksamkeit von Teams beeinflussen, haben wir einige besonders vielversprechende ausgewählt. Sie lassen sich vereinfacht in vier Gruppen einteilen: Design, Kultur, Lernen, Führen.

Design

- Inspirierende Vision, klare Ziele
- Passendes Team (bzgl. Fähigkeiten, Diversität, Größe)
- Wirksame Strukturen und Prozesse (Rollen, Aufgaben, interne und externe Prozesse)

Kultur

- Sicherheit und Vertrauen
- Positive und inklusive Kommunikation
- Gute Beziehungen und gutes Verhalten

Lernen

- Lernverhalten
- Konfliktverhalten
- Team-Coaching und Teamtraining

Führen

- Bereiche der Teamführung
- Geteilte Führung
- Selbstbewusstheit

Was folgt, ist eine auf die Praxis ausgerichtete Darstellung wichtiger Aspekte. Bitte beachten Sie dabei: Die Liste ist keineswegs vollständig und nicht alle der folgenden Punkte werden für jedes Team gleichermaßen relevant sein. Manchmal „erben" wir ein Team, dessen Mitgliedschaft wir nicht leicht verändern können. Manchmal können wir nicht einmal über die Ziele des Teams entscheiden.

Wie immer gilt: Wählen Sie aus, was für Sie in Ihrer gegenwärtigen Situation möglich und hilfreich ist.

4.2 Teameffektivität fördern

4.2.1 Design

4.2.1.1 Inspirierende Vision, klare Ziele

Warum gibt es dieses Team? Was genau ist seine Aufgabe? Erstaunlicherweise ist die Antwort auf diese Frage nicht immer klar. Wenn das Ihre Situation ist, sollten Sie die Frage schnell klären. Zunächst geht es aber darum, eine klare und inspirierende Vision aufzuzeigen, die auch zur übergeordneten Vision der Gesamtorganisation passt. Die konkreten Ziele des Teams sollten daraus ableitbar sein. Fragen Sie sich: Was ist die Vision des Teams? Was genau soll erreicht werden? Wie kann das Ziel noch attraktiver gestaltet werden. Braucht es dazu ein Team? Oder kann die Aufgabe besser durch einzelne Personen erledigt werden?

Wie ambitioniert die gesetzten Ziele aussehen sollten, hängt dabei von der Historie des Teams ab. Hat das Team die notwendigen Ressourcen und/oder eine positive Erfolgsgeschichte? Dann sind besonders ambitionierte Ziele effektiv. Dies kann auch auf neue Teams ohne gemeinsame Erfahrung zutreffen. Wichtig ist die Erwartungshaltung des Teams an sich selbst: Wie leistungsfähig und wirksam sind wir? Gab es Misserfolge in der Vergangenheit oder fehlen entscheidende Ressourcen, ist eine moderate und realistischere Zielsetzung von Vorteil (Sitkin et al., 2017).

Weiterhin müssen zu jedem Zeitpunkt die Prioritäten klar sein, damit jedes Mitglied seine Aufgaben in sinnvoller Reihenfolge ausführen kann und zur Zielerreichung beiträgt. Letzteres kann auch im Team gemeinsam erarbeitet werden. Das gilt auch für Werte und Prinzipien, die der Teamarbeit zugrunde liegen sollen. Wenn Ihr Team schon länger existiert, kann es sinnvoll sein, Vision und Werte nochmal neu zu beleben. Eine sogenannte „Team Charta" kann helfen, die relevanten Punkte als Vereinbarung zu dokumentieren (siehe Kasten).

▶  **Praxistool: Team Charta**

Eine Team Charta ist ein Dokument, in dem wichtige Vereinbarungen festgehalten werden. Eine einfache Form einer solchen Charta beantwortet vier Fragen (nach Rubin et al., 1978):

1. Was genau wollen wir erreichen? (Ziele)
2. Wer im Team ist wofür verantwortlich? (Rollen)
3. Welche Prozesse wollen wir festlegen? (Prozesse)
4. Wie wollen wir zusammenarbeiten? (Normen)

Bei der ersten Frage können Sie gerne weiter ausholen und die Mission bzw. Vision Ihres Teams beschreiben. Außerdem können Sie neben den gemeinsamen Zielen auch die individuellen Ziele der Teammitglieder mit aufnehmen. Bei den Rollen (Frage zwei) können Sie neben formalen Verantwortlichkeiten auch informelle Rollen definieren, z. B. Verantwortliche für Gesundheit, Weiterentwicklung, Einhaltung der Regeln etc. Die verbleibenden zwei Fragen leiten bereits über in Aspekte der gewünschten Teamkultur: Frage drei (Prozesse) dreht sich häufig um Themen wie Kommunikation, Entscheidungsfindung und Feedback. Wie sollen diese Themen im Team gestaltet werden? Frage vier bietet Raum für die Beschreibung von sozialen Normen, die die Zusammenarbeit leiten sollen. (Beispiele dafür: „Wir sprechen Fehler frühzeitig und offen an." „Wir unterstützen uns gegenseitig.") Konkretere und verhaltensbasierte Formulierungen sind dabei hilfreich. Halten Sie sich aber insgesamt kurz: Eine Seite kann völlig ausreichen, um die wichtigsten Vereinbarungen festzuhalten. Ebenso wichtig wie das Ergebnis ist der Weg dahin. Besprechen Sie diese Fragen mit dem gesamten Team in einem Workshop. Die Dauer von Team-Charta-Workshops variiert je nach Tiefe der Diskussion zwischen ein paar Stunden und zwei Tagen. Die Zeit ist gut investiert: Untersuchungen zeigen positive Effekte auf Verhaltensweisen und Leistung von Teams (Mathieu & Rapp, 2009; McDowell et al., 2011).

4.2.1.2 Passendes Team (Fähigkeiten, Diversität, Größe)

Es scheint offensichtlich, dass jedes Team die Fähigkeiten haben sollte, die für die Lösung der Teamaufgabe wichtig sind. Diese sollten *im Zugriff* des Teams sein, aber nicht unbedingt im Team selbst. Teams sollten nicht größer sein als nötig. Was immer im Team an Wissen und Fähigkeiten vorhanden ist, sollte komplementär sein (Wageman et al., 2005).

Weniger offensichtlich ist die Frage der „kulturellen Passung". Viele Führungskräfte suchen Menschen für ihr Team, die „so ähnlich ticken" wie sie selbst. Wonach Sie besser nicht suchen sollten, ist eine (zu) ähnliche Art zu *denken*. Hilfreich sind dagegen ähnliche Wertvorstellungen (Hofmans & Judge, 2019). Ein Wertekonsens erleichtert u. a. eine kontroverse Lösungsdiskussion. Verlassen Sie sich bei dieser Einschätzung aber nicht allein auf Ihr Bauchgefühl. Investieren Sie, wenn möglich, in objektive Messinstrumente, ggf. mithilfe der Personalabteilung. Zu häufig entscheiden wir uns ansonsten intuitiv für Menschen, die auch in anderen Aspekten so ähnlich sind wie wir selbst. Was ist daran falsch?

Ähnlichkeit hat Vorteile. Sie vereinfacht unser Leben, denn wir vertrauen Menschen eher, wenn sie uns ähnlich sind. Aber Ähnlichkeit macht das Team auch weniger kreativ, innovativ, weniger lernfreudig und damit unter Umständen weniger wirksam. Insbesondere bei komplexen Aufgaben helfen unterschiedliche Perspektiven (Guo et al., 2021). Zu viel Diversität kann aber auch zum Problem werden: Wenn die Welt der anderen zu anders ist, fallen gemeinsames Denken und Arbeiten schwer. Es gilt also wieder, die richtige Balance zu finden. Als Daumenregel kann gelten: Bei reinen Routineaufgaben ist ein homogenes Team effektiver. (Wobei die Frage dann ist: Braucht es dazu ein Team?) Ansonsten gilt: Ein gesundes Maß an Diversität ist hilfreich. Es wirkt sich positiv auf Kreativität und Innovation aus: Unterschiedliche Köpfe inspirieren sich gegenseitig und finden schneller bessere Lösungen.

Um die Früchte von diversen Teams zu ernten, ist ein Klima der Akzeptanz und Wertschätzung neuer Ideen die Grundlage (Valls et al., 2016). Dieses kann von Ihnen als Teamleitung maßgeblich beeinflusst werden (siehe Abschnitt über Kultur im Team).

 Hintergrundwissen: der Preis der Ähnlichkeit
Harvard-Professor Paul Gompers hat jahrelang die Industrie der Risikokapitalgeber (Venture Capitalists) untersucht. Genauer gesagt hat er analysiert, wie die Diversität der Teams sich auf den finanziellen Erfolg ihrer Projekte auswirkte. (Die Welt der Investoren ist stark homogen. In der amerikanischen Investment-Industrie, die Gompers und seine Kollegin analysierten, waren nur acht Prozent der Investoren weiblich, nur ein Prozent schwarz.) Die Investment-Projekte wurden dabei jeweils von zwei Partnern geführt. Das spannende Ergebnis: Der finanzielle Erfolg ihrer Investments hing stark davon ab, wie ähnlich sich die Partner waren. Je ähnlicher, desto niedriger! Hatten die Partner z. B. die gleiche Universität besucht, war die Rendite im Durchschnitt 11,5 % niedriger als die von solchen Partnern, die unterschiedliche Universitäten besucht hatten. Bei gleichen ethnischen Hintergründen war der Erfolg im Durchschnitt sogar um 26–32 % niedriger! (Gompers & Kovvali, 2018).

Große Teams zu führen ist anspruchsvoll. Teams sind komplexe Gebilde – und mit jedem weiteren Mitglied erhöht sich die Komplexität. Das wird deutlich, wenn man auf die Anzahl der einzelnen Beziehungen im Team schaut. In einem Vierer-Team gibt es sechs bilaterale Beziehungen. In einem Sechser-Team sind es bereits 15, bei acht Teammitgliedern 28! Das bedeutet mehr potenzielle Missverständnisse und Reibungspunkte und damit Energieverlust durch mehr Abstimmungsaufwand. Daher gilt: Halten Sie das Team so klein wie möglich (Bell et al., 2018).

 Hintergrundwissen: Die Formel zur Berechnung der Anzahl bilateraler Beziehungen
Anzahl der Beziehungen = Anzahl der Teammitglieder × (Anzahl der Teammitglieder − 1) dividiert durch 2.

Die Stabilität der Mitgliedschaft scheint ein weiteres wichtiges Kriterium für effektive Teams zu sein, besonders bei Führungsteams (Wageman et al., 2008). Die Studienlage dazu ist allerdings widersprüchlich. Ein wichtiger Vorteil stabiler Teams: Man kennt sich und weiß, wie man gut zusammenarbeiten kann. Aber genau das kann auch ein Nachteil sein, etwa wenn es darum geht, eingetretene Pfade zu verlassen. Veränderungen im Team können die Leistung durchaus positiv beeinflussen. Das hat eine aktuelle Studie am Beispiel einer Industrie gezeigt, in der Teamstabilität besonders hochgeschätzt wird: der Investmentbranche (Cornelli et al., 2019). Veränderungen in der Teamzusammensetzung führten dort zu einer besseren Performanz der von den Teams gemanagten Funds.

Im Übrigen ist in vielen agilen Teamsituationen Stabilität gar nicht möglich oder gewünscht. Dennoch sollten Sie Veränderungen im Team sorgfältig abwägen. Wenn Teams etwa unter Zeitdruck geraten, weil die Deadline naht, werden häufig weitere Leute kurzfristig ins Team berufen, um den Endspurt zu beschleunigen. Doch das kann den gegenteiligen Effekt haben. Unter Software-Entwicklern ist das sogenannte Brooks Gesetz bekannt: „Einem verspäteten Projekt mehr Personal zu geben, verzögert es nur noch mehr." (Brooks' Law: „Adding manpower to a late software project makes it later."). Die Logik dahinter: zusätzlicher Aufwand durch Einarbeitung der neuen Personen und durch mehr Kommunikation und Koordination (Brooks, 1995). Diese Regel dürfte aber selbst bei Entwicklerteams nicht immer zutreffen. Es kommt darauf an, wann Ressourcen hinzugezogen werden, welche Fähigkeiten die neuen Mitglieder haben, wie adaptiv sie agieren können und wie nah oder fern sie dem Team vorher waren. Es gilt wie immer: Augenmaß und Abwägen.

4.2.1.3 Wirksame Strukturen und Prozesse

Rollen und Aufgaben
Jedem Teammitglied muss klar sein, wofür er oder sie zuständig ist und woran er oder sie erkennt, dass die Aufgabe gut erledigt ist. Was uns der gesunde Menschenverstand sagt, haben Studien bestätigt: Klarheit der Ziele und Aufgaben stehen in positivem Zusammenhang mit Teameffektivität (Morgeson et al., 2010). Gerade bei schwierigen Aufgaben ist es wichtig, sehr konkret zu sein (Kleingeld et al., 2011).

Besonders effektiv ist es dabei, wenn die Teammitglieder die Möglichkeit der Mitbestimmung haben (Hoek et al., 2018). Daher sollten Sie die Beschreibung der Rollen, Ziele und Aufgaben mit dem Team gemeinsam erarbeiten. Mehr Verantwortungsübernahme, Motivation und eine bessere Selbstwirksamkeitserwartung können daraus folgen.

Klare Prozesse
Kernprozesse sollten ebenfalls jedem Teammitglied klar sein. Auch hier gilt: Mitbestimmung ist sinnvoll. Wichtig ist es dabei, nicht nur nach innen zu schauen, sondern auch nach außen. Ermöglichen Sie dabei Flexibilität. Klären Sie, wann die Standard-Prozesse gelten und wann das Team flexibel agieren kann. In der folgenden Tabelle finden Sie ein paar Prozess-Fragen, die Sie mit Ihrem Team diskutieren können:

4.2 Teameffektivität fördern

Effiziente interne Prozesse	Effiziente externe Prozesse
• Wie organisieren wir unsere Meetings?	• Wer sind unsere (internen und externen) Kunden?
• Wie kommunizieren wir zwischen den Meetings?	• Welche weiteren Stakeholder gibt es?
• Wie lösen wir gemeinsam Probleme?	• Wie interagieren wir mit unseren Stakeholdern?
• Wie treffen wir Entscheidungen?	• Wie stellen wir den Zugang zu wichtigen externen Ressourcen sicher?
• Wie lösen wir Konflikte?	
• Wie messen wir Fortschritt und Erfolg?	
• Wie halten wir uns gegenseitig verantwortlich?	

Bei neuen Teams sollten diese Punkte gleich am Anfang besprochen und festgelegt werden.

▶ **Praxistipp: gemeinsame Diskussion**

- *Nicht zu detailliert:* Es reicht aus, zunächst einige wenige Normen und Regeln festzulegen, diese zu testen und – das wird oft vergessen – die Erfahrungen dann gemeinsam systematisch auszuwerten. Erst dann lohnt es sich, ein detaillierteres „Regelwerk" zu erstellen.
- *Fairness statt Kompromiss:* Versuchen Sie nicht, einen Kompromiss zwischen allen im Team vorhandenen Meinungen zu finden. Das ist aufwendig und unnötig. Wichtig ist dagegen Fairness. Wenn Menschen den Entscheidungsprozess als fair erleben, sind sie mit dem Ergebnis eher zufrieden, auch dann, wenn die Entscheidung anders ausfällt als von ihnen gewünscht (Brockner & Wiesenfeld, 1996; Grant, 2021b).
- Prozessuale Fairness entsteht eher, wenn drei Bedingungen gegeben sind:
- Neutralität: Der Entscheider ist unvoreingenommen
- Transparenz: Die Entscheidungskriterien sind für jeden klar
- Partizipation: Teammitglieder können Einfluss auf die Entscheidung nehmen.

Die Klarheit über Ziele, Rollen und Aufgaben ist eine wichtige Voraussetzung für Teameffektivität (Hu & Liden, 2011). Sie führt dazu, dass Teammitglieder das gleiche Verständnis von Strukturen und Prozessen haben. Psychologen sprechen hier von *geteilten mentalen Modellen* (shared mental models). Sie erhöhen Prozesssicherheit und reduzieren Kommunikationsbedarfe und potenzielle Konflikte (Bernardy et al., 2021).

4.2.2 Kultur

4.2.2.1 Sicherheit und Vertrauen

Inwieweit kann man in Ihrem Team Probleme und schwierige Themen offen ansprechen? Wie leicht fällt es den Mitgliedern des Teams, einander um Hilfe zu bitten? Inwieweit werden die besonderen Fähigkeiten der Teammitglieder gesehen und gewürdigt? Mit dieser Art von Fragen kann man die sogenannte *psychologische Sicherheit* messen (Fischer & Hüttermann, 2020). Psychologische Sicherheit meint ein Klima innerhalb des Teams, in dem niemand Sanktionen fürchten muss, wenn sie oder er eine von der Mehrheit abweichende Meinung äußert. Das fördert wünschenswertes Teamverhalten: Teammitglieder akzeptieren eher Feedback von anderen, bitten sich gegenseitig eher um Hilfe und informieren sich eher über Probleme und Fehler.

> **Hintergrundwissen: psychologische Sicherheit**
>
> Bereits in den 1960er-Jahren haben die MIT–Professoren Edgar Schein und Warren Bennis das Konzept der psychologischen Sicherheit als eine wichtige Voraussetzung für Lern- und Veränderungsprozesse in Organisationen beschrieben (Schein & Bennis, 1965). Inzwischen ist der Begriff untrennbar mit dem Namen der Harvard-Psychologin Amy Edmondson verbunden, die seit ca. 30 Jahren zu diesem Thema forscht. Edmondson definierte psychologische Sicherheit als ein kollektiver Glaube (shared belief) daran, dass es sicher ist, persönliche Risiken einzugehen (Edmondson, 1999), z. B. eigene Fehler zuzugeben, ohne negative Konsequenzen befürchten zu müssen. Ein solcher Glaube hat viele Vorteile. Zahlreiche Studien und Metaanalysen haben einen positiven Zusammenhang mit wünschenswerten Verhaltensweisen (z. B. Informationsaustausch, Lernverhalten) sowie Ergebnissen (z. B. Leistung, Engagement, Zufriedenheit und Commitment) gezeigt (Frazier et al., 2017).

Einer breiten Öffentlichkeit bekannt geworden ist dieses Konstrukt, nachdem in den Medien über eine bei Google durchgeführten Studie namens Aristoteles berichtet wurde (Duhigg, 2016). In dieser Studie wollte das „People Analytics"-Team von Google herausfinden, warum manche ihrer Entwicklerteams erfolgreicher sind als andere. Psychologische Sicherheit erwies sich dabei als einer der wesentlichen Treiber von Teameffektivität. Sie entsteht, wenn alle Teammitglieder respektiert und gleichermaßen gehört werden. Dabei können soziale Normen unterstützen, die entsprechende Verhaltensweisen beschreiben. Sie könnten zum Beispiel lauten: „Jede Idee ist willkommen." Oder: „Wir unterstützen uns gegenseitig."

▶ **Praxistipps:** Folgendes Führungsverhalten kann psychologische Sicherheit fördern (nach Edmondson, 2019, S. 159; Edmondson & Harvey, 2017, S. 75–86.)

- Rahmen schaffen
- Teamarbeit in den größeren Sinnzusammenhang stellen

- Team als Ort des Lernens darstellen und entsprechende Erwartungen klären
- Verschiedenheit der Meinungen als Wert herausstellen und Konflikte als Lerngelegenheiten sehen
- Zur Beteiligung einladen
- Zugänglichkeit demonstrieren und eigene (mögliche) Fehler oder Lücken anerkennen
- Teammitglieder durch gute Fragen einladen, ihre Perspektiven zu teilen, auch und gerade, wenn sie von der Allgemeinheit abweichen, und zuhören
- Strukturen und Prozesse für Beteiligung schaffen (z. B. Richtlinien für die Diskussionen, Foren für Meinungsaustausch, soziale Normen)
- Unterstützend reagieren
- Respekt und Wertschätzung für jede Perspektive (und jede Person) demonstrieren
- Fehler oder (individuelle) Herausforderungen wertschätzend zur Kenntnis nehmen, diskutieren, Feedback geben, Unterstützung anbieten
- Regelverletzungen sanktionieren (etwa wenn Fehler vertuscht oder abweichende Meinungen belächelt werden)

Der Aufwand wird sich lohnen: Psychologische Sicherheit im Team fördert effektives Fehlermanagement, Innovations- und Lernbereitschaft, Kreativität und gute Entscheidungen. Vor allem in großen Teams mit einem hohen Grad an Diversität ist dieses Gefühl der Sicherheit ein Erfolgsfaktor (Cooke et al., 2015; Edmondson, 2019).

4.2.2.2 Positive Kommunikation

Wie läuft eine typische Diskussion in Ihrem Team? Sind Teammitglieder aktiv beteiligt? Wie verhalten sie sich? Wie stark beziehen sie sich aufeinander? Kommunikationsmuster verraten sehr viel über Teamerfolg. In einer umfangreichen Studie wurde das Kommunikationsverhalten von 60 Teams untersucht (Losada & Heaphy, 2004). Dabei analysierten die Forschenden vor allem drei sogenannte „bipolare Dimensionen" in der Kommunikation:

- positive vs. negative Aussagen (z. B. „Das ist eine gute Idee" vs. „Das geht gar nicht")
- erkundendes Fragen vs. Aussagen (z. B.: „Wie ist deine Meinung dazu?" vs. „Ich würde es folgendermaßen machen …")
- Bezug auf andere außerhalb des Teams vs. Selbstbezug (z. B. „Unsere Wettbewerber machen das ganz anders …" vs. „Unsere Herangehensweise hat sich bewährt.")

Die Ergebnisse wurden in Beziehung gesetzt zur Leistung der Teams, gemessen an Daten wie finanzielle Ergebnisse, Kundenzufriedenheit und Feedback von Führungskräften und Mitarbeitenden. Die Teams wurden in drei Kategorien eingeteilt: niedrige, mittlere und hohe Leistung. Die Ergebnisse waren erstaunlich klar: Hochleistungsteams nutzen deutlich mehr positive als negative Aussagen (Faktor 5–6) und hatten ein ausgeglichenes Verhältnis sowohl zwischen Fragen und Aussagen als auch zwischen Selbstbezug und Bezug auf andere. Mitglieder der Teams in den niedrigen Leistungskategorien stellten dagegen deutlich weniger Fragen und bezogen sich sehr stark auf sich selbst. (Die in der Studie genutzte Berechnungsmethode ist von einigen Autoren kritisiert worden *[Brown et al., 2013; Antwort dazu B. Fredrickson 2013,* Schwartz & Grice, 2022]. Die Kritik ändert an der Grundaussage der Daten m. E. aber nichts.)

Untersuchte Kommuikationsmuster (Auswahl)	Leistungsfähigkeit des Teams		
	Hoch	Mittel	Niedrig
Positive vs. negative Aussagen	Deutlich mehr positive	Mehr positiv	Etwas mehr positiv
Fragen vs. Aussagen	Ausgeglichen	Mehr Aussagen	Deutlich mehr Aussagen
Externer vs. interner Fokus	Ausgeglichen	Deutlich mehr intern	Nahezu vollständig intern

Das Kommunikationsmuster sagt also viel über den Teamerfolg aus – vielleicht mehr als alle anderen Faktoren wie Intelligenz, Fähigkeiten und Persönlichkeiten der Mitglieder zusammen. Das glauben zumindest die Forschenden um Alex Pentland vom *Massachusetts Institute of Technology* (MIT). Sie entwickelten tragbare Sensoren, nicht größer als ein Namensschild, mit denen sie das Kommunikationsverhalten von einzelnen Menschen in Gruppen messen konnten: Stimme, Körpersprache, Art der Interaktion, etc. Erfolgreiche Teams wiesen dabei zum Beispiel folgende Muster auf (Pentland, 2012):

- Jedes Teammitglied hat etwa gleich lange Rede- (und Zuhör-) Anteile; die Beiträge sind kurz.
- Teammitglieder sprechen direkt miteinander, nicht nur mit der Teamleitung.
- Teammitglieder gehen regelmäßig außerhalb des Teams auf Entdeckungsreise und bringen die gewonnenen Informationen wieder ins Team.
- Etwa 50 % der Kommunikation findet außerhalb der offiziellen Meetings statt.

Das Forscherteam erfasste noch weitere Kommunikationsmerkmale:

- die Anzahl der Kommunikationen zwischen einzelnen Teammitgliedern
- die Verteilung der Kommunikation im Team: gleichmäßig vs. ungleichmäßig (wenn nur einzelne Teammitglieder miteinander kommunizierten)

Dabei wurde ein spannendes Muster erkennbar: Eine hohe Anzahl von Kommunikationen korrelierte mit hoher Effektivität der Arbeit – aber nur dann, wenn die Kommunikation gleichmäßig verteilt war. Eine ungleiche Verteilung der Kommunikation im Team korrelierte negativ mit Effektivität, selbst dann, wenn die Anzahl der Kommunikationen insgesamt hoch war. Wenn beide Faktoren schwach ausgeprägt waren (also wenig und ungleich verteilte Kommunikation), war die Effektivität sogar höher, als wenn eines der beiden Merkmale stark und das andere schwach ausgeprägt war. Fazit: Ermöglichen Sie eine rege Kommunikation im Team, an der alle Teammitglieder beteiligt sind.

▶ **Praxistipp: Miteinander reden fördert die Leistung**

Um die Kommunikation zu fördern, müssen Sie nicht unbedingt einen Teamausflug in einen Hochseilgarten machen – es reicht, wenn Sie Gelegenheit für einen informellen Austausch schaffen. Pausenräume mit Wasserspender oder Kaffeemaschine können ebenso helfen wie die Möglichkeit, gemeinsam zum Mittagessen zu gehen. Wichtig ist, dass Menschen über „Gott und die Welt" reden können, nicht (nur) über Berufliches. Das ergab eine Studie des ehemaligen MIT-Forschers Ben Waber und seinem Team. Sie wurden eingeladen, in einem Call Center *der Bank of America* die Produktivität sowie das Stresserleben zu untersuchen. Dazu verteilten sie tragbare Sensoren (Sociometric badges) an die Mitarbeitenden, um deren Kommunikationsmuster und Produktivität zu messen. Als mit Abstand stärkster Treiber von Produktivität erwies sich die Dichte des Kommunikationsnetzwerks im Team. Die Forschenden nannten es Kohäsion, also so etwas wie der innere Zusammenhalt. Die Wirkung von Kohäsion auf die Produktivität war etwa dreißigmal stärker als die des Faktors Erfahrung. Außerdem wirkte sich Kohäsion negativ auf das Stresserleben aus. Kohäsion entstand jedoch nicht am Arbeitsplatz, sondern vor allem während der gemeinsamen Kaffeepausen. Daher veränderten die Forschenden die Pausenstruktur und sorgten dafür, dass alle Mitglieder eines Teams gemeinsam in die Kaffeepausen gehen konnten. Drei Monate später nahmen sie erneute Messungen vor. Das Ergebnis: Kohäsion war um 18 % gestiegen, die Produktivität im Schnitt um 8 % (Waber, 2013, S. 86–87; Waber et al., 2010; Pentland, 2012).

4.2.2.3 Gute Beziehungen, gutes Verhalten

In guten Beziehungen fühlen Menschen sich offener, motivierter und kompetenter. Sie sind eher bereit, Informationen auszutauschen und zu lernen. Um das zu erreichen, was die Psychologin Jane Dutton eine *„high quality connection"* nennt, muss man keine lang andauernde, tiefe Beziehung zueinander haben. Jede Begegnung kann „high quality" sein (Dutton, 2003). Was diese Verbindungen ausmacht sind drei Faktoren: Ein Gefühl der Lebhaftigkeit, der Zuneigung und Akzeptanz sowie der Gegenseitigkeit (Stephens et al., 2011). Solche Momente, das haben Studien gezeigt, sind gut für unsere Kreativität, unser Wohlbefinden und sogar für unsere physische Gesundheit (Carmeli et al., 2015; Heaphy & Dutton, 2008). Denken Sie doch mal an einen solchen Moment: Wann war das? Was ist da passiert? Wie viele solcher Momente erleben Sie in einer typischen Arbeitswoche? Solche Momente zu schaffen ist gar nicht so schwierig. Fragen Sie sich: Wann haben Sie einem Teammitglied zuletzt echte Wertschätzung signalisiert? Wann haben Sie jemanden besonders unterstützt? Wie oft gibt es Momente, in denen es nur darum geht, Spaß zu haben?

▶ **Praxistipp: drei Wege, die Momente der Verbundenheit schaffen können (Stephens et al., 2011)**

- Wertschätzung signalisieren: z. B. durch Präsenz, aufmerksames Zuhören, wertschätzendes Reagieren
- Unterstützung bei konkreten Aufgaben geben: z. B. durch Ermutigung, Bereitstellen von besonderen Ressourcen, Coaching
- spielerische Momente schaffen: z. B. gemeinsame Aktivitäten, allein um Spaß zu haben

Respektvolles Verhalten nicht nur vorzuleben, sondern auch andere dazu zu ermutigen ist eine wichtige Führungsaufgabe. Selbst eine einzelne Person, die anderen regelmäßig hilft, kann einen sehr großen positiven Einfluss auf die Teamleistung haben (Li et al., 2015). Aber genauso können einzelne Personen einen großen negativen Einfluss auf das Team haben, wenn sie negatives Verhalten zeigen (Felps et al., 2006). Negatives Verhalten zu minimieren ist daher eine mindestens ebenso wichtige Aufgabe. Der Schaden von negativen Verhaltensweisen ist erheblich: für die Stimmung, die Leistung, die Kreativität, die Gesundheit und – wenn Sie Opfer solcher Verhaltensweisen sind – vielleicht sogar für den Familienfrieden zu Hause. (Pearson & Porath, 2009; Chen & Li, 2019; Liu et al., 2020). Rücksichtsloses oder aggressives Verhalten, Beleidigungen, schlecht über andere reden, Leistungen anderer für die eigenen ausgeben – diese Dinge sollten Sie als Führungskraft schnell unterbinden. Denn auch hier dürfte gelten: Schlecht ist stärker als Gut. In einer Studie wurden Mitarbeitende gebeten, mehrmals am Tag Fragen zu ihrer Stimmung zu beantworten. Dabei zeigte sich: Negative Erlebnisse wirkten sich etwa fünfmal so stark auf die Stimmung der Menschen aus wie positive Erlebnisse (Miner et al., 2011). Aus Sicht des Stanford-Professors Robert Sutton ist daher klar: „Als Boss sollten Sie maximal Freude verbreiten, aber ihre Hauptaufgabe ist es, den Trübsinn (gloom) zu minimieren." (Sutton, 2010b, übersetzt vom Verfasser).

Auch scheinbar weniger schwerwiegende negative Verhaltensweisen sollten Sie im Blick behalten: mangelnde Wertschätzung für andere, Zurückhalten von Informationen, anderen ins Wort fallen etc. Manchmal sind sich die Betroffenen gar nicht bewusst darüber, dass ihr Verhalten als negativ wahrgenommen wird. Für viele ist es zum Beispiel völlig normal, während eines Meetings Emails zu schreiben oder andere zu unterbrechen. Ein klares Feedback zu geben ist häufig der erste wichtige Schritt. Die Wahrscheinlichkeit ist groß, dass die anderen Teammitglieder Ihnen dankbar sein werden.

▶ 💡 **Praxistipps: negatives Verhalten unterbinden (nach Sutton & Hayagreeva, 2014; Felps et al., 2006)**

- Das unerwünschte Verhalten beim Namen nennen: Geben Sie der betreffenden Person ein klares Feedback, spiegeln Sie ihre Beobachtungen so schnell wie möglich.
- Stellen Sie „Coaching"-Fragen: Wie wollen wir mit so einer Situation umgehen? Welche Annahmen stecken dahinter? Etc. (Warum-Fragen sollten Sie vermeiden, sie führen eher zu Verteidigung und Verstärkung der eigenen Position.)
- Etablieren Sie positive Verhaltensnormen: Diskutieren Sie im Team, welche Verhaltensnormen hilfreich sind. Wenn Sie schon Normen haben, dann ist es umso wichtiger, sie wiederzubeleben.
- Verdeutlichen Sie Ihre Erwartungen: Lassen Sie keinen Zweifel daran, welche konkreten Verhaltensweisen Sie erwarten.
- Finden Sie Verbündete: Identifizieren Sie einflussreiche Personen und gewinnen Sie sie als Unterstützerinnen und Unterstützer, die – gemeinsam mit Ihnen – das unerwünschte Verhalten benennen und das gewünschte Verhalten vorleben.

Konsequentes Einschreiten ist wichtig. Aber verlassen Sie dabei niemals das Prinzip des wertschätzenden Umgangs.

4.2.3 Lernen

4.2.3.1 Lernverhalten in Teams

Wie viel Zeit verbringen Sie in Ihrem Team damit, Ihre Arbeit zu reflektieren, Perspektiven zu wechseln, Routinen zu hinterfragen oder neue Dinge zu lernen? In der Praxis fallen solche Themen oft dem Zeitdruck zum Opfer. Das ist bedauerlich, denn Lernen im Team hat sich als ein kritischer Faktor von Teameffektivität erwiesen (Clutterbuck, 2020; Hughes et al., 2016; Salas et al., 2008; McEwan et al., 2017). Ein wirksamer Hebel sind gemeinsame Teamtrainings. Sie ermöglichen nicht nur das Erlernen neuer Methoden, sondern führen – gewissermaßen als Nebenprodukt – zu gemeinsamen Vorstellungen über Vorgehensweisen und Handlungsmodellen. Diese sogenannten „geteilten mentalen Modelle (shared mental models) sind gut für die Effektivität von Teams (Mathieu et al., 2019).

Doch Weiterentwicklung heißt weit mehr als nur die gezielte Vermittlung neuer fachlicher Methoden und Techniken. Sie bezieht sich auf alle drei der oben genannten Kriterien für wirksame Teams: das Erreichen der Teamziele, den Ausbau der Ressourcen als Team und die Weiterentwicklung der individuellen Ressourcen. In einem lernenden

Team übernehmen die Mitglieder aktive Verantwortung dafür, sich selbst und das Team zu entwickeln.

In der Praxis gehen Lernfokus und Lernverhaltensweisen natürlich ineinander über. Allen gemeinsam ist ein regelmäßiger – und bewusst vollzogener – Wechsel von Handlung und Reflexion. Lernen kann folgende Verhaltensweisen umfassen (angelehnt an Edmondson, 1999): Explorieren (inkl. Feedback einholen, Fragen stellen), Experimentieren, Reflektieren, Debattieren (oder besser: Dialoge führen).

Explorieren: Hier geht es darum, offen zu erkunden, was war, was ist oder was kommen könnte. Es kann viele Formen annehmen: Feedback einholen, Fragen stellen, Beobachten, Analysieren, Austauschen. Es kann sich beziehen auf Verhaltensweisen, Annahmen, Stärken und Schwächen, Wünsche, Ideen oder Lösungsmöglichkeiten. Wichtig ist dabei eine offene und neugierige Haltung. Vermeiden Sie ein zu schnelles Urteil.

Experimentieren: Ein Experiment ist ein Versuch, in dem eine zuvor getroffene Annahme überprüft wird. Aus dem Ergebnis des Versuchs lernen wir etwas über unsere Annahme und können sie gegebenenfalls ändern. Dieses Vorgehen ist nicht nur in der Wissenschaft relevant, sondern auch für die Praxis, etwa bei der Entwicklung von Produkten oder auch bei Veränderungen von individuellen und kollektiven Überzeugungen und Verhaltensweisen (Kegan & Lahey, 2009).

Reflektieren: Erst wenn wir bewusst wahrnehmen, welche (mehr oder weniger wünschenswerten) Folgen eingetreten sind, können wir daraus lernen. Ohne diese Art von Reflexion ist ein Experiment nutzlos. Reflektieren kann aber auch ein „neugieriges Betrachten" von Prozessen oder Interaktionen sein – verbunden mit reflektiven Fragen: Was genau haben wir uns vorgenommen? Was haben wir erreicht? Was haben wir erwartet? Was ist eingetreten? Was könnten die Ursachen dafür sein? Was heißt das für unsere Zukunft? (siehe dazu die Methode „After Action Review" im Kapitel „Ziele erreichen").

Dialog führen: Anders als bei Debatten, die oft das Ziel haben, andere zu überzeugen, geht es bei Dialogen um Austausch und Lernen. Der erste Schritt ist, die vorhandenen Positionen (Ideen, Optionen, Meinungen) zu verstehen. Dazu müssen alle Beteiligten ihr Wissen und ihre Gedanken teilen – was keineswegs selbstverständlich ist in Teams. In einem guten Dialog wird dann nach der besten Lösung oder dem besten Vorgehen gesucht. Dabei ist es wichtig, die jeweiligen Perspektiven kritisch-konstruktiv zu hinterfragen.

Diese Aktivitäten passieren oft nicht von selbst. Eine sehr wichtige Voraussetzung ist auch hier die psychologische Sicherheit (Edmondson, 1999). Ohne sie würde z. B. ein kritischer Dialog, in dem die eigene Perspektive infrage gestellt wird wird, leicht eine Bedrohung sein. Der Teamleitung kommt hier eine wichtige Rolle zu. Eine kürzlich durchgeführte Metaanalyse kam zu dem Ergebnis, dass Führungsverhalten im Durchschnitt etwa 18 % der Unterschiede im Lernverhalten von Teams erklärt (Koeslag-Kreunen et al., 2018a). Leider gibt es aber kein Erfolgsrezept, das immer funktioniert. Welcher Stil erfolgreich ist, hängt z. B. von der Reife des Teams, der Komplexität der Aufgabe und den Kontextbedingungen ab.

▶ **Praxistipps: Förderung von Lernverhalten im Team (inspiriert von Clutterbuck, 2020)**
Individuelle Teammitglieder:

- Laden Sie Teammitglieder ein, ihre individuellen Lernziele zu formulieren und deren Erreichung zu planen.
- Geben Sie Teammitgliedern die Möglichkeit, ihre individuellen Stärken zu ermitteln und mit anderen ihm Team zu teilen.
- Signalisieren Sie Unterstützung und geben Sie Feedback.

Gesamtes Team:

- Blocken Sie regelmäßig Zeit für Reflexion über das Team:
  - Ermutigen Sie das Team zu Gesprächen über die Stärken, Präferenzen, Erwartungen etc. der einzelnen Teammitglieder.
  - Initiieren Sie Reflexionen zu den Prozessen und Verhaltensweisen im Team und leiten Sie daraus Erkenntnisse für die Zukunft ab.
- Blocken Sie regelmäßig Zeit für inhaltliche Reflexionen:un
  - Reflektieren Sie Arbeitsprozesse und -ergebnisse und ermutigen bzw. ermöglichen Sie Änderungen.
  - Initiieren Sie konstruktive Dialoge zu relevanten Themen. Signalisieren Sie dabei uneingeschränkte Offenheit, sich selbst hinterfragen zu lassen.
  - Lesen Sie noch einmal die Praxistipps zum Thema psychologische Sicherheit in diesem Kapitel.

Gerade die konstruktiven Dialoge sind in der Praxis leider nicht die Regel. Das hat nachvollziehbare Gründe, die aber teilweise beeinflussbar sind. Ihnen widmet sich der nächste Abschnitt.

4.2.3.2 Lernen in Konflikten

Sind Sie ein verträglicher Mensch? Menschen, die hohe Werte bei dieser Persönlichkeitseigenschaft aufweisen, sind oft sehr hilfsbereit, warmherzig, nachsichtig – und sie tendieren dazu, Konflikte zu vermeiden. Menschen mit niedrigen Verträglichkeitswerten haben oft weniger Scheu vor Konflikten, im Gegenteil, sie geben ihnen vielleicht sogar Energie (Grant, 2021a, S. 81, 82). Menschen ohne Scheu vor Konflikten im Team zu haben kann sehr wichtig sein. Sie können helfen, eine echte kritische Auseinandersetzung mit den Projektinhalten herbeizuführen. Ein wirklicher Dialog, in der das Team um die besten Lösungen streitet, findet m. E. zu wenig statt. Einer der Gründe: Scheu vor Konflikten.

Zahlreiche Studien haben gezeigt, dass Konflikte die Teamleistung negativ beeinflussen können. (Mathieu et al., 2019). Das ist aber nicht immer der Fall. Wir können zwei häufige Arten von Konflikten unterscheiden: Beziehungskonflikte und aufgabenbezogene Konflikte.

- Beziehungskonflikte drehen sich oft um zwischenmenschliche Aspekte wie individuelle Präferenzen oder Werte. Sie wirken sich negativ aus auf die Zufriedenheit der Teammitglieder, auf ihre Identifikation mit dem Team und im Ergebnis auch auf die Teamleistung (deWit et al., 2012).
- Aufgabenbezogene Konflikte dagegen sind oft (potenziell) hilfreiche Konflikte. Sie beziehen sich auf Inhalt und Ergebnis der Aufgaben. Diese Art von Konflikt kann eine positive Wirkung entfalten (Chun & Choi, 2014; Bradley et al., 2012). Der potenzielle Nutzen besteht darin, dass festgefahrene Denkmuster erschüttert und durch neue Perspektiven ergänzt werden. So können sie wertvolle Lerngelegenheiten sein.

Wichtig ist, dass Konflikte respektvoll geführt werden – und möglichst nicht in einen persönlichen Konflikt abgleiten. Dabei sind zwei Dinge hilfreich: ein hohes Maß an psychologischer Sicherheit (siehe oben) und der richtige Rahmen. Positionieren Sie die Diskussion bewusst als eine konstruktive Debatte, die allen Beteiligten Denkanstöße geben soll. Das erhöht die Wahrscheinlichkeit, dass die Teammitglieder sich auf die Debatte einlassen und dabei ihr Wissen teilen (Tsai & Bendersky, 2016). Erinnern Sie das Team an die gemeinsamen Ziele und – so vorhanden – an die Teamnormen bzgl. einer respektvollen Zusammenarbeit.

 **Praxistipps (inspiriert von Grant, 2021a, Kap. 4)**

- Führen Sie zu wichtigen Themen bewusst konstruktive Diskussionen herbei. Rahmen Sie sie als kreative Diskurse.
- Etablieren Sie die Rolle von kritischen Geistern, deren Aufgabe es ist, bei wichtigen Themen kritische Fragen zu stellen – immer im Sinne der besten Lösung.
- Stellen Sie Wie-Fragen, vermeiden Sie Warum-Fragen.

4.2.3.3 Teamcoaching

Teamcoaching meint die längere Begleitung des Teams durch einen Coach. Ziele dabei sind, die kollektive Bewusstheit (awareness) zu erhöhen, die Verbindungen zwischen Teammitgliedern zu vertiefen und dadurch die Fähigkeiten des Teams zu verbessern, eigenständig Lösungen für gegenwärtige und künftige Herausforderungen zu finden. (Clutterbuck, 2020, S. 89). Teamcoaching ist zu unterscheiden von anderen (hilfreichen) Teaminterventionen wie Teambuilding (Maßnahmen zur Stärkung der Beziehungen im Team), Training (Vermittlung von Fähigkeiten), Teamberatung (Empfehlungen auf Basis von Expertenwissen) oder Moderation von Teamdiskussionen. Dies alles kann Teil eines Entwicklungsprozesses sein. Das eigentliche Teamcoaching aber zielt auf gemeinsames Lernen des Teams und auf die Erfüllung einer kollektiven Aufgabe. Wie im Einzelcoaching gibt es eine Vielzahl von Methoden und Werkzeugen. In jedem Fall ist die Reflexion der Arbeit ein zentraler Bestandteil. Dabei spiegelt der Coach Beobachtungen wider, stellt Fragen, gibt auch methodische Impulse – immer mit der Intention, Hilfe zur Selbsthilfe zu leisten.

Nicht jeder Moment ist ein guter Coachingmoment. Wenn Teams ihre Aktivitäten hochfahren, ist zuweilen die Reflexionsbereitschaft gering. Gute Momente für ein Teamcoaching sind Anfänge und Endpunkte bestimmter Phasen. Auch Zwischenmomente, z. B. nachdem bestimmte Teilziele erreicht worden sind, können sich für ein Coaching eignen (Wageman et al., 2008; Peters & Carr, 2013).

- Am Anfang (z. B. bei ganz neuen Teams oder bei neuen Teamaufgaben oder -phasen): In der Anfangsphase ist es wichtig, die richtigen strukturellen Grundbedingungen zu schaffen. Laut Wageman und Kollegen (2008) machen sie ca. 60 % des Erfolges aus. Außerdem kann es helfen, wenn sich die Teammitglieder mit ihren Stärken und Schwächen kennenlernen und Vertrauen aufbauen.
- In der Mitte (z. B. wenn das Team bestimmte Zwischenziele erreicht hat): In dieser Phase ist das Team möglicherweise eher bereit, innezuhalten und die bisherigen Erfahrungen zu reflektieren. Dadurch können z. B. Interaktionsmuster bewusst gemacht und ggf. umgestaltet werden. Die Fortschritte können gewürdigt und Lösungen für aufgetretene Probleme gefunden werden.
- Am Ende (z. B. wenn das Team eine Aufgabe erledigt hat oder eine wichtige Phase abgeschlossen ist): Hier geht es vor allem um Würdigung des Erreichten und um bewusstes Verankern des Gelernten. Was haben wir erreicht bzw. nicht erreicht? Was haben wir dabei gelernt? Wie können wir das Gelernte in Zukunft nutzen – für uns/für andere?

In der Praxis übernimmt manchmal die Teamleiterin oder der Teamleiter oder eine andere geeignete Person aus dem Team bestimmte Coachingaufgaben. Für bestimmte Themen kann das eine gute Lösung sein, z. B. einfache Reflexionen über alternative Lösungswege, Kommunikationsmuster, Arbeitsstile im Team u. ä.

Bedenken Sie aber: Wenn Sie eine solche Reflexion moderieren, sollten Sie den behandelten Themen gegenüber neutral sein. Wenn das nicht der Fall ist, dann ist es angeraten, eine externe Person als Coach zu nutzen.

4.2.4 Führen

4.2.4.1 Bereiche der Teamführung

Was heißt das nun für die Frage der Teamführung? Bisher haben wir vor allem über (ausgewählte) *teambezogene* Aspekte gesprochen. Wie wir sahen, spielt Führung bei der Gestaltung dieser Aspekte eine wichtige Rolle. Doch damit erschöpft sich das Thema Teamführung nicht. Ein Team zu führen, umfasst noch weitere Aufgaben. Teamführung lässt sich in drei Bereich einteilen:

- *aufgabenbezogen* Führung (z. B. strategische Ausrichtung, Strukturierung und Priorisierung der Aufgaben und Vorgehensweisen, Messen der Fortschritte, Anregungen zur inhaltlichen Weiterentwicklung etc.)
- *personenbezogene* Führung (z. B. stärkenorientiertes Feedback, individuelle Unterstützung und Ermutigung)
- *teambezogene* Führung (z. B. Kommunikation und Stakeholdermanagement, Gestaltung der Zusammenarbeit, Stärkung eines Klimas der psychologischen Sicherheit etc.)

Müssen Sie diese Führungsaufgaben alle selbst übernehmen? Nicht unbedingt, unter bestimmten Voraussetzungen können Führungsrollen auch auf mehrere Teammitglieder verteilt werden.

4.2.4.2 Geteilte Führung

Geteilte Führung, das haben Metaanalysen ergeben, wirkt sich häufig positive auf Teamleistung und Kohäsion aus (Mathieu et al., 2019; D'Innocenzo et al., 2016; Wang et al., 2014). In der Praxis ist das durchaus üblich: Einzelne Aufgaben werden an einzelne oder mehrere Teammitglieder delegiert. Bestimmte Rollen können auch im Team rotieren, etwa die Verantwortung für Meetings oder für die Weiterentwicklung des Teams. Vermutlich praktizieren Sie bereits einige solcher Varianten. Welche Aufgaben Sie in welchem Umfang verteilen, hängt vor allem ab vom Team (z. B. Reife, Erwartungen, Fähigkeiten), von der Teamaufgabe (z. B. Grad der Komplexität) und vom Kontext (z. B. Kultur des Unternehmens, Art der Stakeholder).

Eine Aufgabe sollten Sie niemals delegieren: Rollenvorbild zu sein. Als Teamleiterin oder Teamleiter sind Sie in vielen Fällen die hierarchisch höchste Person im Raum. Was Sie tun und lassen wird eine größere Signalwirkung haben als bei anderen Teammitgliedern. Einhaltung der Normen von den anderen zu fordern, sich selbst aber darüber hinwegzusetzen, ist keine gute Idee. Darüber hinaus gibt es m. E. keine Aufgabe oder Rolle, die nicht – zumindest theoretisch – delegiert werden könnte. Fragen Sie sich: Wer kann was besonders gut? Wo liegen die individuellen Stärken? Welche Fähigkeiten könnte das Team/einzelne Teammitglieder entwickeln, um künftig Leitungsfunktionen zu übernehmen?

In der Praxis werden häufig die folgenden Aufgaben durch die Teamleitung übernommen:

- strategische (und operative) Ziele setzen
- Einzelaufgaben verteilen
- aufgabenbezogene Lösungsdiskussionen führen
- Leistung steuern (Performance Management)

4.2 Teameffektivität fördern

- Feedback- und Entwicklungsgespräche führen
- Lernbedarfe identifizieren

Alle diese Aufgaben könnten aber auch durch andere Teammitglieder oder durch das gesamte Team wahrgenommen werden. Fragen Sie sich daher: Wo liegen Ihre eigenen Stärken? Wo können Sie als Teamleiterin oder Teamleiter am meisten Wert für das Team stiften?

Wenn Sie die ranghöchste Person im Team sind, könnten dazu folgende Aufgaben gehören:

- notwendige Ressourcen und Informationen bereitstellen
- Umsetzungshürden im Umfeld beseitigen
- Teaminteressen nach außen vertreten

In der Gestaltung der Kontextbedingungen liegt vielleicht eine der am wenigsten beachteten Einflussmöglichkeiten der Teamleitung. In dieser Rolle haben Sie – zumindest in traditionellen (hierarchischen) Systemen – mehr Möglichkeiten, den Kontext zu beeinflussen als andere Teammitglieder.

▶  **Praxistipp: Art der Führung mit dem Team besprechen (nach Clutterback, 2020)**
Besprechen Sie mit dem Team, wie Sie die Führung des Teams organisieren wollen. Diskutieren Sie mit dem Team folgende Fragen:

- Was erwartet das Team von Ihnen als Teamleiterin oder Teamleiter?
- Welche Aufgaben können durch einzelne Teammitglieder übernommen werden?
- Welche Aufgaben kann/will das Team kollektiv übernehmen?
- Welche (individuellen und kollektiven) Fähigkeiten sollen auf- bzw. ausgebaut werden, damit mehr Teammitglieder Führungsrollen übernehmen können?

Da sich Ihr Team ständig weiterentwickelt, sollten Sie diese Art von Gespräch regelmäßig führen.

Als Teamleitung bleibt es Ihre Aufgabe, dafür zu sorgen, dass Führung geschieht, unabhängig davon, wer es tut.

4.2.4.3 Selbstbewusstheit

Wie immer Sie Führung praktizieren und verteilen: Ihr eigenes Verhalten hat einen überdurchschnittlichen großen Einfluss auf das Verhalten Ihrer Teammitglieder und auf die Atmosphäre im Team (Edmondson & Harvey, 2017, S. 52). Studien haben gezeigt, dass wir uns oft nicht bewusst darüber sind, wodurch unser eigenes Verhalten beeinflusst wird– und wie wir andere beeinflussen (z. B. Barsade et al., 2009). Unsere Motive, Präferenzen, Denkmuster, Gefühle spielen dabei eine große Rolle. Diese und andere Dinge beeinflussen, wie wir uns unseren Teammitgliedern gegenüber verhalten, wie wir sie sehen und beurteilen. Daher ist es wichtig, die eigene Persönlichkeit, die eigenen Muster zu kennen.

Hier kommt das Thema Selbstbewusstheit ins Spiel. Selbstbewusstheit meint die Fähigkeit der bewussten Wahrnehmung von allem, was mit uns selbst in unserem jeweiligen Kontext zu tun hat. Die amerikanische Organisationspsychologin Tasha Eurich definiert Selbstbewusstheit (self-awareness) als „die Fähigkeit, uns selbst klar zu sehen – zu verstehen, wer wir sind, wie andere uns sehen und wie wir in die Welt um uns herum passen" (Eurich, 2017, S. 3; übersetzt vom Verfasser). Sie unterscheidet zwei Formen: interne und externe Selbstbewusstheit (Eurich, 2017, 2018).

- Interne Selbstbewusstheit bezieht sich darauf, wie klar wir die verschiedenen Aspekte der eigenen Persönlichkeit sehen und wie diese uns selbst und andere beeinflussen. Das können sowohl momentane innere Ereignisse (z. B. Gedanken und Gefühle) als auch stabilere Aspekte (z. B. Werte, Motive, Stärken, Charaktereigenschaften, Einstellungen) sein.
- Externe Selbstbewusstheit bezieht sich auf unser Verständnis darüber, wie andere uns bzgl. der oben genannten Aspekte sehen.

Diese beiden Formen sind unabhängig voneinander. D. h., wir können eine stark ausgeprägte interne und gleichzeitig eine schwach ausgeprägte externe Selbstbewusstheit haben. (Eurich, 2018). Wie schätzen Sie Ihre eigene interne und externe Selbstbewusstheit ein? Wie würden andere Sie einschätzen? In den umfangreichen Studien von Tasha Eurich zeigte sich folgendes Bild: 95 % der Teilnehmenden glaubten, eine hoch ausgeprägte Selbstbewusstheit zu haben, doch nur bei 10–15 % der Menschen war das tatsächlich der Fall.

Führungskräfte mit einer hohen internen Selbstbewusstheit sind tendenziell zufriedener mit ihrem Job und ihren Beziehungen, fühlen sich mehr in Kontrolle und erleben weniger Stress. Führungskräfte mit einer hohen externen Selbstbewusstheit sind besser in der Lage, die Perspektive der Mitarbeitenden einzunehmen. Die Mitarbeitenden empfinden solche Chefs als wirksamer in ihrer Führung und sind zufriedener mit ihnen (Eurich, 2018).

Egal, wie hoch Ihre Selbstbewusstheit ausgeprägt ist – es gibt immer eine höhere Ebene. Wie können Sie Ihre Selbstbewusstheit weiterentwickeln? Die folgenden Ideen sind angelehnt an Tasha Eurichs Erkenntnissen:

1. *wirkliche Neugier entwickeln:* Selbstbewusstheit ist auch eine Frage des Wollens. Wir können uns aktiv dazu entscheiden, mehr über uns selbst zu erfahren.

2. *Feedback einholen und beleuchten:* Besonders die Sicht von Menschen, die uns kritisch gegenüberstehen, kann sehr wertvoll sein. Seinen wirklichen Wert entfaltet Feedback aber erst, wenn wir mit Neugier darauf schauen und entscheiden, wie wir damit umgehen wollen.
3. *sich selbst gute Fragen stellen:* Über sich selbst nachzudenken ist dann hilfreich, wenn wir uns gute Fragen stellen. Dabei hat sich gezeigt: Problemorientierte Warum-Fragen (z. B. „Warum habe ich mich nicht besser auf die Präsentation vorbereitet?") helfen uns oft nicht weiter. Besser sind lösungsorientierte Was-Fragen (z. B. „Was möchte ich anders machen, damit mir künftige Präsentationen besser gelingen?").

▶ **Praxistipp: Fragen zur Selbstreflexion**

Allgemeine Fragen:

Meine Sicht auf mich	Mögliche Sicht anderer
Wie würde ich meinen Führungsstil beschreiben?	Wie würden meine Teammitglieder mich beschreiben?
Was treibt mich an?	Wie würden andere diese Frage über mich beantworten?
Was genau sind meine Stärken?	Welche Stärken könnten andere in mir sehen?
Welche Werte und Überzeugungen prägen meinen Führungsstil?	Welche Werte würden andere mir zuschreiben? An welchen Verhaltensweisen würden sie das festmachen?
Welchen Mehrwert stifte ich für mein Team?	Wie würden die Teammitglieder das sehen?

Fragen zu konkreten Situationen:
   Denken Sie an eine bestimmte Situation, in der Sie sich als besonders wirksam (oder unwirksam) empfunden haben.

- Welche Gefühle hat die Situation in mir erzeugt?
- Wie genau habe ich mich verhalten?
- Welche Gedanken und Einstellungen lagen meinem Verhalten zugrunde? Inwiefern waren diese Gedanken und Einstellungen hilfreich (oder hinderlich)?
- Was möchte ich in so einer Situation künftig ausprobieren? Welche Gedanken und Einstellungen wären dafür hilfreich?

4.3 Virtuelle Teams führen

Virtuelles Arbeiten, virtuelle Teams, virtuelle Meetings – was hierzulande vor der Pandemie nur einige kannten, ist inzwischen zur neuen Normalitätgeworden. Für diejenigen, die nie zuvor im Homeoffice gearbeitet haben, war das eine große Umstellung. Das gilt auch für Führungskräfte. Nicht wenige hatten große Sorgen, ob die Menschen zu Hause so ganz unbeobachtet überhaupt arbeiten würden (Parker et al., 2020). Tatsächlich kam es offenbar zu einem Boom der Überwachungssoftware (Raidl & Tyborski, 2020). Dabei weiß man in der Forschung, dass Überwachung, selbst wenn sie rechtlich möglich wäre, nicht hilfreich ist oder sogar Schaden anrichtet. Menschen, die sich überwacht fühlen, werden kaum produktiver. Im Gegenteil: Sie fahren ihr Engagement runter. Sie wenden ihre Energie dafür auf, die Überwachung zu unterlaufen, wodurch die Produktivität weiter leidet (Falk & Kosfeld, 2006; Applin & Fischer, 2013). Doch auch ganz ohne Überwachung erlebten viele Führungskräfte eine positive Überraschung: Homeoffice funktionierte besser als viele dachten (Ipsen et al., 2021). Menschen arbeiten zu Hause im Durchschnitt sogar mehr und länger. Das hatten Teamforschende schon lange vor der Pandemie herausgefunden.

Es gibt viele verschiedene Formen virtueller Teams, z. B. vollständig virtuelle und hybride Teams, zeitlich begrenzte und permanente Teams. Was sie alle gemeinsam haben, ist eine überwiegend virtuelle Kommunikation (Breuer et al., 2016). Das betrifft auch Teams im Homeoffice. Auch wenn sie vielleicht nur vorübergehend (oder nur einen Teil der Woche) von zu Hause aus arbeiten, können viele Erkenntnisse aus der Forschung mit virtuellen Teams auch auf sie angewandt werden.

Besonders in großen Unternehmen sind virtuelle Teams seit mehr als zwanzig Jahren bekannt. Fast ebenso lange gehen Forschende der Frage nach, wie in virtuellen Teams am besten Ziele erreicht werden können. Dabei bestätigt sich, was viele fühlen: Es ist schwieriger, virtuell zu führen. Die Komplexität virtueller Teams ist häufig höher – insbesondere in globalen, interkulturellen Teams. Die Intensität der Kommunikation ist dagegen deutlich niedriger. Typische Folgen: Es gibt weniger Abstimmungen, Vertrauen baut sich langsamer auf, Probleme werden später erkannt (Hoch & Kozlowski, 2014).

 Hintergrundwissen: Vorteile und Herausforderungen im Homeoffice (Buffer, 2021)

In einer aktuellen Umfrage wurden ca. 1000 Menschen aus Nordamerika, Westeuropa und Indien, die erst seit der Corona-Pandemie virtuell arbeiten, nach den wichtigsten Vorteilen und Herausforderungen befragt. Hier sind jeweils die Top 5:

- Vorteile: nicht pendeln zu müssen (28 %), Flexibilität in der Arbeitszeit (27 %) und dem Arbeitsort (23 %), Zeit mit der Familie verbringen zu können (11 %), von zu Hause aus arbeiten zu können (9 %)
- Nachteile: nicht abschalten zu können (27 %), Schwierigkeiten mit Zusammenarbeit und Kommunikation (20,5 %), Einsamkeit (14,5 %), Ablenkung und Motivation (je 14 %)

4.3 Virtuelle Teams führen

Die gute Nachricht ist: Die oben beschriebenen Kriterien für wirksame Teams (Ziele erreichen, individuelle und kollektive Ressourcen stärken) gelten unverändert auch für virtuelle Teams. Ebenso gelten auch die gleichen Faktoren, die wir oben (vereinfachend) in vier Cluster sortiert haben: Design, Kultur, Lernen und Führen. Was sich jedoch ändert, ist, *wie* genau die dort beschriebenen Elemente erreicht werden können. Denn im virtuellen Kontext fällt vieles weg, was die Zusammenarbeit in analogen Teams mit steuert: die kurze inhaltliche Nachfrage bei der Chefin oder dem Kollegen, das wortlose Lächeln, der gemeinsame Plausch an der Kaffeemaschine, die beiläufige Bitte um Hilfe etc. Diese Dinge, die nebenbei geschehen und uns oft gar nicht bewusst sind, haben wichtige steuernde Funktionen: Wir lernen voneinander durch Beobachten, wir tauschen Informationen aus, wir vergewissern uns, dass wir noch auf dem richtigen Weg sind, dass wir dazugehören, dass wir wertgeschätzt werden etc. Vieles davon fällt im virtuellen Kontext weg und muss daher bewusst organisiert werden. Alltägliche Prozesse fordern deutlich mehr Aufmerksamkeit und Zeit als in analogen Teams (Lechner & Tobias Mortlock, 2022). Im folgenden Abschnitt schauen wir daher nochmal auf zwei Aspekte, die für Sie als Führungskraft im virtuellen Kontext besonders wichtig sind: Struktur und Vertrauen.

4.3.1 Mehr Struktur und Spielregeln

Einige Steuerungsmechanismen, die in virtuellen Teams fehlen (bzw. schwerer umzusetzen sind), können Sie durch eine besonders klare Struktur ersetzen. Struktur gibt Sicherheit. Achten Sie aber auf eine gute Balance zwischen Struktur und Flexibilität.

Klarheit von Zielen, Aufgaben, Rollen: Mit einer klaren Struktur, wie sie oben im Abschnitt „Design" beschrieben wurde, werden Sie auch im virtuellen Raum weit kommen. Es empfiehlt sich aber, auf Struktur und bewusste Kommunikation noch mehr zu achten (Hoch & Kozlowski, 2014). Zum Beispiel kann die Klarheit über Ziele, Aufgaben, Rollen und Erwartungen dadurch erhöht werden, dass die Teammitglieder noch mehr als sonst an der Entscheidung und Umsetzungsdiskussion beteiligt werden. Hilfreich ist es auch, die Vereinbarungen schriftlich zu dokumentieren, z. B. in einer Team Charta (siehe oben). Erinnern Sie das Team immer wieder an die Verbindung zwischen den einzelnen Aufgaben und dem Gesamtbild (Strategie, Vision).

Fokus auf Ergebnisse: Geben Sie den Mitgliedern Ihres Teams die Freiheit, selbst zu bestimmen, wie sie die Ergebnisse erreichen. Mikromanagement sollten Sie unbedingt vermeiden. Es erschwert die Entstehung von Vertrauen und führt nicht zu mehr Produktivität. Fokussieren Sie Ihre Diskussion mit dem Team lieber auf Ziele und Ergebnisse (Parker et al., 2020). Dazu ist es wichtig, dass jedem klar ist, was genau von ihm oder ihr erwartet wird. Dann können (und sollten) Sie auch regelmäßig Rückmeldungen zum Stand der Ergebnisse einholen.

Regeln der Erreichbarkeit: Die Vorteile der zeitlichen Flexibilität schmelzen dahin, wenn alle Teammitglieder immer erreichbar sein müssen. Ermöglichen Sie daher viel

Autonomie im Tagesablauf der Teammitglieder. Wenn nötig, vereinbaren Sie eine „Kernzeit", in der Teammitglieder erreichbar sein sollten. Klare Erwartungen geben auch im Bereich der Kommunikation Sicherheit und Vertrauen (Jarvenpaa & Leidner, 1999). Vermeiden Sie es, Ihre Mitarbeitenden außerhalb dieser Zeiten zu kontaktieren. Es ist schwer genug, zwischen Arbeit und Freizeit klar zu trennen, wenn man im Homeoffice arbeitet.

Routinen des kreativen Lernens: In virtuellen Teams kann es schneller als in analogen Teams passieren, nur „im eigenen Kopf" zu sein und die Sichtweisen der anderen zu vernachlässigen. Schaffen Sie daher regelmäßig Gelegenheiten zum kreativen Austausch. Laden Sie die Teammitglieder ein, Perspektiven gegenseitig auszutauschen und zu hinterfragen. Rahmen Sie die Diskussion z. B. als kreative Lerngelegenheit oder Entdeckungsreise.

Regeln der Kommunikation: Etablieren Sie einen festen Rhythmus von virtuellen Meetings (im Team und mit einzelnen Teammitgliedern). Vereinbaren Sie dafür ein paar klare Regeln der Kommunikation. Z. B. können Sie die Meetings mit einer Austauschrunde starten, in der alle Teilnehmendensagen, wie es ihnen geht, woran sie arbeitet, etc. Auch die Kommunikation außerhalb der Meetings sollte geregelt werden. Wie soll der Austausch organisiert sein? Wie schnell wird eine Antwort auf eine E-Mail erwartet etc.? Vergessen Sie dabei nicht, „technischen Gleichstand" zu schaffen: Alle Teammitglieder sollten wissen, wie die Tools, Plattformen und Geräte funktionieren, die sie für die Kommunikation verwenden (Lechner & Tobias Mortlock, 2022). Wer braucht besondere Unterstützung, wer kann diese (technische) Hilfe im Team leisten?

4.3.2 Vertrauen stärken

Vertrauen Sie Ihren Teammitgliedern im Homeoffice? Und genießen Sie deren Vertrauen? Oben sprachen wir von Vertrauen, Teamkohäsion und psychologischer Sicherheit als Voraussetzung für gemeinsame Anstrengung, Innovation und Effektivität im Team. In virtuellen Räumen spielt Vertrauen eine noch größere Rolle (Breuer et al., 2016). Doch unter virtuellen Bedingungen zu vertrauen fällt vielen Führungskräften nicht leicht. Männer sind dabei offenbar noch deutlich skeptischer als Frauen (Parker et al., 2020). Wenn Sie zu den Skeptikern gehören, überlegen Sie einmal, inwieweit Sie folgende Verhaltensweisen zeigen könnten: Überlassen Sie es Ihren Teammitgliedern, wie und wann sie Aufgaben erledigen – sofern deren Fähigkeiten und Erfahrungen es erlauben. Akzeptieren Sie individuelle Arbeitsstile und ermutigen Sie die Teammitglieder, ihre Arbeitsabläufe so zu gestalten, dass sie gut zu ihren familiären Routinen passen. Vermeiden Sie „Arbeitskontrollen". Sprechen Sie lieber über Ergebnisse (siehe oben). Beziehen Sie Teammitglieder in Entscheidungen ein. Fragen Sie sie um Rat und hören Sie darauf. Dies sind Beispiele von Verhaltensweisen, mit denen Sie Ihren Mitarbeitenden signalisieren: Ich vertraue euch (Hughes & Saunders, 2021).

4.3 Virtuelle Teams führen

Wichtig bei Vertrauen ist Gegenseitigkeit. Sie sollten den Teammitgliedern nicht nur Vertrauen entgegenbringen, sondern auch vom Team als vertrauenswürdige Person wahrgenommen werden. Die Entscheidung, ob eine Person Ihnen vertraut, ist komplex und hängt von vielen Faktoren ab. Durch bestimmte Signale können Sie diese Entscheidung aber beeinflussen. Ihre eigene Vertrauenswürdigkeit signalisieren Sie, indem Sie unterstützend, beschützend und fair agieren. Seien Sie umsichtig, aber klar in der Kommunikation, und messen Sie Ergebnisse fairerweise nur an vorher vereinbarten Zielen. Unterstützen Sie die Menschen in Ihrem Team dabei, sich weiterzuentwickeln – selbst dann, wenn Sie dadurch Ihre guten Leute „verlieren". Seien Sie außerdem nahbar, erreichbar. Zeigen Sie ein wirkliches Interesse an den anderen. Stellen Sie Fragen und kommunizieren Sie mit Ihrem Team über das Notwendigste hinaus. Wenn Sie sich ehrlich interessiert erkundigen und dabei nahbar sind, signalisieren Sie „Dein Anliegen ist mir wichtig" und „es ist sicher bei mir" (Hughes & Saunders, 2021).

▶ **Praxistipps: virtuelle Teams führen**

Die folgenden Hinweise können Ihnen helfen, virtuelle Teams wirksam zu führen:

- *regelmäßig mit Teammitgliedern Kontakt aufnehmen:* Rufen Sie die einzelnen Teammitglieder regelmäßig an und erfragen Sie, wie es geht und was sie brauchen (Liao, 2017). Akzeptieren Sie die unterschiedlichen Bedürfnisse nach Struktur oder Freiheit, Nähe oder Distanz.
- *persönliche Momente schaffen:* Planen Sie, wann über Persönliches gesprochen wird. Zum Beispiel die ersten (oder letzten) fünf Minuten eines Meetings. Eventuell sind auch virtuelle Kaffeepausen für Ihr Team realisierbar (Lechner & Tobias Mortlock, 2022).
- *„Gebrauchsanweisung" für die Zusammenarbeit erstellen:* Schaffen Sie Gelegenheit, darüber zu sprechen, wie die Teammitglieder miteinander umgehen möchten. Eine Idee: Jeder erstellt eine kurze Gebrauchsanweisung für den Umgang mit sich selbst. Das hilft, die in virtuellen Teams erhöhte Gefahr von Missverständnissen und Konflikten zu vermeiden (Lechner & Tobias Mortlock, 2022; Liao, 2017).
- *gleichmäßigen Austausch zwischen Teammitgliedern fördern:* Es ist ganz natürlich, dass einige Personen sich näherstehen als andere. In analogen Teams gleicht sich das oft durch zufällige Begegnungen aus. In virtuellen Teams können sich solche Untergruppen leicht verstetigen. Sorgen Sie für „Durchmischung". Nutzen Sie dafür z. B. die virtuellen Gruppenräume Ihrer elektronischen Austauschplattformen (Lechner & Tobias Mortlock, 2022).
- *Struktur und Anleitung geben:* Vor allem im virtuellen Raum können die Qualität und Quantität von Absprachen leiden und die Zusammenarbeit insgesamt turbulenter sein. Mitarbeitende fühlen sich eventuell schneller allein gelassen. Strukturelle Unterstützung bietet deswegen Sicherheit, und

Sicherheit wiederum ermöglicht Vertrauen. So kann es hilfreich sein, klar zu regeln, wann und wie Informationen ausgetauscht werden, wie häufig Meetings stattfinden, was der Fokus eines Treffens ist, bis wann bestimmte Aufgaben zu erledigen sind, wann Zeit für formellen und wann Zeit für informellen Austausch ist (Hoch & Kozlowski, 2014).

4.3.3 Virtuelle Teams als Lerngelegenheit für Führung in Komplexität

Als Teamleiterin oder Teamleiter sollten Sie die Komplexität und Unberechenbarkeit der Situation akzeptieren. Seien Sie nachsichtig mit sich selbst, besonders wenn Sie ein Neuling auf dem Gebiet virtueller Teams sind. Probieren Sie aus, was für Sie und Ihr Team am besten funktioniert. Bedenken Sie dabei: Menschen sind vielschichtige Persönlichkeiten. Wenn sie interagieren, können wir nie genau vorhersagen, was passiert. Daher müssen Führungskräfte aufmerksam und neugierig bleiben und flexibel reagieren können. In virtuellen Teams ist die Vorhersagbarkeit noch weiter eingeschränkt. Der Grad von Komplexität in virtuellen Teams ist größer, selbst bei lokalen Teams mit geringer kultureller Diversität. Denn jedes Teammitglied befindet sich in einer je eigenen physischen Umgebung und ist dort jeweils anderen Impulsen ausgesetzt. Hinzu kommt: Im Vergleich zu analogen Teams fehlen wichtige Informationen, die wir sonst durch Beobachtungen, Gespräche und emotionale Wahrnehmungen bekommen. Dadurch findet auch weniger Selbststeuerung im Team statt, was die Dynamik im Team noch weniger berechenbar macht. Manches davon können wir ausgleichen – z. B. durch mehr Struktur –, aber eben nicht alles. Es bleibt das Gefühl, weniger als gewöhnlich „in Kontrolle" zu sein. Dieses Gefühl sollten wir nutzen, denn es bietet eine gute Gelegenheit, Neues zu lernen. In einer immer komplexeren Welt werden wir ohnehin lernen müssen, mit mehr Unwägbarkeiten umzugehen. Denn auch unsere gewohnte Arbeitswelt ist oft komplexer als wir denken. Insofern war der „Zwang zum Homeoffice" während der Pandemie eine Einladung: zu Neugier und Demut, zum Lernen und Ausprobieren.

4.4 Zusammenfassung

Effektive Teams

- Ein Team ist eine Gruppe von Menschen, die ein gemeinsames Ziel verfolgen, zu dessen Erreichen sie aufeinander angewiesen sind.
- Effektive Teams zeichnen sich nicht nur durch Erreichung der Teamziele aus, sondern auch durch die Fähigkeit, individuelle und kollektive Ressourcen auf- und auszubauen.

- Es gibt viele Faktoren, die zur Wirksamkeit von Teams beitragen. Sie lassen sich in vier Cluster einteilen: Design, Kultur, Lernen und Führung.

Teameffektivität als Führungskraft fördern

- *Design:* Ein wirksames Team besteht aus den „richtigen" Personen und arbeitet in transparenten Strukturen auf ein sinnstiftendes Ziel hin. Aufgaben, Rollen und Prozesse sind klar und werden gemeinsam im Team festgelegt.
- *Kultur:* In wirksamen Teams herrscht ein Gefühl von psychologischer Sicherheit, Vertrauen und Zusammenhalt. Die Kommunikation ist geprägt von gegenseitigem Interesse und von der Wertschätzung dessen, was gut funktioniert.
- *Lernen:* In wirksamen Teams übernehmen alle Teammitglieder eine Verantwortung für die kollektive und individuelle Weiterentwicklung. Sie sind in der Lage, kritische Dialoge zu führen, in denen sie alle Positionen und Perspektiven kritisch hinterfragen.
- *Führen:* Eine wirksame Teamleitung sorgt für optimale Bedingungen für das Team und seine Mitglieder. Wenn möglich und sinnvoll, teilt sie die Führungsrollen mit anderen im Team. Der konkrete Führungsstil hängt vor allem von der Reife des Teams und der konkreten Situation ab. Eine wichtige Voraussetzung für gute Führung ist Selbstbewusstheit.

Virtuelle Teams führen

- Die beschriebenen Kriterien für Teameffektivität gelten auch für virtuelle Teams, erfordern in der Praxis aber mehr Aufmerksamkeit.
- Zwei Elemente sind bei virtuellen Teams besonders wichtig: klare Strukturen und Spielregeln sowie Vertrauen. Beides kann gezielt gefördert werden.
- Die gefühlt größere Unsicherheit im Umgang mit nicht anwesenden Teammitgliedern ist eine wertvolle Lerngelegenheit für eine Welt zunehmender Komplexität.

Literatur

Alf-Jähnig, R., Hanke, T., & Preuß-Scheuerle, B. (2008). *Teamcoaching. Konzeption, Methoden und Praxisbeispiele für den Teamcoach*. ManagerSeminare Verlags GmbH.
Applin, S. A., & Fischer, M. D. (2013). Watching me, watching you. (Process surveillance and agency in the workplace). In International Symposium on Technology and Society, IEEE Society on Social Implications of Technology, University of Toronto (Hrsg.), 2013 IEEE International Symposium on Technology and Society (ISTAS): Social Implications of Wearable Computing and Augmediated Reality in Everyday Life. 2013 IEEE International Symposium on Technology and Society (ISTAS). Toronto, ON, Canada, 27.06.2013 – 29.06.2013 (S. 268–275). IEEE.

Aramovich, N. P., & Blankenship, J. R. (2020). The relative importance of participative versus decisive behavior in predicting stakeholders' perceptions of leader effectiveness. In: *The Leadership Quarterly, 31*(5), Artikel 101387. https://doi.org/10.1016/j.leaqua.2020.101387.

Aubé, C., Rousseau, V., & Tremblay, S. (2015). Perceived shared understanding in teams: The motivational effect of being 'on the same page'. *British Journal of Psychology* 106(3), 468–486. https://doi.org/10.1111/bjop.12099.

Avey, J. B., Reichard, R. J., Luthans, F., & Mhatre, K. H. (2011). Meta-analysis of the impact of positive psychological capital on employee attitudes, behaviors, and performance. *Human Resource Development Quarterly, 22*(2), 127–152. https://doi.org/10.1002/hrdq.20070.

Bandura, A. (1982). Self-efficacy mechanism in human agency. *American Psychologist, 37*(2), 122–147. https://doi.org/10.1037/0003-066X.37.2.122.

Barsade, S. G., Ramarajan, L., & Westen, D. (2009). Implicit affect in organizations☆. *Research Organizational Behavior, 29,* 135–162. https://doi.org/10.1016/j.riob.2009.06.008.

Baumeister, R. F., Bratslavsky, E., Finkenauer, C., & Vohs, K. D. (2001). Bad is stronger than good. *Review of General Psychology, 5*(4), 323–370. https://doi.org/10.1037/1089-2680.5.4.323.

Belbin Germany: Belbin Teamrollen. Die 9 Teamrollen im Überblick. https://belbin.wildenmann.com/belbin/?gad_source=1&gclid=EAIaIQobChMI-If227mHhQMVKzEGAB34KQcnEAMYASAAEgJb6PD_BwE. Zugegriffen: 22. März. 2024.

Bell, S. T., Brown, S. G., Colaneri, A., & Outland, N. (2018). Team composition and the ABCs of teamwork. *American Psychologist, 73*(4), 349–362. https://doi.org/10.1037/amp0000305.

Bernardy, V., Müller, R., Röltgen, A. T., Antoni, C. H. (2021). Führung hybrider Formen virtueller Teams – Herausforderungen und Implikationen auf Team- und Individualebene. S. Mütze-Niewöhner, W. Hacker, T. Hardwig, S. Kauffeld, E. Latniak, M. Nicklich, & U. Pietrzyk (Hrsg.), *Projekt- und Teamarbeit in der digitalisierten Arbeitswelt. Herausforderungen, Strategien und Empfehlungen* (S. 115–138). Springer.

Bradley, B. H., Postlethwaite, B. E., Klotz, A. C., Hamdani, M. R., Brown, K. G. (2012), Reaping the benefits of task conflict in teams: The critical role of team psychological safety climate. *Journal of Applied Psychology, 97*(1), 151–158. https://doi.org/10.1037/a0024200.

Breuer, C., Hüffmeier, J., Hertel, G. (2016). Does trust matter more in virtual teams? A meta-analysis of trust and team effectiveness considering virtuality and documentation as moderators. *Journal of Applied Psychology, 101*(8), 1151–1177. https://doi.org/10.1037/apl0000113.

Britton, J. J. (2013). From one to many. Best practices for team and group coaching. Jossey-Bass.

Brockner, J., & Wiesenfeld, B. M. (1996). An integrative framework for explaining reactions to decisions: Interactive effects of outcomes and procedures. *Psychological Bulletin, 120*(2), 189–208. https://doi.org/10.1037/0033-2909.120.2.189.

Brooks, F. P. (1995). The mythical man-month. Essays on software engineering. 20th Anniversary Edition. Addison-Wesley Longmann.

Brown, N. J. L., Sokal, A. D., & Friedman, H. L. (2013). The complex dynamics of wishful thinking: The critical positivity ratio. *American Psychologist, 68*(9), 801–813. https://doi.org/10.1037/a0032850.

Buffer (Hrsg.). State of Remote Work 2021. How remote workers from around the world feel about remote work, the benefits and struggles that come along with it, and what it's like to be a remote worker in 2021. https://buffer.com/state-of-remote-work/2021. Zugegriffen: 22. März 2024.

Buggert, S., Jung, S., & Möckel, K. (2021). Zwischen Vertrauen und Kontrolle. Auswirkungen der Corona-Pandemie aus Sicht der Führungskräfte. Hg. v. Hays AG und rheingold institut. Mannheim. https://www.hays.de/personaldienstleistung-aktuell/studie/auswirkungen-der-corona-pandemie-aus-sicht-der-fuehrungskraefte. Zugegriffen: 22. März 2024.

Burke, R. J., & Richardsen, A. M. (Hrsg.). (2014). *Corporate wellness programs: Linking employee and organizational health.* Edward Elgar Publishing.
Cameron, K. S., Dutton, J. E., & Quinn, R. E. (Hrsg.). (2003). *Positive organizational scholarship. Foundations of a new discipline.* Berrett-Koehler Publishers.
Carmeli, A., & Gittell, J. H. (2009). High-quality relationships, psychological safety, and learning from failures in work organizations. *Journal of Organizational Behavior, 30*(6), 709–729. https://doi.org/10.1002/job.v30:610.1002/job.565.
Carmeli, A., Dutton, J. E., & Hardin, A. E. (2015). Respect as an engine for new ideas: Linking respectful engagement, relational information processing and creativity among employees and teams. *Human Relations, 68*(6), 1021–1047. https://doi.org/10.1177/0018726714550256.
Carte, T. A., Chidambaram, L., & Becker, A. (2006). Emergent leadership in self-managed virtual teams. *Group Decision Negotiation, 15*(4), 323–343. https://doi.org/10.1007/s10726-006-9045-7.
Charalampous, M., Grant, C. A., Tramontano, C., & Michailidis, E. (2019). Systematically reviewing remote e-workers' well-being at work: A multidimensional approach. *The European Journal of Work and Organizational Psychology, 28*(1), 51–73. https://doi.org/10.1080/1359432X.2018.1541886.
Chen, Y., & Li, S. (2019). The relationship between workplace ostracism and sleep quality: A mediated moderation model. *Frontiers in Psychology, 10*, Artikel 319. https://doi.org/10.3389/fpsyg.2019.00319.
Chun, J. S., & Choi, J. N. (2014). Members' needs, intragroup conflict, and group performance. *Journal of Applied Psychology, 99*(3), 437–450. https://doi.org/10.1037/a0036363.
Clutterbuck, D. (2020). *Coaching the Team at Work. The Definitive Guide to Team Coaching* (2. Aufl.). Nicholas Brealey Publishing.
Clutterbuck, D., Gannon, J., Hayes, S., Iordanou, I., Lowe, K., & MacKie, D. (Hrsg.). (2019). *The Practitioner's Handbook of Team Coaching.* Routledge.
Cooke, N. J., Hilton, M. L., Committee on the Science of Team Science; Board on Behavioral, Cognitive, and Sensory Sciences; Division of Behavioral and Social Sciences and Education; National Research Council (Hrsg.). (2015). Enhancing the Effectiveness of Team Science. National Academies Press (US). Washington (DC).
Corbu, A., Peláez, Z., María J., & Salanova, M. (2021). Positive psychology micro-coaching intervention: Effects on psychological capital and goal-related self-efficacy. *Frontiers in Psychology, 12*, Artikel 566293. https://doi.org/10.3389/fpsyg.2021.566293.
Cornelli, F., Simintzi, E., & Vig, V. (2016). Team stability and performance: Evidence from private equity. *SSRN Journal.* https://doi.org/10.2139/ssrn.277821.
D'Innocenzo, L., Mathieu, J. E., & Kukenberger, M. R. (2016). A meta-analysis of different forms of shared leadership-team performance relations. *Journal of Management, 42*(7), 1964–1991. https://doi.org/10.1177/0149206314525205.
Da, S., He, Y., & Zhang, X. (2020). Effectiveness of psychological capital intervention and its influence on work-related attitudes: Daily online self-learning method and randomized controlled trial design. *IJERPH, 17*(23), 8754. https://doi.org/10.3390/ijerph17238754.
Dawkins, S., & Martin, A. (2014). Enhancing the psychological capital of teams: Adapting an individual-level intervention for multi-level delivery and evaluation. In J. Ronald & Burke und Astrid M. Richardsen, (Hrsg.), *Corporate Wellness Programs: Linking Employee and Organizational Health* (S. 79–100). Edward Elgar Publishing.
Dierolf, K. (2013). *Lösungsfokussiertes Teamcoaching.* Solutions Academy.
Doerr, J. (2018). Measure what matters. How Google, Bono, and the Gates Foundation rock the world with OKRs. Portfolio/Penguin.

Dudasova, L., Prochazka, J., Vaculik, M., & Lorenz, T. (2021). Measuring psychological capital: Revision of the compound psychological capital scale (CPC-12). *PLoS ONE, 16*(3), E0247114. https://doi.org/10.1371/journal.pone.0247114.

Duhigg, C. (2016). *Smarter, Faster, Better. The Secrets of Being Productive in Life and Business*. Random House.

Dutton, J. E. (2003). Energize your workplace. How to create and sustain high-quality connections at work. Jossey-Bass (University of Michigan Business School management series).

Dutton, J. E., & Heaphy, E. D. (2003). The power of high-quality connections. In K. S. Cameron, J. E. Dutton & R. E. Quinn (Hrsg.), *Positive Organizational Scholarship. Foundations of a New Discipline* (S. 263–278). Berrett-Koehler Publishers.

Dutton, J. E., & Spreitzer, G. M. (Hrsg.). (2014). *How to be a positive leader. Small actions, big impact*. Berrett-Koehler Publishers.

Ebner, M. (2019). Positive Leadership. Erfolgreich führen mit PERMA-Lead: Die fünf Schlüssel zur High Performance : Ein Handbuch für Führungskräfte, Personalentwickler und Trainer. Facultas.

Edmondson, A. (1999). Psychological safety and learning behavior in work teams. *Administrative Science Quarterly, 44*(2), 350–383. https://doi.org/10.2307/2666999.

Edmondson, A. C. (2012). Teaming. How organizations learn, innovate, and compete in the knowledge economy. Jossey-Bass. http://media.wiley.com/product_data/excerpt/3X/07879709/078797093X-196.pdf. Zugegriffen: 27. Mai 2024.

Edmondson, A. C. (2019). *The Fearless Organization. Creating Psychological Safety in the Workplace for Learning, Innovation, and Growth*. Wiley.

Edmondson, A. C., Bohmer, R. M., & Pisano, G. P. (2001). Disrupted routines: Team learning and new technology implementation in hospitals. *Administrative Science Quarterly, 46*(4): 685–716. https://doi.org/10.2307/3094828.

Edmondson, A. C., & Harvey, J.-F. (2017). *Extreme Teaming. Lessons in Complex, Cross-sector Leadership*. Emerald.

Eurich, T. (2017). *Insight. The Power of Self-awareness in a Self-deluded World*. Macmillan.

Eurich, T. (4 January 2018). What self-awareness really is (and how to cultivate it). *Harvard Business Review*.

Falk, A., & Kosfeld, M. (2006). The hidden costs of control. *American Economic Review, 96*(5), 1611–1630. https://doi.org/10.1257/aer.96.5.1611.

Felps, W., Mitchell, T. R., & Byington, E. (2006). How, when, and why bad apples spoil the barrel: Negative group members and dysfunctional groups. *Research in Organizational Behavior, 27*, 175–222. https://doi.org/10.1016/S0191-3085(06)27005-9

Fischer, J. A., & Hüttermann, H. (2020). PsySafety-Check (PS-C): Fragebogen zur Messung psychologischer Sicherheit in Teams. Zusammenstellung sozialwissenschaftlicher Items und Skalen (ZIS). Hg. v. gesis Leibniz-Institut für Sozialwissenschaften. https://zis.gesis.org/skala/Fischer-H%C3%BCttermann-PsySafety-Check-(PS-C). Zugegriffen: 27. Mai 2024.

Forgas, J. P., Vincze, O., & László, J. (Hrsg.). (2013). *Social cognition and communication* (S. 15). Psychology Press (Sydney Symposium of Social Psychology.

Fransen, K., Mertens, N., Cotterill, S. T., Vande, B. G., Boen, F. (2020). From autocracy to empowerment: Teams with shared leadership perceive their coaches to be better leaders. *The Journal of Applied Sport Psychology, 32*(1), 5–27. https://doi.org/10.1080/10413200.2019.1617370.

Frazier, M. L., Fainshmidt, S., Klinger, R. L., Pezeshkan, A., & Vracheva, V. (2017). Psychological safety: A meta-analytic review and extension. *Personnel Psychology, 70*(1), 113–165. https://doi.org/10.1111/peps.12183.

Fredrickson, B. L. (2013). Updated thinking on positivity ratios. *American Psychologist, 68*(9), 814–822. https://doi.org/10.1037/a0033584.
Frodermann, C., Grunau, P., Haas, G.-C., & Müller, D. (2021). Homeoffice in Zeiten von Corona: Nutzung, Hindernisse und Zukunftswünsche. Hg. v. Institut für Arbeitsmarkt- und Berufsforschung. Nürnberg (IAB-Kurzbericht, 5). https://doku.iab.de/kurzber/2021/kb2021-05.pdf. Zugegriffen: 27. Mai 2024.
Gibson, C. B., & Grushina, S. V. (2021). A tale of two teams: Next generation strategies for increasing the effectiveness of global virtual teams. *Organizational Dynamics, 50*(1), Artikel 100823. https://doi.org/10.1016/j.orgdyn.2020.100823.
Gompers, P., & Kovvali, S. (2018). The Other Diversity Dividend. We know that varied teams make better decisions. A new study shows they also make better investments. *Harvard Business Review, 2018*, 72–77.
Gottman, J. M. (1994). *What predicts divorce? The relationship between marital processes and marital outcomes.* Erlbaum.
Grant, A. (2021a). *Think Again. The Power of Knowing What You Don't Know.* WH Allen.
Grant, A. (25.05.2021b). *Who's the Boss. WorkLife with Adam Grant. Interview mit Andrew Ross Sorkin, Cat Davis und Mae McDonnel.* Podcast.
Greer, L. L., Jong, B. A. de, Schouten, M. E., & Dannals, J. E. (2018). Why and when hierarchy impacts team effectiveness: A meta-analytic integration. *Journal of Applied Psychology, 103*(6), 591–613. https://doi.org/10.1037/apl0000291.
Groezinger, A.-C., Wolff, S., Ruf, P. J., & Moog, P. M. (2021). The mindset matters: Psychological capital and strategic responses during crisis. *Academy of Management Annual Meeting Proceedings, 2021*(1), Artikel 13516. https://doi.org/10.5465/AMBPP.2021.13516abstract.
Guo, W., Gan, C., & Wang, D. (2021). When does educational level diversity foster team creativity? Exploring the moderating roles of task and personnel variability. *Frontiers in Psychology, 12*, Artikel 585849.
van der Haar, S., Koeslag-Kreunen, M., Euwe, E., & Segers, M. (2017). Team leader structuring for team effectiveness and team learning in command-and-control teams. *Small Group Research, 48*(2), 215–248. https://doi.org/10.1177/1046496417689897.
Haines, R. (2021). Activity awareness, social presence, and motivation in distributed virtual teams. *Information Management, 58*(2), 103425. https://doi.org/10.1016/j.im.2020.103425.
Han, J., Yoon, J., Choi, W., & Hong, G. (2021). The effects of shared leadership on team performance. *LODJ, 42*(4), 593–605. https://doi.org/10.1108/LODJ-01-2020-0023.
Han, S. J., Kim, M., Beyerlein, M., & DeRosa, D. (2020). Leadership role effectiveness as a mediator of team performance in new product development virtual teams. *Journal of Leadership Studies, 13*(4), 20–36. https://doi.org/10.1002/jls.21677.
Han, S. J., Lee, Y., Beyerlein, M., & Kolb, J. (2018). Shared leadership in teams. *TPM, 24*(3/4), 150–168. https://doi.org/10.1108/TPM-11-2016-0050.
Harty, B., Gustafsson, J.-A., Björkdahl, A., & Möller, A. (2015). Group intervention: A way to improve working teams' positive psychological capital. *Work, 53*(2), 387–398. https://doi.org/10.3233/WOR-152227.
Hawkins, P. (2014). *Leadership Team Coaching in Practice. Developing High Performing Teams.* Kogan Page.
Hawkins, P. (2014). *Leadership Team Coaching. Developing Collective Transformational Leadership* (2. Aufl.). Kogan Page.

Heaphy, E. D., & Dutton, J. E. (2008). Positive social interactions and the human body at work: Linking organizations and physiology. *Academy of Management Review, 33*(1), 137–162. http://www.jstor.org/stable/20159380.

Hoch, J. E., & Kozlowski, S. W. J. (2014). Leading virtual teams: Hierarchical leadership, structural supports, and shared team leadership. *Journal of Applied Psychology, 99*(3): 390–403. https://doi.org/10.1037/a0030264.

van der Hoek, M., Groeneveld, S., & Kuipers, B. (2018). Goal setting in teams: Goal clarity and team performance in the public sector. *Review of Public Personnel Administration, 38*(4), 472–493. https://doi.org/10.1177/0734371X16682815.

Hofmans, J., & Judge, T. A. (18. September 2019). Hiring for culture fit doesn't have to undermine diversity. *Harvard Bussiness Review* .

Hu, J., & Liden, R. C. (2011). Antecedents of team potency and team effectiveness: An examination of goal and process clarity and servant leadership. *Journal of Applied Psychology, 96*(4), 851–862. https://doi.org/10.1037/a0022465.

Hughes, A. M., Gregory, M. E., Joseph, D. L., Sonesh, S. C., Marlow, S. L., Lacerenza, C. N. et al. (2016). Saving lives: A meta-analysis of team training in healthcare. *Journal of Applied Psychology,, 101*(9), 1266–1304. https://doi.org/10.1037/apl0000120.

Hughes, C., & Saunders, M. N. K. (2021). Building and maintaining trust in virtual teams. In D. Wheatley, I. Hardill & S. Buglass (Hrsg.), *Handbook of research on remote work and worker well-being in the post-COVID-19 era. IGI Global (Advances in Human Resources Management and Organizational Development (AHRMOD) Book Servies)* (S. 264–285). https://services.igi-global.com/resolvedoi/resolve.aspx?doi=10.4018/978-1-7998-6754-8.ch015.

International Symposium on Technology and Society, IEEE Society on Social Implications of Technology, University of Toronto (Hrsg.) (2013). 2013 IEEE International Symposium on Technology and Society (ISTAS): Social Implications of Wearable Computing and Augmediated Reality in Everyday Life. 2013 IEEE International Symposium on Technology and Society (ISTAS). Toronto, ON, Canada, 27.06.2013–29.06.2013. IEEE.

Ipsen, C., van Veldhoven, M., Kirchner, K., & Hansen, J. P. (2021). Six key advantages and disadvantages of working from home in Europe during COVID-19. *IJERPH, 18*(4), Artikel 1826. https://doi.org/10.3390/ijerph18041826.

Isaacs, W. (1999). *Dialogue and the Art of Thinking Together. A Pioneering Approach to Communicating in Business and in Life*. Currency.

James, J., Mavin, S., & Corlett, S. (2020). A framework of modes of awareness for team coaching practice. *International Journal of Evidence Based Coaching and Mentoring, 18*(2), 4–18. https://doi.org/10.24384/T724-VM40.

Jarvenpaa, S. L., Knoll, K., & Leidner, D. E. (1998). Is anybody out there? Antecedents of trust in global virtual teams. *Journal of Management Information Systems, 14*(4), 29–64. https://doi.org/10.1080/07421222.1998.11518185.

Jarvenpaa, S. L., Leidner, D. E. (1999). Communication and trust in global virtual teams. *Organizational Science, 10*(6), 791–815. https://doi.org/10.1287/orsc.10.6.791.

Katzenbach, J. R., & Smith, D. K. (1993). *The Wisdom of Teams. Creating the High-performance Organization*. Harvard Business School Press.

Kegan, R., & Lahey, L. L. (2009). Immunity to change. How to overcome it and unlock the potential in yourself and your organization. Harvard Business Press (Leadership for the common good).

Kleingeld, A., van Mierlo, H., & Arends, L. (2011). The effect of goal setting on group performance: A meta-analysis. *Journal of Applied Psychology, 96*(6), 1289–1304. https://doi.org/10.1037/a0024315.

Koeslag-Kreunen, M. G. M., van den Bossche, P., Hoven, M., van der Klink, M., & Gijselaers, W. (2018a). When leadership powers team learning: A meta-analysis. *Small Group Research, 49*(4), 475–513. https://doi.org/10.1177/1046496418764824.

Koeslag-Kreunen, M. G. M., van der Klink, M. R., van den Bossche, P., & Gijselaers, W. H. (2018b). Leadership for team learning: The case of university teacher teams. *Higher Education, 75*(2), 191–207. https://doi.org/10.1007/s10734-017-0126-0.

LaFasto, F. M. J., & Larson, C. (2001). *When Teams Work Best: 6,000 Team Members and Leaders Tell What it Takes to Succeed*. SAGE.

Lawrence, P., & Whyte, A. (2017). What do experienced team coaches do?: Current practice in Australia and New Zealand. *International Journal of Evidence Based Coaching and Mentoring, 15*(1), 94–113.

Lechner, A., & Tobias Mortlock, J. (2022). How to create psychological safety in virtual teams. *Organizational Dynamics, 51*(2), 100849. https://doi.org/10.1016/j.orgdyn.2021.100849.

Lee, K., Woo, H.-G., & Joshi, K. (2017). Pro-innovation culture, ambidexterity and new product development performance: Polynomial regression and response surface analysis. *European Management Journal, 35*(2), 249–260.

Lee, R., Lee, J.-H., & Garrett, T. C. (2019). Synergy effects of innovation on firm performance. *Journal of Business Research, 99*, 507–515.

Lehmann-Willenbrock, N., Chiu, M. M., Lei, Z., & Kauffeld, S. (2017). Understanding positivity within dynamic team interactions. *Group & Organization Management, 42*(1), 39–78. https://doi.org/10.1177/1059601116628720.

Lencioni, P. (2005). *Overcoming the Five Dysfunctions of a Team. A Field Guide for Leaders, Managers, and Facilitators*. Jossey-Bass (J-B Lencioni Series).

Li, N., Zhao, H. H., Walter, S. L., Zhang, X.-a., Yu, J. (2015). Achieving more with less: Extra milers' behavioral influences in teams. *Journal of Applied Psychology, 100*(4), 1025–1039. https://doi.org/10.1037/apl0000010.

Liang, B., van Knippenberg, D., & Gu, Q. (2021). A cross-level model of shared leadership, meaning, and individual creativity. *Journal of Organizational Behavior, 42*(1), 68–83. https://doi.org/10.1002/job.2494.

Liao, C. (2017). Leadership in virtual teams: A multilevel perspective. *Human Resource Management Review, 27*(4), 648–659. https://doi.org/10.1016/j.hrmr.2016.12.010.

Liu, S., & Wang, L. (2016). Influence of managerial control on performance in medical information system projects: The moderating role of organizational environment and team risks. *International Journal of Project Management, 34*(1), 102–116. https://doi.org/10.1016/j.ijproman.2015.10.003.

Liu, T., Wu, L., Yang, Y., & Jia, Y. (2020). Work-to-family spillover effects of workplace negative gossip: A mediated moderation model. *Frontiers in Psychology, 11*, Artikel 1612. https://doi.org/10.3389/fpsyg.2020.01612.

Lorenz, T., Beer, C., Pütz, J., & Heinitz, K. (2016). Measuring psychological capital: Construction and validation of the compound PsyCap scale (CPC-12). *PLoS ONE, 11*(4), e0152892. https://doi.org/10.1371/journal.pone.0152892.

Lorinkova, N. M., Pearsall, M. J., & Sims Jr., H. P. (2013). Examining the differential longitudinal performance of directive versus empowering leadership in teams. *Academy of Management Journal, 56*(2), 573–596.

Losada, M., & Heaphy, E. (2004). The role of positivity and connectivity in the performance of business teams: A nonlinear dynamics model. *American Behavioral Sciences, 47*(6), 740–765. https://doi.org/10.1177/0002764203260208.

Luthans, F., Luthans, K. W., & Luthans, B. C. (2004). Positive psychological capital: Beyond human and social capital. *Business Horizons, 47*(1), 45–50. https://doi.org/10.1016/j.bushor.2003.11.007.

Luthans, F., & Youssef, C. M. (2004). Human, social, and now positive psychological capital management: Investing in people for competitive advantage. *Bus. Horizons, 33*(2), 143–160. https://doi.org/10.1016/j.orgdyn.2004.01.003.

Luthans, F., Youssef-Morgan, C. M., & Avolio, B. J. (2015). *Psychological Capital and Beyond.* Oxford University Press.

MacKie, D. (2016). *Strength-based Leadership Coaching in Organizations: An Evidence-based Guide to Positive Leadership Development.* Kogan Page Publishers.

MacKie, D. (2019). Team coaching: A strength-based approach. In D. Clutterbuck, J. Gannon, S. Hayes, I. Iordanou, K. Lowe, & D. MacKie (Hrsg.), *The Practitioner's Handbook of Team Coaching* (S. 258–269). Routledge.

Maltarich, M. A., Greenwald, J., & Reilly, G. (2016). Team-level goal orientation: An emergent state and its relationships with team inputs, process, and outcomes. *European Journal of Work & Organization Psychology, 25*(1), 68–88. https://doi.org/10.1080/1359432X.2015.1004318.

Marlow, S. L., Lacerenza, C. N., Paoletti, J., Burke, C. S., & Salas, E. (2018). Does team communication represent a one-size-fits-all approach?: A meta-analysis of team communication and performance. *Organizational Behavior and Human Decision Processes, 144,* 145–170.

Martin, J., Cormican, K., Sampaio, S. C. B., & Wu, Q. (2018). Shared leadership and team performance: An analysis of moderating factors. *Procedia Computer Science, 138,* 671–679. https://doi.org/10.1016/j.procs.2018.10.089

Mathieu, J. E., Gallagher, P. T., Domingo, M. A., & Klock, E. A. (2019). Embracing complexity: Reviewing the past decade of team effectiveness research. *Annual Review of Organizational Psychology and Organizational Behavior, 6*(1), 17–46. https://doi.org/10.1146/annurev-orgpsych-012218-015106.

Mathieu, J. E., & Rapp, T. L. (2009). Laying the foundation for successful team performance trajectories: The roles of team charters and performance strategies. *Journal of Applied Psychology, 94*(1), 90–103. https://doi.org/10.1037/a0013257.

McDowell, W., Herdman, A., & Aaron, J. (2011). Charting the course: The effects of team charters on emergent behavioral norms. *Organization Development Journal, 29,* 79–89.

McEwan, D., Ruissen, G. R., Eys, M. A., Zumbo, B. D., & Beauchamp, M. R. (2017). The effectiveness of teamwork training on teamwork behaviors and team performance: A systematic review and meta-analysis of controlled interventions. *PLoS ONE, 12*(1), e0169604. https://doi.org/10.1371/journal.pone.0169604.

McFarlin, D. B., & Sweeney, P. D. (1996). Does having a say matter only if you get your way? Instrumental and value-expressive effects of employee voice. *Basic and Applied Social Psychology, 18*(3), 289–303. https://doi.org/10.1207/s15324834basp1803_3.

McKeown, I. (2012). Team learning in SMEs: Learning the lessons. *Industrial Higher Education, 26*(6), 491–503. https://doi.org/10.5367/ihe.2012.0123.

Middendorf, J., & Furman, B. (2019). *Lösungsorientiertes team-coaching: Eine reteaming® Workshop-Anleitung.* Springer.

Miner, A. G., Glomb, T. M., & Hulin, C. (2005). Experience sampling mood and its correlates at work. *Journal of Occupational and Organizational Psychology, 78*(2), 171–193. https://doi.org/10.1348/096317905X40105.

Morgeson, F. P., DeRue, D. S., & Karam, E. P. (2010). Leadership in teams: A functional approach to understanding leadership structures and processes. *Journal of Management, 36*(1), 5–39. https://doi.org/10.1177/0149206309347376.

Mütze-Niewöhner, S., Hacker, W., Hardwig, T., Kauffeld, S., Latniak, E., Nicklich, M., & Pietrzyk, U. (Hrsg.). (2021). *Projekt- und Teamarbeit in der digitalisierten Arbeitswelt. Herausforderungen, Strategien und Empfehlungen*. Springer.

Nahrgang, J. D., DeRue, D. S., Hollenbeck, J. R., Spitzmuller, M., Jundt, D. K., & Ilgen, D. R. (2013). Goal setting in teams: The impact of learning and performance goals on process and performance. *Organizational Behavior and Human Decision Processes, 122*(1), 12–21.

Nellen, L. C., Gijselaers, W. H., & Grohnert, T. (2020). A meta-analytic literature review on organization-level drivers of team learning. *Human Resource Development Review, 19*(2), 152–182.

Neumer, J., & Nicklich, M. (2021). Fluide Teams in agilen Kontexten – Grenzziehung und innere Strukturierung als Herausforderung für Selbstorganisation. In S. Mütze-Niewöhner, W. Hacker, T. Hardwig, S. Kauffeld, E. Latniak, M. Nicklich & U. Pietrzyk (Hrsg.), *Projekt- und Teamarbeit in der digitalisierten Arbeitswelt. Herausforderungen, Strategien und Empfehlungen* (S. 31–53). Springer.

Nicolaides, V. C., LaPort, K. A., Chen, T. R., Tomassetti, A. J., Weis, E. J., Zaccaro, S. J., & Cortina, J. M. (2014). The shared leadership of teams: A meta-analysis of proximal, distal, and moderating relationships. *Leadership Quarterly, 25*(5), 923–942. https://doi.org/10.1016/j.leaqua.2014.06.006.

Parker, S. K., Knight, C., & Keller, A. (2020). Remote managers are having trust issues. *Harvard Business Review* July 30, 2020.

Pearson, C., & Porath, C. (2009). *The cost of bad behavior. How incivility is damaging your business and what to do about it*. Penguin Publishing Group.

Pentland, A. „Sandy" (2012). The new science of building great teams. The chemistry of high-performing groups is no longer a mystery. *Harvard Business Review, 90*(4), 60–69.

Peters, J., & Carr, C. (2013). *High Performance Team Coaching. A Comprehensive System for Leaders and Coaches*. Friesen Press.

Peters, K, & Kashima, Y. (2013). Gossiping as moral social action: A functionalist account of gossiper perceptions. In J. P. Forgas, O. Vincze & J. László (Hrsg.), *Social cognition and communication* (S. 185–201). Psychology Press (Sydney Symposium of Social Psychology, 15).

Peterson, D. (2014). Lindred Greer: Why virtual teams have more conflict. A professor of organizational behavior explains why disagreements among virtual teams can escalate more quickly than in face-to-face encounters. Graduate School of Stanford Business. Stanford. https://www.gsb.stanford.edu/insights/lindred-greer-why-virtual-teams-have-more-conflict. Zugegriffen: 27. März 2024.

Porath, C. (2016). *Mastering Civility: A Manifesto for the WSorkplace*. Grand Central Publishing.

Purvanova, R. K., & Bono, J. E. (2009). Transformational leadership in context: Face-to-face and virtual teams. *Leadership Quarterly, 20*(3), 343–357. https://doi.org/10.1016/j.leaqua.2009.03.004.

Raidl, M., & Tyborski, R. (2020). Big brother im home office. *Handelsblatt*. Zugegriffen: 24. Juni 2020.

Rapp, T. L., Gilson, L. L., Mathieu, J. E., & Ruddy, T. (2016). Leading empowered teams: An examination of the role of external team leaders and team coaches. *Leadership Quarterly, 27*(1), 109–123. https://doi.org/10.1016/j.leaqua.2015.08.005.

Reinhardt, Rüdiger (2013): Psychologisches Kapital: Durch Nutzung psychischer Ressourcen zu höherer Führungseffektivität. Hamburg: Windmühle (Arbeitshefte Führungspsychologie, 70).

Reynolds, A., & Lewis, D. (2. April 2018). The two traits of the best problem-solving teams. *Harvard Business Review*.

Ronay, R., Greenaway, K., Anicich, E. M., & Galinsky, A. D. (2012). The path to glory is paved with hierarchy. *Psychological Sciences, 23*(6), 669–677. https://doi.org/10.1177/0956797611433876.

Rubin, I. M., Plovnick, M. S., & Fry, R. E. (1978). *Task-oriented Team Development*. McGraw-Hill.

Ryan, R. M., & Deci, E. L. (2017). *Self-determination Theory: Basic Psychological Needs in Motivation, Development, and Wellness*. Guilford Publications.

Sackett, E., & Fitzsimons, G. M. (2020). The effects of extra-team goal disclosure on team performance, viability, and satisfaction. *Frontiers in Psychology, 11*, Artikel 548842. https://doi.org/10.3389/fpsyg.2020.548842.

Salanova, M., & Ortega-Maldonado, A. (2019). Psychological capital development in organizations: An integrative review of evidence-based intervention programs. In L. E. van Zyl & S. Rothmann (Hrsg.), *Positive Psychological Intervention Design and Protocols for Multi-cultural Contexts* (S. 81–102). Springer International Publishing.

Salas, E., DiazGranados, D., Klein, C., Burke, C. S., Stagl, K. C., Goodwin, G. F., & Halpin, S. M. (2008). Does team training improve team performance? A meta-analysis. *Human Factors, 50*(6), 903–933. https://doi.org/10.1518/001872008X375009.

Schaubroeck, J., May, D. R., & Brown, F. W. (1994). Procedural justice explanations and employee reactions to economic hardship: A field experiment. *Journal of Applied Psychology, 79*(3), 455–460. https://doi.org/10.1037/0021-9010.79.3.455.

Schein, E. H., & Bennis, W. G. (1965). *Personal and organizational change through group methods: The Laboratory Approach*. Wiley.

Schmid, B. (2016). Häufig gestellte Fragen. Coaching-Pionier Dr. Bernd Schmid beantwortet Fragen aus der Praxis. *Coaching-Magazin* (4), S. 35. https://www.coaching-magazin.de/beruf-coach/fragen-bernd-schmid. Zugegriffen: 27. Mai 2024.

Schwartz, R. M., & Grice, J. (2022). Positive ratios revisited: Reports of the theory's death have been greatly exaggerated. *Journal of Positive Psychol.ogy, 17*(1), 1–9. https://doi.org/10.1080/17439760.2020.1832245.

Sessa, V. I., & London, M. (Hrsg.). (2008). *Work group learning. Understanding, improving and assessing how groups learn in organizations*. Erlbaum.

Sitkin, S. B., Miller, C. C, & See, K. E. (Januar–Februar 2017). The stretch goal paradox. Audacious targets are widely misunderstood and widely misused. *Harvard Business Rev.iew*, 92–99.

Spreitzer, G. M., & Cameron, K. S. (Hrsg.). (2011). *The Oxford handbook of positive organizational scholarship*. Oxford University Press (Oxford Library of Psychology).

Stajkovic, A. D., Lee, D., & Nyberg, A. J. (2009). Collective efficacy, group potency, and group performance: Meta-analyses of their relationships, and test of a mediation model. *Journal of Applied Psychology, 94*(3), 814–828. https://doi.org/10.1037/a0015659.

Stephens, J. P., Heaphy, E., & Dutton, J. E. (2011). High-quality connections. In G. M. Spreitzer & K. S. Cameron (Hrsg.), *The Oxford Handbook of Positive Organizational Scholarship* (S. 385–399). Oxford University Press (Oxford Library of Psychology).

Sutrich, O., Opp, B. (2016). *Wie Organisationen gut entscheiden. Innovative Werkzeuge für Führungskräfte, Teams und Unternehmen. Unter Mitarbeit von Susanne Delius, Cornelia Strobel und Ulrike Sutrich*. Haufe Gruppe.

Sutton, R. I. (8. September 2010a). Bad is stronger than good: Evidence-based advice for bosses. *Harvard Business Review* .

Sutton, R. I. (2010b). *Good boss, bad boss. How to be the best … and learn from the worst*. Business Plus.

Sutton, R. I., & Rao, H. (2014). *Scaling up excellence: Getting to more without settling for less*. Random House Business Books.

Tenzer, H., & Pudelko, M. (2016). Media choice in multilingual virtual teams. *Journal of International Business Studies, 47*(4), 427–452.

Thornton, C. (2016). *Gruppen-und teamcoaching*. Junfermann.

Tost, L. P., Gino, F., & Larrick, R. P. (2013). When power makes others speechless: The negative impact of leader power on team performance. *Academy of Management Journal, 56*(5), 1465–1486.

Tsai, M.-H., & Bendersky, C. (2016). The pursuit of information sharing: Expressing task conflicts as debates vs. disagreements increases perceived receptivity to dissenting opinions in groups. *Organization Science, 27*(1), 141–156.

Valls, V., González-Romá, V., & Tomás, I. (2016). Linking educational diversity and team performance: Team communication quality and innovation team climate matter. *Journal of Occupational and Organizational Psychology, 89*(4), 751–771. https://doi.org/10.1111/joop.12152.

Waber, B. (2013). *People analytics – how social sensing technology will transform business and what it tells us about the Future of Work.* 36 Bände. FT Press (FT Press Analytics).

Waber, B. N., Olguin Olguin, D., Kim, T., & Pentland, A. (2010). Productivity through coffee breaks: Changing social networks by changing break structure. *SSRN J.* April 11, 2010. https://doi.org/10.2139/ssrn.158637.

Wageman, R., Hackman, J. R., & Lehman, E. (2005). Team diagnostic survey. *Journal of Applied Behavioral Science 41*(4), 373–398. https://doi.org/10.1177/0021886305281984.

Wageman, R., Nunes, D. A., Burrus, J. A., & Hackman, J. R. (2008). *Senior leadership teams. What it takes to make them great.* Harvard Business Review Press.

Wang, D., Waldman, D. A., & Zhang, Z. (2014). A meta-analysis of shared leadership and team effectiveness. *Journal of Applied Psychology, 99*(2), 181–198. https://doi.org/10.1037/a0034531.

Waters, L., Strauss, G., Somech, A., Haslam, N., & Dussert, D. (2020). Does team psychological capital predict team outcomes at work? *Int. J. Wellbeing, 10*(1), 1–25. https://doi.org/10.5502/ijw.v10i1.923.

Weinert, A. B. (2004). *Organisations-und Personalpsychologie.* Beltz PVU.

West, B. J., Patera, J. L., & Carsten, M. K. (2009). Team level positivity: Investigating positive psychological capacities and team level outcomes. *Journal of Organizational Behavior, 30*(2), 249–267. https://doi.org/10.1002/job.593.

Wheatley, D., Hardill, I., & Buglass, S. (Hrsg.). (2021). *Handbook of research on remote work and worker well-being in the post-COVID-19 era.* Hershey: IGI Global (Advances in Human Resources Management and Organizational Development (AHRMOD) Book Servies).

White, P. (2018). Do remote employees want to be shown appreciation differently than employees in face-to-face settings? Hrsg. v. Appreciation at work. https://www.appreciationatwork.com/blog/do-remote-employees-want-to-be-shown-appreciation-differently-than-employees-in-face-to-face-settings/. Zugegriffen: 12. Apr. 2024.

Whittington, J. (2020). *Systemic Coaching and Constellations. The Principles, Practices and Application for Individuals, Teams and Groups* (3. Aufl.). Kogan Page Publishers.

Widdowson, L., Rochester, L., Barbour, P. J., & Hullinger, A. M. (2020): Bridging the team coaching competency gap: A review of the literature. *International Journal of Evidence Based Coaching and Mentoring, 18*(2), 35–50. https://doi.org/10.24384/z9zb-hj74.

Wit, F. R. C. De, Greer, L. L., & Jehn, K. A. (2012). The paradox of intragroup conflict: A meta-analysis. *Journal of Applied Psychology, 97*(2), 360–390. https://doi.org/10.1037/a0024844.

Woolley, A. W., Chabris, C. F., Pentland, A., Hashmi, N., & Malone, T. W. (2010). Evidence for a collective intelligence factor in the performance of human groups. *Science, 330*(6004), 686–688.

Xu, J., Qureshi, A. R., Dabagh, Y. M. Al, Kin, C. L., & Khan, R. (2021). Effective virtual interventions to enhance psychological capital: A mixed-methods systematic review. PsyArXiv. https://osf.io/preprints/psyarxiv/dpjuy. Zugegriffen: 12. April 2024.

Ye, Q., Wang, D., & Guo, W. (2019). Inclusive leadership and team innovation: The role of team voice and performance pressure. *European Management Journal, 37*(4), 468–480.

Zaccaro, S. J., Ely, K., & Shuffler, M. (2008). The leader's role in group learning. In V. I. Sessa & M. London (Hrsg.), *Work Group Learning. Understanding, Improving and Assessing How Groups Learn in Organizations* (S. 193–214). Erlbaum.

van Zyl, L., & Ellardus; Rothmann, Sebastiaan, (Hrsg.). (2019). *Positive psychological intervention design and protocols for multi-cultural contexts.* Springer International Publishing.

Mitarbeitende entwickeln 5

Inhaltsverzeichnis

5.1 Einführung: Entwicklung ist Kernaufgabe von Führung 124
5.2 Entwicklung ist gut für alle Beteiligten 125
    5.2.1 Weiterentwicklung ist gut für Mitarbeitende 125
    5.2.2 Weiterentwicklung ist gut für die Organisation 126
    5.2.3 Weiterentwicklung ist gut für Führungskräfte 127
5.3 Raum für Verbesserung – Beobachtungen aus der Praxis 127
    5.3.1 Zu starker Fokus auf kurzfristige Leistungsziele 127
    5.3.2 Angst vor Fehlern 128
    5.3.3 Mangelnde Information und Ermutigung 129
    5.3.4 Geringe Wirksamkeit von Trainingsprogrammen 129
    5.3.5 Zu enger Fokus auf obere Führungskräfte und „Hochleister" 130
5.4 Entwicklungsorientierte Führung 131
    5.4.1 Hilfreiche Verhaltensweisen 131
        5.4.1.1 Eine Lernkultur schaffen 131
        5.4.1.2 Die Ziele der Mitarbeitenden mit den Möglichkeiten der Organisation in Einklang bringen 132
        5.4.1.3 Im Alltag konsequent entwicklungsorientiert führen 133
    5.4.2 Nützliche Annahmen 134
    5.4.3 Schädliche Missverständnisse 135
5.5 Entwicklungsorientierte Methoden 136
    5.5.1 Stärkennutzung 137
        5.5.1.1 Stärken erkennen 137
        5.5.1.2 Stärken anwenden 140
    5.5.2 Feedback geben 142
        5.5.2.1 Auch positives Feedback will gelernt sein 142
        5.5.2.2 Wirkungsvolles kritisches Feedback 144
        5.5.2.3 Zusammenfassende Tipps für wirksames Feedback 146

© Der/die Autor(en), exklusiv lizenziert an Springer-Verlag GmbH, DE, ein Teil von Springer Nature 2025
W. Pentz, *Positive Psychologie und Führung – ein Praxisleitfaden*, Positive Psychologie kompakt, https://doi.org/10.1007/978-3-662-70117-1_5

5.5.3　Coaching als Führungsinstrument 147
　　　　5.5.3.1　Geeignete Situationen 149
　　　　5.5.3.2　Voraussetzungen 149
　　　　5.5.3.3　Methoden 150
5.6　Zusammenfassung 153
Literatur 154

Überblick

- Warum Weiterentwicklung essenziell für den Unternehmenserfolg, für die Leistung der Führungskräfte und die Zufriedenheit und Motivation der Mitarbeitenden ist
- Welche positiven Auswirkungen Weiterentwicklung hat
- Warum es in diesem Bereich in den meisten Unternehmen noch viel Luft nach oben gibt
- Warum Weiterentwicklung ein zentraler Bestandteil von Führung sein sollte
- Wie man eine Lernkultur entwickeln kann
- Wie eine Weiterentwicklungsinfrastruktur aussieht
- Was Sie als Führungskraft tun können, um Ihre Mitarbeitenden zu entwickeln

5.1　Einführung: Entwicklung ist Kernaufgabe von Führung

Inwieweit können sich die Menschen in Ihrem Team unter Ihrer Führung weiterentwickeln? Was konkret haben Sie in den letzten 2 Wochen zu ihrer Entwicklung beigetragen? Inwieweit sehen Sie die Weiterentwicklung von Mitarbeitenden als Ihre Aufgabe an? Viele Führungskräfte stehen dieser Rolle skeptisch gegenüber (Ellström & Ellström, 2018) und verorten die Zuständigkeit dafür eher in der Personalabteilung. Diese Haltung übersieht jedoch die zentrale Rolle, die nur Sie als Führungskraft spielen können. Allerdings tragen Sie nicht die alleinige Verantwortung. Entwicklung ist eine gemeinsame Aufgabe der Mitarbeitenden, der Personalabteilung und der Führungskraft. Beginnen wir mit den Mitarbeitenden: Die meisten von ihnen haben nicht nur ein Interesse an Weiterentwicklung, sie empfinden auch Verantwortung dafür. Das ergab eine kürzlich von der Internationalen Hochschule Erfurt durchgeführte Befragung von 955 Arbeitnehmenden. Der Aussage „Ich bin vor allem selbst für meine Weiterbildung verantwortlich und nicht mein:e Arbeitgeber:in" stimmten mehr als drei Viertel der Befragten voll bzw. eher zu (IU, 2023). Hinzu kommt: Die Mitarbeitenden wissen oft auch selbst am besten, welche Art der Weiterentwicklung für sie sinnvoll ist. Damit sie sich aber wirksam weiterentwickeln können, brauchen sie Unterstützung: von Ihnen als Führungskraft und von anderen Teilen der Organisation, inklusive der Personalabteilung. Dort liegen nicht nur wichtige Kompetenzen, sondern auch erforderliche Methoden, Prozesse und Instrumente zur Weiterentwicklung von Mitarbeitenden. Die Mitarbeitenden der Personalabteilung sind für Sie wichtige Partner, aber sie können die Rolle der Führungskraft nicht ersetzen.

Als Führungskraft sind Sie regelmäßig mit Ihren Mitarbeitenden in Kontakt. Sie kennen (hoffentlich) ihre Stärken und Schwächen, ihre Ziele und Präferenzen. In der täglichen Führungsarbeit können Sie Bedingungen schaffen, unter denen Menschen sich gut entwickeln können. Hinzu kommt: Sie haben den Überblick über das gesamte Aufgabenfeld, und können – gemeinsam mit Ihren Mitarbeitenden – Rollen anpassen und Entwicklungsziele festlegen. Sie wissen vermutlich besser als die Personalabteilung, welche Fähigkeiten notwendig sind, um heutige und künftige Aufgaben zu meistern und Ziele zu erreichen. Diese Fähigkeiten zu identifizieren und zu entwickeln, sind strategische Führungsaufgaben.

5.2 Entwicklung ist gut für alle Beteiligten

Die Ausgaben für die Entwicklung von Mitarbeitenden haben in den letzten Jahren stetig zugenommen. Im Jahr 2019 haben fast 90 % der deutschen Unternehmen ihren Mitarbeitenden eine Weiterbildungsmöglichkeit geboten. Für durchschnittlich etwa 18 h Weiterbildung jährlich – hauptsächlich in der bezahlten Arbeitszeit – wurden dafür ca. 1200 EUR pro Mitarbeitenden aufgewendet (Seyda & Placke, 2020). Weitere Analysen zeigen: je höher die berufliche Position, desto höher die Quote derjenigen, die Weiterbildung wahrnehmen: 82 % der Führungskräfte, 71 % der Fachkräfte, 50 % der ungelernten und angelernten Angestellten (Bundesministerium für Bildung und Forschung, 2024). Außerdem hängt die Teilnahmequote von der Betriebsgröße ab. In Betrieben mit über Tausend Beschäftigten lag sie im Jahr 2022 bei 71 %, während sie in kleinen Betrieben mit 10–19 Beschäftigten lediglich bei 54 % lag (Bundesministerium für Bildung und Forschung, 2024). Die folgenden Abschnitte zeigen: Weiterbildung ist eine gute Investition, von der nicht nur die Mitarbeitenden profitieren, sondern auch Führungskräfte und die gesamte Organisation.

5.2.1 Weiterentwicklung ist gut für Mitarbeitende

Kaum jemand möchte in seiner Entwicklung stehen bleiben. Das gilt auch im beruflichen Kontext. Die allermeisten Mitarbeitenden glauben, dass eine kontinuierliche Weiterentwicklung wichtig für den beruflichen Erfolg ist. Die Motivation zur Weiterentwicklung ist insbesondere bei jüngeren Mitarbeitenden sehr hoch. Doch auch ältere Mitarbeitende wollen sich mehrheitlich weiterentwickeln, wie die in Abschn. 5.1 erwähnte Erfurter Studie zeigte. Drei Viertel der über 50-Jährigen gab an, zur Teilnahme an einer genehmigten Weiterbildung motiviert zu sein (IU 2022). Durch den Erwerb von Wissen und Fähigkeiten bereiten sich Menschen auf die Zukunft vor und qualifizieren sich zudem für neue und vielleicht besser bezahlte Tätigkeiten. Das bringt ihnen Sicherheit, höheren Status, mehr Geld.

Doch es geht nicht nur um die Vorbereitung auf künftige Aufgaben, sondern auch um die bessere Bewältigung der Gegenwart. Die aktuelle Aufgabe besser auszufüllen, das war im neuesten L&D Monitor der Lernplattform *Studytube* der am häufigsten genannte Grund für Weiterbildung (Studytube, 2023). Fehlen die Kompetenzen, die für konkrete Aufgaben notwendig sind, kann das Stress auslösen. So haben Studien gezeigt, dass etwa technische Probleme, insbesondere bei Menschen mit weniger technischer Kompetenz, zu erhöhtem Stresserleben führen (Körner et al., 2019). Umgekehrt gilt: Wer sich im Job als kompetent erlebt, ist zufriedener und leistungsbereiter (Fletcher, 2019). Sich als kompetent zu erleben, ist eines der zentralen menschlichen Grundbedürfnisse (Ryan & Deci, 2000). Dazu gehört nicht nur, die eigenen Fähigkeiten anwenden zu können, sondern sie auch auszubauen und sich als Mensch wirksam zu fühlen. Weiterbildung kann also zu Gesundheit und Wohlbefinden beitragen (Bersin, 2018). Allein schon die Wahrnehmung von Entwicklungsangeboten kann zu erhöhtem Wohlbefinden führen (Noe et al., 2014).

Wie immer gilt dabei: Je nach Persönlichkeit ist das Bedürfnis nach Weiterentwicklung unterschiedlich ausgeprägt. Nicht jeder Mensch möchte sich zu jedem Zeitpunkt in seinem beruflichen Umfeld weiterentwickeln. Manche Menschen erfüllen sich dieses Bedürfnis lieber in anderen Lebensbereichen – oder zu anderen Zeiten. Also auch hier sollten wir nicht alle über einen Kamm scheren. Es geht um Angebote, nicht um Zwang.

5.2.2 Weiterentwicklung ist gut für die Organisation

Was gut für Ihre Mitarbeitenden ist, das ist meistens auch gut für die Organisation. Dabei geht es nicht nur um die Motivation der Arbeitnehmer, sondern auch um den Erhalt bzw. die Stärkung der Wettbewerbsfähigkeit der Organisation. Diese Erkenntnis ist längst in den Führungsetagen angekommen. Eine von PwC durchgeführte Studie zeigt, dass 80 % der CEOs die Entwicklung von neuen Fähigkeiten für die aktuell wichtigste Herausforderung halten (PwC, 2023). Zudem gibt es Evidenzen dafür, dass ganze 90 % der Marktkapitalisierung von börsennotierten Unternehmen auf immateriellen Vermögenswerten basiert. Dazu gehören beispielsweise sehr gute Führungskräfte, umfangreiches Wissen und vor allem hochqualifizierte Mitarbeitende (Ocean Tomo, 2020). Metaanalysen zeigen außerdem, dass sich eine Kultur des Lernens positiv auf die Leistung der Organisation auswirkt (Goh et al., 2012; Ju et al., 2021). Das dürfte auch in Zukunft so sein. Kaum eine Tätigkeit in der Arbeitswelt wird in den nächsten Jahren unverändert bleiben. Es wird immer wichtiger, die eigenen Kompetenzen zu erweitern und neue zu erlernen (Laal & Salamati, 2012).

Attraktive Möglichkeiten zur Weiterentwicklung können Unternehmen auch dabei helfen, Mitarbeiter zu gewinnen und zu halten. Vor allem talentierte Menschen zu gewinnen, war schon immer eine Herausforderung für Unternehmen. Inzwischen fehlt es aber nicht nur an Toptalenten, sondern an vielen Fachkräften, in manchen Berufsfeldern sogar allgemein an Arbeitskräften. In einer Befragung von fast 700 Personalverantwortlichen stimmten fast drei Viertel der Aussage zu: „Wenn wir nicht in Weiterbildung und berufliche Weiterentwicklung investieren, dann können wir die benötigten Talente nicht für uns gewinnen und an uns binden." (Studytube, 2023). Insbesondere jüngere Generationen entscheiden sich lieber für Arbeitgeber, die sie in ihrer Entwicklung aktiv unterstützen (Naim & Lenka, 2018). Ein Mangel an Weiterentwicklungsmöglichkeiten ist ein häufiger Kündigungsgrund (Bérubé et al., 2022; Smet et al., 2022).

5.2.3 Weiterentwicklung ist gut für Führungskräfte

Woran bemisst sich Ihr eigener Erfolg als Führungskraft? Ein wichtiger Aspekt dürfte die Erreichung Ihrer Ziele sein. Das fällt mit kompetenten und zufriedenen Mitarbeitenden deutlich leichter. Weiterentwicklung ist hierfür eine wichtige Maßnahme. Sie kann nicht nur die Kompetenz von Mitarbeitenden stärken, sondern auch deren Engagement steigern (Fletcher, 2019). In dieser Entwicklung Unterstützung von der Führungskraft zu erfahren, kann sich dabei positiv auf die Beziehung zwischen Führungskraft und Mitarbeitenden auswirken und das gegenseitige Vertrauen stärken (Sturges et al., 2005). Das wiederum wirkt sich positiv auf die Zielerreichung aus.

Doch, Ziele zu erreichen, ist nicht alles. Die Zufriedenheit der Mitarbeiter ist in vielen Unternehmen nicht nur ein indirekter Erfolgsfaktor, sondern ein explizites Kriterium, an dem Führungskräfte gemessen werden. Hinzu kommt: Als Führungskraft ist es Ihre Aufgabe, die Kompetenzen Ihres Teams so zu entwickeln, dass es möglichst gut auf künftige Aufgaben vorbereitet ist. Schließlich sollten Sie auch potenzielle Nachfolger für Ihre eigene Rolle entwickeln. Gehen Sie in Gedanken einmal durch Ihr Team: Wer könnte einmal (wann?) Ihre Rolle als Führungskraft übernehmen? Warum? Wie haben Sie zu dieser Situation beigetragen?

5.3 Raum für Verbesserung – Beobachtungen aus der Praxis

Mitarbeitende in ihrer Entwicklung zu unterstützen, ist für viele Führungskräfte ein selbstverständlicher Anspruch. Diesen Anspruch umzusetzen, ist in der Praxis aber nicht immer leicht. Bevor wir auf zentrale Elemente eines entwicklungsorientierten Führungsstils eingehen, wollen wir einen Blick auf einige praktische Herausforderungen werfen.

5.3.1 Zu starker Fokus auf kurzfristige Leistungsziele

Lernen wirkt sich langfristig positiv auf die Leistungsfähigkeit von Unternehmen aus. Das ist ein konsistenter Befund der Forschung (Buengeler & Lehmann-Willenbrock,

2023). Kurzfristig kann es jedoch die Effizienz beeinträchtigen, denn Lernen kostet Zeit. Es bedeutet, innezuhalten, zu reflektieren, Abweichungen vom Erwarteten zu besprechen. Es bedeutet auch, gewohnte (effiziente) Pfade zu verlassen und neue Dinge auszuprobieren, mit ungewissem Ausgang. Der Druck, kurzfristig Ziele erreichen zu müssen, lässt das nicht immer zu. Doch *nicht* zu lernen ist auf lange Sicht fahrlässig, denn es geht zulasten der Wettbewerbsfähigkeit – und der Motivation der Mitarbeitenden. Es geht also nicht um ein Entweder-oder, sondern einzig um die Frage der richtigen Balance.

5.3.2 Angst vor Fehlern

Zum Lernen gehören auch Fehler. Kaum jemand stellt das infrage. Doch aus Fehlern zu lernen, fällt vielen schwer. Das liegt nicht an fehlender Einsicht. Im Gegenteil: Eine große Mehrheit von Führungskräften wünscht sich einen konstruktiven Umgang mit Fehlern. Das geht aus dem jüngsten Fehlerreport von Ernst & Young hervor, für den im Herbst 2022 1000 Führungskräfte und Mitarbeitende befragt wurden (Ernst & Young, 2023). Eine mangelnde Fehlerkultur wird als Gefahr gesehen, insbesondere für die Innovationskraft, aber auch für die Reputation des Unternehmens und für die Motivation der Mitarbeitenden. Trotzdem fehlt es vielerorts an einem offenen Umgang mit Fehlern. Nur die Hälfte der Mitarbeitenden nimmt eine offene Diskussionskultur zwischen Mitarbeitenden und Führungskräften wahr. Zu den genannten Gründen gehören alte Gewohnheiten, Angst vor Gesichtsverlust, mangelndes unternehmerisches Denken, aber auch fehlende Vorbilder unter den Führungskräften. Letzteres wird durch die befragten Führungskräfte bestätigt: 64 % von ihnen gaben an, begangene Fehler nicht oder nur teilweise angesprochen zu haben. In der Finanzindustrie waren es sogar 82 %. Die Sorge vor Nachteilen wird als wichtigster Grund angegeben. Diese Sorge führt häufig zu sogenannten *defensiven Entscheidungen*. So bezeichnet ein Forschungsteam des Max-Planck-Instituts für Bildungsforschung jene Entscheidungen, bei denen Führungskräfte eine aus Sicht der Organisation schlechtere Alternative wählen, um sich selbst zu schützen. In ihrer Studie befragten die Forscher 950 Führungskräfte aus dem öffentlichen Bereich. Im Durchschnitt war demnach jede vierte der wichtigsten Entscheidungen defensiv, also nicht optimal. Die tatsächliche Häufigkeit von defensiven Entscheidungen könnte in der Realität sogar noch höher sein. Trotz der anonymen Befragung vermuten die Autoren der Studie ein positiv verzerrtes Antwortverhalten. In jedem Falle, so eine der Schlussfolgerungen, führen defensive Entscheidungen zu erheblichen Kosten für die Organisation (Artinger et al., 2019). Fehler zuzugeben, zu besprechen und zu beheben werden als die wichtigsten Schritte zur Etablierung einer positiven Fehlerkultur gesehen (Ernst & Young, 2023). Studien haben allerdings gezeigt, dass es nicht einfach ist, aus Fehlern wirklich zu lernen. Die Verletzung des eigenen Egos kann den Lernprozess verhindern (Eskreis-Winkler & Fishbach, 2022). Das Risiko kann verringert werden, indem die Führungskraft Fehler als unvermeidbar und als eine wichtige Quelle von Informationen bezeichnet. Noch einfacher ist es, von den Fehlern anderer zu lernen.

5.3.3 Mangelnde Information und Ermutigung

Unterstützen Sie Ihre Mitarbeitenden ausreichend in Sachen Weiterentwicklung? Im jüngsten L&D Monitor sagte das nur etwa ein Viertel aller Befragten über ihre Führungskräfte. Nur 37 % gaben an, dass die Manager in ihren Unternehmen die Mitarbeitenden zur Weiterbildung ermutigen (Studytube, 2023). Insgesamt fühlen sich Mitarbeitende nicht ausreichend von ihren Führungskräften unterstützt (Westerman & Lundberg, 2023, S. 80). Im Vergleich zu Führungskräften empfinden Mitarbeitende ohne Führungsverantwortung den Zugang zu Weiterentwicklungsmöglichkeiten als deutlich schwieriger. Sie werden seltener auf Angebote aufmerksam gemacht und nehmen sie dementsprechend weniger in Anspruch (Bundesministerium für Bildung und Forschung, 2024). Wenn es ein Entwicklungsbudget gibt, weiß nur die Hälfte der Mitarbeitenden davon – bei den Führungskräften sind es immerhin drei Viertel (Studytube, 2023). Dieses Ungleichgewicht können Sie adressieren, indem Sie Informationen über Weiterbildungsangebote teilen, den Zugang zu ihnen erleichtern und zur Teilnahme motivieren.

5.3.4 Geringe Wirksamkeit von Trainingsprogrammen

Ein wichtiger Baustein der Mitarbeiterentwicklung sind Trainingsprogramme. Deren Wirksamkeit lässt allerdings zu wünschen übrig. Die Rendite für die hohen Investitionen fällt dementsprechend gering aus. Harvard-Professor Michael Beer und seine Mitautoren gehen davon aus, dass 90 % der Ausgaben für die Weiterentwicklung ihr Ziel verfehlen. Eine gigantische Geldverschwendung, die sie als „großen Trainingsraub" bezeichnen (Beer et al., 2016). Die Gründe dafür sind vielfältig und müssen teilweise auf der Ebene der Gesamtorganisation adressiert werden. Doch einige Faktoren können Sie als einzelne Führungskraft beeinflussen. Eines der wichtigsten Probleme ist die fehlende Verknüpfung von Weiterbildung mit der Unternehmensstrategie (Studytube, 2023). Vielleicht haben Sie als Führungskraft nur einen begrenzten Einfluss auf die Gesamtstrategie Ihrer Organisation. Immerhin können Sie dazu beitragen, die Entwicklungsaktivitäten in Ihrem eigenen Team stärker an dem strategischen Bedarf auszurichten. Außerdem können Sie den Anspruch auf eine klare Entwicklungsstrategie auch gegenüber anderen Führungskräften sowie der Personalabteilung geltend machen. Ein weiterer Grund für die geringe Wirksamkeit von Weiterbildung liegt am mangelnden Praxistransfer. Das bedeutet, dass neu erlernte Techniken oder Verhaltensweisen zu wenig in der Praxis angewendet werden können. Anwendung braucht Handlungsspielräume, in denen es sich sicher anfühlt, neue Dinge auszuprobieren (Ellström & Ellström, 2018). Hier können Sie als Führungskraft wichtige Beiträge leisten.

5.3.5 Zu enger Fokus auf obere Führungskräfte und „Hochleister"

Als Führungskräfte haben wir (hoffentlich) gelernt, zu priorisieren. Im Kontext von Mitarbeiterentwicklung bedeutet das häufig: Der Fokus liegt auf den Führungskräften und vor allem auf den sogenannten High Potentials, also jenen Leistungsträgern, denen man auch für die Zukunft besonders viel zutraut. Ihnen werden deutlich mehr Weiterbildungsmöglichkeiten angeboten als anderen Mitarbeitenden (Lapointe & Vandenberghe, 2017; Studytube, 2023). Aus einer rein ökonomischen (und kurzfristigen) Perspektive ist diese Fokussierung sinnvoll: Studien zeigen, dass die besten Mitarbeitenden im Vergleich zum Durchschnitt zwischen 50 und über 100 % mehr leisten – je nach Komplexität der Aufgabe (Chamorro-Premuzic et al., 2017). Doch woher wissen wir eigentlich, wer in diese Gruppe der High Potentials gehört? Jemand, der heute hohe Leistungen zeigt, muss nicht zwangsläufig auch morgen noch ein „Hochleister" sein. Jemand, der heute kaum als Leistungsträger in Erscheinung tritt, kann sich – im richtigen Kontext oder mit der richtigen Unterstützung – schnell zum „Hochleister" entwickeln. Tatsächlich liegen wir bei der Identifizierung der „wirklichen" High Potentials oft falsch, wie Studien zeigen. Oft fehlt es an klaren Kriterien und/oder an einer validen Messmethode (Weinert et al., 2014).

Doch selbst wenn wir sicher sein könnten, die „wirklichen" High Potentials zu erkennen, wäre es nicht klug, nur sie zu fördern. Die Möglichkeit, das eigene Potenzial zu entfalten, sollte allen Mitarbeitenden offenstehen. Das gilt auch für Inhaber vermeintlich einfacher und niedrig bezahlter Jobs. Sie als reinen Kostenfaktor zu sehen, ist nicht nur schädlich für die betroffenen Menschen, sondern auch für die strategischen Interessen der Unternehmen. Das haben Forscher der Harvard Business School in einer Studie eindrucksvoll belegt (Fuller & Raman, 2022, 2023). Hinzu kommt: Bei der Berechnung der Personalkosten werden häufig die versteckten Kosten für Recruiting und Einarbeitung ignoriert.

Die Entwicklungspsychologen Robert Kegan und Lisa Lahey (2016) bezeichnen Organisationen, die das Bedürfnis ihrer Mitarbeiter nach Weiterbildung aktiv berücksichtigen, als Deliberately Developmental Organizations (DDO). Jene (noch seltene) DDOs zielen darauf ab, jedem Mitglied die Entfaltung seines vollen Potenzials zu ermöglichen. Was würde geschehen, so fragen die Autoren, wenn jede Person alle ihre Ressourcen in ihre Tätigkeit und ihr Wachstum investieren könnte? Sie als Führungskraft können bewusst Einfluss darauf nehmen, dass sich jeder und jede in Ihrer Organisation entwickeln kann. Die Idee: Nur wenn jeder einzelne Mitarbeiter Zugriff auf 100 % seines Potenzials hat, kann auch das Unternehmen 100 % seines Potenzials entfalten.

5.4 Entwicklungsorientierte Führung

Entwicklungsorientierte Führung ist zunächst eine Frage der Haltung. Diese beruht auf bestimmten Annahmen und Überzeugungen: Wie schauen Sie auf Ihre Mitarbeitenden, auf das Thema Lernen, auf Ihre Rolle als Führungskraft? Ihre Haltung wird sich in konkreten Verhaltensweisen widerspiegeln.

5.4.1 Hilfreiche Verhaltensweisen

Die hier beschriebenen Verhaltensweisen einer entwicklungsorientierten Führung lassen sich in 3 Kategorien einteilen:

1. *Eine Lernkultur schaffen:* Dabei geht es um eine übergeordnete strategische Ausrichtung des Lernens für das eigene Team (Vision, Ziele, Implementierung), um sichere Lernumgebungen („Fehlerkultur", Neugier, Experimente) und um das eigene Vorbild als Führungskraft (eigene Ziele, Umgang mit eigenen Fehlern).
2. *Die Ziele der Mitarbeitenden mit den Möglichkeiten der Organisation in Einklang bringen:* Dazu gehört es, die Stärken und die Ziele der Mitarbeitenden zu kennen, sie über die Möglichkeiten der Organisation zu informieren und sie dabei zu unterstützen, Erlerntes in den Alltag zu integrieren.
3. *Im Alltag konsequent entwicklungsorientiert führen:* Hier geht es darum, Autonomie zu ermöglichen, herausfordernde Situationen zu schaffen und mit Feedback und anregenden Fragen zu unterstützen. Dabei gilt es, das richtige Maß zu finden – je nach Fähigkeiten, Bedürfnissen und Zielen der einzelnen Mitarbeitenden.

5.4.1.1 Eine Lernkultur schaffen

Vision und Strategie für Ihr Team entwickeln
Räumen Sie der Weiterentwicklung von Fähigkeiten in Ihrem Team eine hohe Priorität ein. Gemeinsam mit Ihrem Team entwickeln Sie eine Vision (Wo wollen wir künftig stehen?) sowie konkrete Lernziele, die mit den strategischen Zielen Ihres Teams oder Ihres Bereichs verbunden sind. Stimmen Sie die Strategie und deren Implementierung mit der Personalabteilung ab. Besprechen Sie den Fortschritt regelmäßig im Team.

Echtes Lernen ermöglichen
Kultivieren Sie Neugier in Ihrem Team. Achten Sie z. B. in der täglichen Arbeit auf Abweichungen vom Erwarteten, egal ob positiv oder negativ, und leiten Sie daraus Erkenntnisse ab. Schaffen Sie gezielt Raum und Zeit zum Lernen und Experimentieren – und werten Sie die Ergebnisse systematisch aus. Betrachten Sie Fehler als Lerngelegenheiten. Nutzen Sie auch die Fehler anderer Teams, um daraus zu lernen. Bei Fehlern, die im eigenen Team auftreten, vermeiden Sie es, das Ego der Beteiligten zu verletzen, z. B.

indem Sie betonen, dass Fehler normal und eine wichtige Quelle von Informationen sind. Wenn es Zeiten oder Bereiche gibt, in denen Fehler und Experimente unerwünscht oder sogar „verboten" sind, schaffen Sie darüber Klarheit. Treten auch dort Fehler auf, ist offenes Ansprechen und Auswerten umso wichtiger. Vermeiden Sie konsequent die Suche nach der „schuldigen Person", konzentrieren Sie sich stattdessen auf die Suche (und Verankerung) von Erkenntnissen. Stellen Sie diese Erkenntnisse auch anderen Teilen der Organisation zur Verfügung.

Ein lernendes Vorbild sein
Setzen Sie sich selbst ein klares Entwicklungsziel, an dem Sie für alle sichtbar arbeiten. Beschäftigen Sie sich mit Ihren eigenen Stärken und Schwächen und sprechen Sie darüber offen im Team. Feedback von anderen einzuholen, sollte für Sie ebenso selbstverständlich sein wie das Ansprechen eigener Fehler.

5.4.1.2 Die Ziele der Mitarbeitenden mit den Möglichkeiten der Organisation in Einklang bringen

Die Stärken und Ziele Ihrer Mitarbeitenden kennen und wertschätzen
Finden Sie Wege, die Stärken aller Mitarbeitenden zu entdecken und zu benennen (s. Abschn. 5.5.1). Ermutigen Sie sie, ihre Stärken gezielt einzusetzen. Interessieren Sie sich aufrichtig für die Entwicklungsziele Ihrer Mitarbeitenden. Suchen Sie regelmäßig das Gespräch darüber. Seien Sie unvoreingenommen und offen allen Wünschen gegenüber – auch dann, wenn diese nicht unmittelbar auf die Interessen Ihres Teams oder Ihres Bereichs einzahlen. Zeigen Sie Wertschätzung für jede Art von Initiative zur Weiterentwicklung.

▶  **Praxistool: Entwicklungsspaziergang**

Führen Sie mit allen Mitgliedern Ihres Teams regelmäßig Gespräche über ihre Entwicklung. Die richtige Frequenz hängt von den Präferenzen der einzelnen Personen ab, aber einmal im Jahr – der typische Rhythmus in vielen Unternehmen – erscheint bei weitem nicht genug. Dabei muss es nicht immer ein formaler Termin im Büro sein. Ein gemeinsamer Spaziergang kann eine wunderbare Gelegenheit sein, solche Entwicklungsthemen zu besprechen. Hier sind ein paar Fragen, die Sie dabei nutzen können.

- Welche Aufgaben oder Aktivitäten machen Ihnen besonders viel Spaß?
- Welche Ihrer Stärken können Sie am meisten einsetzen?
- Inwieweit haben Sie das Gefühl, Sie können sich in Ihrer Rolle weiterentwickeln?
- Was würden Sie gerne lernen? (Oder: In welche Richtung würden Sie sich gerne entwickeln?)
- Wie kann ich Sie dabei unterstützen?

5.4 Entwicklungsorientierte Führung

Die Nutzung vorhandener Möglichkeiten erleichtern
Informieren Sie sich selbst regelmäßig über vorhandene Karrierepfade und Weiterentwicklungsmöglichkeiten in Ihrer Organisation – auch über Ihren eigenen Bereich hinaus – und machen Sie sie für Ihre Mitarbeitenden sichtbar. Schließen Sie dabei auch interne Jobangebote mit ein. Informieren Sie Ihre Mitarbeitenden darüber regelmäßig und ermutigen Sie sie zur Weiterentwicklung. Unterstützen Sie aktiv anstehende Entscheidungen zu Karriereplanung oder Fortbildungen, z. B. durch Vermittlung von geeigneten Gesprächspartnern.

Lerntransfer ermöglichen (und einfordern)
Transfer bedeutet, das Erlernte in den Alltag zu integrieren. Das passiert nicht automatisch. Wenn Ihre Mitarbeitenden an Entwicklungsmaßnahmen teilgenommen haben, erkundigen Sie sich danach, was sie konkret gelernt haben. Fordern Sie sie auf, das neu Erlernte aktiv anzuwenden. Wenn nötig, schaffen Sie dazu besondere Freiräume. Sie wissen, dass die Anwendung von Neuem auch Risiken mit sich bringt. Daher sorgen Sie auch für ein Umfeld, in dem psychologische Sicherheit herrscht. Achten Sie bewusst auf die Fortschritte der Mitarbeitenden und geben Sie ermutigendes Feedback.

5.4.1.3 Im Alltag konsequent entwicklungsorientiert führen
Wirkliche Autonomie ermöglichen
Geben Sie Ihren Mitarbeitenden wirkliche Ergebnisverantwortung. Stellen Sie sicher, dass die Mitarbeitenden alle Ressourcen haben, die sie zur Erfüllung ihrer Aufgaben brauchen. Dazu gehört auch Zugang zu relevanten Informationen. Halten Sie nichts zurück. Verknüpfen Sie Ihre Mitarbeitenden zusätzlich mit anderen Menschen, die für sie hilfreich sein könnten.

Wichtige Fragen und Entscheidungen gemeinsam debattieren
Beteiligen Sie Ihre Mitarbeitenden an wichtigen Entscheidungen. Führungskräfte, die alle Entscheidungen selbst treffen, können damit einer Weiterentwicklung im Team im Wege stehen. Identifizieren Sie relevante Fragen und initiieren Sie kreative Auseinandersetzungen auf der Suche nach den besten Antworten. Laden Sie zu unterschiedlichen Perspektiven ein und ermutigen Sie Widerspruch. Hinterfragen Sie zugrunde liegende Annahmen und ermutigen Sie Ihr Team ebenfalls dazu. Bauen Sie die notwendigen Fähigkeiten für kreative Debatten auf. Organisieren Sie bei Bedarf ein Training, in dem hilfreiche Techniken und Haltungen vermittelt werden.

Eine Balance aus Fragen, Anleiten und Feedback finden
Passen Sie Ihren Stil an die Fähigkeiten der Mitarbeitenden an. Geben Sie nicht alle Lösungen vor und halten Sie sich mit „guten Ratschlägen" zurück. Stellen Sie viele Fragen und nutzen Sie Coachingtechniken (s. Abschn. 5.5.3). Kombinieren Sie auch bei unerfahrenen Kollegen das Anleiten mit Fragen (Bevor Sie jemanden anleiten, eine

Aufgabe auszuführen, können Sie z. B. fragen: Wie würden Sie diese Aufgabe lösen? Warum?). Geben Sie Ihren Mitarbeitenden regelmäßig (aber nicht zu häufig) Feedback (s. Abschn. 5.5.2). Überlegen Sie dabei aber auch, ob Sie für das jeweilige Thema die beste Person sind, Feedback zu geben. Gegebenenfalls setzen Sie Ihre Mitarbeitenden mit anderen Menschen in Verbindung, die dafür besser geeignet sind.

5.4.2 Nützliche Annahmen

Unsere Verhaltensweisen werden häufig durch unsere Annahmen und Überzeugungen gesteuert. Im Folgenden finden Sie eine Auswahl an Überzeugungen, die m. E. einem entwicklungsorientierten Führungsstil zugrunde liegen. Welche davon teilen Sie? Wo empfinden Sie Widerspruch?

Sicht auf die Mitarbeitenden:

- Die meisten Menschen wollen sich entwickeln.
- Alle Menschen haben bestimmte Stärken, Fähigkeiten und andere relevante Ressourcen.
- Meine Mitarbeitenden sind in der Lage, die meisten Probleme selbst zu lösen, wenn sie den Freiraum und die notwendigen Ressourcen dafür bekommen.

Sicht auf Lernen im Job:

- Weiterentwicklung ist wichtig für die Organisation, für die Mitarbeitenden und für mich als Führungskraft.
- Fehler sind eine Einladung zum Lernen.
- Lernen braucht Freiräume.

Sicht auf die eigene Rolle als Führungskraft:

- Als Führungskraft ist es meine Aufgabe, die Entwicklung meiner Mitarbeitenden zu unterstützen.
- Unterschiedliche Personen profitieren von unterschiedlichen Führungsstilen.
- Ich muss nicht auf alles eine Antwort haben.

▶ **Praxistipp: Um Rat zu fragen, lässt uns smart aussehen**
Andere um Rat zu fragen, fällt manchen von uns schwer. Das gilt offenbar besonders für Menschen in Machtpositionen. Sie tendieren dazu, andere – besonders Experten – als Konkurrenten anzusehen und ihren Rat zu ignorieren (Tost et al., 2012). Das ist bedauerlich, denn um Rat zu fragen, kann uns nicht nur zu besseren Entscheidungen verhelfen (Garvin & Margolis, 2015), sondern – das haben Experimente gezeigt – uns auch smarter aussehen lassen (Brooks

et al., 2015). Besonders bei komplexen Fragestellungen sollten Sie sich daher nicht scheuen, andere Menschen, vor allem Experten, persönlich um Rat zu fragen.

5.4.3 Schädliche Missverständnisse

Gut gemeint ist nicht immer gut, gelegentlich sogar schädlich. Manche gut gemeinten Verhaltensweisen können Entwicklung verhindern und die Motivation und Kreativität von Menschen ersticken. Führungsexpertin Liz Wiseman nennt solche Führungskräfte „accidental diminisher", also versehentliche Verkleinerer.

> **Hintergrundwissen: Multiplizierer und Verkleinerer**
>
> In ihrem Buch *Multipliers* (Wiseman, 2017) unterscheidet die Autorin zwei Typen von Führungskräften: Multiplikatoren (Multipliers) und Verkleinerer (Diminishers). Multiplikatoren glauben an die Fähigkeiten ihrer Mitarbeitenden. Sie beziehen sie auf kreative Weise in ihre Entscheidungen ein, fordern sie heraus, schaffen Lernmöglichkeiten und vervielfältigen so ihre Fähigkeiten. Verkleinerer hingegen halten Menschen durch ihren Führungsstil „klein". Sie tendieren zu der Überzeugung, dass ohne sie als Führungskraft kaum etwas funktionieren würde. Wiseman identifizierte 150 Führungskräfte, die entweder dem einen oder dem anderen Typus entsprachen und analysierte sie auf vielfältige Weise. Dabei stellte sie fest, dass vielen „verkleinernden" Verhaltensweisen eigentlich gute Absichten zugrunde liegen.

Fast jeder von uns zeigt gelegentlich Verhaltensweisen, die andere kleiner machen, obwohl sie gut gemeint sind. Das können wir verhindern, indem wir uns ihre Wirkung bewusst machen. Im Folgenden sind einige der von Wiseman beschriebenen Verhaltensweisen und ihre möglichen Wirkungen kurz beschrieben (Wisemann, 2017, S. 191–210). Welche davon treffen gelegentlich auf Sie zu?

Die Retter (Rescuer)
Beim ersten Anzeichen von Schwierigkeiten springen diese Führungskräfte ein und helfen, das Problem zu lösen. Die Absicht dahinter ist nobel: Sie möchten, dass die Menschen um sie herum erfolgreich sind. Doch ein zu frühes Eingreifen verhindert wirkliches Lernen. Manchmal wird eine solche „Rettung" zwar wertgeschätzt, sie kann aber auch zu Frustration führen und das Zutrauen in die eigenen Kompetenzen untergraben. Laut Wiseman ist dies die am häufigsten auftretende, verkleinernde Verhaltensweise. „Manchmal sind wir als Führungskräfte dann am hilfreichsten, wenn wir nicht helfen." (Wiseman, 2017, S. 195).

Immer auf „An" (Always on)
Dies sind Führungskräfte, die immer aktiv sind, oft dynamisch, engagiert und die immer etwas zu sagen haben. Sie glauben, dass ihre Energie im positiven Sinne ansteckend ist. In Wirklichkeit kann diese ständige Aktivität aber dazu führen, dass die Menschen um sie herum schlicht abschalten und sich zurückziehen.

Die Reaktionsschnellen (Rapid Responder)
Sie sind agil, schnell und übernehmen immer sofort die Verantwortung für auftretende Probleme. E-Mails beantworten sie sofort, Entscheidungen treffen sie schnell. Das kann zu einer Flut von Aktivitäten führen. Statt ihre Umgebung damit zu Agilität zu inspirieren, erzeugen solche Führungskräfte oft Apathie. Da die Mitarbeitenden ohnehin kaum schneller sein können als der Chef, verzichten sie vielleicht ganz auf eine Reaktion.

Die Optimisten
Für Optimisten ist das Glas immer halb voll. Sie sehen überall Möglichkeiten und halten fast jedes Problem für lösbar. „Das kann ja nicht so schwer sein", ist vielleicht ein gut gemeinter Satz. Wenn eine Sache allerdings tatsächlich sehr schwer zu bewerkstelligen ist, kann dieser Satz Frustration erzeugen. Es fehlt die Anerkennung für die wirklichen Schwierigkeiten. Optimismus in Maßen ist motivierend. Aber: „Wenn die Führungskraft nur die positive Seite sieht, kann das bei anderen die Aufmerksamkeit auf die negativen Seiten lenken." (Wiseman, 2017, S. 200).

Die Perfektionisten
Sie setzen sehr hohe Maßstäbe, denn sie wollen ein sehr gutes (perfektes) Ergebnis für sich und ihr Team. Auch wenn das Ergebnis bereits gut ist, überhäufen sie ihre Mitarbeitenden mit zahlreichen „wertvollen" Verbesserungsvorschlägen. Das kann leicht ein Gefühl von mangelnder Wertschätzung oder Entmutigung erzeugen. „Manchmal ist eine neunzigprozentige Lösung, die mit hundertprozentiger Eigenverantwortung umgesetzt wird, besser als eine hundertprozentig richtige Lösung mit einem demotivierten Team." (Wiseman, 2017, S. 202).

Haben Sie einige dieser Verhaltensweisen schon an sich beobachtet? Wie würden Ihre Mitarbeitenden Sie beschreiben? Wie wäre es mit einem offenen Feedbackgespräch darüber in Ihrem Team?

5.5 Entwicklungsorientierte Methoden

> In diesem Abschnitt geht es um drei konkrete Methoden, die Sie als Führungskraft zur Entwicklung Ihrer Mitarbeitenden einsetzen können: Stärkennutzung, Feedback und Coaching.

5.5.1 Stärkennutzung

Stärkenorientierte Führung – das ist heute der Anspruch in vielen Organisationen. Doch zwischen Anspruch und Wirklichkeit klafft vielerorts eine Lücke. Das ist bedauerlich, denn die positiven Effekte stärkenorientierter Führung sind durch eine intensive Stärkenforschung der letzten zwei Jahrzehnte eindrucksvoll belegt. Die kanadische Psychologin Marine Miglianico und ihr Team haben kürzlich die relevante Forschungsliteratur dazu gesichtet und die Effekte für Individuen und Organisationen zusammengefasst: Mitarbeitende, die ihre Stärken erkennen, nutzen und weiterentwickeln, tendieren dazu, sich proaktiver, unterstützender und engagierter zu verhalten. Sie finden kreativere Lösungen, passen sich leichter an Veränderungen an und zeigen bessere Leistungen. Das wiederum wirkt sich positiv auf Produktivität, Umsatz und Gewinn aus (Miglianico et al., 2020). Außerdem führt die Anwendung von Stärken zu erhöhtem Wohlbefinden (Gradito Dubord & Forest, 2022).

Was genau bedeutet Stärkenorientierung? Alex Linley, einer der wichtigsten Stärkenforscher, nennt fünf fundamentale Überzeugungen (Linley, 2008, S. 5):

- Stärkenorientierte Menschen fokussieren sich auf das, was funktioniert und was stark ist.
- Stärken sind Teil der menschlichen Natur. Jeder Mensch hat Stärken und verdient dafür Respekt.
- In unseren größten Stärken liegt auch unser größtes Potenzial.
- An unseren Schwächen zu arbeiten, führt nur dann zum Erfolg, wenn wir dabei auch unsere Stärken einsetzen.
- Unsere Stärken zu nutzen, bedeutet, mit dem kleinsten Einsatz den größten Unterschied zu machen.

Eine Stärkenorientierung bedeutet also nicht, die eigenen Schwächen zu ignorieren. Doch dazu später mehr.

5.5.1.1 Stärken erkennen

Welches sind die größten Stärken Ihrer Mitarbeitenden? Wie ist es mit Ihren eigenen Stärken? Diese Fragen sind nicht immer leicht zu beantworten, denn häufig sind uns unsere Stärken nur zum Teil bewusst. Das liegt u. a. daran, dass wir die Dinge, die uns leicht von der Hand gehen, nicht unbedingt als etwas Besonderes ansehen, gerade weil es uns so leichtfällt. Hinzu kommt: Manche Menschen sind von dieser Frage peinlich berührt. Vielen fällt es leichter, über ihre Schwächen zu sprechen als über ihre Stärken. Das scheint sich allerdings in den letzten Jahren geändert zu haben. Das Wort „Stärkenorientierung" hat in vielen Unternehmen Einzug gehalten – zumindest in die Personalabteilungen. Doch im Führungsalltag ist es noch lange nicht überall angekommen.

Was ist eigentlich eine Stärke? Eine mögliche Antwort: Eine Stärke ist etwas, das ich gut kann. Doch zur Beschreibung einer Stärke gehört mehr als nur ein hohes Maß an Fähigkeit. Vielleicht kennen Sie das: Es gibt bestimmte Dinge, die Sie sehr gut können (Fähigkeit), die Ihnen aber keinen Spaß bereiten. Eine solche Fähigkeit bezeichnen wir nicht als Stärke. Erst wenn die Ausübung dieser Fähigkeit uns Spaß bereitet, sprechen wir von einer Stärke. Eine Stärke hat also auch mit positiver Energie zu tun. Außerdem stimmen die meisten Experten darin überein, dass Stärken relativ stabile Muster sind, die zu unserer Persönlichkeit gehören und die wir, wenn wir sie ausüben, als authentisch und energetisierend erleben.

Definition Stärken

„Stärken sind persönliche, überdauernde Muster von Gedanken, Gefühlen und Verhaltensweisen. Sie sind individuell, geben Energie und ermöglichen beste Leistungen." (Biswas-Diener, 2010; zitiert in Blickhan, 2018, S. 101).

Woran erkennen Sie die Stärken Ihrer Mitarbeitenden? Wenn Menschen in ihren Stärken arbeiten, zeigen sie oft eine Kombination der folgenden Anzeichen (Linley, 2008, S. 74–75):

- ein besonderes Gefühl von Energie und Engagement,
- ein Verlust des Zeitgefühls,
- schnelles Lernen und Verarbeiten von Informationen,
- mit Leichtigkeit erbrachte hohe Leistung,
- Priorisierung von Aufgaben, die mit der Stärke zu tun haben.

Es lohnt sich, im Alltag gezielt nach solchen Signalen und damit nach Stärken Ausschau zu halten. Wenn Sie sich in Gedanken einmal die Menschen in Ihrem Team vergegenwärtigen, werden Ihnen sicher schon bestimmte Muster auffallen.

Natürlich können Sie auch mit Ihren Mitarbeitenden ins Gespräch darüber kommen und sie nach ihren Stärken fragen. Oder Sie können sich in einem Teamworkshop für einige Zeit dem Thema Stärken widmen. Das kann auch der Auftakt zu einem Workshop sein, in dem Sie sich ansonsten mit geschäftlichen Themen beschäftigen.

▶  **Praxistool: in Bestform (nach Seligman et al., 2005)**

Laden Sie Ihre Teammitglieder zu folgender Reflexion ein: „Denken Sie einmal an eine Situation, in der Ihnen etwas besonders gut gelungen ist, in der Sie in Bestform waren. Rufen Sie sich diesen Moment in Erinnerung. Beschreiben Sie, was passiert ist, wer dabei war und wie Sie sich verhalten haben. Dann besprechen Sie gemeinsam, welche Stärken hierbei sichtbar wurden." Dies können die Teammitglieder jeweils zu zweit oder zu dritt besprechen (je eine solche Situation pro Person). Danach präsentieren sie die erkannten Stärken dem Team. Die Ergebnisse können Sie z. B. auf einer Pinnwand sammeln und so eine Landkarte der Stärken im Team erstellen.

Eine andere Möglichkeit ist es, eines der vorhandenen Messinstrumente zu nutzen (s. Kasten „Stärken messen"). Die Ergebnisse können dann wiederum gemeinsam ausgewertet und besprochen werden. Vielleicht gibt es aber auch eine Person in Ihrem Team, deren Stärke es ist, Stärken zu erkennen und zu nutzen? Wenn Sie diese Person mit der Aufgabe betreuen, die Stärken des Teams zu erkunden, können Sie vermutlich zwei Fliegen mit einer Klappe schlagen: ein gutes Ergebnis erzielen und die Zufriedenheit eines Teammitglieds erhöhen.

Die drei bekanntesten Instrumente, um Stärken zu identifizieren, sind das Clifton Strengths Assessment, das Values in Action Inventory of Strengths und das Strengths Profile (s. Kasten „Stärken messen"). Sie sind aus drei spezifischen „Denkschulen" hervorgegangen, die jeweils etwas unterschiedliche Definitionen von Stärken nutzen. Allen gemeinsam ist aber folgende Überzeugungen: Jeder Mensch besitzt Stärken. Die Nutzung von Stärken erzeugt Energie und fördert die eigene Leistung (s. Miglianico et al., 2020). Auch wenn nur das Clifton Strengths Assessment berufsbezogene Stärken nutzt, eignen sich alle drei Instrumente für den Einsatz in der Arbeitswelt.

 Hintergrundwissen: Stärken „messen"

Clifton Strengths Assessment: Der amerikanische Psychologe Don Clifton, ehemaliger Präsident des Meinungsforschungs- und Beratungsinstituts Gallup, wurde als der Vater der stärkenorientierten Psychologie bezeichnet. Basierend auf seiner Forschung zu Exzellenz in der Arbeitswelt entwickelte er bereits 1999 den Clifton StrengthsFinder. Er misst 34 Stärken, die besonders auf das Arbeitsleben ausgerichtet sind. Das inzwischen überarbeitete Instrument wird seit 2015 Clifton Strengths Assessment genannt. Für Führungskräfte und für Teams gibt es jeweils spezielle Formate. Das Instrument ist kostenpflichtig (www.gallup.com/cliftonstrengths/de).

Values in Action (VIA): Einen anderen Ansatz wählten Christopher Peterson und Martin Seligman. Sie untersuchten mehr als 300 philosophische, religiöse und psychologische Schriften und identifizierten 24 sogenannte Charakterstärken. Daraus entwickelten sie 2004 das Values in Action Character Strengths Survey. Es ist kostenfrei verfügbar (eine Anmeldung ist jedoch erforderlich, da die Daten zu wissenschaftlichen Zwecken ausgewertet werden). Eine deutsche Version ist z. B. auf der Seite der Universität Zürich verfügbar: https://www.charakterstaerken.org/.

> *Strengths Profile:* Das dritte Instrument stammt vom britischen Centre for Applied Positive Psychology (CAPP), das 2004 von Alex Linley gegründet wurde. Das Strengths Profile (ehemals Realize2) misst 60 Stärken entlang von drei Dimensionen: Leistung, Energie und Häufigkeit der Nutzung. Es sind sowohl individuelle als auch Teamberichte verfügbar. Das Instrument ist kostenpflichtig, es gibt aber eine kostenlose Einstiegsversion (www.strengthsprofile.com).

5.5.1.2 Stärken anwenden

Stärken zu erkennen, ist nur der erste Schritt. Die oben erwähnten positiven Effekte von Stärken werden sich erst einstellen, wenn die Stärken auch genutzt werden können (Harzer & Ruch, 2013). Das ist leider noch zu selten der Fall. Im neuesten Gallup Engagement Index für Deutschland attestierten nur 27 % der insgesamt 1500 telefonisch Befragten ihren Vorgesetzten einen klaren Stärkenfokus (Gallup, 2024). Wie können Sie die Anwendung von Stärken in Ihrem Team fördern? Die folgenden Anregungen setzen voraus, dass Sie die Stärken Ihrer Mitarbeitenden recht gut kennen.

Ideen für Sie als Führungskraft:

- Berücksichtigen Sie die Stärken Ihrer Mitarbeitenden bei der Verteilung von Aufgaben. Insbesondere bei neuen Teams kann das auch eine gemeinsame Aktivität sein: Listen Sie alle zu erledigenden Aufgaben auf und laden Sie die Teammitglieder ein, basierend auf ihren Stärken ihre Favoritenaufgabe auszuwählen. Für die verbleibenden Aufgaben finden Sie vermutlich leichter dankbare Abnehmer, wenn jedes Teammitglied eine „Lieblingsaufgabe" erhalten hat.
- Beziehen Sie die Perspektiven der Stärken regelmäßig mit ein, wenn Sie z. B. ein Entwicklungsgespräch führen oder Feedback geben (mehr dazu in Abschn. 5.5.2).
- Wenn Sie Entwicklungsmaßnahmen initiieren, die Sie nicht selbst durchführen, fordern Sie von den (internen oder externen) Anbietern einen klaren Fokus auf Stärken ein.
- Sorgen Sie dafür, dass schon im Onboarding-Prozess die neuen Mitarbeitenden Gelegenheit bekommen, über ihre Stärken zu sprechen (Cable et al., 2013).
- Ermutigen Sie Ihre Mitarbeitenden dazu, Vorschläge zu entwickeln, wie sie selbst ihre größten Stärken im Job mehr nutzen können. Fordern Sie sie dazu auf, jede Woche neue Wege zu finden, einzelne ihrer Stärken auf eine neue Art und Weise anzuwenden. Wenn Sie diesen Punkt selbst vorleben, wird es Ihren Mitarbeitenden noch leichter fallen.
- Geben Sie, wo sinnvoll, Ihren Mitarbeitenden die Möglichkeit, ihre eigene Arbeitsbeschreibung anzupassen, sodass ihre Stärken, Interessen und Werte darin stärker abgebildet sind. Dies führt zu mehr Zufriedenheit, weniger Stress und längerem Verbleib im Unternehmen (Laker et al., 2024).

Umgang mit Schwächen?
Fokus auf Stärken heißt nicht, die Schwächen zu ignorieren. Im Gegenteil: Sie sollten die Schwächen Ihrer Mitarbeitenden (und Ihre eigenen) gut kennen. Wenn es etwa um die Übertragung kritischer Aufgaben geht, dann müssen Sie wissen, wer die dazu notwendigen Fähigkeiten hat und wer nicht. Aber es geht bei Schwächen – ebenso wie bei Stärken – ja nicht nur um Fähigkeiten, sondern auch um Motivation. Schwächen sind Dinge, deren Ausübung Energie raubt. Wenn Sie also einer Person eine Aufgabe übertragen, deren Ausübung Tätigkeiten verlangt, die im Bereich ihrer Schwächen liegen, wird sie auf Dauer demotiviert sein.

Schwächen zu kennen ist also gut, aber sollten wir sie nicht auch beseitigen? Oder ist es besser, nur auf den Ausbau von Stärken zu setzen? Dieser Frage ist ein Forscherteam um die holländische Organisationspsychologin Marianne van Woerkom (2016) nachgegangen. Sie wollten wissen, welche der beiden Varianten besser für die Leistung der Mitarbeitenden ist: Stärkenorientierung oder Defizitkorrektur. Das Ergebnis: Der Fokus auf Stärken wirkte sich positiv auf die Leistung aus. Das gilt besonders für leistungsschwächere Mitarbeitende (van Woerkom & Kroon, 2020). Der Fokus auf die Korrektur von Defiziten hatte dagegen keinen Effekt auf die Leistung (van Woerkom et al., 2016). Angesichts der immer noch vorherrschenden Defizitorientierung sind diese Befunde besonders interessant.

Trotzdem sollten wir uns auch um die Schwächen kümmern. Große Schwächen können zu großen Problemen führen – und sollten daher adressiert werden. Manchmal kann eine einzige (große) Schwäche die Existenz von vielen Stärken überstrahlen (Chappelow & McCauley, 2019). Die Autoren der holländischen Studie sehen in der Korrektur von Schwächen und Defiziten daher einen „Hygienefaktor", der wirklich schlechte Leistungen in bestimmten Aufgabenbereichen verhindern kann. Bestimmte (aufgaben)spezifische Defizite können z. B. durch Training und Erfahrungsaufbau ausgeglichen werden. Doch stecken Sie Ziele und Erwartungen dabei nicht zu hoch und seien Sie mit kleinen Verbesserungen zufrieden (Buckingham & Clifton, 2001). Defizitkorrektur allein wird kaum zu herausragenden Leistungen führen. Sie sollten es mindestens mit einem Fokus auf Stärken kombinieren. Der Ausbau der Stärken erzeugt mehr positive Energie und führt langfristig eher zu besserer Leistung. Leider ist diese Erkenntnis noch nicht überall angekommen. Ein großer Teil der Entwicklungsmaßnahmen in Organisationen beruht immer noch auf der Annahme, dass in der Beseitigung von Schwächen das größtes Entwicklungspotenzial liegt (Bouskila-Yam & Kluger, 2011).

Das Fazit aus diesen Studien lautet also: Entwicklungsmaßnahmen sollten einen klaren Fokus auf den Ausbau von Stärken legen. Schwächen sollten dann adressiert werden, wenn damit relevante Nachteile für die betreffende Person selbst oder für andere Personen (inkl. Kollegen, Kunden etc.) verbunden sind. Doch auch die Arbeit mit Schwächen sollte mit der gezielten Anwendung und Weiterentwicklung von Stärken kombiniert werden.

5.5.2 Feedback geben

Von Führungskräften wird erwartet, dass sie regelmäßig Feedback geben – zu Recht, denn Feedback kann sich sehr positiv auf die Leistungsfähigkeit, die Motivation und das Wohlbefinden auswirken. Dabei wird als selbstverständlich angenommen, dass alle wissen, wie das geht – zu Unrecht. Feedback zu geben, muss man lernen. Schlechtes Feedback ist bestenfalls wirkungslos, dann ist es lediglich Zeitverschwendung. Es kann aber auch Schaden anrichten: Motivation, Leistungsbereitschaft und Selbstvertrauen verringern, Gleichgültigkeit oder Zynismus erzeugen. Der Satz „Jedes Feedback ist besser als kein Feedback" – ist also falsch.

Feedback ist eine Rückmeldung von Informationen an eine Person über früheres Verhalten oder erreichte Ergebnisse (Ditton & Müller, 2014). Rückmeldungen – sowohl positive wie „konstruktive" – sind wichtig für den Lern- und Entwicklungsprozess. Die Wirksamkeit von Feedback auf den Lernerfolg (Wisniewski et al., 2019) und auf die Leistung (Hattie & Timperley, 2007) sind gut belegt.

▶ **Praxistipp: „konstruktives" Feedback**
Was genau ist eigentlich „konstruktives" Feedback? Konstruktiv bedeutet: aufbauend, fördernd, hilfreich. In diesem Sinne sollte jedes Feedback konstruktiv sein. Der Begriff „konstruktives" Feedback wird jedoch meistens für negatives (also bemängelndes) Feedback genutzt. Das ist bedauerlich, weil es suggeriert, dass „positives" Feedback weniger „konstruktiv" ist. Aus dem gleichen Grund ist auch das Wort „positiv" unpräzise. Wenn Feedback konstruktiv gemeint ist, hat es die Intention, ein beobachtetes Verhalten entweder zu bestätigen oder zu verändern. Sprachliche Klarheit ist wichtig. Doch von „Feedback mit der Intention zu verändern" zu sprechen, ist wenig pragmatisch. Auch der Ausdruck „kritisches" Feedback ist etwas unpräzise, denn in der deutschen Sprache suggeriert es etwas Negatives. Das Wort „kritisieren" bedeutet in unserem Sprachgebrauch in der Regel „etwas beanstanden". (Das Wort stammt aus dem Griechischen und meinte ursprünglich „beurteilen", war also wertfrei.) Als Kompromiss zwischen sprachlicher Präzision und sprachlichem Pragmatismus habe ich mich dennoch entschieden, im Folgenden die Begriffe „positives" und „kritisches" Feedback zu verwenden, ersteres für Wertschätzung und Bestätigung, letzteres für Feedback mit der Intention, zu verändern. Beides sollte immer konstruktiv sein.

5.5.2.1 Auch positives Feedback will gelernt sein

Damit es hilfreich ist, muss Feedback konkrete Informationen enthalten. Das gilt für positives Feedback ebenso wie für kritisches Feedback. Ein Ausruf wie: „Gute Arbeit!" ist ohne weitere Erklärung wenig hilfreich (auch wenn es als gelegentlicher Zwischenruf kurzfristig motivierend sein kann). Besser ist es, wenn Sie konkret benennen, was Ihnen gut gefallen hat. Beispiel: „Ihre Präsentation hat mir sehr gut gefallen. Die konkreten Beispiele haben es mir leicht gemacht, das Thema besser zu verstehen."

Generell sollten wir Menschen häufiger darauf aufmerksam machen, was sie (in unseren Augen) richtig machen. Das ist deutlich motivierender als kritische Kommentare darüber, was sie falsch machen. Halten Sie also regelmäßig Ausschau nach Dingen, die gut funktionieren. Positive Beobachtungen können wir kaum oft genug zurückmelden. Natürlich können wir es auch übertreiben – theoretisch. Wenn wir mehr als 10-mal häufiger positive als kritische Rückmeldungen geben, kann die Wirkung ins Negative umschlagen (Losada & Heaphy, 2004). Aber davon sind die meisten Führungskräfte weit entfernt. Das Optimum scheint bei einem Verhältnis von ca. 3–5 positiven Rückmeldungen auf eine kritische Rückmeldung zu liegen. Geben Sie also deutlich häufiger positives als kritisches Feedback!

Auch stärkenorientiertes Feedback sollte konkret sein. Beschreiben Sie die konkreten Stärken, die zu einem wünschenswerten Verhalten oder einem guten Ergebnis beigetragen haben. Ermutigen Sie dazu, diese Stärken weiter (oder sogar noch stärker) zu nutzen (Anguinis et al., 2012). Beispiel: „Sie haben es mal wieder geschafft, das ganze Team mit Ihren spannenden Geschichten aus der Praxis zu begeistern. Geschichten erzählen ist eine Ihrer großen Stärken. Das können Sie gerne häufiger tun." Oder: „Haben Sie sich schon mal gefragt, wie Sie diese Stärke auch in anderen Kontexten/beim Kunden anwenden könnten?" Oder: „Könnten Sie sich vorstellen, unseren Quartalsbericht nächsten Monat beim Vorstand zu präsentieren? Ich glaube, Sie könnten die Kollegen wirklich begeistern."

▶ **Praxistipp: Die Sandwich-Technik – nicht die wirkungsvollste Variante**

In vielen Führungsseminaren wird die sogenannte Sandwich-Technik vermittelt: Man beginnt mit einer positiven Botschaft, dann folgt eine kritische Rückmeldung, auf die wiederum ein positives Feedback folgt. Beispiel: „Sie haben fantastisch präsentiert! Einige der Zahlen waren aber nicht korrekt. Da sollten Sie besser drauf achten. Trotzdem toll, wie Sie die Zuhörer in Ihren Bann gezogen haben." Warum verpacken wir die kritische Botschaft zwischen zwei positiven Rückmeldungen? Weil wir (fälschlicherweise) denken, es ist für die Empfänger so einfacher zu verdauen? Oder weil es für uns als Feedbackgeber so weniger schmerzhaft ist? Es gibt klare Evidenzen dafür, dass diese Technik nicht wirkungsvoll ist (Bressler et al., 2014; Dolan et al., 2022). Die Empfänger erkennen das Muster sehr schnell – und warten während der „positiven" Einleitung ohnehin auf die „eigentliche" Botschaft. Meines Erachtens entwertet diese Methode sowohl die positiven als auch die kritischen Bestandteile der Botschaft. Also trennen Sie die Sandwich-Bestandteile lieber voneinander. Wenn Sie häufig genug positives Feedback geben, können Sie auch einmal kritische Botschaften ohne „positives Gegengewicht" zurückmelden. Wenn Sie bisher selten Feedback gegeben haben, können Sie auch positive und kritische Botschaften kombinieren. Das funktioniert jedoch am besten, wenn Sie beides klar benennen.

5.5.2.2 Wirkungsvolles kritisches Feedback

Wie leicht fällt es Ihnen, kritisches Feedback zu geben? Tatsächlich wird kritisches Feedback in der Praxis oft vermieden (Huston, 2021). Einer der Gründe: Wir wollen niemanden verletzen. Doch Vermeidung ist keine gute Option, denn kritisches Feedback kann ein wichtiger Motor der Weiterentwicklung sein. Feedback macht es dem Mitarbeitenden leichter, seine Entwicklungspotenziale zu erkennen und zu verwirklichen.

Ein einfacher Tipp zu Beginn: Es ist für beide Seiten (Empfänger und Sender) einfacher, wenn Sie Ihr Feedback positiv rahmen. Signalisieren Sie (sich selbst und der anderen Person) Ihre positive Absicht: Ihr Feedback soll eine Unterstützung sein und einen Lernprozess anregen. Ein vorgeschobener Satz wie „Ich möchte, dass Sie erfolgreich sind, und jetzt gerade sehe ich etwas, was Ihrem Erfolg im Weg steht" kann die Wirkung eines Feedbacks entscheidend zum Positiven verändern (Huston, 2021).

Trotzdem ist es für viele Menschen nicht einfach, kritische Botschaften zu verdauen. Um die Verarbeitung der Botschaft zu vereinfachen, ist es hilfreich, sowohl die beobachteten Verhaltensweisen als auch die Verbesserungsvorschläge sehr konkret zu formulieren (Eskreis-Winkler & Fishbach, 2022). Auch ist es vorteilhaft, den Einfluss der gewünschten Verhaltensweise auf konkrete Ziele aufzuzeigen. Erkennt eine Person den Einfluss und die Bedeutung ihrer Arbeit, ist sie womöglich motivierter, ein bestimmtes Verhalten zu zeigen (Auginis et al., 2012). Diesen Prozess wiederum können Sie der Person erleichtern, wenn Sie mit ihr zusammen das Ziel und die dafür notwendigen Zwischenschritte festlegen (Schroeder & Fishbach, 2015).

Beurteilen Sie nicht die persönlichen Eigenschaften einer Person (Jug et al., 2019). Vermeiden Sie Aussagen wie „Du bist/Sie sind …", „immer" oder „nie". Kritik an der Person oder ihren Eigenschaften kann verletzend sein und zu Scham führen. Außerdem ist ein solches Feedback kaum umsetzbar, denn Eigenschaften sind relativ stabil und können nicht einfach verändert werden. Ähnlich verhält es sich mit dem Thema Selbstvertrauen. Einer Person zu sagen, sie soll mehr Selbstvertrauen zeigen, ist wenig handlungsorientiert und daher schwer umsetzbar.

 Hintergrundwissen: unterschiedliches Feedback für Männer und Frauen

Eine Gruppe britischer Forscherinnen um Elenor Doldor hat mehr als eintausend Feedbackbögen ausgewertet (Doldor et al., 2021). Dabei traten deutliche Unterschiede zutage, je nachdem, ob das Feedback an Frauen oder Männer gerichtet war. Im Vergleich zu Frauen erhielten Männer häufiger ein gut umsetzbares und

> handlungsbezogenes Feedback. Das war z. B. im Zusammenhang mit dem Thema Selbstvertrauen der Fall. Während Männern gesagt wurde, sie sollten Selbstvertrauen *in bestimmte Fähigkeiten* (z. B. Kommunikation) aufbauen, erhielten Frauen häufig den Rat, generell mehr Selbstvertrauen zu entwickeln. Dieser Hinweis war vermutlich gut gemeint, ist aber als Feedback wenig hilfreich, weil er kaum handlungsbezogen ist.

Als Führungskraft sollten Sie das Thema Selbstvertrauen immer im Kontext bestimmter Fähigkeiten besprechen. Mit konkreten Fragen können Sie die Person unterstützen, konkrete Verhaltensweisen in den Blick zu nehmen. Die Autorinnen der Studie empfehlen dazu folgende Fragen (Doldor et al., 2021):

- Bei welchen Fähigkeiten fühlen Sie sich sicher? Wie können Sie diese Fähigkeiten noch stärker in Ihrer Rolle einsetzen?
- Bei welchen Fähigkeiten fühlen Sie sich weniger sicher? Wie könnten Sie diese Fähigkeiten entwickeln?
- Mit welchen Verhaltensweisen könnten Sie Selbstvertrauen demonstrieren?

▶ **Praxistool: Dreiklang: Verhalten – Wirkung – gewünschte Verhaltensänderung**

Für die Rückmeldung von kritischem Feedback hat sich ein Format in drei Schritten bewährt: Beginnen Sie mit der Beschreibung der beobachteten Verhaltensweise. Benennen Sie dann die Wirkung, die diese Verhaltensweise auf Sie hatte, bevor Sie dann das gewünschte Verhalten besprechen. Beispiel: „Mir ist aufgefallen, dass du in unserem Meeting mehrmals in dein Telefon getippt hast, während der neue Kollege seine Vorschläge eingebracht hat. (Verhalten). Ich hatte das Gefühl, dass er sich danach nicht mehr getraut hat, seine Ideen weiter auszuführen." (Wirkung). Wichtig ist, dass Sie im ersten Schritt tatsächlich nur beobachtetes Verhalten beschreiben – ohne zu interpretieren. Der Satz: „Du warst von den Vorschlägen des neuen Kollegen gelangweilt ..." ist bereits eine Interpretation, die nicht unbedingt zutreffen muss. Bleiben Sie bei der reinen Beobachtung. Bevor Sie zum gewünschten Verhalten kommen, sollten Sie erstmal pausieren und zu Reaktionen einladen: „Wie hast du die Situation erlebt?" Im letzten Schritt besprechen Sie dann die gewünschten Verhaltensänderungen. Hier können Sie entweder selbst eine Aufforderung bzw. einen Wunsch formulieren („Bitte lass in Zukunft dein Telefon im Meeting ausgeschaltet") oder Ihr Gegenüber dazu einladen, selbst Vorschläge zu entwickeln. Letzteres ist partnerschaftlicher und dürfte motivierender sein.

5.5.2.3 Zusammenfassende Tipps für wirksames Feedback

KlareIntention

Insbesondere bei kritischem Feedback sollten Sie sich klar über Ihre Intention sein. Es gibt nur einen Grund, sich die Mühe zu machen, auf kritische Situationen zurückzuschauen: die Zukunft zu gestalten. Wenn Feedback im Dienst künftiger Entwicklung steht, ist es ein echtes Geschenk.

Handlungs- und Zukunftsorientiert

Beziehen Sie Ihr Feedback auf die Handlungen der Person, nicht auf ihre Eigenschaften (Jug et al., 2019). Bleiben Sie dabei nicht zu lange in der Vergangenheit hängen. Schließlich geht es (meistens) um Verhaltensänderungen, die sich auf künftige Ziele richten. Formulieren Sie Ihr Feedback zukunftsgerichtet („In der Zukunft wäre es schön, wenn …") oder laden Sie Ihr Gegenüber ein, selbst über künftige Verhaltensweisen zu sprechen. Zukunftsorientierung im Feedbackgespräch steigert die Motivation, sich zu verbessern (Gnepp et al., 2020).

Personenbezogen

Vor allem im Lernkontext sollte der Referenzpunkt für Feedback die Leistung, Entwicklung oder die Ziele der Person sein – nicht die Kollegen oder Kolleginnen. Personenbezogenes Feedback führt erwiesenermaßen dazu, dass sich Personen mehr zutrauen, sich höhere Ziele setzen und in ihre Entwicklung investieren (Bandura & Jourdan, 1991).

Zeitnah

Feedback sollte möglichst zeitnah erfolgen. So kann es leichter mit der Handlung verknüpft und direkt umgesetzt werden (Shute, 2008). Bei relativ simplen Aufgaben dürfen Sie gerne warten, bis die Aufgabe abgeschlossen ist, sonst könnte das Feedback unangemessen und kontrollierend wirken (Shute, 2008). Bei kritischem Feedback kann es auch ratsam sein, etwas zu warten, bis Sie eine gute Gelegenheit für ein sicheres Gespräch schaffen können.

Regelmäßig und partnerschaftlich

Suchen Sie regelmäßig das Gespräch. Finden Sie gemeinsam mit Ihren Mitarbeitenden die für sie passende Frequenz. Gestalten Sie das Gespräch partnerschaftlich. Lassen Sie Ihre Mitarbeitenden selbst Ideen für die gewünschte Veränderung vorschlagen.

Fokussiert

Beschränken Sie sich auf ein oder zwei wesentliche Punkte. Zu viele Verbesserungsvorschläge oder zu große Kritikpunkte können Ihr Gegenüber leicht überfordern und führen eher zu Untätigkeit (Shute, 2008). Schrittweises Feedback ermöglicht es Ihren Mitarbeitenden, sich auf einzelne Aspekte zu konzentrieren und diese zu verbessern.

Umsetzbar

Feedback sollte immer so formuliert sein, dass sich eine Konsequenz für zukünftiges Verhalten ableiten lässt. Achten Sie deshalb darauf, dass die Ursache für Ihr (negatives) Feedback auch wirklich im Einflussbereich Ihres Gegenübers liegt.

Verstärkend

Geben Sie positive Rückmeldungen zu den Dingen, die funktionieren, statt auf diejenigen zu schauen, die (noch) nicht so gut laufen. Auch bei kritischem Feedback gilt: Wenn Sie einmal das gewünschte Verhalten besprochen haben, dann fokussieren Sie Ihr Feedback auf Momente, in denen genau dieses Verhalten gezeigt wird, statt immer wieder auf das Fehlverhalten aufmerksam zu machen.

Individuell

Geben Sie neben kollektiven Rückmeldungen an das Team auch jedem einzelnen Teammitglied individuelles Feedback. Dadurch wird jede Person dazu angeregt, sich eigene Ziele setzen und diese in die Tat umzusetzen (Camp et al., 2010; DeShon et al., 2004). Kritisches Feedback sollte (fast) immer individuell gegeben werden, auch wenn das unerwünschte Verhalten vor anderen gezeigt wurde.

Vorbildlich

Bitten Sie Ihre Mitarbeitenden (und andere Menschen in Ihrer Umgebung) um Feedback. Verzichten Sie als Empfängerin/Empfänger von Feedback auf Erklärungen und Verteidigungen Ihres Verhaltens. Beschränken Sie sich ggf. auf Verständnisfragen. Laden Sie Feedbackgebende auch dazu ein, Vorschläge für Veränderungen Ihres Verhaltens zu unterbreiten. Lassen Sie sie wissen, an welchen Themen Sie arbeiten werden – und setzen Sie diese Intentionen auch um.

5.5.3 Coaching als Führungsinstrument

Woran denken Sie, wenn Sie das Wort Coaching hören? Der Begriff wird – gerade im geschäftlichen Kontext – in sehr unterschiedlicher Weise gebraucht, etwa im Sinne von: jemanden beeinflussen, beraten, trainieren, zu einer bestimmten Haltung bewegen. Dies hat jedoch mit dem, was Coaches unter Coaching verstehen, nichts zu tun. Coaching bedeutet Hilfe zur Selbsthilfe. Es geht darum, die Ressourcen des Coachees, also der Person, die gecoacht wird, zu aktivieren. Dabei wird angenommen, dass der oder die Coachee die Expertise für die Lösung des Problems selbst hat. Der oder die Coach unterstützt lediglich das Finden der Lösung – typischerweise durch gezielte Fragen oder andere Techniken – ohne Präferenz für bestimmte Lösungsmöglichkeiten. Als Coach sind Sie also gerade nicht beratend tätig, sondern unterstützen das Hervorbringen einer Lösungt, die bereits im Coachee angelegt ist.

> **Definition Coaching**
> Coaching kann verstanden werden „als strukturierte[r] Ablauf zur methodisch-professionellen Begleitung von Menschen in individuellen Veränderungsprozessen, bei dem die Klient:innen selbst den inhaltlichen Input geben. Coaching dient der lösungsorientierten Selbstreflexion und befähigt Klient:innen zur eigenverantwortlichen Handlungsfähigkeit." (Pentz et al., 2021).

Stellen Sie sich einmal folgende Situation vor: Sie kommen gerade aus einem der vielen Meetings, die Sie jede Woche besuchen müssen. Wie schon oft in letzter Zeit erschien Ihnen die Sitzung schlecht vorbereitet und wenig effizient. Die Leitung des Meetings liegt in den Händen eines Ihrer Mitarbeitenden (Herr X). Nun ist es Ihr Anliegen, den Mitarbeitenden dazu zu bringen, die Effizienz dieser Meetings zu erhöhen. Schauen Sie sich einmal die drei folgenden Gesprächsausschnitte an:

A. Sie: „Das heutige Meeting war ineffizient. Leider ist das nicht das erste Mal. Bitte geben Sie sich künftig mehr Mühe bei der Vorbereitung. Danke."
B. Sie: „Wie fanden Sie unser heutiges Meeting?" Herr X: „Naja, immerhin haben wir ein paar Entscheidungen getroffen. Aber es war recht mühsam und nicht wirklich effizient." Sie: „Vielleicht hilft es, wenn Sie künftig mehr Zeit in die Vorbereitung stecken. Ich denke, das würde helfen, das Meeting effizienter zu machen."
C. Sie: „Wie fanden Sie unser heutiges Meeting?" Herr X: „Naja, immerhin haben wir ein paar Entscheidungen getroffen. Aber es war recht mühsam und nicht wirklich effizient." Sie: „Was könnten Sie ändern, damit es noch effizienter wird?"

Welches der drei Gesprächsausschnitte ist ein Coachingszenario? Szenario A ist eine Anweisung, kein Coaching. In Szenario B gibt die Führungskraft einen Rat. Auch das ist in unserem Sinne kein Coaching, sondern Beratung. Szenario C geht in Richtung Coaching. Warum? Die Führungskraft erteilt keine Ratschläge. Stattdessen stellt sie eine Frage – und überlässt es dem Mitarbeitenden, die Lösung für ein effizienteres Meeting zu entwickeln. Um es gleich vorwegzunehmen: Nicht jede Situation ist eine Coachingsituation. Jedes dieser drei Szenarien kann sinnvoll sein. Es kommt auf die Situation, die Person und den Kontext an. Doch dazu später mehr.

Gute Führung wird immer häufiger mit Coachingkompetenzen verbunden (Ibarra & Scoular, 2019). Unter Coachingexperten/Coachingexpertinnen gibt es jedoch viel Skepsis bzgl. der coachenden Führungskraft (Gerhard 2010; Lange & Webers, 2020). Das wichtigste Gegenargument ist ein möglicher Konflikt der Rollen: Als Führungskraft sind Sie ergebnisverantwortlich, als Coach müssen Sie ergebnisoffen sein. Als Führungskraft sind Sie weisungsberechtigt, als Coach agieren Sie auf Augenhöhe. Was die Diskussion weiter erschwert, ist die Tatsache, dass es kein einheitliches Verständnis darüber gibt, was Coaching im Führungskontext meint. So wird z. B. im englischsprachigen Kontext unter dem Begriff „Managerial Coaching" eine Reihe von Aktivitäten beschrieben, die viele (entwicklungsorientierte) Führungskräfte als ganz normale Führungstätigkeit ansehen: Feedback geben und einholen, Ermutigen, Hindernisse beseitigen, Perspektiven erweitern, gemeinsam Lernziele entwickeln, Fragen stellen (Ellinger, 2013; Ellinger et al., 2003).

In diesem Abschnitt geht es konkret um die Kunst des Fragens. Fragetechniken aus dem Methodenkoffer der Coaches gehören m. E. in das Repertoire einer jeden guten Führungskraft. Hier reden wir nicht von Fragen wie: „Bis wann können Sie die Aufgabe erledigen?" oder „Kriegen Sie das bis morgen hin?" Es geht um Fragen, die einen Reflexionsprozess anregen und damit die Ressourcen der anderen Person aktivieren. Hier ein paar Beispiele für solche Fragen: „Was genau möchten Sie erreichen?" oder „Wie könnten Sie bei der Lösung Ihrer Fragestellung vorgehen?" Wichtig ist: Nicht jede Führungssituation ist eine Coachingsituation. Sie müssen erkennen, wann Coaching die richtige Intervention ist. Ebenso wichtig ist es, eine ressourcenorientierte Grundhaltung einzunehmen und geeignete Fragen zu nutzen.

5.5.3.1 Geeignete Situationen

Wenn Sie als Führungskraft Coachingmethoden anwenden, sollten Sie sich dabei auf berufliche Themen beschränken. Bei privaten Themen Ihrer Mitarbeitenden sind Sie als Coach in aller Regel nicht geeignet. Coachinganlässe aus dem beruflichen Umfeld betreffen sehr häufig Fragen der persönlichen Entwicklung. Hier ein paar Beispielfragen:

- allgemeine Entwicklungsthemen: Wohin könnte ich mich entwickeln? Was könnte ein nächster Karriereschritt für mich sein? Wie kann ich meine Stärken noch besser einsetzen?
- konkrete Entwicklungsthemen: Wie kann ich meine Zeit besser einteilen? Wie kann ich noch wirksamer kommunizieren/präsentieren? Wie kann ich meine Rolle als xxx noch besser ausfüllen?

Es gibt aber auch aufgabenbezogene Fragen – insbesondere bei komplexeren Aufgaben – die mit Coachingmethoden adressiert werden können.

- Allgemeine aufgabenbezogene Themen: Wie kann ich mein Wochenziel zuverlässiger erreichen? Wie kann ich die Zufriedenheit meiner Kunden erhöhen?
- Konkrete aufgabenbezogene Themen: Wie könnte ich bei der Entwicklung des neuen Marketingkonzepts am besten vorgehen? Wie kann ich die Zeitverzögerung im Projekt aufholen?

5.5.3.2 Voraussetzungen
Ergebnisoffenheit und Neugier

Coachingtechniken sind nur dann legitim, wenn Sie als Coach ergebnisoffen sind. Das bedeutet, dass Sie allen möglichen Lösungen neutral gegenüberstehen. Anders gesagt:

Es muss Ihnen egal sein, für welchen Weg zum vereinbarten Ziel Ihr Gegenüber sich entscheidet. Wenn das nicht der Fall ist, sollten Sie nicht coachen. Wenn Sie eine bestimmte Lösung klar bevorzugen, wäre es ehrlicher, eine entsprechende Empfehlung auszusprechen oder sogar eine Anweisung zu erteilen.

Gehen wir noch einmal zurück zu unserem Meetingbeispiel: Wenn Sie fest überzeugt sind, dass der „richtige" Schritt zu mehr Effizienz in einer besseren Vorbereitung liegt, dann sind Sie nicht ergebnisoffen. In dem Fall sollten Sie nicht coachen. Lassen Sie uns das einmal durchspielen. Sie stellen Herrn X die Frage: „Was könnten Sie ändern, damit das Meeting effizienter wird?" Nehmen wir einmal an, Herr X würde antworten: „Ja, das habe ich mich auch schon gefragt. Ich denke, wir sollten das Meeting neu strukturieren. Die Themen auf der Agenda passen nicht zu den Teilnehmenden." Was könnte nun in Ihrem Kopf vorgehen? Wenn Sie an Ihrem Gedanken einer besseren Vorbereitung festhalten (also nicht ergebnisoffen sind), könnten Sie denken: Jetzt erfindet er Ausreden! Der soll sich einfach mal gut vorbereiten, dann läuft das auch! Vielleicht würden Sie dann sagen: „Denken Sie nicht auch, dass Sie sich einfach besser vorbereiten sollten?" Das allerdings ist eine Suggestivfrage – also eine Frage, die bereits die gewünschte Antwort enthält. Diese Art von „Fragen" sollten Sie aus Ihrem Repertoire streichen. Wenn das Gespräch so endet, wird Herr X vermutlich frustriert sein, weil seine eigene Idee nicht gehört wurde. Vermutlich denkt er sogar: Warum fragt man mich denn überhaupt? Tatsächlich ist die anfangs gestellte offene Frage (Was könnten Sie tun …) in diesem Szenario nicht nur Zeitverschwendung, sondern richtet Schaden an. Wenn Sie hingegen wirklich offen für verschiedene Lösungen sind, können Sie in dieser Situation Coachingfragen anwenden. Wenn Herr X also vorschlägt, die Meetingstruktur zu ändern, könnten Sie weiter fragen: „Wie genau könnte eine geänderte Struktur aussehen?" Bleiben Sie neugierig und hören Sie aufmerksam zu, was Herr X zu sagen hat. Wenn er seine Ideen dann auch noch umsetzen kann, entsteht daraus wahrscheinlich eine motivierende Lerngelegenheit – und vielleicht ein effizienteres Meetingformat.

Ressourcenorientierte Grundhaltung
Vor allem drei Faktoren sind im Coaching wirksam: die Aktivierung der Ressourcen (Hilfe zur Selbsthilfe), Wertschätzung und (emotionale) Unterstützung (Greif et al., 2012). Diese Faktoren bilden zugleich die wichtigsten Bestandteile der Grundhaltung von Coaches (und von entwicklungsorientierten Führungskräften). Sie handeln unter der Annahme, dass die Mitarbeitenden selbst relevante Ressourcen für die Lösung des jeweiligen Problems besitzen. Diese Ressourcen können durch Fragen aktiviert werden.

5.5.3.3 Methoden
Die wichtigste Methode im Coaching ist die Frage. In einer Coachingsituation ist es nicht Ihre Aufgabe, Antworten oder Ratschläge zu geben, sondern konsequent im Fragemodus zu bleiben. Genau das fällt vielen Führungskräften enorm schwer. Sie haben das Gefühl, die Antwort zu wissen und können sich kaum zurückhalten. Geben Sie dieser Versuchung nicht nach. Bleiben Sie etwas länger neugierig auf das, was Ihr Gegenüber

5.5 Entwicklungsorientierte Methoden

zu sagen hat (Bungay Stanier, 2020). Stellen Sie weiterhin Fragen. (Übrigens: Die Frage „Denken Sie nicht auch, dass Sie xy tun sollten?" ist keine echte Frage!)

Welche Fragen können Sie stellen? Es kommt auf die Situation an. Im beruflichen (Coaching-) Kontext geht es oft um die Frage nach dem Ziel (Was möchte die Person erreichen?) und dem Weg (Wie kommt sie dahin?). Manchmal ist das Ziel klar, vielleicht ja auch von Ihnen selbst vorgegeben, dann konzentrieren Sie sich auf das Wie.

GROW-Modell
Das GROW-Modell ist eine einfache Struktur für ein zielorientiertes Coachinggespräch. John Whitmore, einst Autorennfahrer, später erfolgreicher Sportpsychologe und Coach, war der erste, der das Model publizierte (Whitmore, 1992). Inzwischen hat es eine weite Verbreitung gefunden. Meistens wird das Modell für die Besprechung von Entwicklungszielen (z. B. Verbesserung der Kommunikationsfähigkeiten) angewandt. Es lässt sich aber auch für konkrete Leistungsziele nutzen (z. B. der pünktliche Abschluss eines verspäteten Projekts). Die vier Buchstaben des Akronyms GROW (im Englischen bedeutet „to grow" wachsen) stehen für die 4 Phasen des Gesprächs: *Goal, Reality, Options, Way forward*.

Phase 1: Ziel (Goal)
Zunächst geht es darum, das Ziel konkret zu beschreiben. Nicht immer ist den Menschen klar, was genau sie erreichen wollen. Daher kann schon eine einfache Frage nach dem Ziel (Was möchten Sie erreichen?) einen hilfreichen Reflexionsprozess auslösen. Wenn das Ziel bereits feststeht, können Sie diese Phase dazu nutzen, das gemeinsame Verständnis darüber zu stärken. Zum Beispiel mit der Frage: Was ist Ihr Verständnis davon, was wir erreichen wollen? Hat sich daran aus Ihrer Sicht etwas geändert?

Beispielfragen:

- Was genau möchten Sie erreichen? Was noch?
- Woran würden Sie merken, dass Sie es erreicht haben?

Phase 2: Realität
Bevor Sie zu möglichen Schritten kommen, wird in dieser Phase zunächst die gegenwärtige Situation analysiert. Dabei ist es wichtig, möglichst objektiv zu bleiben. Manchmal haben Menschen eine zu positive („eigentlich ist alles gut …") oder zu negative („es ist alles ganz schlimm …") Sicht auf die Dinge. Mit Ihren Fragen können Sie helfen, ein ausgewogenes Bild der Situation zu zeichnen. Dadurch ergeben sich häufig bereits mögliche Ansatzpunkte für eine Lösung, die Sie in der nächsten Gesprächsphase aufnehmen können.

Beispielfragen:

- Wie ist die derzeitige Situation (in Bezug auf das Ziel)? Was genau passiert gerade? Können Sie mir ein Beispiel geben?
- Wer ist involviert?

- Welche Faktoren spielen noch eine Rolle?
- Was ist bereits gelungen?

Phase 3: Optionen
Jetzt ist der richtige Zeitpunkt, um nach möglichen Handlungsoptionen zu fragen, z. B. mit der Frage: Was können Sie jetzt tun? Unterstützen Sie Ihr Gegenüber dabei, so viele Optionen wie möglich zu generieren. Vermutlich haben Sie als Führungskraft selbst viele Ideen, was Ihr Gegenüber tun könnte. Aber denken Sie daran: GROW ist ein Coachinginstrument. Bleiben Sie so lange wie möglich in der Fragerolle. Das hilft Ihrem Gegenüber am meisten. Am Ende dieser Phase können Sie auch Ihre eigene Perspektive anbieten. Aber achten Sie darauf, ob Ihre Perspektive hier wirklich einen Mehrwert für Ihr Gegenüber schafft – oder ob sie möglicherweise den Wert des Gesprächs reduziert! Am Ende dieser Phase leiten Sie die Auswahl von einer oder mehreren Optionen ein, z. B. mit der Frage: Welche der Optionen möchten Sie realisieren?
  Beispielfragen:

- Was haben Sie schon ausprobiert? Was hat zuvor schon funktioniert?
- Was könnten Sie noch tun? Was noch? Was noch?
- Was würden andere Personen (Wettbewerber, Freunde, unsere Kinder, unsere Großeltern) tun?
- Wer könnte behilflich sein?
- Welche Ihrer Ressourcen/Stärken könnten Sie noch nutzen?
- Was wäre, wenn …?
- Welche der Optionen sagt Ihnen am meisten zu? Warum? Welche noch?

Phase 4: Weg (Way forward)
Beispielfragen:

- Was genau *werden* Sie jetzt tun? Welche von den Optionen werden Sie umsetzen?
- Was könnte Sie daran hindern – und wie können Sie mit diesem Hindernis umgehen?
- Wer hat welche konkrete Aufgabe?
- Wann sprechen wir uns wieder?

Zum Abschluss ist es wichtig, den weiteren Weg zu konkretisieren. Diese Phase dient aber auch der Ermutigung und Stärkung des Handlungs*willens*. (Daher wird sie im Englischen gelegentlich auch „will" genannt.) Hier wird auch der Umgang mit möglichen Hindernissen besprochen („Was könnte Sie an diesem Schritt hindern?"). Zum Ende dieser Phase (und damit des gesamten Gesprächs) können Sie Ihr Gegenüber einladen, die gewonnenen Erkenntnisse und die besprochenen Schritte zusammenzufassen.
  Das Modell ist lediglich eine *Struktur* für ein Gespräch. Daraus wird nur dann ein *Coaching*-Gespräch, wenn Sie als Coach konsequent Fragen stellen und das Antworten Ihrem Coachee überlassen.

Die Reihenfolge der Phasen hat sich in der Praxis bewährt. Sie müssen aber nicht immer alle 4 Phasen durchlaufen. Es kann z. B. passieren, dass das Ziel völlig klar ist, aber die Person nicht weiß, wie sie weiter vorgehen soll. Dann können Sie in die 2. oder sogar in die 3. Phase springen, etwa mit der Frage: Woran haben Sie denn schon gedacht? Mit etwas Übung können Sie so viele (informelle) Coachingsituationen generieren.

Das Modell kann auch mit dem gesamten Team angewendet werden. Auch hier hilft es, das gemeinsame Verständnis für das Ziel zu verbessern (Was genau wollen wir erreichen?), die aktuelle Situation zu analysieren (Wo genau stehen wir wirklich?), gemeinsam Handlungsalternativen vor Augen zu führen (Was könnten wir jetzt tun?) und schließlich gemeinsam konkrete Schritte festzulegen (Was werden wir jetzt tun?). Die Diskussion kann von Ihnen als Führungskraft oder auch von einem anderen Mitglied des Teams moderiert werden. Einzelne Punkte (z. B. Optionen) können Sie auch in Kleingruppen oder Paaren vordiskutieren lassen, bevor sie dann im Team vorgestellt und besprochen werden.

Weitere Hinweise und Beispiele finden Sie z. B. in der deutschen Ausgabe des Buches von John Whitmore (2015).

5.6 Zusammenfassung

1. Entwicklung ist Kernaufgabe von Führung:
   - Entwicklung ist eine gemeinsame Aufgabe der Mitarbeitenden, der Personalabteilung und der Führungskraft.
   - Die meisten Mitarbeitenden sehen die Verantwortung für ihre eigene Entwicklung bei sich selbst, sie brauchen dabei aber Unterstützung.
   - Die Personalabteilung verfügt über die notwendigen Kompetenzen und Methoden.
   - Die Rolle der Führungskräfte als Entwickler ist in mehrfacher Weise besonders relevant, vor allem in strategischer und praktischer Hinsicht.
2. Entwicklung ist gut für alle Beteiligten:
   - Organisationen, die ihre Mitarbeitenden entwickeln, stärken ihre Wettbewerbsfähigkeit und ihre Attraktivität als Arbeitgeber.
   - Für Mitarbeitende ist die eigene Weiterentwicklung nicht nur ein menschliches Grundbedürfnis, sondern auch wichtig zur Vorbereitung auf künftige Aufgaben.
   - Führungskräfte profitieren von kompetenteren Mitarbeitenden bei der Erreichung der Ziele und bei der Besetzung von Rollen.
3. Raum für Verbesserungen – Beobachtungen aus der Praxis:
   - Zahlreiche Hürden stehen einer wirksamen Weiterentwicklung von Mitarbeitenden im Wege, z. B.
     - ein starker Fokus auf kurzfristige Leistungsziele,
     - die Angst vor Fehlern,
     - mangelnde Kenntnis von Entwicklungsangeboten,

- eine oft unzureichende Wirksamkeit von Trainingsprogrammen,
- ein zu enger Fokus auf obere Führungskräfte und „Hochleister".
4. Entwicklungsorientierte Führung:
   - Zur Unterstützung von Entwicklung können Führungskräfte z. B. eine positive Lernkultur schaffen, die Ziele der Mitarbeitenden mit den Möglichkeiten der Organisation in Einklang bringen und im Alltag konsequent entwicklungsorientiert führen.
   - Entwicklungsfördernde Verhaltensweisen beruhen auf konkreten Annahmen in Bezug auf die Mitarbeitenden, auf das Lernen als Wert sowie auf die eigene Rolle als Führungskraft.
   - Manche gut gemeinten Verhaltensweisen können Entwicklung verhindern, die Motivation und Kreativität von Menschen ersticken und Menschen klein halten.
5. Entwicklungsorientierte Methoden:
   - Stärken zu erkennen und ihre Nutzung zu unterstützen sind wichtige Aufgaben von Führungskräften.
   - Rückmeldungen – positive wie „konstruktive" – sind entscheidend für den Lern- und Entwicklungsprozess.
   - Coachingtechniken können sehr wirksame Führungsinstrumente sein. Sie sind aber nur geeignet in Situationen, in denen Sie als Führungskraft ergebnisoffen sind.

Literatur

Ajzen, I. (1991). The theory of planned behavior. *Organizational Behavior and Human Decision Processes, 50*(2), 179–211. https://doi.org/10.1016/0749-5978(91)90020-T.

Aguinis, H., Gottfredson, R. K., & Joo, H. (2012). Delivering effective performance feedback: The strengths-based approach. *Business Horizons, 55*(2), 105–111. https://doi.org/10.1016/j.bushor.2011.10.004.

Aretz, W., & Mierke, K. (Hrsg.). (2010). *Aktuelle Themen der Wirtschaftspsychologie für Wissenschaft und Praxis. Beiträge und Studien.* (Bd. 2). Kölner Wissenschaftsverlag.

Artinger, F. M., Artinger, S., & Gigerenzer, G. (2019). C. Y. A.: Frequency and causes of defensive decisions in public administration. *Business Research, 12*(1), 9–25. https://doi.org/10.1007/s40685-018-0074-2.

Bandura, A., & Jourden, F. J. (1991). Self-regulatory mechanisms governing the impact of social comparison on complex decision making. *Journal of Personality and Social Psychology, 60*(6), 941–951. https://doi.org/10.1037/0022-3514.60.6.941.

Beer, M., Finnström, M., & Schrader, D. (2016). Why leadership training fails – And what to do about it. *Harvard Business Review.* https://hbr.org/2016/10/why-leadership-training-fails-and-what-to-do-about-it. Zugegriffen: 24. Mai 2024.

Bersin, J. (2018). New research shows „heavy learners" more confident, successful, and happy at work. *The Joshbersin Company.* https://joshbersin.com/2018/11/corporate-learning-does-drive-happiness-productivity-too/. Zugegriffen: 10. November 2018.

Bérubé, V., Maor, D., Mugayar-Baldocchi, M., & Reich, A. (2022). European talent is ready to walk out the door. How should companies respond? *McKinsey Quarterly,* S. 1–10. https://www.

mckinsey.com/capabilities/people-and-organizational-performance/our-insights/european-talent-is-ready-to-walk-out-the-door-how-should-companies-respond.

Biswas-Diener, R. (2010). *Practicing positive psychology coaching. Assessment, activities, and strategies for success.* Wiley.

Blickhan, D. (2018). *Positive Psychologie – ein Handbuch für die Praxis* (2. Aufl.). Junfermann Verlag.

Bouskila-Yam, O., & Kluger, A. N. (2011). Strength-based performance appraisal and goal setting. *Human Resource Management Review, 21*(2), 137–147. https://doi.org/10.1016/j.hrmr.2010.09.001.

Bowlby, J. (1958). The nature of the child's tie to his mother. *The International Journal of Psychoanalysis, 39,* 350–373.

Bressler, M. S., Von Bergen, C. W., Campbell, K. (2014). The sandwich feedback method: Not very tasty. *Journal of Behavioral Studies in Business, 7,* 1–13

Brooks, A. W., Gino, F., & Schweitzer, M. E. (2015). Smart people ask for (my) advice: Seeking advice boosts perceptions of competence. *Management Science, 61*(6), 1421–1435. https://doi.org/10.1287/mnsc.2014.2054.

Brooks, R. P., Jones, M. T., Hale, M. W., Lunau, T., Dragano, N., & Wright, B. J. (2019). Positive verbal feedback about task performance is related with adaptive physiological responses: An experimental study of the effort-reward imbalance stress model. *International Journal of Psychophysiology, 135,* 55–62.

Buckingham, M., & Clifton, D. O. (2001). *Now, discover your strengths. How to develop your talents and those of the people you manage.* The free Press.

Buengeler, C., & Lehmann-Willenbrock, N. (2023). Training und Development. In H. Zacher und N. Lehmann-Willenbrock (Eds.), *Work, Organizational, and Business Psychology. An introductory textbook* (S. 252–271). Kohlhammer.

Bundesministerium für Bildung und Forschung. (BMBF). (Hg.). (2024). Weiterbildungsverhalten in Deutschland 2022. Ergebnisse des Adult Education Survey – AES-Trendbericht. BMBF. https://www.bmbf.de/SharedDocs/Publikationen/de/bmbf/1/26667_AES-Trendbericht_2022.html. Zugegriffen: 5. Juni 2024.

Bressler, M. S., Von Bergen, C. W., & Campbell, K. (2014). The sandwich feedback method: Not very tasty. *Journal of Behavioral Studies in Business, 7,* 1–13.

Bungay Stanier, M. (2020). *Advice trap. Be humble, stay curious & change the way you lead forever.* Page Two Books.

Cable, D. M., Gino, F., & Staats, B. R. (2013). Breaking them in or eliciting their best? Reframing socialization around newcomers' authentic self-expression. *Administrative Science Quarterly, 58*(1), 1–36.

Camp, C. L., Gregory, J. K., Lachman, N., Chen, L. P., Juskewitch, J. E., & Pawlina, W. (2010). Comparative efficacy of group and individual feedback in gross anatomy for promoting medical student professionalism. *Anatomical Sciences Education, 3*(2), 64–72. https://doi.org/10.1002/ase.142.

Campion, M. A., Cheraskin, L., & Stevens, M. J. (1994). Career-related antecedents and outcomes of job rotation. *AMJ, 37*(6), 1518–1542. https://doi.org/10.5465/256797.

Chamorro-Premuzic, T., Adler, S., & Kaiser, R. B. (2017). What science says about identifying high-potential employees. *Harvard Business Review.* https://hbr.org/2017/10/what-science-says-about-identifying-high-potential-employees. Zugegriffen: 24. Mai 2024.

Chappelow, C., & McCauley, C. (2019). What good feedback really looks like. *Harvard Business Review.* https://hbr.org/2019/05/what-good-feedback-really-looks-like. Zugegriffen: 24. Mai 2024.

Crawshaw, J., & Game, A. (2015). The role of line managers in employee career management. An attachment theory perspective. *The International Journal of Human Resource Management, 26*(9), 1182–1203.

Denissen, J. J. A., Bleidorn, W., Hennecke, M., Luhmann, M., Orth, U., Specht, J., & Zimmermann, J. (2018). Uncovering the power of personality to shape income. *Psychological Science, 29*(1), 3–13. https://doi.org/10.1177/0956797617724435.

DeShon, R. P., Kozlowski, S. W. J., Schmidt, A. M., Milner, K. R., & Wiechmann, D. (2004). A multiple-goal, multilevel model of feedback effects on the regulation of individual and team performance. *The Journal of Applied Psychology, 89*(6), 1035–1056. https://doi.org/10.1037/0021-9010.89.6.1035.

van Dick, R., Christ, O., Stellmacher, J., Wagner, U., Ahlswede, O., Grubba, C., Hauptmeier, M., Höhfeld, C., Moltzen, K., & Tissington, P. A. (2004). Should I stay or should I go? Explaining turnover intentions with organizational identification and job satisfaction. *British Journal of Management, 15*(4), 351–360. https://doi.org/10.1111/j.1467-8551.2004.00424.x.

Ditton, H., & Müller, A. (Hg.). (2014). *Feedback und Rückmeldungen. Theoretische Grundlagen, empirische Befunde, praktische Anwendungsfelder.* Waxmann.

Dolan, E. A., Fleming, B. L., Keppel, D. P., & Covert, J. M. (2022). Sandwich with a side of motivation: An investigation of the effects of the feedback sandwich method on motivation. In The International Academic Forum (IAFOR) (Ed.), IICE Hawaii. The 7th IAFOR International Conference on Education – Hawaii. January 06–09, 2022 / Honolulu, Hawaii, USA (and online). Official Conference Proceedings. The IAFOR International Conference on Education in Hawaii. Honolulu, Hawaii, 6.–9.1.2022, S. 297–306. https://papers.iafor.org/wp-content/uploads/papers/iice2022/IICE2022_61791.pdf. Zugegriffen: 6. Juni 2024.

Doldor, E., Wyatt, M., & Silvester, J. (2021). *Research: Men get more actionable feedback than women.* Harvard Business Review.

Eden, Dov (1992). Leadership and expectations: Pygmalion effects and other self-fulfilling prophecies in organizations. *The Leadership Quarterly, 3*(4), 271–305. https://doi.org/10.1016/1048-9843(92)90018-B.

Edmondson, A. C. (2011). Strategies for learning from failure. *Harvard Business Review, 89*(4), 48–55.

Edmondson, A. C., Gino, F., & Healy, P. J. (2019). The learning organization survey: Validation of an instrument to augment research on organizational learning. In Örtenblad, A. R., Edmondson, A. C., Gino, F., & Healy, P. J. (Eds.), *The Oxford Handbook of the Learning Organization* (S. 302–316). Oxford University Press.

Ellinger, A. D. (2013). Supportive supervisors and managerial coaching: Exploring their intersections. *Journal of Occupational and Organizational Psychology, 86*(3), 310–316. https://doi.org/10.1111/joop.12021.

Ellinger, A. D., Ellinger, A. E., & Keller, S. B. (2003). Supervisory coaching behavior, employee satisfaction, and warehouse employee performance: A dyadic perspective in the distribution industry. *Human Resource Development Quarterly, 14*(4), 435–458. https://doi.org/10.1002/hrdq.1078.

Ellström, E., & Ellström, P.-E. (2018). Two modes of learning-oriented leadership: A study of first-line managers. *JWL, 30*(7), 545–561. https://doi.org/10.1108/JWL-03-2018-0056.

Ernst & Young. (Hg.). (2023). Fehlkultur Report 2023. So steht es um die Fehlerkultur in deutschen Unternehmen. Unter Mitarbeit von Seckler, Christoph, ESCP Business School und Fischer, Sebastian, Hochschule Hamm-Lippstadt. https://www.ey.com/de_de/forms/download-forms/2023/03/ey-studie-zur-fehlerkultur-in-deutschen-unternehmen. Zugegriffen: 5. Juni 2024.

Eskreis-Winkler, L., & Fishbach, A. (2022). You think failure is hard? So is learning from it. *Perspectives on Psychological Science, 17*(6), 1511–1524. https://doi.org/10.1177/17456916211059817.

Evered, R. D., & Selman, J. C. (1989). Coaching and the art of management. *Organizational Dynamics, 18*(2), 16–32. https://doi.org/10.1016/0090-2616(89)90040-5.

Felfe, J., & van Dick, R. (Hrsg.). (2016). *Handbuch Mitarbeiterführung.* Springer.

Fletcher, L. (2019). How can personal development lead to increased engagement? The roles of meaningfulness and perceived line manager relations. *The International Journal of Human Resource Management, 30*(7), 1203–1226. https://doi.org/10.1080/09585192.2016.1184177.

Fuller, J., & Raman, M. (2023). The High Cost of Neglecting Low-Wage Workers. Six mistakes that companies make – and how they can do better. *Harvard Business Review , 2023*, 40–48.

Fuller, J. B., & Raman, M. (2022). Building from the bottom up. What business can do to strengthen the bottom line by investing in front-line workers. *Harvard Business School.* https://www.hbs.edu/managing-the-future-of-work/Documents/research/Building%20From%20The%20Bottom%20Up.pdf. Zugegriffen: 18. Apr. 2024.

Gallup Inc. (Ed.). (2024). How to create a strengths-based company culture. https://www.gallup.com/cliftonstrengths/en/290903/how-to-create-strengths-based-company-culture.aspx. Zugegriffen: 18. April 2024.

Gallup Inc. (Ed.). (2023). State of the global workplace: 2023 report. The voice of the World's employees. https://www.gallup.com/workplace/349484/state-of-the-global-workplace.aspx. Zugegriffen: 18. April 2024.

Gallup. (Hg.). (2024). Engagement Index. Deutschland 2023. https://www.gallup.com/de/472028/bericht-zum-engagement-index-deutschland-2023.aspx. Zugegriffen: 5. Juni 2024.

Garvin, D. A. (2013). How Google sold its engineers on management. *Harvard Business Review, 91*(12), 74–82.

Garvin, D. A., & Margolis, J. D. (2015). The art of giving and receiving advice. People typically focus on the content of advice, but they should pay equal attention to the process. *Harvard Business Review*, S. 60–71.

Gerhardt, C. (2010). Mythos oder Wahrheit? Die Führungskraft als Coach. In W. Aretz und K. Mierke (Hrsg.), *Aktuelle Themen der Wirtschaftspsychologie für Wissenschaft und Praxis. Beiträge und Studien* (Bd. 2, S. 97–108). Kölner Wissenschaftsverlag.

Ghielen, S. T. S., van Woerkom, M., & Christina Meyers, M. (2018). Promoting positive outcomes through strengths interventions: A literature review. *The Journal of Positive Psychology,* 13(6), 573–585.

Gnepp, J., Klayman, J., Williamson, I. O., Barlas, S. (2020). The future of feedback: Motivating performance improvement through future-focused feedback. *PloS One, 15*(6), e0234444. https://doi.org/10.1371/journal.pone.0234444.

Goh, S. C., Elliott, C., & Quon, T. K. (2012). The relationship between learning capability and organizational performance: A meta-analytic examination. *The Learning Organization,* 19(2), 92–108.

Goo, S. C. (2019). Measurement of the learning organization construct: A critical perspective and future directions for research. In A. R. Örtenblad, A. C. Edmondson, F. Gino, & P. J. Healy (Eds.), *The Oxford handbook of the learning organization* (S. 317–332). Oxford University Press.

Gradito Dubord, M.-A., & Forest, Jacques (2022). Focusing on strengths or weaknesses? Using self-determination theory to explain why a strengths-based approach has more impact on optimal functioning than deficit correction. *International Journal of Applied Positive Psychology, 8,* 87–113. https://doi.org/10.1007/s41042-022-00079-x.

Grant, A. (2013). *Give and take. Why helping others drives our success.* Penguin Books.

Greif, S., Schmidt, F., & Thamm, A. (2012). Warum und wodurch Coaching wirkt. *Organisationsberatung, Supervision, Coaching, 19*(4), 375–390. https://doi.org/10.1007/s11613-012-0299-4.

Gündüzalp, S., & Özan, M. B. (2019). The power of expectations in school management: Pygmalion effect. *Journal of Education and Future, 15*, 47–62.

Hagmaier, T., Abele, A. E., Goebel, K. (2018). How do career satisfaction and life satisfaction associate? *JMP, 33*(2), 142–160. https://doi.org/10.1108/JMP-09-2017-0326.

Harteis, C., & Billett, S. (2008). The workplace as learning environment: Introduction. *International Journal of Educational Research, 47*(4), 209–212. https://doi.org/10.1016/j.ijer.2008.07.002.

Harter, J. K., Schmidt, F. L., Agrawal, S., Blue, A., Plowman, S. K., Josh, P., & Asplung, J. (2020). The relationship between engagement at work and organizational outcomes. 2020 Q12® Meta-Analysis: 10th Edition. Hg. v. Gallup Inc. https://www.gallup.com/workplace/321725/gallup-q12-meta-analysis-report.aspx. Zugegriffen: 18. März 2024.

Harzer, C., & Ruch, W. (2013). The application of signature character strengths and positive experiences at work. *Journal of Happiness Studies, 14*(3), 965–983. https://doi.org/10.1007/s10902-012-9364-0.

Harzer, C., & Ruch, W. (2014). The role of character strengths for task performance, job dedication, interpersonal facilitation, and organizational support. *Human Performance,* 27(3), 183–205. https://doi.org/10.1080/08959285.2014.913592.

Harzer, C., & Ruch, W. (2016). Your strengths are calling: Preliminary results of a web-based strengths intervention to increase calling. *Journal of Happiness Studies, 17*(6), 2237–2256. https://doi.org/10.1007/s10902-015-9692-y.

Hattie, J., & Timperley, H. (2007). The power of feedback. *Review of Educational Research, 77*(1), 81–112. https://doi.org/10.3102/003465430298487.

Heintz, S., & Ruch, W. (2020). Character strengths and job satisfaction: Differential relationships across occupational groups and adulthood. *Applied Research Quality Life, 15*(2), 503–527. https://doi.org/10.1007/s11482-018-9691-3.

Hodges, T. D., & Jim, A. (2009). Strengths development in the workplace. In A. P. Linley, S. Harrington, & N. Garcea (Eds.), *Oxford handbook of positive psychology and work* (S. 213–220). Oxford University Press.

Horvath, D., Klamar, A., Keith, N., & Frese, M. (2021). Are all errors created equal? Testing the effect of error characteristics on learning from errors in three countries. *European Journal of Work and Organizational Psychology, 30*(1), 110–124. https://doi.org/10.1080/1359432X.2020.1839420.

Huston, T. (2021). *Giving critical feedback is even harder remotely.* Harvard Business Review.

Ibarra, H., & Scoular, A. (2019). *The leader as coach. How to unleash innovation, energy, and commitment.* Harvard Business Review.

The International Academic Forum (IAFOR). (Ed.). (2022). IICE Hawaii. The 7th IAFOR International Conference on Education – Hawaii. 6.–9.1.2022 / Honolulu, Hawaii, USA (and online). Official Conference Proceedings. The IAFOR International Conference on Education in Hawaii. Honolulu, Hawaii.

IU Internationale Hochschule. (Hg.). (2023). Lebenslang Lernen. Das Motiviert, Das Hemmt. Arbeitnehmer: Innen über Lernmotivation und Weiterbildung. https://static.iu.de/studies/Lebenslang_lernen.pdf. Zugegriffen: 18. April 2024.

Ju, B., Lee, Y., Park, S., Yoon, S. W. (2021). A meta-analytic review of the relationship between learning organization and organizational performance and employee attitudes: Using the Dimensions of Learning Organization Questionnaire. *Human Resource Development Review, 20*(2), 207–251. https://doi.org/10.1177/1534484320987363.

Jug, R., Jiang, X. S., & Bean, S. M. (2019). Giving and receiving effective feedback: A review article and how-to guide. *Archives of Pathology & Laboratory Medicine, 143*(2), 244–250. https://doi.org/10.5858/arpa.2018-0058-RA.

Kaplan, R. E., & Kaiser, R. B. (2013). *Fear your strengths: What you are best at could be your biggest problem*. Berrett-Koehler Publishers.

Kaudela-Baum, S., Meldau, S., & Brasser, M. (Hg.). (2022). *Leadership und People Management. Führung und Kollaboration in Zeiten der Digitalisierung und Transformation*. Springer Gabler.

Kegan, R., & Lahey, L. L. (2016). *An everyone culture: Becoming a deliberately developmental organization*. Harvard Business Review Press.

Kerr, S. (1995). On the folly of rewarding A, while hoping for B. *The Academy of Management Perspectives, 9*(1), 7–14. https://www.ou.edu/russell/UGcomp/Kerr.pdf. Zugegriffen: 19. April 2024.

Körner, U., Müller-Thur, K., Lunau, T., Dragano, N., Angerer, P., & Buchner, A. (2019). Perceived stress in human-machine interaction in modern manufacturing environments – Results of a qualitative interview study. *Stress and Health, 35*(2), 187–199. https://doi.org/10.1002/smi.2853.

Laal, M., & Salamati, P. (2012). Lifelong learning; why do we need it? *Procedia – Social and Behavioral Sciences, 31*, 399–403. https://doi.org/10.1016/j.sbspro.2011.12.073.

Ladegard, G., & Gjerde, S. (2014). Leadership coaching, leader role-efficacy, and trust in subordinates. A mixed methods study assessing leadership coaching as a leadership development tool. *The Leadership Quarterly, 25*(4), 631–646. https://doi.org/10.1016/j.leaqua.2014.02.002.

Laker, B., Soga, L., Bolade-Ogunfodun, Y., & Adewale, A. A. (2024). *Job crafting* (Management on the cutting edge series). The MIT Press.

Lange, C., & Webers, T. (2020). Die Führungskraft als Coach aus Mitarbeitersicht – Eine qualitative Studie. *Organisationsberatung, Supervision, Coaching, 27*(2), 185–198.

Lapointe, É., & Vandenberghe, C. (2017). Supervisory mentoring and employee affective commitment and turnover: The critical role of contextual factors. *Journal of Vocational Behavior, 98*, 98–107. https://doi.org/10.1016/j.jvb.2016.10.004

Latham, G. P., & Pinder, C. C. (2005). Work motivation theory and research at the dawn of the twenty-first century. *Annual Review of Psychology, 56*(1), 485–516. https://doi.org/10.1146/annurev.psych.55.090902.142105.

Lavy, S., Littman-Ovadia, H. (2017). My better self: Using strengths at work and work productivity, organizational citizenship behavior, and satisfaction. *Journal of Career Development, 44*(2), 95–109. https://doi.org/10.1177/0894845316634056.

Limm, H., Gündel, H., Heinmüller, M., Marten-Mittag, B., Nater, U. M., Siegrist, J., & Angerer, P. (2011). Stress management interventions in the workplace improve stress reactivity: A randomised controlled trial. *Occupational and Environmental Medicine, 68*(2), 126–133. https://doi.org/10.1136/oem.2009.054148.

Linley, A. (2008). *Average to A+. Realising strengths in yourself and others* (Strengthening the World Series). CAPP Press.

Linley, A. P., Harrington, S., & Garcea, N. (Eds.). (2009). *Oxford handbook of positive psychology and work* (Oxford Library of Psychology). Oxford University Press.

Linley, P. A., Nielsen, K. M., Gillett, R., & Biswas-Diener, R. (2010). Using signature strengths in pursuit of goals: Effects on goal progress, need satisfaction, and well-being, and implications for coaching psychologists. *International Coaching Psychology Review, 5*(1), 6–15.

Liu, Y., Jing, Y., & Gao, M. (2015). Transformational leadership: From the perspective of neurological leadership. *OJL, 4*(04), 143–152. https://doi.org/10.4236/ojl.2015.44013.

Losada, M., & Heaphy, E. (2004). The role of positivity and connectivity in the performance of business teams. *American Behavioral Scientist, 47*(6), 740–765. https://doi.org/10.1177/0002764203260208.

Madan, S., Nanakdewa, K., Savani, K., & Markus, H. R. (2021). *What makes employees feel empowered to speak up?* Harvard Business Review.

McNatt, D. B. (2000). Ancient Pygmalion joins contemporary management: A meta-analysis of the result. *Journal of Applied Psychology, 85*(2), 314–322.

Meyers, M. C., & van Woerkom, M. (2017). Effects of a strengths intervention on general and work-related well-being: The mediating role of positive affect. *Journal of Happiness Studies, 18*, 671–689.

Meyers, M. C., van Woerkom, M., & Bauwens, R. (2023). Stronger together: A multilevel study of collective strengths use and team performance. *Journal of Business Research, 159*, 113728. https://doi.org/10.1016/j.jbusres.2023.113728.

Miglianico, M., Dubreuil, P., Miquelon, P., Bakker, A. B., & Martin-Krumm, C. (2020). Strength use in the workplace: A literature review. *Journal of Happiness Studies,* 21(2), 737–764. https://doi.org/10.1007/s10902-019-00095-w.

Miller, Jeff. (2024) What does it mean to create a 'culture of failure'? Hg. v. Cornerstone ondemand. https://www.cornerstoneondemand.com/resources/article/what-does-it-mean-to-create-a-culture-of-failure/. Zugegriffen: 18. April 2024.

Müller, A., & Ditton, H. (2014). Feedback: Begriff, Formen und Funktionen. In H. Ditton & A. Müller (Hrsg.), *Feedback und Rückmeldungen. Theoretische Grundlagen, empirische Befunde, praktische Anwendungsfelder* (S. 11–28). Waxmann. https://content.e-bookshelf.de/media/reading/L-2665992-4a88353730.pdf. Zugegriffen: 23. April 2024.

Naim, M. F., & Lenka, U. (2018). Development and retention of Generation Y employees: A conceptual framework. *ER, 40*(2), 433–455. https://doi.org/10.1108/ER-09-2016-0172.

Noe, R. A., Clarke, A. D. M., Klein, H. J. (2014). Learning in the twenty-first-century workplace. *Annual Review of Organizational Psychology and Organizational Behavior), 1*(1), 245–275. https://doi.org/10.1146/annurev-orgpsych-031413-091321.

Ocean Tomo. (Ed.). (2020). Intangible asset market value study. https://oceantomo.com/intangible-asset-market-value-study/. Zugegriffen: 19. April 2024.

Örtenblad, A. R., Edmondson, A. C., Gino, F., & Healy, P. J. (Eds.). (2019). *The Oxford handbook of the learning organization.* Oxford University Press.

Peifer, C., Schönfeld, P., Wolters, G., Aust, F., & Margraf, J. (2020). Well done! Effects of positive feedback on perceived self-efficacy, Flow and performance in a mental arithmetic task. *Frontiers in Psychology, 11*, Artikel 1008. https://doi.org/10.3389/fpsyg.2020.01008.

Pentz, W., Nitschke, D., & Wittgenstein, L. von (2021). Coaching für Führungskräfte. Wirksamkeit und Verbreitung in Unternehmen. 1. Quadriga Coaching Studie. Hg. v. Quadriga Hochschule. https://www.quadriga-hochschule.com/app/uploads/2022/11/QHS_Erste-Coaching-Studie-2021.pdf. Zugegriffen: 19. Apr. 2024.

Peterson, C., & Seligman, M. E. P. (2004). *Character strengths and virtues. A handbook and classification.* American Psychological Association; Oxford University Press.

Puhakka, I. J. A., Nokelainen, P., & Pylväs, L. (2021). Learning or leaving? Individual and environmental factors related to job satisfaction and turnover intention. *Vocations and Learning, 14*(3), 481–510. https://doi.org/10.1007/s12186-021-09275-3.

PwC. (Ed.). (2023). Winning today's race while running tomorrow's. 26th Annual Global CEO Survey. Unter Mitarbeit von Libby Boswell, Shir Dekel, Elizabeth Johnson und Catherine Moore. https://www.pwc.com/gx/en/ceo-survey/2023/main/download/26th_CEO_Survey_PDF_v1.pdf. Zugegriffen: 19.4.2024.

Robinson, D. G., & Robinson, J. C. (2005). *Strategic business partner. Aligning people strategies with business goals.* Berrett-Koehler Publishers.

Roca, J., & Wilde, S (2019). *The connector manager. Why some leaders build exceptional talent – and others don't.* Penguin Random House.

Rödel, S., & Krach, S. (2023). Professionelles Feedback als entscheidender Erfolgsfaktor in New Work. *Organisationsberatung, Supervision, Coaching, 30*(2), 231–247. https://doi.org/10.1007/s11613-023-00818-2.

Rosenthal, R., & Jacobson, L. (1968). Pygmalion in the classroom. *The Urban Review*, *3*(1), 16–20. https://doi.org/10.1007/BF02322211.

Ruch, W., Proyer, R. T., Harzer, C., Park, N., Peterson, C., & Seligman, M. E. P. (2010). Values in Action Inventory of Strengths (VIA-IS). *Journal of Individual Differences, 31*(3), 138–149. https://doi.org/10.1027/1614-0001/a000022.

Ryan, Richard M.; Deci, Edward L. (2000). Self-determination theory and the facilitation of intrinsic motivation, social development, and well-being. *American Psychologist* 55 (1), S. 68–78. https://doi.org/10.1037/0003-066X.55.1.68.

Schermuly, C. C. (2016). Empowerment: Die Mitarbeiter stärken und entwickeln. In J. Felfe & R. van Dick (Hrsg.), *Handbuch Mitarbeiterführung* (S. 15–26). Springer.

Schermuly, C. C., & Meyer, B. (2020). Transformational leadership, psychological empowerment, and flow at work. *European Journal of Work and Organizational Psychology, 29*(5), 740–752. https://doi.org/10.1080/1359432X.2020.1749050.

Schermuly, C. C., Schermuly, R. A., & Meyer, B. (2011). Effects of vice-principals' psychological empowerment on job satisfaction and burnout. *International Journal of Educational Management, 25*(3), 252–264. https://doi.org/10.1108/09513541111120097.

Schnetzer, S., & Hurrelmann, K. (2022). Trendstudie: Jugend in Deutschland. Jugend im Dauerkrisen-Modus – Klima, Krieg, Corona. Sommer 2022. Datajockey Verlag. https://simon-schnetzer.com/jugend-in-deutschland-trendstudie-sommer-2022/. Zugegriffen: 19. Apr. 2024.

Schroeder, J., & Fishbach, A. (2015). How to motivate yourself and others? Intended and unintended consequences. *Research in Organizational Behavior, 35*, 123–141. https://doi.org/10.1016/j.riob.2015.09.001

Schutte, N. S., & Malouff, J. M. (2019). The impact of signature character strengths interventions: A meta-analysis. *Journal of Happiness Studies, 20*, 1179–1196.

Seligman, M. E. P., Steen, T. A., Park, N., & Peterson, C. (2005). Positive psychology progress: Empirical validation of interventions. *The American Psychologist, 60*(5), 410–421. https://doi.org/10.1037/0003-066X.60.5.410.

Seyda, S., & Placke, B. (2020). IW-Weiterbildungserhebung 2020: Weiterbildung auf Wachstumskurs. *IW-Trends – Vierteljahresschrift zur empirischen Wirtschaftsforschung, 47*(4), 105–123.

Smet, A. de., Dowling, B., Hancock, B., & Schaninger, B. (13. Juli 2022). The great attrition is making hiring harder. Are you searching the right talent pools? *McKinsey Quarterly*. https://www.mckinsey.com/~/media/mckinsey/business%20functions/people%20and%20organizational%20performance/our%20insights/the%20great%20attrition%20is%20making%20hiring%20harder%20are%20you%20searching%20the%20right%20talent%20pools/the-great-attrition-is-making-hiring-harder-vf.pdf. Zugegriffen: 18. Apr. 2024.

Statistisches Bundesamt (Destatis). (Hg.). (2022). Berufliche Weiterbildung in Unternehmen. Sechste Europäische Erhebung über die berufliche Weiterbildung in Unternehmen (CVTS6). Statistisches Bundesamt. https://www.destatis.de/DE/Themen/Gesellschaft-Umwelt/Bildung-Forschung-Kultur/Weiterbildung/Publikationen/Downloads-Weiterbildung/weiterbildung-unternehmen-5215201209004.pdf?__blob=publicationFile. Zugegriffen: 18. Apr. 2024.

Studytube. (Hg.). (2023). Learning & Development Monitor 2023. Der erste große L&D Report für deutsche Unternehmen. https://ldmonitor23.studytube.de/flight-1-und-2/. Zugegriffen: 23. Apr. 2024.

Sturges, J., Conway, N., Guest, D., & Liefooghe, A. (2005). Managing the career deal: The psychological contract as a framework for understanding career management, organizational commitment and work behavior. *Journal of Organizational Behavior, 26*(7), 821–833. https://doi.org/10.1002/job.341.

Sturges, J., Conway, N., & Liefooghe, A. (2010). Organizational support, individual attributes, and the practice of career self-management behavior. *Group & Organization Management, 35*(1), 108–141. https://doi.org/10.1177/1059601109354837.

Shute, V. J. (2008). Focus on formative feedback. *Review of Educational Research, 78*(1), 153–189. https://doi.org/10.3102/0034654307313795.

Tanskanen, J., Mäkelä, L., & Viitala, R. (2019). Linking Managerial Coaching and Leader-Member Exchange on Work Engagement and Performance. *Journal of Happiness Studies, 20*(4), 1217–1240. https://doi.org/10.1007/s10902-018-9996-9.

Tedeschi, J. T., & Melburg, V. (1984). Impression management and influence in the organization. *Research in the Sociology of Organizations, 3*, 31–58.

Tost, L. P., Gino, F., Larrick, R. P. (2012). Power, competitiveness, and advice taking: Why the powerful don't listen. *Organizational Behavior and Human Decision Processes, 117*(1), 53–65. https://doi.org/10.1016/j.obhdp.2011.10.001.

Triggs, D. D., & King, P. M. (2000). Job rotation. *Professional Safety, 45*(2), 32–34.

van Woerkom, M., & Kroon, B. (2020). The effect of strengths-based performance appraisal on perceived supervisor support and the motivation to improve performance. *Frontiers in Psychology, 11*, Artikel 1883. https://doi.org/10.3389/fpsyg.2020.01883.

van Woerkom, M., Mostert, K., Els, C., Bakker, A. B., de Beer, L., & Rothmann, S. Jr. (2016). Strengths use and deficit correction in organizations: Development and validation of a questionnaire. *European Journal of Work and Organizational Psychology, 25*(6), 960–975. https://doi.org/10.1080/1359432X.2016.1193010.

Wang, J., van Woerkom, M., Breevaart, K., Bakker, A. B., & Xu, S. (2023). Strengths-based leadership and employee work engagement. A multi-source study. *Journal of Vocational Behavior, 142*, 1–13. https://doi.org/10.1016/j.jvb.2023.103859

Weinert, S., van Laak, C., & Müller-Vorbrüggen, M. (2014). Identifikation von high potentials: Testverfahren fristen ein Schattendasein. *Wirtschaftspsychologie aktuell , 3*, 12–14. https://www.academia.edu/16861694/Identifikation_von_High_Potentials_Testverfahren_fristen_ein_Schattendasein. Zugegriffen: 23. Apr. 2024.

Weiß, E.-E., & Süß, S. (2016). The relationship between transformational leadership and effort-reward imbalance. *Leadership & Organization Development Journal, 37*(4), 450–466. https://doi.org/10.1108/LODJ-08-2014-0146.

Westerman, G., & Lundberg, A. (2023). Why companies should help every employee chart a career path. Providing career development to all employees requires a commitment to clarifying pathways for growth and giving everyone opportunities to build new skills. *MIT Sloan Management Review, 64*(3), 79–84.

Whitmore, J. (1992). *Coaching for performance. A practical guide to growing your own skills* (People skills for professionals). Nicholas Brealey.

Whitmore, J. (2015). *Coaching for performance. Potenziale erkennen und Ziele erreichen.* Junfermann Verlag.

Wiseman, L. (2017). *Multipliers, revised and updated: How the best leaders make everyone smart.* Harper Business.

Wisniewski, B., Zierer, K., & Hattie, J. (2019). The power of feedback revisited: A meta-analysis of educational feedback research. *Frontiers in Psychology, 10*, Artikel 3087. https://doi.org/10.3389/fpsyg.2019.03087.

Zacher, H., & Lehmann-Willenbrock, N. (Hrsg.). (2022). *Work, organizational, and business psychology. An introductory textbook.* Kohlhammer.

Zeng, H., Zhao, L., & Ruan, S. (2020). How Does Mentoring Affect Protégés' Adaptive Performance in the Workplace: Roles of Thriving at Work and promotion focus. *Frontiers in Psychology, 11*, Artikel 546152. https://doi.org/10.3389/fpsyg.2020.546152.

Ziele erreichen 6

Inhaltsverzeichnis

6.1 Einführung: Zielsetzung ist sinnvoll 164
6.2 Ziele setzen 165
    6.2.1 Gute Ziele setzen 165
    6.2.2 Ziele gut setzen 169
6.3 Ziele erreichen 174
    6.3.1 Implementierung planen 174
    6.3.2 Fortschritte beobachten und Maßnahmen anpassen. 177
    6.3.3 Feedback geben 178
    6.3.4 „Minderleister" führen. 179
6.4 Mit Ergebnissen umgehen 183
    6.4.1 Erfolge feiern 183
    6.4.2 Mit Misserfolgen umgehen 187
    6.4.3 Erkenntnisse integrieren. 189
6.5 Zusammenfassung 190
Literatur. 191

Überblick

- Warum es (meistens) sinnvoll ist, Ziele zu setzen
- Was gute Ziele auszeichnet
- Worauf Sie bei der Zielsetzung achten können
- Wie Sie die Erreichung von Zielen unterstützen können
- Wie Sie mit Erfolgen und Misserfolgen umgehen können
- Wie Sie sogenannte Minderleister gut führen können
- Wie Sie gewonnene Erkenntnisse für künftige Ziele verfügbar machen

© Der/die Autor(en), exklusiv lizenziert an Springer-Verlag GmbH, DE, ein Teil von
Springer Nature 2025
W. Pentz, *Positive Psychologie und Führung – ein Praxisleitfaden,* Positive Psychologie
kompakt, https://doi.org/10.1007/978-3-662-70117-1_6

6.1 Einführung: Zielsetzung ist sinnvoll

Ziele und Zielvereinbarungen sind heute in den meisten Organisationen selbstverständlich. Es ist kaum vorstellbar, dass es einmal eine Zeit *davor* gab. Tatsächlich ist das Führen über Ziele (Management by Objectives) eine Erfindung des frühen 20. Jahrhunderts. Laut Peter Drucker, dem „Vater des modernen Managements", wurde es erstmals nach dem Ersten Weltkrieg bei der Firma DuPont und kurze Zeit später bei General Motors eingeführt. Nach dem Erscheinen von Druckers Buch *The Practice of Management* (1954) verbreitete sich die Methode weltweit.

Ursprünglich beschrieb Drucker die Methode als „Management by Objective and Self Control" (Führen über Ziele und Selbstkontrolle). Dem lag ein sehr positives Menschenbild zugrunde: Mitarbeitende sind intrinsisch motiviert, etwas zu leisten. Sie brauchen keine Kontrolle von außen, sondern eine Möglichkeit, sich selbst zu kontrollieren. Es ging also primär um gemeinsame Koordination und Selbstkontrolle, nicht um Vorgaben und externe Kontrolle (Ott, 2022).

In großen Organisationen sind Ziele und die Kontrolle des Fortschritts inzwischen in komplexen Performance Management Systemen integriert. An diesen Systemen hat sich in den letzten Jahren vieles geändert. Insbesondere die Fortschrittsmessung und die Verknüpfung der gemessenen Ergebnisse mit der Leistungsbewertung der Mitarbeiter haben sich stark gewandelt. Gerade letzteres führt häufig zu Unzufriedenheiten. Die Bewertungsprozesse sind nicht nur enorm aufwendig, sie berühren auch kritische Themen wie Fairness und Wertschätzung, oft auch Vergütung. Daher experimentieren viele Unternehmen mit neuen Varianten der Leistungsbewertung, entkoppeln sie von der Vergütung oder schaffen sie ganz ab. Auch an der Art der Zielsetzung, der Ziele und der Zeithorizonte hat sich einiges geändert. Doch die Grundidee, Ziele zu formulieren, hat sich fast überall erhalten. Das erscheint schon deshalb sinnvoll, weil Ziele auch eine steuernde und koordinierende Funktion haben. Aber könnte man diese Steuerung nicht anders organisieren und sich den hohen zeitlichen (und bürokratischen) Aufwand einfach sparen?

Helfen uns Ziele dabei, gute Ergebnisse zu erreichen? Könnte es nicht sein, dass Menschen eher motiviert sind, eine Aufgabe zu erfüllen, wenn man sie einfach auffordert, ihr Bestes zu geben? Diese Frage ist in der Zielforschung seit mehr als 50 Jahren in verschiedensten Kontexten untersucht worden – mit eindeutigem Ergebnis. Ziele führen in der Regel zu besseren Leistungen (Locke & Latham, 2013). Das gilt nicht nur für Quantität, sondern auch für Qualität. Außerdem können Ziele auch zu besseren Lerneffekten in Bezug auf die Aufgabenerfüllung führen (Asmus et al., 2015).

 **Die Schattenseiten von Zielen**

Ziele können auch ungewollte Nebenwirkungen entfalten. Ein sehr starker Fokus auf bestimmte Ziele kann z. B. die Aufmerksamkeit für andere relevante Dinge

> einschränken. Auch können Ziele zu unethischem Verhalten (etwa Betrug) führen oder uns dazu verleiten, zu große Risiken einzugehen (Ordóñez et al., 2009; Ordóñez & Welsh, 2015). Ziele sollten also „mit Augenmaß" gesetzt werden.
> Eine weitere mögliche Nebenwirkung: Ziele können uns in unserer Potenzialentfaltung einschränken. Wenn wir uns persönliche Ziele setzen, kann es sein, dass wir uns mit deren Erreichung zufriedengeben – obwohl wir vielleicht ohne die Zielsetzung viel mehr erreichen könnten (Grant, 2022).

Ziele sind also grundsätzlich gut. Doch Ziele erreichen sich nicht von allein. Als Führungskraft können Sie den Prozess der Zielerreichung wirksam unterstützen. Voraussetzung dafür ist Klarheit über die folgenden Leitfragen:

1. *Was genau wollen wir erreichen – und warum?*
2. *Wie wollen wir dieses Ziel erreichen?*
3. *Was können wir aus dem Prozess lernen und wie geht es weiter?*

Diese drei Fragen werden in den folgenden drei Abschnitten adressiert.

6.2 Ziele setzen

Am Anfang steht die Frage nach dem Ziel: Was genau wollen wir erreichen – und warum? In diesem Abschnitt betrachten wir zwei Aspekte, die Sie als Führungskraft (mindestens teilweise) beeinflussen können: erstens die Qualität des Ziels („gute Ziele setzen") und zweitens die Art der Festlegung bzw. Kommunikation des Ziels („Ziele gut setzen"). Beides beeinflusst die Wahrscheinlichkeit der Zielerreichung.

6.2.1 Gute Ziele setzen

Wie sind gute Ziele beschaffen? Die folgenden Kriterien aus Forschung und Praxis bieten eine gute Orientierung.

Sinnvoll
Gute Ziele sind *sinnvoll*. Menschen müssen erkennen können, *warum* sie die Ziele erreichen sollen. Das zahlt ein auf das menschliche Grundbedürfnis nach Sinn. Idealerweise ist der Zusammenhang zur Strategie und Vision des Unternehmens klar erkennbar. Das ist bei manchen Zielen offensichtlich, bei anderen nur mittelbar der Fall. Dennoch sollten Führungskräfte und Mitarbeitende jederzeit den Sinn ihrer Aufgaben und Ziele

erklären können. Wenn Menschen diesen Sinn nicht sehen – was leider in der Praxis häufig der Fall ist – kann das leicht zu Zynismus und „Dienst nach Vorschrift" führen. Das gilt nicht nur für anspruchsvolle Ziele und Aufgaben. Wir alle möchten wissen, warum wir eine Tätigkeit ausüben, egal wie komplex sie ist. Wenn z. B. etwas besonders wichtig oder eilig ist, nennen Sie den Grund. Beispiel: Warum muss das Angebot unbedingt noch heute an den Kunden geschickt werden? Was steckt hinter dem konkreten Wachstumsziel? Mitarbeitende haben meist weniger Informationen als Führungskräfte. Was Führungskräften selbstverständlich erscheint, bleibt für Mitarbeitende manchmal unklar. Unklarheit blockiert Motivation und Engagement, im schlimmsten Fall erzeugt sie Frustration und Stress. Daher nehmen Sie sich die Zeit, Sinn und Zweck einer Aufgabe zu erläutern. Wenn Sie den Sinn selbst nicht sehen, dann fragen Sie sich, ob das Ziel wirklich relevant ist.

„FAST" (statt SMART)
Die meisten Führungskräfte denken bei Zielsetzungen an SMARTe Ziele: spezifisch, messbar, erreichbar („achievable", ursprünglich „assignable", also übertragbar auf eine bestimmte Person oder Personengruppe; manchmal auch angemessen, akzeptiert, aktionsbezogen), realistisch und terminiert (Doran, 1981).

Klar ist: Spezifische Ziele führen zu besserer Leistung. In verschiedenen Metaanalysen betrug der Leistungsunterschied zwischen unspezifischen und spezifischen Zielen ca. 8–16 % (Locke & Latham, 2013, S. 5). Absichtserklärungen wie „Ich möchte, dass meine Abteilung erfolgreich ist" sind zu vage. Besser sind da konkrete Ziele wie „Erhöhung des Umsatzes in Region A um acht Prozent". Wenn dieses Ziel dann auch noch mit Handlungen hinterlegt und zeitlich festgehalten wird, steigt die Wahrscheinlichkeit, das Ziel zu erreichen, noch einmal an.

SMART hat aber auch Nachteile. Ein zu starker Fokus auf SMART kann z. B die Sicht verengen und den Blick für möglicherweise kreativere Lösungen verstellen. Besonders wenn es um Innovation oder Kreativität geht, können smarte Ziele daher kontraproduktiv sein. Eine weitere Kritik: Der Fokus auf Erreichbarkeit („achievable") kann zu Mittelmäßigkeit führen. Zugleich lässt man sich die motivierende Wirkung von anspruchsvollen Zielen entgehen (Swann et al., 2023). Eine spannende Alternative zu SMART haben Donald und Charles Sull entwickelt. Sie haben die akademische Literatur zur Zielforschung analysiert und gleichzeitig die aktuellen Trends in großen Unternehmen wie Google oder Intel untersucht. Das Ergebnis ist ein Model, für das sie das Akronym FAST gefunden haben. Dabei geht es nicht um Schnelligkeit, wie man vermuten könnte. Die vier Buchstaben stehen für: häufig diskutiert („frequently discussed"), ambitioniert, spezifisch und transparent. (Würden wir die deutschen Begriffe verwenden, käme das Akronym HAST heraus. Doch das würde eine falsche Assoziation erzeugen. Daher sollten wir bei der englischen Variante bleiben.) Die folgende Tabelle ist dem Artikel der beiden Forscher entnommen und fasst deren Erkenntnisse zusammen (Sull & Sull, 2018):

6.2 Ziele setzen

	Element	Bedeutung
F	„Frequently discussed", häufig besprochen	Fortlaufende Diskussion der Ziele (nicht nur ein- oder zweimal im Jahr, inkl. Fortschrittsanalyse, Ressourcenverteilung, Priorisierung der Aktivitäten sowie Feedback)
A	Ambitioniert	Ziele sollten anspruchsvoll sein (schwer, aber nicht unmöglich zu erreichen). Ambitionierte Ziele sind (meistens) motivierend (siehe unten)
S	Spezifisch	Ziele werden in konkrete Kennzahlen und Meilensteine übersetzt. Dadurch wird Klarheit erreicht in Bezug darauf, wie Ziele erreicht werden und wie der Fortschritt gemessen wird. (Dies entspricht den Buchstaben S, M und T aus SMART)
T	Transparent	Ziele und Grad der Zielerreichung sollten für alle Mitarbeitenden transparent sein. Das erhöht das Verständnis darüber, wie übergreifende Ziele ineinandergreifen. (Bestimmte persönliche Ziele können davon ausgenommen werden)

Noch ein Wort zu ambitionierten Zielen. Bei vielen Führungskräften hat sich das Wort „stretch goals" eingebürgert. Das sind anspruchsvolle Ziele, nach denen man sich wirklich strecken muss, um sie zu erreichen. Die Botschaft: Fordern Sie Ihre Leute heraus. Geben Sie ihnen Ziele, die sie zu echter Anstrengung – und damit zu höchster Leistung – antreiben. Doch führen Stretch Goals wirklich zu höherer Leistung? Tatsächlich können uns anspruchsvolle Ziele mehr motivieren als einfach zu erreichende Ziele (Lunenburg, 2011). Doch das gilt leider nicht immer. Fehlen z. B. wichtige Ressourcen, können herausfordernde Ziele sogar eine negative Wirkung haben (Lunenburg, 2011; Seijts et al., 2013). Überambitionierte Ziele können Menschen frustrieren, intrinsische Motivation zerstören, zu Unehrlichkeit führen und falsche Risikoeinschätzung begünstigen (Ordóñez et al., 2009). Also Vorsicht bei zu hohen Ambitionen. Woran können Sie erkennen, wann Stretch Goals sinnvoll sind? Dieser Frage ist Sim B. Sitkin, Professor am *Center on Leadership and Ethics* der Duke University, nachgegangen. Sitkin und sein Team fanden zwei Voraussetzungen für die positive Wirkung von ambitionierten Zielen:

1. Die bisherigen Leistungen sind gut.
2. Die zur Zielerreichung notwendigen Ressourcen sind verfügbar.

Nur wenn beides gegeben ist, sollten Stretch Goals das Mittel der Wahl sein. Wenn dagegen frühere Ziele nicht erreicht wurden oder keine ausreichenden Ressourcen zur Verfügung stehen, können sehr ambitionierte Ziele negative Wirkungen entfalten (Sitkin et al., 2011). Gleichgültigkeit, Sarkasmus, Frustration oder auch ein Gefühl von Panik können die Folge sein. Nichts davon ist förderlich für die Erreichung der Ziele.

Passend – zur Vision und zur Person
Ziele müssen zur Vision und Strategie der Organisation passen. Organisationen haben häufig eine Hierarchie von Zielen. An der Spitze stehen die Antworten auf die Fragen:

Warum gibt es die Organisation? Was würde der Welt ohne sie fehlen? Dies wird oft Purpose genannt, manchmal auch Mission. Auf der nächsten Ebene steht die Vision. Sie beschreibt, was die Organisation mittelfristig, also etwa in 3–5 Jahren, erreichen möchte. (Manche Organisationen verwenden die Begriffe Mission und Vision auch in der jeweils anderen Bedeutung.) Darunter liegen strategische Ziele, die wiederum heruntergebrochen werden, z. B. auf Bereiche, Regionen, Abteilungen, Teams und schließlich auf individuelle Mitarbeitende. Idealerweise sind die Ziele auf allen Ebenen miteinander abgestimmt und ermöglichen so eine Koordination aller Aufgaben. Soweit die Theorie. In der Praxis sind Ziele oft widersprüchlich oder stehen sogar im Wettbewerb miteinander. Das kann zu Frustrationen führen, aber manchmal auch zu kreativen Lösungen.

Wer eine eigene Organisation gründet, kann an der Ausgestaltung von vielen dieser Ziele aktiv mitwirken. Doch das trifft nur auf wenige Menschen zu. Die meisten von uns treten irgendwann einmal einer Organisation bei und finden dort eine Reihe von (übergeordneten) Zielen vor, an deren Festlegung wir nicht beteiligt waren, die aber gleichwohl für uns gelten. Innerhalb dieses Systems von Zielen müssen (oder dürfen) wir eigene Ziele für uns und Mitarbeitende setzen.

▶ **Praxistool: Hierarchie von Zielen**

Entwickeln Sie Ihre eigene Minihierarchie von Zielen. Setzen Sie ein übergeordnetes Ziel und brechen Sie es auf kleinere Ziele herunter. Das übergeordnete Ziel sollte inspirierend sein und einen sichtbaren Zusammenhang zur Vision der Organisation oder zu anderen übergeordneten Zielen haben. Übergeordnete Ziele dürfen etwas abstrakter bleiben (Beispiel: „der umweltfreundlichste Arbeitgeber in unserer Region werden"), können aber auch konkret sein (Beispiel: „25 % Kohlendioxid einsparen"). Dieses übergeordnete Ziel wird dann heruntergebrochen auf sehr konkrete kleinere Ziele, die auf das übergeordnete Ziel einzahlen. Anders als auf der übergeordneten Ebene sind Fortschritte hier leichter messbar und schneller sichtbar. Fortschritt ist ein wesentlicher Treiber von Zufriedenheit.

Heruntergebrochene Ziele sollten auch zu den Personen passen, die sie bearbeiten sollen. Sie sollten abgestimmt sein auf die Fähigkeiten, Stärken, Verhaltenspräferenzen und Grundbedürfnisse der Betroffenen. Erfahrene Führungskräfte tun das intuitiv, also ohne bewusst viel darüber nachzudenken. Wenn das bei Ihnen (noch) nicht der Fall ist, nehmen Sie sich dazu etwas Zeit. Voraussetzung ist natürlich, dass Sie Ihre Mitarbeitenden gut kennen.

Eine gute Möglichkeit, diese Passung zu erreichen, ist ein Dialog im Team (oder mit einzelnen Mitarbeitenden), in dem die Ziele und die Aufteilung der sich daraus ergebenden Aufgaben gemeinsam diskutiert werden. Dabei geht es nicht um Perfektion. Es wird sich kaum vermeiden lassen, dass Menschen immer mal Aufgaben übernehmen müssen, die ihnen weniger liegen. Wichtig ist ein ausgeglichenes Gesamtportfolio an Aufgaben und Zielen.

▶  **Praxistipp: Aufgabenverteilung im Team**

Dieses Vorgehen eignet sich besonders bei neuen Teams oder bei einer geplanten Neuverteilung der Aufgaben.

Sammeln Sie gemeinsam mit Ihren Teammitgliedern alle Aufgaben, die das Team erledigen muss oder möchte. Schreiben Sie das Ergebnis auf eine Pinwand. Anschließend schreibt jedes Teammitglied die eigenen Stärken und Präferenzen auf Karten. Nun laden Sie alle Teammitglieder nacheinander ein, ihre Stärken und Präferenzen den Aufgaben zuzuordnen. Diskutieren Sie gemeinsam das entstandene Bild. Bei heterogenen Teams kann es dabei zu einer erstaunlich guten Verteilung kommen. Trotzdem wird es neben sehr populären Themen auch ungeliebte Aufgaben geben, die kaum jemand gerne übernehmen möchte. Doch die Verteilung dieser weniger geliebten Aufgaben wird das Team vermutlich eher akzeptieren, wenn es zuvor den oben genannten Prozess durchlaufen hat.

6.2.2 Ziele gut setzen

Inwieweit Ziele erreicht werden, hängt nicht nur von ihrer Qualität ab, sondern auch davon, wie sie gesetzt und kommuniziert werden.

Gemeinsam

Ziele *setzen,* heißt nicht automatisch, sie den Beteiligten *vorzugeben.* In der Ratgeberliteratur findet sich häufig die Empfehlung, Ziele gemeinsam mit den Mitarbeitenden (partizipativ) zu ermitteln. Tatsächlich erhöht sich dadurch die Wahrscheinlichkeit, sie zu erreichen. Der Grund dafür liegt aber nicht – wie häufig angenommen – in einem erhöhten Commitment. In Studien war das Commitment bei partizipativ ermittelten Zielen nur dann höher als bei vorgegebenen Zielen, wenn bei Letzteren keine Begründung für die Wichtigkeit des Ziels gegeben wurde (Locke & Latham, 2013). Das heißt also: Wenn Sie als Führungskraft ein Ziel vorgeben, erläutern Sie den Beteiligten, warum dieses Ziel sinnvoll ist. Es gibt jedoch andere gute Gründe, warum eine partizipative Zielsetzung lohnenswert ist. Erstens zahlt es ein auf das Grundbedürfnis nach Autonomie – was wiederum mit Wohlbefinden in Zusammenhang steht. Zweitens fördert es die Klarheit der Ziele und das Verständnis dafür, *wie* die Ziele erreicht werden könnten. Außerdem kann eine partizipative Zielsetzung zu höheren Zielen führen, was häufig auch eine höhere Leistung zur Folge hat (Latham et. al., 1978).

Partizipative Zielfestlegung fällt vielen Führungspersonen schwer. Warum? Einer der Gründe ist die Sorge, dass sie damit die Kontrolle über die Ziele abgeben. Partizipativ heißt jedoch nicht, den Prozess der Zielsetzung oder die Höhe des Ziels den Mitarbeitenden vollständig zu überlassen. Sondern: Die Ziele im Dialog mit denjenigen, die zur Erreichung beitragen sollen, gemeinsam zu besprechen. Zum Beispiel so: Die

Führungskraft (Sie!) erläutert den Kontext bzw. die Gesamtsituation inkl. der ökonomischen bzw. technischen Herausforderung und lädt die Mitarbeitenden ein, mögliche Handlungsoptionen zu diskutieren. Dabei verstehen die Beteiligten nicht nur, warum die Aufgabe bzw. das Ziel relevant ist. Oft wissen sie auch besser als die Führungskraft, mit welchen Schritten das Ziel am besten und schnellsten erreicht werden kann. Im gleichen Stil können Sie auch die Höhe des Ziels diskutieren: „Wenn wir gemeinsam gut arbeiten, was können wir dann erreichen?" Vielleicht haben Sie Sorge, dass Ihre Mitarbeiter dabei viel zu niedrige Ziele vorschlagen. In Experimenten aus der Zielforschung war jedoch das Gegenteil der Fall: Partizipative Zielsetzung führte zu höheren Zielen (Latham et al., 1978). Das sehen wir auch in unserer Praxis: Führungskräfte sind oft überrascht, wie ambitioniert Ihre Mitarbeitenden sind, wenn man sie entscheiden lässt. Das kann sogar so weit führen, dass Menschen sich zu viel zutrauen. Wenn Sie als Führungskraft das Gefühl haben, dass Ihre Mitarbeitenden sich überfordern, dann sollten Sie intervenieren. Denken Sie daran: Es geht nicht um kurzfristige Gewinnmaximierung, sondern um nachhaltiges Führen!

▶ **Praxistipp: zugrunde liegende Annahmen besprechen**

Unsere Vorstellung davon, ob bestimmte Ziele realistisch (also erreichbar) sind, beruht auf Annahmen. Wir gehen z. B. davon aus, dass bestimmte Ressourcen verfügbar sein werden oder dass sich beteiligte Parteien (der Markt, Kunden, Kolleginnen, Lieferanten) auf eine bestimmte Art und Weise verhalten werden. Häufig existieren diese Annahmen nur in unseren Köpfen und werden nicht explizit besprochen. Manchmal sind sie uns auch gar nicht bewusst oder existieren nur als vage Vermutung. (Erstaunlich viele Umsatzziele basieren lediglich auf der hoffnungsvollen Annahme: „Das müsste eigentlich schaffbar sein.") Zugrunde liegende Annahmen sollten möglichst explizit gemacht werden. Das fördert ein einheitliches Verständnis über die erwartete Entwicklung und erhöht die Qualität der Ziele.

Stellen Sie sich vor, Sie führen einen Zieldialog mit Ihrem Team. Im laufenden Geschäftsjahr hat das Team eine Ergebnissteigerung von 4 % im Vergleich zum Vorjahr erreicht. Was ist ein (angemessen) ambitioniertes Ziel für das nächste Jahr? Sie könnten die Diskussion mit folgender Frage beginnen: *„Wenn wir gemeinsam gut arbeiten, was können wir dann im nächsten Jahr erreichen?"* Nehmen wir an, Ihr Team reagiert mit Zurückhaltung: „Dieses Jahr war eine Ausnahme. Im nächsten Jahr können wir froh sein, wenn wir unser Niveau halten". Unabhängig davon, ob Sie diese Einschätzung teilen oder nicht, ist es wertvoll, die zugrunde liegenden Annahmen zu verstehen. Dazu könnten Sie mit folgenden Fragen experimentieren: *Was bringt Sie zu dieser Annahme? Warum ist es uns in diesem Jahr gelungen, so erfolgreich zu sein? Was wird im nächsten Jahr anders sein? Was müsste passieren, damit wir im nächsten Jahr noch erfolgreicher sind?* Auch im Fall einer optimistischen Erwartung Ihres

Teams („Da geht noch viel mehr. 10 % schaffen wir!") sollten Sie die Annahmen klären: *Was ist der Grund für Ihren Optimismus? Was müsste passieren, damit wir diese hohen Ziele wirklich erreichen? Was könnte uns daran hindern?*

Am besten ist es, wenn Sie diese Annahmen auch schriftlich festhalten. Das ermöglicht später eine genauere Ursachenanalyse bei möglichen Zielabweichungen.

Nicht immer haben wir die Zeit (oder die Geduld), Ziele gemeinsam mit den Mitarbeitenden zu erarbeiten. Gerade bei einfachen Zielen und Aufgaben kann eine schlichte Ansage ein guter Weg sein. Doch auch dann sollten Sie Ihre zugrunde liegenden Annahmen offenlegen und begründen, warum dieses Ziel sinnvoll ist. Das ist nicht nur eine Frage des Respekts gegenüber Ihren Mitarbeitenden, sondern es zahlt sich auch im Sinne einer besseren Zielerreichung für Sie aus.

Gut gerahmt

Nicht nur der Inhalt der Ziele spielt eine Rolle, sondern auch die sprachliche Rahmung („framing"). Tatsächlich hat Sprache einen erheblichen Einfluss auf unser Verhalten. Durch unsere Wortwahl aktivieren wir in unseren Zuhörern (und in uns selbst) einen bestimmten Deutungsrahmen. Beispiel Krankenkasse vs. Gesundheitskasse: Wo möchten Sie lieber versichert sein? Oder: Die Ergebnisse eines Optimierungsprojektes könnten wir entweder als Kostensenkung oder als Gewinnsteigerung beschreiben. Die unterschiedlichen Formulierungen können unterschiedliche Reaktion auslösen, die sich auch in Verhaltensweisen ausdrücken.

Betrachten Sie einmal die beiden folgenden Aussagen einer Teamleiterin/eines Teamleiters:

Szenario A: Unser Ziel ist es, das beste Team in unserer Region zu werden.

Szenario B: Unser Ziel ist es, unsere Teamleistung im Vergleich zum Vorjahr weiter zu steigern.

Welches Szenario würde Sie persönlich stärker motivieren? Die Antwort hängt von Ihrer persönlichen Präferenz ab. Wissenschaftler unterscheiden zwischen Lern- und Leistungsorientierung (Dweck, 1986). Lernorientierte Menschen wollen sich vor allem weiterentwickeln. Die Steigerung der eigenen Leistung motiviert sie. Sie messen ihre eigene Leistungssteigerung im Vergleich zu ihren früheren Leistungen, nicht im Vergleich mit anderen. Dagegen sind leistungsorientierte Menschen dann besonders motiviert, wenn sie besser sind als andere.

Schauen wir uns die beiden Szenarien einmal an. Im Szenario A möchte das Team die Nummer eins werden. Es vergleicht sich also mit anderen Teams, ein Zeichen für Leistungsorientierung. Im Unterschied dazu möchte sich das Team im Szenario B selbst verbessern. Es vergleicht sich nicht mit anderen Teams, sondern mit sich selbst. Was haben wir im letzten Jahr geschafft? Was können wir im Vergleich dazu in diesem Jahr schaffen? Diese Fragen sprechen eher für eine Lernorientierung.

Hintergrundwissen: Lern- und Leistungsorientierung

Wir alle haben verschiedene Orientierungen in uns (Linnenbrink-Garcia et al., 2012), doch bei den meisten Menschen ist eine davon dominant (van Yperen, 2006). Verschiedene Studien belegen, dass *Lern*orientierung förderliche Auswirkungen auf Kreativität, Interesse, Anpassungsfähigkeit, Problembewältigung sowie Feedback- und Kritikfähigkeit hatn. Menschen mit dominanter Lernorientierung nehmen eher an Fortbildungen teil, geben ihr Wissen eher an andere weiter und sind weniger geneigt, Leistungen zu manipulieren oder Feedback abzuweisen (Lunenburg, 2011; Vandewalle et al., 2001). Menschen mit dominanter *Leistungs*orientierung vergleichen sich mit anderen und wollen ihr Können demonstrieren. Der Wille, besser als andere zu sein, kann eine Person auch faktisch *besser* machen (Harackiewicz et al., 2002b).

Unterschiedliche Orientierungen können die Zusammenarbeit erschweren. Eine Person, der das Lernen am Herzen liegt, ist eher orientiert an Austausch, konstruktiven Diskussionen und sicheren Beziehungen (Poortvliet & Darnon, 2010). Eine Person mit Leistungsorientierung sucht dagegen eher den Wettbewerb und zeigt sich möglicherweise weniger kooperativ (Poortvliet & Darnon, 2010).

Die Orientierungen einer Person ist veränderbar. Studien haben gezeigt: Sie als Führungskraft nehmen Einfluss auf die Orientierung in Ihrem Team (Hamstra et al., 2014). Das heißt: Durch Wortwahl und Verhaltensweisen können Sie bewusst steuern, wie Ihre Mitarbeitenden die Aufgabe wahrnehmen. Die Frage ist: Welche Rahmung ist wirksamer? Die Antwort hängt vor allem von der Art der Aufgabe ab. Grundsätzlich gilt: Bei komplexen Aufgaben führt die Rahmung als Lernziel oft zu besseren Ergebnissen. Das stärkt die Selbstwirksamkeit und führt dazu, dass mögliches negatives Feedback besser verarbeitet wird – was wiederum zu besseren Ergebnissen führt. Außerdem suchen Menschen bei Lernzielen stärker nach relevanten Informationen, um die Aufgabe zu lösen. Aufgaben als Leistungsziele zu formulieren, führt eher dazu, dass Menschen ihr vorhandenes Wissen nutzen, ohne nach neuen Alternativen zu suchen. Lernziele sind auch dann sinnvoll, wenn die Mitarbeitenden neu in der Rolle sind oder aus anderen Gründen (noch) nicht über die Fähigkeiten verfügen, die für die Lösung der Aufgabe notwendig sind (Seijts et al., 2013).

Die Befunde für Leistungsziele sind weniger eindeutig. Eine Rahmung als Leistungsziel könnte sinnvoll sein, wenn die Aufgabe weniger komplex ist und die Mitarbeitenden ein hohes Niveau an Fähigkeiten und vielleicht auch „Lust" auf Wettbewerb mitbringen. Aber achten Sie darauf, wie sich die Mitarbeitenden im Team verhalten. Individuelle Leistungsziele können zu weniger kooperativem Verhalten führen. Auch unethische Verhaltensweisen (Betrug, Vertuschen von Fehlern) sind bei Leistungszielen wahrscheinlicher (van Yperen et al., 2011).

6.2 Ziele setzen

Ob Sie wollen oder nicht: Durch Wortwahl und Verhaltensweisen senden Sie Signale in die eine oder andere Richtung und nehmen damit Einfluss auf Ihre Mitarbeitenden. Machen Sie sich also Ihr eigenes Mindset bewusst. Dadurch wird es wahrscheinlicher, dass Ihre Signale zu dem passen, was Sie erreichen wollen.

▶ **Praxistool: Dreischritt: Wahrnehmen – Wertschätzen – Handeln („awareness, appreciation, action", AAA)**

Nehmen Sie die unterschiedlichen Präferenzen aller Mitarbeitenden (einschließlich Ihrer eigenen) bewusst wahr, ohne die Personen zu beurteilen. Wertschätzen Sie die einzelnen Orientierungen als das, was sie sind: individuelle Präferenzen. Dann treffen Sie eine Entscheidung, wie Sie weiter vorgehen wollen. Nehmen Sie dazu die gesamte Situation in den Blick: die Komplexität der Aufgabe, den Stand der Fähigkeiten im Team, die verfügbare Zeit etc. In bestimmten Situationen wollen sie vielleicht die eine oder andere Orientierung stärken. Im gesamten Portfolio aller Aufgaben im Team können Sie vielleicht eine Mischung aus leistungs- und lernorientierten Zielen erzeugen. Wenn Sie eine starke Fraktion von leistungsorientierten Teammitgliedern haben, aber mehr Kooperation wollen, können Sie vielleicht die Wettbewerbsorientierung nach außen lenken, z. B. zu anderen Teams oder zu Wettbewerbern im Markt. Zusätzlich können Sie durch Ihr Verhalten und Ihre Worte eine Lernorientierung stärken. Hier sind einige Ideen (Vandewalle et al., 2019):

- die Mitarbeitenden ermutigen, neue Herausforderungen anzunehmen.
- Ziele (und mögliche Misserfolge) als Lerngelegenheiten rahmen.
- lernorientiertes Feedback geben.
- als Vorbild agieren (Fehler eingestehen, über eigene Lernfelder sprechen, Feedback einholen und das eigene Verhalten daraufhin anpassen).
- eine lernorientierte Sprache verwenden (z. B. „Unser Ziel ist es, gemeinsam besser zu werden als im letzten Jahr").

Schritt für Schritt

Bei größeren Zielen kann es sinnvoll sein, sie in Teilziele herunterzubrechen. Das ist in vielen Organisationen gängige Praxis: Der Weg zum Ziel wird in Etappen eingeteilt, für die es jeweils eigene Ziele gibt. Große Ziele können so leichter erreichbar erscheinen. Hinzu kommt, dass die Erreichung von Teilzielen ein gutes Gefühl erzeugt und sich so die Motivation erhöhen kann. Doch das ist leider nicht immer der Fall. Der Fokus auf Teilziele kann auch dazu führen, dass Menschen sich auf erreichten Teilzielen ausruhen (Amir & Ariely, 2008). Was also tun?

Die Marketingprofessorin Szu-chi Huang und ihr Team haben sich dieser Frage in einer Serie von Studien gewidmet (Huang et al., 2017). Das Ergebnis: Es kommt darauf an, *wann* sie die Aufmerksamkeit auf Teilziele und *wann* auf das Gesamtziel legen.

In der Anfangsphase wirken heruntergebrochene Teilziele besonders motivierend. Sie verlieren diese Wirkung jedoch, wenn man sich dem Gesamtziel nähert. Ab einer Zielerreichung von ca. 70 % sollte man wieder das Gesamtziel in den Blick nehmen.

In einem Experiment in einer Marketingfirma erhielten die Mitarbeitenden Punkte für bestimmte Tätigkeiten. Sie hatten ein Gesamtziel von 80 Punkten. Einigen gab man nur das Gesamtziel (80 Punkte), anderen gab man jeweils Teilziele (je 10 Punkte). In der ersten Gruppe erreichten ca. 34 % der Mitarbeitenden das Gesamtziel, in der zweiten Gruppe waren es ca. 39 %. Einer dritten Gruppe gab man zunächst Teilziele (10 Punkte), später dann das Gesamtziel (80 Punkte). In dieser Gruppe erreichten ca. 57 % das Gesamtziel – das ist deutlich mehr als in den anderen Gruppen (Huang et al., 2017).

Machen Sie sich also bewusst: Gesamtziel und Teilziele können beide motivierend sein. Gehen Sie bewusst mit beiden um. Meistens wird es sinnvoll sein, zunächst Teilziele festzulegen und im letzten Drittel die Aufmerksamkeit wieder auf das Gesamtziel zu lenken.

6.3 Ziele erreichen

Es ist eine Sache, ein gutes Ziel in einer guten Art und Weise zu setzen. Ebenso wichtig ist die Klarheit darüber, *wie* Sie dieses Ziel erreichen wollen. In vielen Unternehmen wird die Erreichung wichtiger Ziele durch ein Performance-Management-System gesteuert. In diesem Abschnitt geht es jedoch nicht um unternehmensweite Prozesse und Systeme, sondern darum, wie Sie als individuelle Führungskraft das Erreichen von Zielen aller Art unterstützen können.

6.3.1 Implementierung planen

Wenn Ihre Mitarbeitenden am Ende des Zielsetzungsprozesses die Absicht haben, die Ziele umzusetzen, dann haben Sie bereits viel erreicht. Doch auch die besten Absichten sind wertlos, wenn sie nicht in Handlungen überführt werden. Dabei helfen Handlungspläne. Aus der Gesundheitsforschung wissen wir, dass Handlungspläne die Wahrscheinlichkeit der Umsetzung von Intentionen erhöhen (Bailey, 2019). Das dürfte auch für Ziele in Unternehmen gelten. Mindestens für komplexere Ziele ist es sinnvoll, konkrete Handlungsschritte zu definieren und sie mit Verantwortlichkeiten und Terminen zu hinterlegen. Handlungspläne geben Orientierung und erleichtern die Fortschrittsmessung. Doch Handlungspläne können auch zu Frustrationen führen, wenn sie Freiräume zu stark einengen oder zu bürokratisch gehandhabt werden. Beachten Sie daher folgende Punkte:

6.3 Ziele erreichen

1. *delegieren*: Action-Pläne sind wichtig. Das heißt aber nicht, dass Sie als Führungskraft die Pläne (alleine) erstellen sollten. Je nach Grad der Fähigkeiten des Teams können Sie Ihren Stil anpassen. Vielleicht ist es ein gemeinsamer Prozess, den Sie moderieren. Vielleicht können Sie es Ihrem Team aber auch komplett überlassen. Die notwendigen Schritte zur Erreichung bestimmter Ziele kennen Ihre erfahrenen Mitarbeitenden vermutlich gut. Vielleicht ist auch ein Coachingstil hilfreich, bei dem Sie mit konkreten Fragen die Ressourcen des Teams aktivieren (s. Kap. 5).
2. *balancieren*: Ein Plan bietet hilfreiche Orientierung, kann aber auch die Freiheit einengen (Mutter et al., 2023). Achten Sie daher auf ein gutes Maß an Details und vermeiden Sie Kleinteiligkeit. Ob Sie selbst detaillierte Pläne lieben oder eher Spontanität und Freiheit schätzen: Denken Sie immer daran, dass es auch andere Präferenzen gibt.
3. *makromanagen*: Ein Handlungsplan sollte regelmäßig besprochen und ggf. angepasst werden. Doch auch hier ist Flexibilität wichtig. Passen Sie Frequenz und Intensität der Besprechungen den Fähigkeiten und Präferenzen der Mitarbeitenden an. Vermeiden Sie in jedem Fall Mikromanagement.
4. *auf Ergebnisse konzentrieren:* Überlegen Sie, bei welchen Zielen bzw. welchen Mitarbeitenden Sie gar nicht mehr auf die Pläne schauen, sondern nur noch auf die Ergebnisse. Denken Sie auch daran: Wohlbefinden und Weiterentwicklung des Teams sind auch wichtige Ergebnisse.
5. *Hürden antizipieren:* Fragen Sie sich: Was könnte uns davon abhalten, diesen Plan umzusetzen? Überlegen Sie sich auch Lösungen für den Fall, dass diese Hindernisse auftreten (s. dazu nachfolgendes Praxistool „Wenn Dann–Pläne").

Was passiert, wenn mal nicht alles nach Plan läuft? Unerwartete Probleme können Zeitpläne über den Haufen werfen, Ergebnisse gefährden und Frustrationen erzeugen. Die gute Nachricht: Viele Probleme sind gar nicht „unerwartbar". Beispiele: Personen mit kritischen Fähigkeiten erkranken oder kündigen. Wichtige Daten aus anderen Abteilungen werden zu spät geliefert. Menschen halten sich nicht an Vereinbarungen. Dies alles sind Risiken, die wir schon erlebt haben und daher antizipieren können. In einigen Fällen können wir *vorbeugen*. Wenn Sie z. B. nur eine einzige Person im Team haben, die eine wichtige Software bedienen kann, sollten Sie sofort tätig werden. Warten Sie nicht, bis die Person tatsächlich ausfällt. Schicken Sie z. B. weitere Personen zu einer Softwareschulung, um für den Fall der Fälle gerüstet zu sein. Oder ein anderes Beispiel: Wenn wichtige Daten aus anderen Abteilungen häufig zu spät geliefert werden, dann könnten Sie künftig vorher Erinnerungsnachrichten schicken oder Gespräche mit den betreffenden Personen führen.

Eine andere Art von „erwartbaren" Hürden hat mit unserem *eigenen* Verhalten zu tun. Trotz bester Absichten gelingt es uns nicht immer, unsere Pläne in die Tat umzusetzen. Der Klassiker: gute Vorsätze zum neuen Jahr. Wir nehmen uns vor, uns gesünder zu ernähren, greifen aber in bestimmten Situationen wieder zur ungesunden Variante. Bei dieser Art von verhaltensbezogenen Hürden hilft es, wenn wir konkrete Pläne entwickeln, *wie* wir die Ziele erreichen wollen. Der Psychologe Peter Gollwitzer, der dieses Konzept in den 1990er-Jahren entwickelt hat, spricht von *Implementierungsintentionen* (Gollwitzer & Sheeran, 2006). Die Grundidee: Auf dem Weg zur Zielerreichung gibt es bestimmte kritische Situationen – Gelegenheiten, die wir nicht verpassen sollten, oder Hürden, die uns vom Wege abbringen können. Für diese kritischen Situationen können wir uns vorab konkrete Verhaltensweisen überlegen, die uns auf Kurs halten. Das klappt am besten in der Form von Wenn-Dann-Plänen (s. Kasten).

▶  **Praxistool: Wenn-Dann-Pläne**

Das Grundprinzip von Wenn-Dann-Plänen ist eine (mentale) Verknüpfung von bestimmten Situationen mit konkreten Verhaltensantworten. Wenn eine bestimmte Situation eintritt, dann verhalte ich mich auf eine vorher festgelegte Art und Weise. Daher ist es wichtig, zunächst einmal die kritischen Situationen im Zusammenhang mit bestimmten Zielen zu identifizieren. Wenn es z. B. mein Ziel ist, mich gesünder zu ernähren, dann ist jede Situation, in der ich Appetit auf einen Snack verspüre, ein solcher kritischer Moment. Für diese Situation (wenn ich Appetit auf einen Snack verspüre) kann ich mir dann eine Verhaltensweise überlegen, die mein Ziel (gesunde Ernährung) unterstützt. Mein Plan könnte dann lauten: Wenn ich Appetit auf einen Snack verspüre, dann esse ich erstmal einen Apfel (Gollwitzer, 2014). Ein anders Beispiel: Stellen Sie sich eine Person vor, die ihre Aufgaben regelmäßig zu spät erledigt. Nehmen wir an, die Person hat Ablenkungen durch die Kollegen als zentrale Ursache identifiziert. Vielleicht fällt es ihr schwer, die gut gemeinten Plaudereien der Kollegen zu vermeiden. Ihr Plan könnte folgendermaßen lauten: Wenn ich von meinen Kollegen angesprochen werde, dann sage ich ihnen, dass ich erstmal meine Arbeit erledigen möchte. Diese Vorgehensweise mag trivial klingen, die Wirkung ist jedoch erstaunlich stark. Tritt die kritische Situation tatsächlich ein, ist die Wahrscheinlichkeit deutlich erhöht, dass wir an unseren guten Absichten festhalten. Das haben zahlreiche Studien in den letzten 30 Jahren gezeigt (Bieleke et al., 2021; Gollwitzer, 2014; Gollwitzer & Sheeran, 2006).

Die Methode lässt sich auch auf Teams anwenden. Wenn es z. B. das Ziel ist, die E-Mail-Flut im Team einzudämmen, könnte folgender Plan helfen: Wenn wir eine E-Mail schreiben, dann sagen wir immer am Anfang (in aller Kürze), worum es geht und warum diese E-Mail wichtig ist (Grant, 2014). Wenn das Ziel ist, bessere Entscheidungen im Team zu treffen, könnte der Plan lauten: Wenn wir Entscheidungen treffen, dann beziehen wir bewusst eine Außenperspektive mit ein (Thürmer et al., 2017).

6.3.2 Fortschritte beobachten und Maßnahmen anpassen

Die Fortschritte bei der Zielerreichung regelmäßig zu beobachten, sorgt dafür, dass wir Ziele eher erreichen. Das hat eine Metaanalyse eines Forschungsteams um den britischen Psychologen Benjamin Harkin bestätigt (Harkin et al., 2016), in der 138 Studien mit insgesamt mehr als 19.000 Studienteilnehmenden ausgewertet wurden. Fortschrittsmessung ermöglicht es uns, die Veränderung im Abstand zwischen Status quo und Ziel zu ermitteln und unsere Maßnahmen entsprechend anzupassen. Der Effekt war besonders stark, wenn die Ergebnisse *schriftlich* festgehalten wurden. Eine mögliche Erklärung: Wir Menschen tendieren dazu, kritische Daten über uns „in unserem Sinne" zu verzerren, um ein positives Selbstbild aufrechtzuerhalten. Die schriftliche Dokumentation macht es deutlich schwieriger, (negative) Informationen zu ignorieren bzw. zu beschönigen. Bei den meisten Studien, die in diese Metaanalyse einbezogen wurden, ging es um gesundheitsbezogene Ziele (z. B. Gewichtsreduktion). Die Erkenntnisse lassen sich jedoch auf den Arbeitskontext übertragen, wie andere Studien gezeigt haben. Arbeitsteams, die ihren Fortschritt beobachten, sind besser in der Lage, auf Abweichungen von der optimalen Strategie zu reagieren und ihre Aktivitäten aufeinander abzustimmen (Rapp et al., 2014).

Das Wichtigste an der Fortschrittsmessung ist der Erkenntnisgewinn. Egal, ob die Zwischenziele erreicht, verfehlt oder übertroffen wurden – wichtig ist es, zu verstehen, was zu dem jeweiligen Ergebnis geführt hat. Welche der Annahmen, die dem geplanten Vorgehen zugrunde lagen (s. in Abschn. 6.2.2 „Praxistipp: zugrunde liegende Annahmen besprechen"), sind eingetroffen und welche nicht? Je besser Sie diese Zusammenhänge verstehen, desto wirksamer können Sie Ihren Handlungsplan anpassen. Fortschrittsmessungen haben aber noch einen weiteren Vorteil: Sie schaffen Gelegenheiten, Fortschritte sichtbar zu machen, zu würdigen und damit das Team zu motivieren (s. Kasten „Fortschritt macht glücklich"). Das kann besonders bei längeren Projekten hilfreich sein, bei denen es zuweilen schwierig ist, die Motivation hochzuhalten (Touré-Tillery & Fishbach, 2012). Voraussetzung dafür ist natürlich, dass Fortschritte erzielt wurden. Sollte das nicht der Fall sein, ist ein Blick in den Spiegel umso wichtiger, damit Maßnahmen besprochen und künftiger Fortschritt ermöglicht werden kann. Dabei kann es helfen, an das ursprüngliche Ziel und die dafür notwendigen Handlungen zu erinnern (Rogers et al., 2015).

 Hintergrundwissen: Fortschritt macht glücklich

Fortschritt ist eine unterschätze Quelle von Motivation und Zufriedenheit. Teresa Amabile von der Harvard Business School und Steven Kramer haben über 12.000 Tagebuchartikel von Arbeitnehmern ausgewertet. Was ist an ihren „besten Tagen" (in Hinblick auf Stimmung und Motivation) passiert? Das Ergebnis: An 76 % dieser

> Tage haben sie einen Fortschritt gemacht. Dieses Gefühl macht glücklicher als ein ermutigender Kommentar oder eine inhaltliche Unterstützung aus dem Kollegium.
> Wird die Arbeit als sinnhaft empfunden, können es kleine Dinge sein, die einen Einfluss haben, z. B. sich in einem Meeting auf eine Lösung zu einigen oder ein technisches Problem zu lösen (Amabile & Kramer, 2011).

▶ **Praxistipp: Fortschrittsgespräche**

Insbesondere bei komplexeren Zielen ist es sinnvoll, regelmäßige Fortschrittsgespräche als selbstverständliche Routine einzuführen. Dabei kann das Team das Erreichte würdigen und sich so motivieren (s. Kasten „Fortschritt macht glücklich"). Zugleich können aufgetretene Probleme diskutiert, Lösungen entwickelt und die Handlungspläne anpasst werden. Ob Sie als Führungskraft bei diesen Meetings anwesend sein müssen oder wollen, hängt vom Thema und von der Selbstständigkeit des Teams ab. Überlegen Sie sich, ob Ihre Anwesenheit Wert stiftet – oder vielleicht sogar hinderlich ist. Vielleicht können Sie bei der Beseitigung bestimmter Hürden behilflich sein. Vielleicht ist es für das Team aber auch gerade wichtig, dies allein zu schaffen. Im Zweifel fragen Sie einfach Ihr Team.

6.3.3 Feedback geben

Feedback ist ein zentraler Motivationsfaktor bei der Zielerreichung. Feedback ermöglicht es, den Status quo mit der Vision und mit dem Ziel abzugleichen und bei Bedarf die eigenen Aktivitäten anzupassen. Ohne Feedback ist es schwer, zu wissen, wo man steht, und zu entscheiden, wie man weiter vorgeht (Schroeder & Fishbach, 2015). So weit, so einleuchtend. Die entscheidende Frage ist: Geben Sie genug Feedback an Ihre Mitarbeitenden? Befragungen von Führungskräften ergeben eine recht weite Verbreitung von Feedback zur Leistung der Mitarbeitenden. Die Wahrnehmung der Mitarbeitenden ist aber oft eine andere. Einige Untersuchungen haben ergeben, dass nur ca. ein Drittel der Berufstätigen regelmäßig Feedback von ihren Vorgesetzten zu ihrer Leistung bekommt. Das gilt vor allem für Frauen, ältere Beschäftigte, Teilzeitkräfte und für Mitarbeitende auf entweder sehr hoher oder sehr niedriger Ebene (Grund & Sliwka, 2009; Rödel & Krach, 2023).

Welche Art von Feedback am meisten motivierend wirkt, hängt davon ob, wo Sie bei der Zielerreichung stehen. Diesseits vom Bergfest ist positives Feedback motivierender. Finden Sie Grund zum Feiern, und betonen Sie, wie viel Prozent schon erreicht worden ist. Jenseits der Mitte ist es besser darauf hinzuweisen, wie viel Prozent noch zu bewältigen sind. In dieser Phase ist auch kritisches Feedback sinnvoll (Schroeder & Fishbach, 2015).

6.3.4 „Minderleister" führen

In den meisten Unternehmen gibt es Menschen, deren Leistungen deutlich unterdurchschnittlich sind. Wenn das über einen längeren Zeitraum der Fall ist, kann es zur Belastungsprobe für ein Team werden. Andere Teammitglieder müssen vielleicht zusätzliche Aufgaben übernehmen. Arbeitsklima und -ergebnisse geraten schnell unter Druck. Als Führungskraft müssen Sie handeln. Doch der Umgang mit sogenannten Minderleistern fällt vielen Führungskräften schwer. Nicht selten vermeiden sie es sogar, sich damit auseinanderzusetzen.

Die folgenden Überlegungen basieren auf vier Grundgedanken:

- Positiv Führen heißt nicht, immer zu allen nett zu sein, sondern (u. a.) ehrlich und verlässlich zu kommunizieren.
- Als Führungskraft haben Sie – wie alle anderen – begrenzte Ressourcen, die Sie balancieren müssen. Einerseits verdient jeder Mensch im Team Ihre Unterstützung. Andererseits dürfen die anderen Teammitglieder nicht unter einem (zu) hohen „Engagement" für eine Person leiden.
- Ihre Wahrnehmung der Leistungsfähigkeit sowie der eigentlichen Leistung von Mitarbeitenden kann verzerrt sein.
- Es gibt immer Gründe für menschliches Verhalten. Diese Gründe sind nicht immer erkennbar.

Voraussetzung für die hier besprochenen Optionen ist Klarheit – sowohl in Bezug auf die Erwartungen als auch auf die Abweichungen von diesen Erwartungen. Wenn diese Voraussetzung erfüllt ist, können Sie in einen Lösungsdialog mit der betreffenden Person eintreten – je früher desto besser. Ziel dabei ist es, eine Veränderung herbeizuführen, die Leistung ermöglicht. Dabei können Sie zwei verschiedene Richtungen einschlagen: 1. direkt Lösung erkunden oder 2. zunächst die Ursachen analysieren, die der Leistungserbringung im Wege stehen könnten.

Lösungen erkunden
Der Grundgedanke dieses Ansatzes ist die Frage: Was braucht die Person, damit sie sich entfalten und Leistung erbringen kann? Laden Sie Ihr Gegenüber ein, selbst über mögliche Veränderungen nachzudenken. Gehen Sie offen in das Gespräch und halten Sie sich mit eigenen Vorschlägen zurück. Mit folgenden Fragen können Sie experimentieren:

- Welche Veränderung würde Ihnen am meisten helfen?
- Welche Ihrer Stärken können Sie heute schon einsetzen? Welche würden Sie gerne mehr einsetzen?
- Was funktioniert heute bereits gut – und wie können Sie mehr davon tun?
- Was wünschen Sie sich von mir als Führungskraft?

Diese Fragen sind Einladungen zur Reflexion. Nicht immer werden Sie Antworten finden. Aber lassen Sie sich davon nicht abhalten, sie zu stellen.

Ursachen analysieren – und dann Lösungen finden
Für jede Art von Leistung gibt es Gründe. Das gilt für Hochleistung ebenso wie für „Minderleistung". Die Herausforderung dabei ist: Diese Gründe sind in der Regel vielfältig und nicht immer erkennbar. Trotzdem fällen wir oft schnelle Urteile über andere Menschen und finden (zu einfache) Erklärungen für ihr Verhalten und ihre Leistungen. Wir glauben, zu verstehen, was in anderen Personen vor sich geht – und liegen damit oft falsch. Der Sozialpsychologe Nicholas Epley der Chicago Business School nennt das die *Illusion der Einsicht* (Epley, 2014). Hinzu kommt ein Phänomen, dem Sozialpsychologen den Namen „fundamentaler Attributionsfehler" gegeben haben: Wir tendieren dazu, das (negative) Verhalten einer Person mit deren Persönlichkeit zu erklären, und vernachlässigen dabei den wichtigen Einfluss anderer Faktoren. Wir sollten also keine schnellen Schlussfolgerungen ziehen, wenn es darum geht, Leistung zu erklären. Das heißt aber nicht, dass wir nicht versuchen sollten, mögliche Gründe für geringe Leistung zu verstehen (und zu beseitigen).

Arbeitsrechtler unterscheiden zwischen personenbedingter und verhaltensbedingter Minderleistung. Im ersten Fall (personenbedingt) *kann* die Person die Leistung nicht erbringen, z. B. aufgrund einer Krankheit. Im zweiten Fall (verhaltensbedingt) könnte die Person die Leistung erbringen, sie *will* aber nicht. In der Praxis können wir allerdings nicht immer klar erkennen, ob es am Können oder Wollen liegt, bzw. warum genau eine Person nicht kann oder will.

Daher erscheint es sinnvoll, die beiden Kategorien (Wollen und Können) in weitere Faktoren aufzufächern: die Art der Führung, die Qualität der Aufgabe, der Kontext und die Person selbst. Indem wir diese Faktoren in den Blick nehmen, verringern wir auch die Gefahr der einseitigen Attribution. In der folgenden Tabelle finden Sie beispielhafte Ursachen entlang dieser vier Faktoren. Dabei werden Sie merken, dass Ihre Beobachtungen sich nicht immer überschneidungsfrei und eindeutig einer dieser Kategorien zuordnen lassen. Insbesondere die personenbezogenen Ursachen sind vielfältig und überschneiden sich gelegentlich mit den anderen Kategorien. Nehmen Sie diese Darstellung daher als pragmatischen Denkanstoß für ein konstruktives Gespräch zwischen Ihnen und der betroffenen Person.

Mögliche Gründe für geringe Leistung

Ursache	Führung	Aufgabe	Kontext	Person
Können	Unklare Kommunikation (z. B. bei der Zielvereinbarung)	Überforderung (Fähigkeit oder Menge)	Fehlende Arbeitsmittel	Krankheit
Wollen	Mangel an Wertschätzung, Mikromanagement (keine Autonomie)	Unterforderung, fehlender Sinn	Risiko von Gesichtsverlust bei Kollegen, fehlende psychologische Sicherheit	Wertekonflikt

6.3 Ziele erreichen

Ein Beispiel: Person A aus dem Vertrieb erreicht die erwarteten Verkaufsziele nicht. Nehmen wir einmal an, die Person *möchte* die Ziele erreichen, *kann* es aber nicht. Woran könnte es liegen? Ein Grund könnte sein, dass ihr die Ziele gar nicht klar sind. Das wäre eine Frage der klaren Kommunikation – und damit der *Führung*. Das Problem könnte aber auch in der *Aufgabe* selbst begründet sein. Vielleicht erfordert der Verkauf der fraglichen Produkte ein bestimmtes Wissen oder bestimmte Fähigkeiten, über die die Person nicht ausreichend verfügt. Möglicherweise fehlt es aber auch an Arbeitsmitteln (ein Fahrzeug, eine effiziente Software oder Informationen aus der Entwicklungsabteilung). Das wären in unserer Logik *Kontextfaktoren*. Schließlich könnte es auch sein, dass Person A aus Krankheitsgründen die Aufgaben nicht ausreichend erfüllen konnte – ein Faktor, der in der *Person* selbst liegt.

Nehmen wir nun einmal an, die Person *könnte* die Verkaufszahlen erreichen, *möchte* es aber nicht. Auch hier liegt einer der möglichen Gründe in der Art der *Führung*. Zu enge Vorgaben oder ein Mangel an Wertschätzung könnten z. B. dazu führen, dass die Person gar nicht bereit ist, die Ziele zu bearbeiten. Vielleicht fühlt sie sich durch die *Aufgabe* aber auch unterfordert und ist deshalb nicht motiviert. Möglicherweise möchte unsere Beispielperson aber auch nicht als Streber/Streberin gelten. Angst, im Kollegium das eigene Gesicht zu verlieren, kann ein starker Hinderungsgrund sein, den wir hier dem *Kontext* zuordnen. Schließlich kann auch ein in der *Person* liegender Wertekonflikt die Ursache mangelnden Willens sein. Das kann etwa der Fall sein, wenn das geforderte Verkaufsvolumen Kompromisse bei der Qualität erfordert, die unsere Beispielperson nicht eingehen möchte.

Mithilfe dieses Rahmens können Sie einige Ursachen von Minderleistung identifizieren und im Anschluss beseitigen. Das funktioniert am besten im gemeinsamen Dialog mit der betroffenen Person. Ein ehrliches Gespräch kann manchmal schnell zu einer Lösung führen. Darin liegt ein großes und häufig nicht ausgeschöpftes Potenzial. Doch auch mit der besten Intention werden Sie nicht immer zu einer Lösung kommen. Manchmal „kann man einfach nichts machen". Manche Menschen lassen sich auf solche Art von Gesprächen nicht ein. Bei anderen sind die Gründe oder die Veränderungsbereitschaft nicht erkennbar. Für solche Fälle müssen Sie entscheiden, wie viel Zeit und Energie Sie in diese Situation investieren wollen. Um es noch einmal zu sagen: Positiv Führen heißt nicht, nur positive Botschaften auszusenden, sondern ehrlich und verlässlich zu kommunizieren. Klarheit und Wertschätzung schließen sich dabei nicht aus, sondern sind in Kombination ein Merkmal guter Führung. Schließlich stehen Ihnen als Führungskraft auch noch die Instrumente der Abmahnung und der Kündigung zur Verfügung. Beides erfordert eine sorgfältige Vorbereitung und Dokumentation. Eine rechtliche Beratung ist dabei immer empfehlenswert. Doch auch dabei gilt: Bleiben Sie immer wertschätzend und kommunizieren Sie gesichtswahrend. Jedes Verhalten hat schließlich Gründe, auch wenn sie für uns nicht erkennbar sind.

Vorbeugen

Am besten ist es, wenn es gar nicht erst zur „Minderleistung" kommt. Eine sorgfältige Auswahl Ihrer Mitarbeitenden ist dabei die beste Vorbeugung. Wenn Sie bei der

Personalauswahl mitwirken können, lassen Sie dabei Sorgfalt walten. Verlassen Sie sich nicht allein auf Ihr Bauchgefühl. Ein einfaches Einstellungsgespräch – sehr oft noch übliche Praxis – reicht nicht aus. Unsere Intuition, das hat die Forschung klar gezeigt, ist nicht geeignet, die Leistungsfähigkeit einer Person vorherzusagen (Kahneman, 2011, S. 220–233). Anforderungen und notwendige Fähigkeiten müssen klar definiert und in Auswahlkriterien überführt werden. In einem strukturierten Gespräch wird dann eruiert, inwieweit die Kriterien von der jeweiligen Person erfüllt werden. Vereinbaren Sie, wenn möglich, eine Probezeit – und nutzen Sie sie als wirkliche Testphase! Schauen Sie frühzeitig – nicht erst kurz vor Ende der Probezeit – auf die erbrachten Leistungen und das Verhalten der Person. Kommunizieren Sie regelmäßig und stellen Sie bei Bedarf Unterstützung bereit, damit die Person eine faire Chance hat, die Erwartungen zu erfüllen. Dann treffen Sie Ihre Entscheidung – ggf. gemeinsam mit anderen Kollegen. Auch wenn die Person einmal an Bord ist, sollten Sie natürlich weiter in Kontakt bleiben. Wenn Sie Ihren Mitarbeitern regelmäßig ehrliches Feedback zu ihrer Leistung geben (s. Abschn. 6.3.3), reduzieren Sie die Wahrscheinlichkeit von unangenehmen Überraschungen.

▶  **Praxistipp: Vorsicht mit der Schublade „Minderleister"**

Schwache Leistungen sollten adressiert werden. Das steht m. E. außer Frage. Seien Sie aber vorsichtig mit der Kategorie „Minderleister". Für diese Vorsicht gibt es (mindestens) zwei Gründe. Der erste Grund: Es könnte sein, dass Sie falsch liegen! Nicht alle als Minderleister angesehenen Menschen sind tatsächlich „leistungsschwach". Es gibt viele Gründe, warum eine Person in dieser Schublade landen kann. Manchmal löst ein kleiner Fehler eine Abwärtsspirale aus: Die durch den Fehler verursachte Verunsicherung wird durch die erhöhte Aufmerksamkeit der Chefin/des Chefs noch einmal verstärkt – und führt dadurch zu weiteren Fehlern. Schnell ist man als Versager verschrien (Manzoni & Barsoux, 2003). Aber auch ohne eigene Fehler kann der Eindruck von Minderleistung entstehen. Leistungsbeurteilungen sind immer subjektiv, auch dann, wenn Leistungsindikatoren zugrunde gelegt werden. Unsere Wahrnehmung kann auf vielfältige Art verzerrt sein, etwa durch frühere Eindrücke (einmal schwach, immer schwach) oder durch Merkmale, die mit der Leistung gar nichts zu tun haben (z. B. Aussehen, Dialekt, Größe etc.). Diese Verzerrungsmechanismen sind seit langem bekannt und vielfach beschrieben (z. B. Bald & Kanning, 2019; Kanning, 2023). Seien Sie also skeptisch gegenüber Ihrem kritischen Urteil – und bleiben Sie neugierig! Fragen Sie sich: *Was könnte mein Urteil beeinflusst haben? Welche positiven Entwicklungen habe ich übersehen?* Wenn möglich, holen Sie eine zweite Meinung zu der fraglichen Person ein.

Der zweite Grund für das Gebot von Vorsicht: Ihr kritisches Urteil, ob zutreffend oder nicht, wirkt wie eine sich selbst erfüllende Prophezeiung. Studien haben gezeigt: Wenn Sie als Führungskraft jemanden als leistungsschwach kategorisieren, wird es für diese Person schwerer, ihre eigentliche Leistung zu zeigen – selbst dann, wenn dieses Urteil unausgesprochen bleibt und nur in Ihrem Kopf existiert. Mit anderen Worten: Ihre Erwartung als Führungskraft in Bezug auf die Leistung einer Person hat einen Einfluss auf deren tatsächliche Leistungsfähigkeit (Eden, 1992). Gehen Sie also immer davon aus, dass sich die fragliche Person verbessern kann. Suchen Sie gemeinsam mit der betroffenen Person nach den Ursachen dafür, dass der Eindruck von Leistungsschwäche entstanden ist. Entwickeln Sie gemeinsam Ideen, die aktuelle Situation zu verbessern.

6.4 Mit Ergebnissen umgehen

In regelmäßigen Abständen sollten wir Bilanz ziehen und uns fragen: Was können wir aus dem bisherigen Prozess lernen und wie geht es weiter? Dazu bieten sich Meilensteine an, wie etwa der Abschluss eines Projekts bzw. einer Arbeitsphase oder das Ende eines bestimmten Zeitraumes (Monat, Quartal). Dabei sollten wir sowohl auf Erfolge als auch auf Misserfolge schauen. Was haben wir erreicht und was nicht? Was haben wir dabei gelernt?

6.4.1 Erfolge feiern

Sind Sie eine wertschätzende Chefin oder ein wertschätzender Chef? Oder verfahren Sie nach dem Motto „nicht geschimpft ist genug gelobt"? Was würden Ihre Mitarbeitenden über Sie sagen? Befragungen zeigen: Eine Mehrheit von Menschen in Unternehmen fühlen sich von Ihren Vorgesetzten durchaus wertgeschätzt. Eine Studie aus dem Jahr 2019 zeigt z. B., dass sich 68 % der Beschäftigten von ihren Vorgesetzten wertgeschätzt fühlen (Robbins, 2019). Das ist eine überraschend gute Nachricht. Trotzdem gibt es Luft nach oben. Immerhin ein knappes Drittel fühlt sich nicht ausreichend wertgeschätzt. Doch auch unter denjenigen, die sich wertgeschätzt fühlen, gibt es den Wunsch nach mehr Wertschätzung. In der gleichen Studie gaben insgesamt 53 % der Befragten an, dass mehr Wertschätzung ihre Bindung zu dem Unternehmen verstärken würde. Eine andere Studie kam zu dem Ergebnis, dass 63 % der Mitarbeitenden lieber für ein Unternehmen arbeiten würden, in dem regelmäßig Lob und Dank ausgesprochen werden, als für ein Unternehmen, das 10 % mehr Gehalt zahlt, aber keine Anerkennung zeigt (reward gateway, 2019).

Gute Gründe
Jeder Mensch verdient Wertschätzung. Das sollte als Grund eigentlich schon reichen. Die Sorge mancher Führungskräfte, dass Mitarbeitende sich auf Wertschätzung ausruhen und weniger produktiv sind, ist unbegründet. Studien belegen das Gegenteil: Das Gefühl, bei der Arbeit wertgeschätzt zu werden, steht in positivem Zusammenhang mit Freude bei der Arbeit (White, 2014), Zufriedenheit mit dem Job (Pfister et al., 2020) sowie mit

Produktivität und Motivation (Kezar & Elrod, 2020). Ein Mangel an Wertschätzung ist hingegen mit vermehrten Krankheitstagen, geringerer Arbeitsqualität und emotionaler Distanz zum Unternehmen assoziiert (White, 2015). Diese Effekte sind in neuropsychologischen Effekten verankert: Das Erfahren von Wertschätzung und das Feiern von Erfolgen setzen positive Neurotransmitter wie Serotonin und Dopamin frei (Johnson, 2022). Serotonin fördert beispielsweise positive Interaktionen, verbessert die Konzentration, Motivation und Widerstandsfähigkeit. Dopamin sorgt dafür, dass wir das Verhalten wiederholen, das zu diesem Gefühl geführt hat. So verfestigen sich die Verhaltensweisen, die zum Erfolg geführt haben (Glaser, 2015).

Gibt es ein „zu viel" an Wertschätzung? Natürlich kann man es auch übertreiben. Das gilt für alle guten Dinge. Doch die oben zitierten Daten sprechen dafür, dass sich die meisten von uns noch deutlich diesseits eines Optimums bewegen.

Sinnvolle Anlässe

Erfolge verdienen Anerkennung, doch nicht jede erledigte Aufgabe kann (und sollte) zelebriert werden. Bestimmte Anlässe bieten sich aber an, um andere und/oder sich selbst für einen Erfolg zu belohnen. So verdient ein *erster Erfolg,* besonders für neue Teammitglieder oder diejenigen, die sich neuen Aufgaben stellen, besondere Aufmerksamkeit. Lob für den gelungenen Einstieg schafft Vertrauen und ermutigt zur weiteren Anstrengung. Ebenso wichtig ist die Würdigung von Handlungen, die einen nachhaltigen Unterschied für andere gemacht haben (wie spontanes Einspringen, Übernehmen von Aufgaben, Vor- und Mitdenken).

Achten Sie darauf, nicht nur diejenigen zu würdigen, die über ihre Erfolge lauter reden als andere. Menschen, die sich extravertiert verhalten (also z. B. sich mehr mitteilen), werden von Führungskräften tendenziell als leidenschaftlicher gesehen und stärker belohnt im Vergleich zu Menschen mit introvertierten Verhaltensweisen. Letztere sind oft sehr gute Zuhörer und tendieren dazu, weniger zu sprechen. Diese Verhaltensweisen erlauben jedoch keine Rückschlüsse auf die wirkliche Leidenschaft und Leistung. Das haben Studien von Forschenden der Harvard Business School ergeben (Krautter et al., 2023). Schenken Sie daher auch besonders den leiseren Menschen Ihre Aufmerksamkeit und Wertschätzung.

Neben individuellen Leistungen gibt es auch bestimmte gemeinsame Anlässe, die Wertschätzung verdienen. Dazu gehören Projektabschlüsse, das Hinzukommen oder Verlassen von Teammitgliedern, das erfolgreiche Bestehen der Probezeit, das Erreichen von Zielen und Quoten, positive Kundenbewertungen, erfolgreiche Quartale sowie Beförderungen oder Rollenänderungen. Selbst bei routinemäßigen Aufgaben, die oft im Hintergrund bleiben, ist es wichtig, die Zuverlässigkeit und Ausdauer der Mitarbeiter zu würdigen. Die regelmäßige Anerkennung von gemeinsamen Erfolgen fördert eine positive Arbeitsatmosphäre und stärkt das Zusammengehörigkeitsgefühl und die Motivation im Team.

6.4 Mit Ergebnissen umgehen

Hilfreiche Tipps

Fast alle Menschen schätzen es, wertgeschätzt zu werden. Doch nicht jeder mag es, öffentlich mit großem Trara gelobt zu werden (Zenger & Folkman, 2022). Stellen Sie sich also auf die Präferenzen Ihrer Mitarbeitenden ein. Dabei kann Ihnen vielleicht das folgende Modell von Paul White und Gary Chapman helfen. Sie haben „fünf Sprachen der Wertschätzung" beschrieben: Lob und Anerkennung, ungeteilte Aufmerksamkeit, Hilfsbereitschaft, Geschenke, und physische Gesten (High-Five, Händeschütteln oder Umarmung). Eine Untersuchung von 100.000 Arbeitnehmern zeigt einen Trend: 47 % der Befragten bevorzugen Lob und Anerkennung (meistens verbal). 25 % schätzen ungeteilte Aufmerksamkeit sehr, für 22 % ist es die entgegengebrachte Hilfsbereitschaft, die ihnen das Gefühl von Wertschätzung bereitet. Insgesamt präferieren nur sehr wenige der Befragten Geschenke als Zeichen der Wertschätzung – weniger als 6 % (White, 2017).

▶  **Praxistool: fünf Sprachen der Wertschätzung – Beispiele (White, 2017)**

1. *Lob und Anerkennung:* Äußern Sie mündlich oder schriftlich Anerkennung für besondere Leistungen. Seien Sie dabei authentisch (s. nachfolgender Kasten) und vor allem spezifisch. Welche konkreten Verhaltensweisen oder Ergebnisse möchten Sie würdigen? Ein unspezifischer, routinierter Dank kann sogar zu Groll und Zynismus führen (White, 2014). Bedenken Sie zudem, dass nicht alle Mitarbeitende öffentliche Anerkennung (z. B. Lob vor dem gesamten Team) schätzen – tatsächlich wollen das 30–40 % der Beschäftigten lieber nicht (White, 2014). In diesen Fällen loben Sie diese Person lieber unter vier Augen oder schreiben eine direkte Nachricht, um Ihre Anerkennung auszudrücken. Beispiele dafür, dem gesamten Team Wertschätzung entgegenzubringen und Erfolge zu feiern, sind kleine (oder große) Würdigungen: ein gemeinsames Abendessen, eine spontane Pause, oder eine Feier z. B. zum Abschluss eines Projekts.
2. *Ungeteilte Aufmerksamkeit:* Planen Sie regelmäßige Einzelgespräche, um auf individuelle Anliegen einzugehen. Das kann auch eine gemeinsam verbrachte Kaffeepause oder ein Mittagessen sein. Lassen Sie sowohl in Einzel- als auch in Teamgesprächen und -aktivitäten immer wieder Raum für persönliche Gespräche ohne geschäftlichen Fokus.
3. *Hilfsbereitschaft:* Unterstützen Sie Ihre Mitarbeitenden bei alltäglichen Aufgaben, bringen Sie „spontan" die gedruckten Seiten aus dem Kopierer mit ins Büro oder fragen Sie im ersten Meeting des Tages, wer heute wobei Hilfe benötigt. Hier kommt wieder der Aspekt der Individualität ins Spiel: Bieten Sie gezielt Hilfe an, wenn Sie von konkreten persönlichen oder beruflichen Herausforderungen eines Ihrer Teammitglieder wissen – und bestärken Sie das Team, sich untereinander zu helfen.

4. *Geschenke:* Auch wenn Geschenke für die meisten Beschäftigten nicht der erste Weg der Wertschätzung sind, können kleine Aufmerksamkeiten Freude bereiten. Auch hier können Sie kreativ sein: von Croissants fürs ganze Team zum Frühstück bis zu anlassbezogenen Geschenken (Mutter-/Vaterschaft) oder Kleinigkeiten zum Geburtstag, die die Interessen der Person widerspiegeln. Dabei geht es nicht um den materiellen Wert des Geschenks, sondern darum, dass Menschen sich gesehen fühlen.
5. *Physische Gesten:* Zeigen Sie Anerkennung und schaffen Sie eine positive Atmosphäre durch freundliche Gesten wie High Fives oder Händedruck.

 Authentizität – was genau heißt das?

Wertschätzung funktioniert nur, wenn sie authentisch ist! Doch was genau bedeutet das eigentlich? Authentisch heißt: in Übereinstimmung mit dem, was Sie wirklich denken und empfinden. Konsequent weitergedacht bedeutet das: Wenn Sie keine Wertschätzung für eine Person empfinden, dann sollten Sie sie auch nicht geben. Wenn Sie kein Interesse an der Person haben, dann sollten Sie auch nicht fragen, wie es ihr geht. Tatsächlich wäre das in gewisser Weise authentisch. Doch dabei sollten Sie es nicht belassen. Wertschätzung beginnt in Ihrem Kopf, und was dort passiert, können Sie beeinflussen. Denken Sie einmal an eine Person, die Sie nicht besonders mögen. Sie könnten sich fragen, was genau Ihnen an der Person missfällt – und was Sie an ihr schätzen. Sicher fällt Ihnen auch zu letzterem etwas ein. (Wenn das nicht der Fall ist, dann haben Sie vermutlich nicht gründlich genug geschaut.) Lenken Sie Ihre Gedanken bewusst auf diese positiven Aspekte, bevor Sie ins Gespräch mit dieser Person gehen. (Das soll Sie natürlich nicht davon abhalten, kritisches Feedback zu geben, wo es angebracht ist. Aber in diesem Kapitel geht es ja um Wertschätzung.)

Eine weitere Facette von Authentizität hängt mit unserem Bild von uns selbst zusammen. Sozialpsychologen sprechen dabei vom Selbstbild, also der Antwort auf die Frage: Wer bin ich? Von dem eigenen Selbstbild abzuweichen, fühlt sich nicht authentisch an. Manche Führungskräfte glauben etwa, dass es nicht zu ihrem Stil passt, wertschätzend zu sein, weil sie sich z. B. als besonders streng sehen (möchten) und Wertschätzung ihnen zu „weich" erscheint. Selbstbilder prägen unser Handeln. Egal welches Selbstbild Sie haben: eine Beschäftigung damit lohnt sich. Fragen Sie sich, wofür Sie als Führungskraft stehen (möchten). Die Antwort ist Teil Ihres Selbstbilds als Führungskraft. Fragen Sie weiter: Wo hilft Ihnen dieses Selbstbild und wo steht es Ihnen im Wege? Ihr Selbstbild ist ein Ergebnis des Zusammenspiels Ihrer Persönlichkeit mit Ihrer Umwelt und Ihren Lebenserfahrungen. Genau genommen ist es ein „Zwischenergebnis", denn es ist flexibel und nicht in Stein gemeißelt. Sie können Ihr Selbstbild weiterentwickeln. Wer immer Sie heute sind – Sie können sich fragen: Wer könnte ich *noch* sein?

> Vielleicht kommen Sie dabei zu dem Ergebnis, neue Verhaltensweisen in Ihren Führungsstil einarbeiten zu wollen. Das kann zu überraschten, vielleicht auch skeptischen Reaktionen bei Ihren Mitarbeitenden führen. Stellen Sie sich z. B. eine Führungskraft vor, die sich bisher wenig für die eigenen Mitarbeitenden interessiert hat. Plötzlich beginnt sie, sich nach dem Befinden zu erkundigen und höflich auf eine Antwort zu warten. Das kann sich für beide Seiten anfangs sehr unauthentisch anfühlen. Doch das sollte Sie nicht davon abhalten, mit neuen Verhaltensweisen zu experimentieren. Springen Sie dabei nicht gleich zu weit. Beginnen Sie mit kleinen Veränderungen. Dabei kann es hilfreich sein, Ihre Mitarbeitenden in Ihre Veränderungspläne einzuweihen. Lassen Sie sie wissen, dass Sie an sich arbeiten und bitten Sie im Voraus dafür um Verständnis, wenn es nicht immer gleich gelingt, authentisch zu erscheinen.

Übrigens: Wann haben Sie zuletzt einen Ihrer eigenen Erfolge gefeiert? Wenn Ihnen die Antwort nicht leichtfällt, dann sind Sie damit nicht allein. In meiner Arbeit begegne ich immer wieder Führungskräften, die überdurchschnittlich erfolgreich sind, sich aber dennoch nicht „gut genug" fühlen. Trotz Spitzenleistung stellt sich kaum je das Gefühl ein, es „geschafft" zu haben. Sie setzen sich selbst sehr hohe Standards, denen sie dann nicht immer gerecht werden. Einen Grund, zu feiern, gibt es für diese Menschen daher kaum. Das ist im doppelten Sinne schade. Erstens lassen Sie sich eine Quelle von Motivation entgehen: Eigene Erfolge feiern, gibt uns Motivation für die nächste Aufgabe. Wenn Sie Ihre eigenen Erfolge sichtbar feiern, geben Sie zweitens auch Ihren Mitarbeitenden die „Erlaubnis", Erfolge zu feiern und sich dadurch selbst zu motivieren. Mit anderen Worten: Wenn Sie Ihre eigenen Erfolge feiern, tun Sie damit auch etwas Gutes für andere.

6.4.2 Mit Misserfolgen umgehen

Positiv führen, heißt selbstverständlich nicht, nur positive Botschaften zu senden. Wenn die Ziele nicht (vollständig) erreicht wurden, ist eine andere Art der Konsequenz gefragt.

Die Situation klar adressieren
Ein wesentliches Element guter Führung ist Klarheit. Das gilt in guten wie in schlechten Zeiten. Wenn es Anlass für Wertschätzung gibt, sollte diese klar und spezifisch sein. Ebenso klar sollten Sie Misserfolge adressieren. Das bedeutet aber nicht, dass Sie jedes Detail des Misserfolgs ansprechen sollten. Schließlich geht es nicht um Vollständigkeit, sondern um Verbesserung. Die wichtigste Leitfrage ist: Was hilft den Beteiligten am meisten, die Situation gut zu bewältigen. Bedenken Sie die folgenden Prinzipien:

- *Klarheit*: Benennen Sie konkret, wo die Ergebnisse vom Plan oder von Ihren Erwartungen abweichen. Bohren Sie den Finger aber nicht zu tief in die Wunde. Wichtig ist es, zu lernen und besser zu werden. Benennen Sie auch klar, *was* verbessert werden muss und *wie*. (Sagen Sie nicht nur, was *nicht* mehr gewollt ist, sondern auch, was stattdessen gewollt ist. Wenn Sie es selbst nicht wissen, dann erarbeiten Sie es gemeinsam mit den beteiligten Personen.)
- *weniger ist mehr*: Sie müssen nicht jeden einzelnen Kritikpunkt äußern. Fokussieren Sie lieber auf einige wichtige Punkte. So wird es Ihren Mitarbeitenden leichter fallen, das Feedback zu verarbeiten und die Erkenntnisse zu integrieren.
- *zukunftsorientiert*: Richten Sie die Aufmerksamkeit auf die Zukunft: Was wollen Sie als Team künftig anders machen?
- *Fokus auf beeinflussbare Faktoren*: Betonen Sie Verhaltensweisen, die beeinflussbar sind. Vermeiden Sie Kritik an Dingen, die Ihre Mitarbeitenden nicht leicht beeinflussen können (z. B. Charaktereigenschaften).
- *balanciert:* Kaum eine Situation ist *nur* schlecht (oder nur gut): Würdigen Sie auch die Dinge, die gut gelaufen sind.

Aus Fehlern lernen

Aus Fehlern lernt man, so heißt es. Doch das ist nicht immer der Fall. Untersuchungen der Motivationsforscherinnen Lauren Eskreis-Winkler und Ayelet Fishbach zeigen: Wir lernen eher von Erfolgen als von Fehlern. Eigene Fehler können unser Ego bedrohen und werden daher lieber ignoriert. Bedrohungen rufen eher eine Schutzreaktion hervor. Lernen aber erfordert Bereitschaft und Neugier. Es ist leichter, von den Fehlern anderer zu lernen (Eskreis-Winkler & Fishbach, 2019). Warum also nicht die Fehler anderer Teams als Lerngelegenheiten „nutzen"? Wenn irgendwo anders ein für Sie relevanter Fehler auftritt, können Sie mit Ihrem Team besprechen, was es für sich daraus lernen kann.

Doch auch die Misserfolge des eigenen Teams sollten Lerngelegenheiten werden. Nehmen Sie dazu den Druck aus der Situation. Was passiert ist, ist passiert. Rahmen Sie das Gespräch explizit als ein Lerngespräch. Laden Sie die Mitarbeitenden ein, gemeinsam darüber zu reflektieren, welche nützlichen Erkenntnisse gewonnen werden können. Wenn Sie außerdem dafür sorgen, dass die Egos der involvierten Personen geschont werden, erhöhen Sie die Wahrscheinlichkeit, dass dabei etwas Gutes entsteht (Eskreis-Winkler & Fishbach, 2022). Statt „Warum hast du diesen Fehler gemacht?", ist es besser, zu fragen: „Wie ist es zu diesem Ergebnis gekommen?" Diese passive Form der Frage schafft eine gewisse kognitive Distanz zum erlebten Misserfolg und reduziert so die Tendenz zum Selbstschutz.

▶ **Praxistool: After Action Review (AAR)**
AAR ist eine Teamreflexionsmethode, die im amerikanischen Militär entwickelt wurde. Sie dient der systematischen Analyse von erwarteten und tatsächlichen Ergebnissen. Nach abgeschlossenen Aufgaben findet eine gemeinsame

Reflexion im Team statt. Statt „Feedback von oben" zu geben, ist jede einzelne Person eingeladen, mitzudenken. Die Diskussion verläuft entlang von vier Schritten:

1. *ursprünglich geplanter Sollzustand: Was war das Ziel, was wollten wir erreichen, und warum?* Alle Teilnehmenden antworten und geben ihr Verständnis der Aufgabe und des Ziels wieder.
2. *Ist-Zustand: Was ist wirklich passiert? Wie sind wir zu dem vorliegenden Ergebnis gekommen?* Hier beschreiben und diskutieren die Beteiligten ihre Wahrnehmung des Ablaufs: Schlüsselsituationen, Handlungen und aufgetretene Probleme. Zur Strukturierung kann ein Zeitstrahl helfen. Dabei geht es um die Fakten, nicht um Bewertung.
3. *Soll-Ist-Vergleich: Was ist gut gelaufen? Warum war das Team erfolgreich?* Die Diskussion sollte Erfolgsquellen aufdecken.
4. *zukünftige Soll-Zustände/Lessons Learned: Was kann verbessert werden?* Und wie genau setzen wir das beim nächsten Mal um?

Die Wirksamkeit von AARs ist gut belegt. Ergebnisse aus mehreren Studien mit insgesamt über 2000 Teilnehmenden bescheinigen der Nachbereitung eines Projekts eine Effektivitätssteigerung um 25 % (Tannenbaum & Cerasoli, 2013). Ein wichtiger Teil der Wirkung ist eine gestärkte gemeinsame Ausrichtung. Allen Beteiligten wird vor Augen geführt, wie ihre Handlungen ineinandergreifen. Das ist vor allem bei komplexen Aufgaben hilfreich, bei denen oft nicht sofort erkennbar ist, wie gut man eine Aufgabe erledigt hat (Keiser & Arthur, 2021). Durch die kontinuierliche Anwendung von AARs kann sich eine Kultur entwickeln, in der jeder und jede Einzelne nach Möglichkeiten sucht, eine Aufgabe beim nächsten Mal besserzumachen (Pascale et al., 1997).

6.4.3 Erkenntnisse integrieren

Auf dem Weg zum Ziel sammeln wir viele Erfahrungen. Erfahrungen sind aber nur dann wertvoll, wenn wir sie in unseren aktiven Erfahrungsschatz integrieren (Lundgren et al., 2017). Es geht darum, das Neue mit dem Vorhandenen zu verknüpfen und Schlussfolgerungen zu ziehen. Dies geschieht am besten durch bewusste Reflexion: Wie passen die neuen Erkenntnisse und Erfahrungen zu dem, was wir bisher wussten und für richtig hielten? Was heißt das für unsere künftige Strategie zur Zielerreichung? Wenn Sie diese Art von Reflexionen über Prozesse und Ergebnisse gemeinsam mit Ihrem Team durchführen, können Sie dadurch zur Verbesserung der Teamleistung beitragen (Schippers et al., 2015, 2020).

▶  **Praxistool: Lerndialoge im Team (Peters & Carr, 2013)**

Lerndialoge sind systematische Reflexionen im Team. Die Teamcoachingexpertinnen Jaqueline Peters und Catherine Carr schlagen dafür konkrete Fragen vor, an denen sich die folgende Liste orientiert:

- Was war das Wichtigste, das wir diesen Monat (dieses Quartal) gelernt haben?
- Wie passt das zu dem, was wir erwartet haben?
- Was genau ist uns gelungen? Wie war das möglich?
- Was ist uns nicht gelungen? Was lernen wir daraus?
- Was freut uns am meisten? Was überrascht uns am meisten? Warum?
- Was haben wir darüber gelernt, wie wir lernen?
- Welche Erfolge können wir feiern? Wie können wir auf diese Erfolge aufbauen?
- Welche sonstigen Schlussfolgerungen für unsere künftige Arbeit wollen wir ziehen?

Auch für die Erreichung Ihrer eigenen Entwicklungsziele als Führungskraft sind regelmäßige Reflexionen empfehlenswert. Dabei sind zwei Elemente besonders wichtig:

1. *Analyse der Situation*: Wo stehe ich in Bezug auf meine Entwicklungsziele? Was hat zum Gelingen bzw. Nichtgelingen beigetragen?
2. *Ableitung von Handlungsschritten*: Was möchte ich künftig (anders) machen?

In einer neueren Studie haben der Psychologe Todd Maurer und sein Team zeigen können, dass diese Art von Reflexion einen starken Einfluss auf die eigene Weiterentwicklung und damit auch auf die Leistung und den Karriereerfolg von Führungskräften hat (Maurer et al., 2020).

6.5 Zusammenfassung

Ziele sind sinnvoll:

- Ziele führen in der Regel zu besseren Leistungen, sowohl qualitativ als auch quantitativ.
- Augenmaß bei der Zielsetzung kann mögliche Schattenseiten vermeiden.

Gute Ziele setzen:

- Die Qualität der Ziele hat einen Einfluss auf die Wahrscheinlichkeit der Zielerreichung.
- Gute Ziele werden als sinnvoll wahrgenommen und passen sowohl zum Gesamtziel als auch – soweit möglich – zu den Personen, die an ihnen arbeiten. Außerdem erfüllen Sie die Kriterien von SMART und FAST.

Ziele gut setzen:

- Gemeinsame Zielsetzung führt zu mehr Klarheit bei allen Beteiligten.
- Durch eine „Rahmung" als Lern- oder Leistungsziele können Sie als Führungskraft das Verhalten der Mitarbeitenden beeinflussen.
- Bei komplexen Zielen ist es oft motivierend, Etappenziele zu setzen. Ab einer Zielerreichung von ca. 70 % sollte die Aufmerksamkeit aber wieder auf dem Gesamtziel liegen.

Ziele erreichen:

- Handlungspläne erhöhen die Umsetzungswahrscheinlichkeit von Zielen.
- Die Fortschritte bei der Zielerreichung regelmäßig zu beobachten, sorgt dafür, dass wir Ziele eher erreichen.
- Feedback ist ein zentraler Motivationsfaktor, der aber in der Wahrnehmung vieler Mitarbeitenden nicht genug genutzt wird.
- Dauerhaft niedrige Leistung muss klar adressiert werden. Aber Vorsicht mit der Schublade „Minderleister" – sie ist nicht immer berechtigt und kann außerdem zur sich selbst erfüllenden Prophezeiung werden.

Konsequenzen ziehen:

- Erfolge feiern ist klug. Mit der Maxime „nicht geschimpft ist genug gelobt" lassen Sie Potenziale ungenutzt. Doch nicht jedem gefällt es, öffentlich gelobt zu werden.
- Misserfolge sollten ebenso klar adressiert werden wie Erfolge.
- Es ist leichter, aus Erfolgen zu lernen als aus Fehlern. Ein wirkliches Lernen aus Fehlern erfordert einen sorgsamen Umgang mit den beteiligten Personen und deren Egos.
- Lerndialoge können künftige Leistung positiv beeinflussen, indem sie die Erkenntnisse in den aktiven Erfahrungsschatz des Teams integrieren.

Literatur

Amabile, T. M., & Kramer, S. J. (2011). The power of small wins. *Harvard Business Review, 89*(5), 70–80.

Amir, O., & Ariely, D. (2008). Resting on laurels: The effects of discrete progress markers as subgoals on task performance and preferences. *Journal of Experimental Psychology: Learning, Memory, and Cognition, 34*(5), 1158–1171. https://doi.org/10.1037/a0012857.

Argote, L., & Levine, J. M. (Hrsg.). (2020). *The Oxford handbook of group and organizational learning* (Oxford Library of Psychology). Oxford University Press.

Ariely, D., Gneezy, U., Loewenstein, G., & Mazar, N. (2009). Large stakes and big mistakes. *Review of Economic Studies, 76*(2), 451–469.

Asmus, S., Karl, F., Mohnen, A., & Reinhart, G. (2015). The impact of goal-setting on worker performance-empirical evidence from a real-effort production experiment. *Procedia CIRP, 26,* 127–132.

Bailey, R. R. (2019). Goal setting and action planning for health behavior change. *American Journal of Lifestyle Medicine, 13*(6), 615–618. https://doi.org/10.1177/1559827617729634.

Baker, A., Perreault, D., Reid, A., & Blanchard, C. M. (2013). Feedback and organizations: Feedback is good, feedback-friendly culture is better. *Canadian Psychology / Psychologie canadienne, 54* (4), S. 260–268. https://doi.org/10.1037/a0034691.

Bald, J., & Kanning, U. P. (2019). Urteilsverzerrungen in der Personalauswahl – Schneiden Bewerberinnen, die mit Akzent sprechen, im Interview schlechter ab und welche Rolle spielt die Erfahrung der Entscheidungsträger. *Journal of Business and Media Psychology, 10*(1), 49–56. https://journal-bmp.de/wp-content/uploads/7a_Urteilsverzerrung-in-der-Personalauswahl05.02.2020-1.pdf. Zugegriffen: 3. Juni 2024.

Bieleke, M., Keller, L., & Gollwitzer, P. M. (2021). If-then planning. *European Review of Social Psychology, 32*(1), 88–122. https://doi.org/10.1080/10463283.2020.1808936.

Cardy, R. L. (2015). Informal and formal performance management: Both are needed. *Industrial and Organizational Psychology, 8*(1), 108–111.

Dohrenbusch, R. (Hrsg.). (2023). *Psychologische Begutachtung.* Springer.

Doran, G. T. (1981). There's a SMART way to write management's goals and objectives. *Management Review, 70*(11), 35–36.

Doshi, N., & McGregor, L. (2015). *Primed to perform. How to build the highest performing cultures through the science of total motivation.* Harper Business.

Drucker, P. F. (1954). *The practice of management.* Harper.

Duckworth, A. L., Grant, H., Loew, B., Oettingen, G., & Gollwitzer, P. M. (2011). Self-regulation strategies improve self-discipline in adolescents: Benefits of mental contrasting and implementation intentions. *Educational Psychology, 31*(1), 17–26. https://doi.org/10.1080/01443410.2010.506003.

Dweck, C. S. (1986). Motivational processes affecting learning. *American Psychologist, 41*(10), 1040–1048. https://doi.org/10.1037/0003-066X.41.10.1040.

Eden, D. (1992). Leadership and expectations: Pygmalion effects and other self-fulfilling prophecies in organizations. *The Leadership Quarterly, 3*(4), 271–305.

Elliot, A. J., & Ron, F. (2017). Approach-avoidance: A central characteristic of personal goals. In B. R. Little, K. Salmela-Aro, & S. D. Phillips (Eds.). *Personal project pursuit. Goals, action, and human flourishing* (S. 97–118). Psychology Press.

Elliot, A. J., McGregor, H. A. (2001). A 2 X 2 achievement goal framework. *Journal of Personality and Social Psychology, 80*(3), 501–519. https://doi.org/10.1037/0022-3514.80.3.501.

Elliot, A. J., & Moller, A. C. (2003). Performance-approach goals: Good or bad forms of regulation? *International Journal of Educational Research, 39*(4–5), 339–356.

Epley, N. (2014). *Mindwise. How we understand what others think, believe, feel, and want.* Alfred A. Knopf.

Eskreis-Winkler, L., & Fishbach, A. (2019). Not learning from failure – the greatest failure of all. *Psychological Science, 30*(12), 1733–1744. https://doi.org/10.1177/0956797619881133.

Eskreis-Winkler, L., & Fishbach, A. (2022). You think failure is hard? So is learning from it. *Perspectives on Psychological Science, 17*(6), 1511–1524. https://doi.org/10.1177/17456916211059817.

Frese, M., & Mumford, M. D. (2015). *The psychology of planning in organizations. Research and applications* (Organization and management series). Routledge.

Friedrich, A., Flunger, B., Nagengast, B., Jonkmann, K., & Trautwein, U. (2015). Pygmalion effects in the classroom: Teacher expectancy effects on students' math achievement. *Contemporary Educational Psychology, 41,* 1–12. https://doi.org/10.1016/j.cedpsych.2014.10.006

Gibson, K. R., O'Leary, K., & Weintraub, J. R. (2020). *The little things that make employees feel appreciated.* Harvard Business Review.

Glaser, J. E. (2015). Celebration time. A cocktail each executive should know how to mix. *Psychology Today.* https://www.psychologytoday.com/intl/blog/conversational-intelligence/201512/celebration-time. Zugegriffen: 1. März 2024.

Gollwitzer, P. M. (2014). Weakness of the will: Is a quick fix possible? *Motivation and Emotion, 38*(3), 305–322. https://doi.org/10.1007/s11031-014-9416-3.

Gollwitzer, P. M., & Sheeran, P. (2006). Implementation intentions and goal achievement: A meta-analysis of effects and processes. In M. P. Zanna (Ed.), *Advances in experimental social psychology* (Advances in Experimental Social Psychology, Bd. 38, S. 69–119). Elsevier Academic Press.

Gollwitzer, P. M., Sheeran, P., Michalski, V., & Seifert, A. E. (2009). When intentions go public. *Psychological Science, 20*(5), 612–618. https://doi.org/10.1111/j.1467-9280.2009.02336.x.

Grant, A. (2022). The problem with setting goals with NFL linebacker Emmanuel Acho. ReThinking with Adam Grand. Interview with Emmanuel Acho. Audio Podcast. https://www.ted.com/podcasts/problem-with-setting-goals-emmanuel-acho-transcript. Zugegriffen: 5. Juni 2024.

Grant, H. (2014). Get your team to do what it says it's going to do. *Harvard Business Review, 92*(5), 82–87,133.

Grund, C., & Sliwka, D. (2009). The anatomy of performance appraisals in Germany. *The International Journal of Human Resource Management, 20*(10), 2049–2065. https://doi.org/10.1080/09585190903175613.

Hamstra, M. R. W., van Yperen, N. W., Wisse, B., & Sassenberg, K. (2014). Transformational and transactional leadership and followers' achievement goals. *Journal of Business and Psychology, 29*(3), 413–425. https://doi.org/10.1007/s10869-013-9322-9.

Harackiewicz, J. M., Barron, K. E., Pintrich, P. R., Elliot, A. J., & Thrash, T. M. (2002a). Revision of achievement goal theory: Necessary and illuminating. *Journal of Educational Psychology, 94*(3), 638–645. https://doi.org/10.1037/0022-0663.94.3.638.

Harackiewicz, J. M., Barron, K. E., Tauer, J. M., & Elliot, A. J. (2002b). Predicting success in college: A longitudinal study of achievement goals and ability measures as predictors of interest and performance from freshman year through graduation. *Journal of Educational Psychology, 94*(3), 562–575. https://doi.org/10.1037/0022-0663.94.3.562.

Harkin, B., Webb, T. L., Chang, B. P. I., Prestwich, A., Conner, M., Kellar, I. et al. (2016). Does monitoring goal progress promote goal attainment? A meta-analysis of the experimental evidence. *Psychological Bulletin, 142*(2), 198–229. https://doi.org/10.1037/bul0000025.

Harzer, C., Bezuglova, N., & Weber, M. (2021). Incremental validity of character strengths as predictors of job performance beyond general mental ability and the big five. *Frontiers in Psychology, 12,* 518369. https://doi.org/10.3389/fpsyg.2021.518369.

Heidemeier, H., & Staudinger, U. M. (2015). Age differences in achievement goals and motivational characteristics of work in an ageing workforce. *Ageing and Society, 35*(4), 809–836. https://doi.org/10.1017/S0144686X13001098.

Helyer, R. (2015). Learning through reflection: The critical role of reflection in work-based learning (WBL). *Journal of Work-Applied Management, 7*(1), 15–27. https://doi.org/10.1108/JWAM-10-2015-003.

Hersey, P., Blanchard, K. H. (1969). Life cycle theory of leadership. *Training & Development Journal, 23*(5), 26–34.

Hodges, T. D., & Asplund, J. (2009). Strengths development in the workplace. In P. Alex Linley, N. Garcea, & S. Harrington (Eds.), *Oxford handbook of positive psychology and work* (Oxford Library of Psychology). Oxford University Press.

Huang, S.-C., Jin, L., & Zhang, Y. (2017). Step by step: Sub-goals as a source of motivation. *Organizational Behavior and Human Decision Processes, 141,* 1–15. https://doi.org/10.1016/j.obhdp.2017.05.001

Johnson, W. (2022). *Celebrate to win.* Harvard Business Review.

Kahneman, D. (2011). *Thinking, fast and slow.* Farrar, Straus and Giroux.

Kanning, U. P. (2023). Systematische Fehler der Personenbeurteilung. In R. Dohrenbusch (Hrsg.), *Psychologische Begutachtung* (S. 1–13). Springer.

Kanning, U. P., & Wördekemper, D. (2019). Fotos bei Bewerbungen: Auch viel Erfahrung schützt nicht vor Urteilsfehlern. *Wirtschaftspsychologie aktuell, 3,* 13–16.

Kaudela-Baum, S., Meldau, S., & Brasser, M. (Hrsg.). (2022). *Leadership und People Management: Führung und Kollaboration in Zeiten der Digitalisierung und Transformation.* Springer Fachmedien.

Kauffeld, S., & Spurk, D. (Hrsg.). (2019). *Handbuch Karriere und Laufbahnmanagement* (Springer Reference Psychologie). Springer.

Keiser, N. L., Arthur, W. Jr. (2021). A meta-analysis of the effectiveness of the after-action review (or debrief) and factors that influence its effectiveness. *Journal of Applied Psychology, 106*(7), 1007–1032. https://doi.org/10.1037/apl0000821.

Kezar, A., & Elrod, S. (2020). Taken for granted: Improving the culture of celebration, appreciation, and recognition in higher education. *The Magazine of Higher Learning, 52*(5), 29–36. https://doi.org/10.1080/00091383.2020.1807880.

Kierein, N. M., & Gold, M. A. (2000). Pygmalion in work organizations: A meta-analysis. *Journal of Organizational Behavior, 21*(8), 913–928.

Krautter, K., Büchner, A., & Jachimowicz, J. M. (2023). *Stop assuming introverts aren't passionate about work.* Harvard Business Review.

Krohne, H. W., & Laux, L. (Eds.). (1982). *Achievement, stress, and anxiety* (The Series in Clinical and Community Psychology). Hemisphere.

Krott, N. R., Marheinecke, R., & Oettingen, G. (2019). Mentale Kontrastierung und WOOP fördern Einsicht und Veränderung. In S. Rietmann & P. Deing (Hrsg.), *Psychologie der Selbststeuerung* (S. 187–212). Springer Fachmedien.

Lange, A. H. de., van Yperen, N. W., van der Heijden, B. I. J. M., & Bal, P. M. (2010). Dominant achievement goals of older workers and their relationship with motivation-related outcomes. *Journal of Vocational Behavior, 77*(1), 118–125.

Latham, G. P., Mitchell, T. R., & Dossett, D. L. (1978). Importance of participative goal setting and anticipated rewards on goal difficulty and job performance. *Journal of Applied Psychology, 63*(2), 163–171. https://doi.org/10.1037/0021-9010.63.2.163.

Lewis, S. (2011). *Positive psychology at work. How positive leadership and appreciative inquiry create inspiring organizations* (Challenges in Contemporary Theology). John Wiley & Sons Incorporated.

Linley, P. A., Garcea, N., & Harrington, S. (Eds.). (2009). *Oxford handbook of positive psychology and work.* Oxford University Press.

Linnenbrink-Garcia, L., Middleton, M. J., Ciani, K. D., Easter, M. A., O'Keefe, P. A., & Zusho, A. (2012). The strength of the relation between performance-approach and performance-avoidance goal orientations: Theoretical, methodological, and instructional implications. *Educational Psychologist, 47*(4), 281–301. https://doi.org/10.1080/00461520.2012.72251.

Little, B. R., Salmela-Aro, K., & Phillips, S. D. (Hrsg.). (2017). *Personal project pursuit. Goals, action, and human flourishing.* Psychology Press.

Locke, E. A., & Latham, G. P. (2002). Building a practically useful theory of goal setting and task motivation. A 35-year odyssey. *The American Psychologist, 57*(9), 705–717. https://doi.org/10.1037//0003-066x.57.9.705.

Locke, E. A., & Latham, G. P. (Hrsg.). (2013). *New developments in goal setting and task performance*. Routledge.

Lundgren, H., Bang, A., Justice, S. B., Marsick, V. J., Poell, R. F., Yorks, L., et al. (2017). Conceptualizing reflection in experience-based workplace learning. *Human Resource Development International, 20*(4), 305–326. https://doi.org/10.1080/13678868.2017.1308717.

Lunenburg, F. C. (2011). Goal-setting theory of motivation. *International Journal of Management, Business, and Administration, 15*(1), 1–6.

Luthans, F., Avolio, B. J., & Youssef-Morgan, C. M. (2015). Psychological capital and beyond. Oxford University Press.

Manzoni, J.-F., & Barsoux, J.-L. (2003). *Das Versager-Syndrom. Wie Chefs ihre Mitarbeiter ausbremsen und wie es besser geht*. Hanser.

Marquardt, D. J., Casper, W. J., & Kuenzi, M. (2021). Leader goal orientation and ethical leadership: A socio-cognitive approach of the impact of leader goal-oriented behavior on employee unethical behavior. *Journal of Business Ethics, 173*(3), 545–561. https://doi.org/10.1007/s10551-020-04524-2.

Matsuo, M. (2019). Effect of learning goal orientation on work engagement through job crafting. *PR, 48*(1), 220–233. https://doi.org/10.1108/PR-11-2017-0346.

Maurer, T., Dimotakis, N., Hardt, G., & Corner, A. J. (2020). Toward better understanding developmental reflection differences for use in management development research and practice. *Journal of Management Development, 40*(1), 52–73.

McGregor, L., & Doshi, N. (25. Nov 2016). *How company culture shapes employee motivation*. Harvard Business Review.

Milkman, K. L. (2021). *How to change. The science of getting from where you are to where you want to be*. Portfolio/Penguin.

Mishra, H., Mishra, A., & Shiv, B. (2011). In Praise of Vagueness. *Psychological Science, 6*(6), 733–738. https://doi.org/10.1177/0956797611407208.

Mutter, E. R., Liu, Z., Gollwitzer, P. M., & Oettingen, G. (2023). More direction but less freedom? How task rules affect intrinsic motivation. *Journal of Experimental Psychology: General, 152*(5), 1484–1501. https://doi.org/10.1037/xge0001348.

Mutter, E. R., Oettingen, G., & Gollwitzer, P. M. (2020). An online randomised controlled trial of mental contrasting with implementation intentions as a smoking behaviour change intervention. *Psychology & Health, 35*(3), 318–345. https://doi.org/10.1080/08870446.2019.1634200.

Niessen, C., Hommelhoff, S., & Mäder, I. (2019). Arbeitsleistung im Kontext von Laufbahnentwicklung. In S. Kauffeld & D. Spurk (Hrsg.), *Handbuch Karriere und Laufbahnmanagement* (S. 1–34). Springer.

Oettingen, G. (2012). Future thought and behaviour change. *European Review of Social Psychology, 23*(1), 1–63. https://doi.org/10.1080/10463283.2011.643698.

Oettingen, G. (2015). *Die Psychologie des Gelingens*. Pattloch.

Oettingen, G., & Cachia, J. Y. A. (2017). Problems with positive thinking and how to overcome them. In K. D. Vohs & R. F. Baumeister (Hrsg.), *Handbook of self-regulation. Research, theory, and applications* (3. Aufl., S. 547–570). Guilford Press.

Ordóñez, L. D., Schweitzer, M. E., Galinsky, A. D., & Bazerman, M. H. (2009). Goals gone wild: The systematic side effects of overprescribing goal setting. *The Academy of Management Perspectives, 23*(1), 6–16. https://doi.org/10.5465/AMP.2009.37007999.

Ordóñez, L. D., & Welsh, D. T. (2015). Immoral goals: How goal setting may lead to unethical behavior. *Current Opinion in Psychology, 6*, 93–96. https://doi.org/10.1016/j.copsyc.2015.06.001.

Ott, P. (2022). Zielorientiert führen. In S. Kaudela-Baum, S. Meldau, & M. Brasser (Hrsg.), *Leadership und People Management: Führung und Kollaboration in Zeiten der Digitalisierung und Transformation* (S. 109–122). Springer Fachmedien.

Pascale, R., Millemann, M., & Gioja, L. (1997). Changing the way we change. *Harvard Business Review, 75*(6), 126–140.

Peters, J., & Carr, C. (2013). *High performance team coaching.* FriesenPress.

Pfister, I. B., Jacobshagen, N., Kälin, W., & Semmer, N. K. (2020). How does appreciation lead to higher job satisfaction? *JMP, 35*(6), 465–479. https://doi.org/10.1108/JMP-12-2018-0555.

Poortvliet, P. M., & Darnon, C. (2010). Toward a more social understanding of achievement goals. *Current Directions in Psychological Science, 19*(5), 324–328. https://doi.org/10.1177/0963721410383246.

Pulakos, E. D., Hanson, R. M., Arad, S., & Moye, N. (2015). Performance management can be fixed: An on-the-job experiential learning approach for complex behavior change. *Industrial and Organizational Psychology, 8*(1), 51–76. https://doi.org/10.1017/iop.2014.2.

Rapp, T. L., Bachrach, D. G., Rapp, A. A., & Mullins, R. (2014). The role of team goal monitoring in the curvilinear relationship between team efficacy and team performance. *Journal of Applied Psychology, 99*(5), 976–987. https://doi.org/10.1037/a0036978.

Rath, T. (2007). *StrengthsFinder 2.0.: From Gallup.* Gallup Press.

reward gateway. (2019). Organizations risk losing employees by failing to provide recognition at work. https://www.rewardgateway.com/press-releases/organizations-risk-losing-employees-due-to-lack-of-recognition. Zugegriffen: 7. März 2024.

Rietmann, S., & Deing, P. (Hrsg.). (2019). *Psychologie der Selbststeuerung.* Springer Fachmedien.

Robbins, M. (2019). Why employees need both recognition and appreciation. *Harvard Business Review.* https://hbr.org/2019/11/why-employees-need-both-recognition-and-appreciation. Zugegriffen: 1. Juni 2024.

Rödel, S., & Krach, S. (2023). Professionelles Feedback als entscheidender Erfolgsfaktor in New Work. *Organisationsberatung, Supervision, Coaching, 30*(2), 231–247. https://doi.org/10.1007/s11613-023-00818-2.

Rogers, T., Milkman, K. L., John, L. K., & Norton, M. I. (2015). Beyond good intentions: Prompting people to make plans improves follow-through on important tasks. *Behavioral Science & Policy, 1*(2), 33–41.

Rosenthal, R., & Jacobson, L. (1968). Pygmalion in the classroom. Teacher expectation and pupils' intellectual development. Holt, Rinehart and Winston. https://gwern.net/doc/statistics/bias/1968-rosenthal-pygmalionintheclassroom.pdf. Zugegriffen: 1. Juni 2024.

Schippers, M. C., Edmondson, A. C., & West, M. A. (2020). Team reflexivity. In L. Argote & J. M. Levine (Eds.), *The Oxford handbook of group and organizational learning* (Oxford Library of Psychology, S. 175–194). Oxford University Press.

Schippers, M. C., West, M. A., & Dawson, J. F. (2015). Team reflexivity and innovation. *Journal of Management, 41*(3), 769–788. https://doi.org/10.1177/0149206312441210.

Schroeder, J., & Fishbach, A. (2015). How to motivate yourself and others? Intended and unintended consequences. *Research in Organizational Behavior, 35,* 123–141.

Schwettzer, M., & Ordóñez, L. D. (2004). Goal setting as a motivator of unethical behavior. *Academy of Management Journal, 47*(3), 422–432.

Seijts, G. H., Latham, G. P., Tasa, K., & Latham, B. W. (2004). Goal setting and goal orientation. An integration of two different yet related literatures. *Academy of Management Journal, 47*(2), 227–239. https://doi.org/10.2307/20159574.

Seijts, G. H., Latham, G. P., & Woodwark, M. (2013). Learning goals: A qualitative and quantitative review. In E. A. Locke & G. P. Latham (Eds.), *New developments in goal setting and task performance* (S. 195–212). Routledge.

Senko, C., & Harackiewicz, J. M. (2005). Regulation of achievement goals: The role of competence feedback. *Journal of Educational Psychology, 97*(3), 320–336. https://doi.org/10.1037/0022-0663.97.3.320.

Sholihin, M., Pike, R., Mangena, M., & Li, J. (2011). Goal-setting participation and goal commitment: Examining the mediating roles of procedural fairness and interpersonal trust in a UK financial services organisation. *The British Accounting Review, 43*(2), 135–146. https://doi.org/10.1016/j.bar.2011.02.003.

Sitkin, S. B., See, K. E., Miller, C. C., Lawless, M. W., & Carton, A. M. (2011). The paradox of stretch goals: Organizations in pursuit of the seemingly impossible. *Academy of Management Review, 36*(3), 544–566. https://doi.org/10.5465/AMR.2011.61031811.

Soyer, E., & Hogarth, R. M. (2020). *The myth of experience. Why we learn the wrong lessons, and ways to correct them*. PublicAffairs.

Sull, D., & Sull, C. (2018). With goals, FAST beats SMART. *MIT Sloan Management Review, 59*(4), 1–11.

Swann, C., Jackman, P. C., Lawrence, A., Hawkins, R. M., Goddard, S. G., Williamson, O., et al. (2023). The (over)use of SMART goals for physical activity promotion: A narrative review and critique. *Health Psychology Review, 17*(2), 211–226. https://doi.org/10.1080/17437199.2021.2023608.

Tannenbaum, S. I., & Cerasoli, C. P. (2013). Do team and individual debriefs enhance performance? A meta-analysis. *Human Factors: The Journal of the Human Factors and Ergonomics Society, 55*(1), 231–245. https://doi.org/10.1177/0018720812448394.

Thompson, G., & Glasø, L. (2018). Situational leadership theory: A test from a leader-follower congruence approach. *LODJ, 39*(5), 574–591. https://doi.org/10.1108/LODJ-01-2018-0050.

Thürmer, J. L., Wieber, F., & Gollwitzer, P. M. (2017). Planning and performance in small groups: Collective implementation intentions enhance group goal striving. *Frontiers in Psychology, 8*, Artikel 603. https://doi.org/10.3389/fpsyg.2017.00603.

Touré-Tillery, M., & Fishbach, A. (2012). The end justifies the means, but only in the middle. *Journal of Experimental Psychology: General, 141*(3), 570–583. https://doi.org/10.1037/a0025928.

Vandewalle, D. (2012). A growth and fixed mindset exposition of the value of conceptual clarity. *Industrial and Organizational Psychology, 5*(3), 301–305. https://doi.org/10.1111/j.1754-9434.2012.01450.x.

Vandewalle, D., Cron, W. L., & Slocum, J. W., JR. (2001). The role of goal orientation following performance feedback. *The Journal of Applied Psychology, 86*(4), 629–640. https://doi.org/10.1037/0021-9010.86.4.629.

Vandewalle, D., Nerstad, C. G. L., & Dysvik, A. (2019). Goal orientation: A review of the miles traveled and the miles to go. *Annual Review of Organizational Psychology and Organizational Behavior, 6*(1), 115–144. https://doi.org/10.1146/annurev-orgpsych-041015-062547.

Vohs, K. D., & Baumeister, R. F. (Hrsg.). (2017). *Handbook of self-regulation. Research, theory, and applications* (3. Aufl.). Guilford Press.

Weiner, B. (1982). An attribution theory of motivation and emotion. In H. W. Krohne & L. Laux (Eds.), *Achievement, stress, and anxiety* (The Series in Clinical and Community Psychology, S. 223–245). Hemisphere.

White, P. (2014). Improving staff morale through authentic appreciation. *Development and Learning in Organizations: An International Journal, 28*(5), 17–20. https://doi.org/10.1108/DLO-05-2014-0034.

White, P. (2015). Appreciating your staff makes sound business sense. *Human Resource Management International Digest, 23*(2), 31–33. https://doi.org/10.1108/HRMID-01-2015-0014.

White, P. (2017). How do employees want to be shown appreciation? Results from 100,000 employees. *SHR, 16*(4), 197–199. https://doi.org/10.1108/SHR-06-2017-0037.

Wisniewski, B., Zierer, K., & Hattie, J. (2020). The power of feedback revisited: A meta-analysis of educational feedback research. *Frontiers in Psychology, 10*, Artikel 3087. https://doi.org/10.3389/fpsyg.2019.03087.

van Yperen, N. W. (2006). A novel approach to assessing achievement goals in the context of the 2× 2 framework: Identifying distinct profiles of individuals with different dominant achievement goals. *Personality and Social Psychology Bulletin, 32*(11), 1432–1445.

van Yperen, N. W., Hamstra, M. R. W., & van der Klauw, M. (2011). To win, or not to lose, at any cost: The impact of achievement goals on cheating. *British Journal of Management, 22*(Suppl. 1), 5–15. https://doi.org/10.1111/j.1467-8551.2010.00702.x.

van Yperen, N. W., & Orehek, E. (2013). Achievement goals in the workplace: Conceptualization, prevalence, profiles, and outcomes. *Journal of Economic Psychology, 38*, 71–79. https://doi.org/10.1016/j.joep.2012.08.013.

Zanna, M. P. (Ed.). (2006). *Advances in experimental social psychology.* Elsevier Academic Press.

Zenger, J., & Folkman, J. (12. Sept 2022). Do you tell your employees you appreciate them? *Harvard Business Review.* https://hbr.org/2022/09/do-you-tell-your-employees-you-appreciate-them. Zugegriffen: 7. März 2024.

Respectful Inquiry: Mit Fragen und Zuhören motivierend führen

7

Julia Rieg und Niels Van Quaquebeke

Inhaltsverzeichnis

7.1 Fragen und Zuhören als Führungsinstrument: der Stand der Wissenschaft............ 200
    7.1.1 Die Crux mit dem Thema Kommunikation als Führungskraft 200
    7.1.2 Respectful Inquiry: eine Theorie zu Fragenstellen und Zuhören............. 203
    7.1.3 Warum Respectful Inquiry motiviert 205
    7.1.4 Wem fällt Respectful Inquiry leichter und wem weniger 208
    7.1.5 In welchen Situationen Respectful Inquiry besonders wertvoll ... und doch selten ist.. 209
7.2 Zehn Tipps, um Respectful Inquiry zu lernen und zu institutionalisieren............ 212
    7.2.1 Tipp 1: Üben Sie offenes Fragen 212
    7.2.2 Tipp 2: einfach mal nachfragen, was Ihre Mitarbeitenden von Ihnen benötigen 215
    7.2.3 Tipp 3: Fragen Sie nicht, wenn Sie die Antwort bereits kennen 215
    7.2.4 Tipp 4: Achten Sie auf Ihren Tonfall 216
    7.2.5 Tipp 5: Folgefragen stellen, aber Rechtfertigungen vermeiden............. 216
    7.2.6 Tipp 6: Verhöratmosphäre, nein danke! Pausen und Zusammenfassungen, ja bitte!... 217
    7.2.7 Tipp 7: aufmerksames Zuhören als Vorsatz............................. 218
    7.2.8 Tipp 8: Ablenkungen unter allen Umständen vermeiden.................. 218
    7.2.9 Tipp 9: ein Umfeld für Respectful Inquiry schaffen 220
    7.2.10 Tipp 10: mit Reaktanzen umgehen 221
7.3 Zusammenfassung.. 221
Literatur.. 222

Überblick

- Warum Kommunikation so zentral für Führung ist
- Warum gutes Fragenstellen und Zuhören dabei häufig übersehen werden

© Der/die Autor(en), exklusiv lizenziert an Springer-Verlag GmbH, DE, ein Teil von Springer Nature 2025
W. Pentz, *Positive Psychologie und Führung – ein Praxisleitfaden,* Positive Psychologie kompakt, https://doi.org/10.1007/978-3-662-70117-1_7

- Warum und wie Fragenstellen und Zuhören Mitarbeitende motivieren kann
- Warum es einigen Führungskräften schwieriger als anderen fällt, Fragen zu stellen und zuzuhören
- Welche paradoxen Situationen dazu führen, dass weniger Fragen gestellt werden, obwohl es gerade dann gut wäre
- Was tun, um Fragenstellen und Zuhören bei sich und in der Organisation zu kultivieren

7.1 Fragen und Zuhören als Führungsinstrument: der Stand der Wissenschaft

7.1.1 Die Crux mit dem Thema Kommunikation als Führungskraft

Führungskräfte müssen ständig hierarchieübergreifende Gespräche führen, ob mit Mitarbeitenden, Kolleginnen oder Kollegen, Vorgesetzten, Kundinnen oder Zulieferern, ob im Rahmen formalisierter Besprechungen oder informell zwischen Tür und Angel. In der Tat repräsentieren Kommunikationsprozesse ca. 70–80 % der täglichen Anforderungen im Führungsalltag, wobei ein Großteil dieser mit Mitarbeitenden geführt wird (Mintzberg, 1973; Wajcman & Rose, 2011; Dubin & Spray, 1964; Tengblad, 2006). Deshalb besteht ein direkter Zusammenhang zwischen den sichtbaren Kommunikationsfähigkeiten von Führungskräften und deren Erfolg als Führungskraft (Penley, 1991).

Trotzdem ist häufig in der Presse zu lesen, dass deutsche Unternehmenslenker/Unternehmenslenkerinnen und Führungskräfte drastische Defizite in der internen Kommunikation aufweisen, dass gar ein „Kommunikationsnotstand" in deutschen Unternehmen herrscht (Gertz, 2005; Nink, 2014; Haller, 2018). Doch wie kann dies der Fall sein, wenn laut einer vor kurzem durchgeführten Umfrage (Tödtmann, 2018) von „The Alternative Board" 91 % der befragten Führungskräfte der Überzeugung sind, dass sie „bei grundlegenden Entscheidungen ihre Mitarbeitenden anhören und deren Einschätzungen und Wünsche berücksichtigen sollten"?

Dafür gibt es eine einfache Erklärung: Führungskräften wird oftmals suggeriert, dass effiziente Führung vor allem durch motivierende Reden gekennzeichnet ist, schließlich hat der oder die Führungsverantwortliche ja auch „das Sagen". Führen hat entsprechend auch in der medialen Repräsentation mehr mit Reden als mit Fragen und Zuhören zu tun. Dazu kommt, dass Menschen ein ureigenes Bedürfnis haben, ihre eigenen Gefühle, Gedanken und Meinungen mitzuteilen (Gilovich et al., 2000). Zwischen ein bis zwei Drittel unserer Konversationszeit wenden wir ausschließlich dafür auf, selbstbezogene Informationen zu teilen und uns selbst „zu verkaufen" (Landis & Burtt, 1924; Godfrey et al., 1986; Dunbar et al., 1997; Marr & Cable, 2014; Van Quaquebeke & Gerpott, 2023). Hierbei werden sogenannte Glückshormone in dem Belohnungssystem des menschlichen Gehirns ausgeschüttet, weshalb wir es als durchaus belohnend empfinden, uns selbst zuzuhören (Tamir & Mitchell, 2012).

Auf diese Weise geraten Fragen und aktives Zuhören als wichtige und wirkungsvolle Führungsinstrumente schnell in den Hintergrund. Tatsächlich wird häufig nur zugehört, um selbst schnell zu antworten, und nicht unbedingt, um gut zu verstehen (im Englischen sagt man hierzu: *„Most people listen to reply, not to understand."*). Dabei erzielt der bewusste Einsatz dieser Instrumente gemäß aktueller Studien wesentliche Vorteile in der Mitarbeitendenführung. Klar gewinnt man wertvolle Einblicke in die Welt des Befragten, aber auch als Fragender selbst gibt man unweigerlich wertvolle Einblicke in eigene Intentionen, Erwartungen und Kenntnisstände (Holtgraves et al., 1997; Schaeffer & Presser, 2003; Näher & Krumpal, 2012; Kador, 2010; Wodak et al., 2011). Führungskräfte, die regelmäßig ihre Mitarbeitenden nach ihrer Meinung fragen, werden darüber hinaus als effizienter und effektiver wahrgenommen (Goldsmith & Morgan, 2004). Vielleicht auch, weil Fragen aufrichtiges Interesse und Verständnis vermitteln, was wiederum mit mehr Zuneigung belohnt wird (Chen et al., 2010; Huang et al., 2017). Zusätzlich stärken Fragen interpersonelle Beziehungen und fördern durch sogenannte Spillover-Effekte Kreativität, Wissbegierde und Vorstellungsvermögen innerhalb des Unternehmens (Gelb, 2000; Marquardt, 2014; Cooperrider et al., 2008).

Verstärkt werden diese positiven Effekte auf die Mitarbeitendenzufriedenheit und -leistung durch einen weiteren zentralen Faktor: aufmerksames Zuhörverhalten. Wissenschaftliche Studien belegen, dass gutes Zuhören zu erhöhter Beziehungs- und Arbeitszufriedenheit, Kundenbindung und Leistungsbereitschaft führt (Brownell, 1990; Katz & Woodin, 2002; Canlas et al., 2015; Lloyd et al., 2015; Román, 2014; Levinson et al., 1997; Bergeron & Laroche, 2009). Zusätzlich schafft aktives Zuhören ein psychologisch sicheres Arbeitsumfeld, wodurch soziale Angst- und Stresszustände reduziert und die Wahrscheinlichkeit eines Burnout-Syndroms gesenkt werden (Castro et al., 2016; Itzchakov et al., 2016; Pines et al., 2002). Generell scheinen Mitarbeitende aktives Zuhören als generellen Gradmesser für Führungsqualität zu nutzen (Bechler & Johnson, 1995; Johnson & Bechler 1998; Ames et al., 2012; Kluger & Zaidel, 2013).

Trotz der obengenannten vielfältigen Vorteile zeigt sich, dass Führungskräfte erstaunlich wenig fragen. Obwohl einer Umfrage zufolge 95 % der befragten Führungskräfte angaben, dass sie lieber durch Erfragung ihrer Meinung einbezogen werden wollen, gestanden 58 % wiederum, dass sie ihre Zeit eher dafür aufwenden, Anweisungen zu erteilen, anstatt aktiv die Meinung ihrer Mitarbeitenden einzuholen (Cohen, 2009). Zwei Drittel der Führungsverantwortlichen fühlen sich unwohl damit, mit ihren Angestellten zu kommunizieren (Solomon, 2016). Ebenso halten 96 % der Erwachsenen sich selbst für gute Zuhörer, wobei dagegen nur 16,5 % der Mitarbeitenden ihren Vorgesetzten als guten Zuhörer wahrnehmen (Specht & Penland, 2016; Ames, 2019). Diese Zahlen sind durchaus besorgniserregend, da – wie oben bereits angesprochen – bis zu 80 % des Führungsalltags durch Kommunikation geprägt wird. Warum praktizieren Führungskräfte nicht den Führungsstil, den sie selbst am liebsten erfahren würden? Warum scheitert es in der Praxis häufig an der Umsetzung?

Dies ist unter anderem auf ein falsches Verständnis von Fragen und Zuhören zurückzuführen. So wird Fragen häufig mit Kompetenz- und Autoritätsverlust gleichgesetzt. Dabei bedienen Fragen gleich zwei essenzielle Funktionen. Einerseits dienen jene dazu, wichtige Informationen, die für den Erfolg eines Unternehmens unentbehrlich sein können, zu fokussieren und zu festigen. Man denke nur an das Sprichwort „Wer fragt, der führt." Zu gleichen Teilen werden die Mitarbeitenden durch die Befragung miteingebunden und erhalten dadurch die Möglichkeit, ihre Meinungen und Gefühle einzubringen. Indem Führungskräfte Fragen stellen, eröffnen sie nicht nur einen fokussierten, informationsbeschaffenden Gesprächsrahmen, sondern senden gleichzeitig eine Reihe von sozialen Signalen. Die Beteiligten fühlen sich dadurch wahrgenommen, verstanden und in ihrem Anliegen angenommen, wodurch eine Atmosphäre der Vertrautheit und Interaktivität geschaffen wird (Huang et al., 2017). Weil Fragen – wenn überhaupt – primär mit der informativen Funktion assoziiert werden, finden diese nur einseitig Einsatz in Unternehmen (Chafe, 1970; Dillon, 1982; Epley & Waytz, 2010; Miles, 2013).

Andererseits wurde aufmerksames Zuhören lange Zeit als passives Verhalten angesehen. Bereits im Germanischen wurde Zuhören gleichbedeutend zu Gehorsam gewertet („hlýða": *aufmerksam zuhören, gehorchen*; Heidermanns, 1993, S. 294), und auch heutzutage bewerten wir Zuhörverhalten weitestgehend als Zeichen von Nachgiebigkeit, Einverständnis oder Fügung. Demzufolge wurde diesem Verhalten auch keine Bedeutung in der Führungsforschung zugeschrieben, welche primär von einer Suche nach starken Einflussfaktoren gekennzeichnet ist (Purdy, 1986; Arcavi & Isoda, 2007). Jedoch stellt Zuhören de facto keine einfache und passive Tätigkeit dar, sondern dient vielmehr als Grundvoraussetzung einer respektvollen und lösungsorientierten Verständigung. Weil aufmerksames Zuhören jedoch als passives und Gehorsam förderndes Verhaltensschema abgetan wird, tendieren Führungskräfte dazu, die aktive Rede und Kommunikation durch Anweisungen dem fragenden und zuhörenden Führungsstil vorzuziehen.

 Hintergrundwissen: die Wirkung von Fragen

Wie Konfuzius bereits erläuterte: Wer fragt, ist ein Narr für eine Minute. Wer nicht fragt, ist ein Narr sein Leben lang. Fragen enthüllen, was der Fragende nicht weiß. Somit stellen Fragen aus Sicht des Fragestellers häufig eine Bedrohung für die wahrgenommene Kompetenz dar. Angesichts dieser Bedrohung ziehen es Führungskräfte meist vor, defensivere Alternativen zu wählen bzw. einseitige Aussagen zu tätigen, anstatt Fragen zu stellen. Wer jedoch seine eigenen Ideen bejaht, ohne die Gedanken und Meinungen anderer einzubeziehen, übermittelt dem Gegenüber ein Desinteresse an dessen Perspektive. Dies kann die Wirksamkeit sozialer Interaktionen stark beeinträchtigen.

Jedoch gibt es zahlreiche Beispiele, in denen ausgezeichnete Leistungen eher für diejenigen charakteristisch sind, die Fragen stellen anstatt einseitige Aussagen zu treffen. In diesem Sinne plädiert der anerkannte Organisationswissenschaftler

Edgar Schein darauf, dass Führungskräfte „demütiges Fragen" (engl. „humble inquiry") einführen sollten. Demütige Fragen dienen dazu, Mitarbeitende durch Fragen einzubeziehen, auf welche die Führungskraft keine Antwort weiß. Durch demütiges Fragen übermitteln Führungskräfte ihren Mitarbeitenden, dass diese ihre Wissenslücken genau beobachten können, sie die Beiträge anderer zu schätzen wissen und sich von den Kenntnissen ihrer Mitarbeitenden belehren lassen, indem sie diese ausdrücklich einfordern. Somit wird eine Beziehung aufgebaut, welche auf Neugier und Interesse an der anderen Person beruht (Schein, 2013).

Neueste Forschungsbefunde zeigen, dass die Ansicht, Fragen seien primär eine Bedrohung für die wahrgenommene Kompetenz der Führungskraft, fehlgeleitet ist. Die Professorinnen Irina Cojuharenco und Natalia Karelaia (2020) zeigten anhand einer Reihe von Experimenten, dass Führungskräfte sich den Vorteilen des offenen Fragens gegenüber einer defensiveren Form der Informationsbeschaffung durchaus bewusst waren. Jedoch gab die große Mehrheit der befragten Führungskräfte zu, nur selten bei geeigneten Gelegenheiten Fragen zu stellen – vor allem aus Angst in der eigenen Kompetenz niedriger eingestuft zu werden. Einerseits zeigten die Professorinnen, dass Führungskräfte, die vorab als wenig kompetent wahrgenommen wurden, in der Tat abgestraft wurden, wenn diese anstelle von einer Aussage demütige Fragen stellten. Führungskräfte, denen allerdings vorab ein hohes Maß an Kompetenz zugeschrieben wurde, wurden fürs Fragenstellen nicht in ihrer Kompetenzbewertung abgestraft. Viel wichtiger war jedoch, dass Führungskräfte, die einen schlechten Ruf für Demut (engl. „humility") aufwiesen (nicht lernfähig waren, keine akkurate Selbsteinschätzung besaßen und die Beiträge anderer nicht würdigten), nachträglich als demütiger wahrgenommen wurden, wenn diese durch Fragen anstatt durch Aussagen führten. Es stellte sich heraus, dass die erzielte positive Zuschreibung in Demut die potenzielle Abstrafung in wahrgenommener Kompetenz weit übertraf. In Summe gewinnen Führungskräfte, welche Fragen stellen, also insgesamt an positiven Zuschreibungen, die für Führungseffektivität relevant sind.

7.1.2 Respectful Inquiry: eine Theorie zu Fragenstellen und Zuhören

Wie Fragen und aufmerksames Zuhören gemeinsam dazu dienen, Mitarbeitende zu motivieren, haben unlängst die Professoren Niels Van Quaquebeke und Will Felps (2018) analysiert. Sie sehen Fragen und Zuhören als eine logisch verschränkte aktive Verhaltenskonfiguration, wobei das Zusammenspiel des offenen Fragens und anschließenden aufmerksamen Zuhörens dazu dient, den Gesprächspartner einzuladen, seine oder ihre Gedanken (weiterhin) zu teilen. Ein solches Verhalten wird als „respektvoll" betrachtet, da eine aktive Aufforderung, seine Gedanken mit jemandem und insbesondere der vorgesetzten Führungskraft zu teilen, ohne zuvor oder währenddessen in dem eigenen Antwortfreiraum eingeschränkt zu werden, ein Signal von Wertschätzung und Würde übermittelt (Carmeli et al., 2015; Van Quaquebeke et al., 2007). Dieses Führungsverhalten kann in vielen verschiedenen Situationen, z. B. in Feedback-, Bewerbungs- oder Verhandlungsgesprächen, aber auch in unternehmerischen Alltagsgesprächen, erfolgreich eingesetzt werden. Somit erzielt *Respectful Inquiry* weitreichende Nachwirkungen.

Doch was genau beinhaltet *Respectful Inquiry*? Van Quaquebeke und Felps (2018) definieren drei Elemente, *(1) Fragenanzahl, (2) Fragenoffenheit* und *(3) Zuhören*, die das Konstrukt formen und zusammen den Grad an *Respectful Inquiry* festlegen. Durch Variation dieser Kernelemente bewegt sich die Führungskraft zwischen einem positiv respektvollen sowie einem destruktiv respektlosen Spektrum. Die erste Komponente spezifiziert das Fragen als verbale oder nonverbale Äußerung mit der Absicht, eine Antwort einzuholen (Hawkins & Power, 1999; Stewart & Cash, 2000). Wobei Frage nicht gleich Frage ist. In diesem Zusammenhang unterteilt die Sprechakttheorie von Searle (1969) Fragen anhand deren Zweck und Verbindlichkeit. Ersteres bezieht sich auf die grundlegende Intention einer Frage, nämlich dem Empfänger eine verbale Antwort zu entlocken (Searle & Vanderveken, 1985). Obwohl die Syntax einer Frage suggeriert, dass alle Fragen den gleichen Zweck erfüllen, unterscheiden sich Fragen wesentlich in deren Verbindlichkeit (Searle & Vanderveken, 1985). Letzteres bezieht sich darauf, inwiefern die gewählte Sprache eine Verbindlichkeit in Bezug auf das, was man sagt, widerspiegelt. Beispielsweise beansprucht ein Versprechen ein höheres Maß an Verbindlichkeit als ein knappes „na klar!" (Searle & Vanderveken, 1985; Vanderveken, 2009). Die Verbindlichkeit ist somit eine Eigenschaft der verwendeten Wortwahl und nicht der zugrunde liegenden Intention des Sprechers. Lediglich eine Frage zu stellen, ist somit allein noch nicht ausreichend, um *Respectful Inquiry* mit einem hohen Maß an Verbindlichkeit umzusetzen.

Hier kommt die Komponente der Offenheit der Frage ins Spiel. Der Offenheitsgrad lässt sich in geschlossene (rhetorische oder als Fragen formulierte Aufforderungen), halboffene (Ja/Nein oder Selektivfragen) und offene (W-Fragen: Wer? Wie? Wann? Woran? Was?) Fragetypen unterteilen. Indem offene Fragen ausführliche und unvoreingenommene Antworten zulassen, vermitteln diese dem Gesprächspartner/der Gesprächspartnerin reichlich Entscheidungsfreiraum (Kearsley, 1976; Deppermann & Spranz-Fogasy, 2011; Marquardt, 2014; Van Quaquebeke & Felps, 2018). Dementsprechend weisen derartige Fragen ein höheres Maß an Verbindlichkeit auf als geschlossene Fragen, da die Offenheit eine verbindlichere Einladung an den Empfänger sendet, dessen oder deren Gedanken mitzuteilen, ohne die Gedankenfreiräume des anderen im Voraus stark einzuschränken (Jablin, 1979). Ein Beispiel wären die Fragen an einen Mitarbeitenden „Wie würden Sie in dieser Situation vorgehen?" oder „Was empfehlen Sie?" Eine Suggestivfrage hingegen fungiert als geschlossene Frageform mit beschränkter Verbindlichkeit, da die Fragestellung dem Befragten suggeriert, eine spezifische Antwort mit voreingenommenem Aussageinhalt liefern zu müssen (von der Heyde & von der Linde, 2006).

Zusätzlich wird die Offenheit der Frage über den Tonfall bedient. Es besteht ein starker Zusammenhang zwischen der Art, wie eine Frage gestellt wird, und den zu erwartenden Reaktionen. Unterschiede in der Art des Fragens, der verwendeten Körpersprache und den Untertönen können erhebliche Unterschiede in den Reaktionen bewirken. Die Frage „Was ist das Problem?" kann in einem Tonfall gestellt werden, der antizipiert, dass der Befragte lieber gar keine, als eine ausführliche und ehrliche Antwort abgeben sollte (Thompson, 1995). Der Fragende entsendet eine Stimmung (z. B. anregend, lustig, bedrohlich oder ernst), abhängig davon, wie gefragt wird, und bestimmt dadurch nicht nur syntaktisch den Offenheitsgrad der Frage.

Letztendlich aber ist Zuhörverhalten notwendig, um die Verbindlichkeit der Frage entziffern zu können. Nach dem Erhalt einer Frage dienen verbale und nonverbale Zuhörsignale dazu, das Interesse des Fragenden zu übermitteln (Hargie & Dickson, 2004). Durch Zuhörverhalten kann der Zweck der *Respectful Inquiry*, dass der Fragende ein wahrhaftiges Interesse an den Gedanken des Gesprächspartners/der Gesprächspartnerin hat, bekräftigt oder entkräftet werden (Pasupathi & Billitteri, 2015). Aufmerksames Zuhörverhalten beinhaltet eine Vielzahl von Gesten: adäquaten Augenkontakt; angemessene Gesichtsmimik, die dem emotionalen Ausdruck des Sprechers entgegenkommt; Bewegungen, welche Verständnis vermitteln (z. B. Nicken); gelegentliche verbale Vergewisserungen, die den Sprecher ermuntern, fortzufahren (z. B. „ach so", „mhmm"); aktives Nachfragen; sowie paraphrasierte Zusammenfassungen des übermittelten Inhaltes des Gespräches (Bavelas et al., 2000; Hargie & Dickson, 2004; Pasupathi & Rich, 2005; Wirth et al., 2010; Lipetz et al., 2018). Abgelenktes Zuhören hingegen entkräftet den Zweck der Frage. Man stelle sich eine Führungsperson vor, die eine offene Frage stellt, aber anschließend durch mangelndes Zuhören – durch abschweifenden Blick, Betätigung des Smartphones, Unterbrechungen oder Ähnliches – Desinteresse an der Meinung des Gefragten zeigt. Eine derartige Verhaltenskonfiguration (Fragen gefolgt von abgelenktem Zuhören) kann den Gegenüber schnell verunsichern, verletzen oder gar verärgern, da der ursprünglich übermittelte Zweck (widergespiegeltes Interesse an der Meinung) umgekehrt wird (offensichtliches Desinteresse an der Meinung). Diese Umkehr ist umso drastischer, wenn das Interesse des/der Fragenden durch die Offenheit der Frage zuvor bekräftigt wurde, d. h., wenn die Frage ein hohes Maß an Verbindlichkeit aufwies. Inaktives Zuhören in Folge einer offenen Frage konterkariert den Zweck und spiegelt somit *Disrespectful Inquiry* wider.

7.1.3 Warum Respectful Inquiry motiviert

Doch wie motiviert *Respectful Inquiry* Mitarbeitende? *Respectful Inquiry* übermittelt drei bedeutungsvolle Kernbotschaften, welche Mitarbeitende hören müssen, um intrinsisch motiviert zu werden – (1) *du bist eigenständig*, (2) *du bist kompetent* und (3) *du gehörst dazu* –, wobei jede dieser Botschaften jeweils eines unserer drei Grundbedürfnisse nach Autonomie, Kompetenz und Zugehörigkeit abdeckt (Ryan & Deci, 2000; Van den Broeck et al., 2016). Die Selbstbestimmungstheorie (s. auch Kap. 1) der menschlichen Motivation postuliert drei angeborene, universelle Grundbedürfnisse nach (1) Autonomie bzw. Selbstbestimmung, dem Gefühl, Kontrolle und Freiräume zu besitzen, (2) Kompetenz bzw. Wirksamkeit, dem Gefühl, ausreichend gefördert zu werden, um seine Fähigkeiten unter Beweis stellen zu können, und (3) Zugehörigkeit bzw. soziale Eingebundenheit, dem Gefühl, ein anerkanntes Mitglied der Gruppe zu sein (Sheldon, 2011; Deci & Ryan, 1993). Wenn ein soziales Umfeld diese drei psychologischen Grundbedürfnisse zufriedenstellt, fördert das nicht nur ein starkes Wohlempfinden, sondern auch die intrinsische Motivation des/der Beteiligten (Gagné & Deci, 2005; Deci & Ryan, 2012).

Intrinsisch motivierte Verhaltensweisen bilden die Grundvoraussetzung selbstbestimmten Handelns. Das Individuum fühlt sich frei in der Realisierung seines/ihres Handelns, wobei dieses als deckungsgleich mit der eigenen Selbstwahrnehmung empfunden wird (Meyer & Gagné, 2008). Intrinsische Motivation bewirkt, dass Menschen frei von äußerem Druck Spontanität, Neugier, Engagement und Interesse an den Tag legen. Extrinsisch motivierte Handlungen treten hingegen selten spontan auf, sondern werden vielmehr durch Aufforderungen oder Befehle angestoßen. Da deren Ausführung primär eine Form der Belohnung voraussetzt, werden extrinsisch motivierte Verhaltensweisen als instrumentell anstelle von selbstbestimmend wahrgenommen (Deci & Ryan, 1993).

Diese Grundbedürfnisse werden im Rahmen sozialer Interaktionen, wie denen zwischen Führungskräften und deren Mitarbeitenden, gefördert oder gemindert (Reis et al., 2000; Gagné & Deci, 2005; Sheldon et al., 2003). Da Erwachsene meist einen großen Teil ihrer Zeit bei der Arbeit verbringen, spielen arbeitsbezogene Interaktionen eine wesentliche Rolle in der Erfüllung der psychologischen Bedürfnisse (Van den Broeck et al., 2016). Hier sind Führungskräfte besonders einflussreich, da diese als wesentliche Akteure in der Verteilung von psychologischen Ressourcen (z. B. Hoffnung, Widerstandsfähigkeit oder Selbstwert) fungieren (Kovjanic et al., 2012; Lanaj et al., 2016; Van Quaquebeke & Eckloff, 2010).

Am Arbeitsplatz bieten intrinsisch motivierte Arbeitnehmende weitreichende Vorteile. Intrinsisch motivierte Verhaltensweisen sorgen für einen geschmeidigeren und produktiveren Arbeitsablauf, da Mitarbeitende selbstbestimmt arbeiten, ohne externe Anreize oder Aufforderungen zu benötigen. Durch gesteigerte Neugierde beschäftigen sich Mitarbeitende proaktiver mit ihrem Arbeitsumfeld und tendieren eher dazu, selbstständig Veränderungen zu akzeptieren und zu initiieren. Die erzielten Freiheitsgrade können dazu führen, dass Arbeitnehmende originelle Herangehensweisen und Lösungsansätze entwickeln, welche über ihre regulären Aufgabenstellungen hinausreichen. Dadurch wird nicht nur die Anzahl, sondern auch die Vielfalt an Verhaltensweisen innerhalb des Unternehmens gesteigert (Chan, 2006). Während eine derartige Verhaltensvielfalt bei Führungskräften auf Bedenken stoßen kann, weist die empirische Forschung auf den eindeutig positiven Ertrag solcher proaktiven Verhaltensmuster hin (Frese & Fay, 2001; Parker et al., 2010).

Respectful Inquiry bedient alle der drei psychologischen Grundbedürfnisse. Durch Einsatz von *Respectful Inquiry* signalisieren Führungskräfte ihren Mitarbeitenden, dass sie deren Autonomie schätzen und würdigen. Durch den schieren Akt des Fragens – ob „Wie läuft es bei Ihnen?" oder „Was halten Sie davon?" – überlassen Führungskräfte ihren Mitarbeitenden Kontrolle über die Konversation. Zusätzlich veranlasst *Respectful Inquiry* den Mitarbeitenden dazu, die Konversation aus dessen eigener Perspektive zu betrachten und zu reflektieren (Maitlis & Christianson, 2014). Indem der Mitarbeitende die Freiheit erhält, den Sinn des Gespräches eigenständig zu werten, und Kontrolle über den Konversationsverlauf erlangt, bestärkt *Respectful Inquiry* das Grundbedürfnis nach Autonomie. Somit sendet *Respectful Inquiry* die Kernbotschaft: *Du bist eigenständig*.

Respectful Inquiry fördert ebenso das Bedürfnis nach Kompetenz, das Gefühl ausreichend gefördert zu werden, um die eigenen Fähigkeiten erfolgreich unter Beweis stellen zu können. Wie bereits erwähnt, übergibt der Sender durch den Akt des Fragens dem Empfänger/der Empfängerin die Kontrolle über die Konversation. Gepaart mit aufmerksamem Zuhören suggeriert dieses Verhalten dem Mitarbeitenden, dass die Führungsperson genügend Vertrauen und Zuversicht in ihn oder sie setzt, zu einer kompetenten oder anderweitig wertvollen Antwort beizutragen. Desto offener die Frage gestellt wird, desto mehr Zuversicht wird dem Mitarbeitenden in dessen Können vermittelt. Nebenbei ermöglicht *Respectful Inquiry* dem Mitarbeitenden, das eigene Können unter Beweis zu stellen. Fragen der Führungskraft wie beispielsweise „Was sind Ihre Erkenntnisse hieraus?" oder „Haben wir Ihrer Meinung nach irgendetwas übersehen?" verwandeln den Befragten oder die Befragte von einem passiven Informationsempfänger in einen aktiven Informationsgestalter, wodurch diesem oder dieser die Möglichkeit geboten wird, die eigenen Kompetenzen offen zu legen. Somit sendet *Respectful Inquiry* die Kernbotschaft: *Du bist kompetent*.

Letztlich wird durch den verbalen Akt der *Respectful Inquiry* die Konversation automatisch dyadisch bzw. bidirektional, egal ob die Frage „Was ist Ihr Ziel?" oder „Wie geht es Ihnen?" lautet. Dadurch schafft *Respectful Inquiry* einen zwischenmenschlichen Austausch, wodurch die Botschaft „wir sitzen alle im selben Boot" übersendet wird. Insbesondere wird dem Adressaten durch die offene Fragestellung und den zugewandten Ressourcen des aufmerksamen Zuhörens – Aufmerksamkeit, Zeit und Konzentration – Zuwendung entgegengebracht. Somit sendet *Respectful Inquiry* die Kernbotschaft: *Du gehörst dazu*.

Der Fokus der *Respectful Inquiry* liegt dabei jedoch nicht so sehr auf dem Inhalt, sondern vielmehr auf der Form der Kommunikation. Sicherlich dienen manche Fragen eher dazu, einzelne Grundbedürfnisse zu bestärken als andere. Jedoch kann eine offenbar kompetenzbefürwortende Frage wie „Wie würden Sie dieses Problem angehen?" genauso gut dazu dienen, das Bedürfnis nach Autonomie oder Zugehörigkeit zu befriedigen. Indem *Respectful Inquiry* dem Empfänger/der Empfängerin die Kontrolle über die Konversation überlässt, setzt der Inhalt der Frage letztlich wenig die erfolgende Antwort voraus. Führungskräfte definieren wohl einen Themenkreis, zu dem der Gesprächspartner oder die Gesprächspartnerin aufgefordert wird, sich zu äußern, jedoch bestimmt der Mitarbeitende –

bedient durch die Offenheit der Frage – die Grenzen zwischen dem, was jetzt Thema sein soll, und dem, was nicht dazugehört. Infolgedessen – und weitestgehend unabhängig von dem Inhalt der Frage – erhält der Mitarbeitende den Freiraum, die Konversation auf ein Thema zu lenken, welches dessen Kompetenzen am besten wiedergeben. Beispielhaft kann eine simple Auskunft „Wie läuft es bei Ihnen?" den Befragten dazu verleiten, von einem jüngsten Erfolg in der Behebung eines Problems zu berichten. Somit bietet *Respectful Inquiry,* unabhängig von dem Inhalt der Frage, dem Mitarbeitenden die Möglichkeit, dessen Kompetenz, Eigenständigkeit und Zugehörigkeit unter Beweis zu stellen.

Nichtsdestoweniger stellt sich weiterhin die Frage, weshalb es an der Umsetzung in der Praxis offenkundig scheitert. Warum fragen Führungsverantwortliche Berichten zufolge zu wenig und hören obendrein nur selten zu? Van Quaquebeke und Felps (2018) bieten hierzu unterschiedliche Erklärungen und decken auf, weshalb gerade in Situationen, in denen intrinsisch motivierte Mitarbeitende besonders wertvoll wären, die Umsetzung der *Respectful Inquiry* meistens misslingt.

7.1.4 Wem fällt Respectful Inquiry leichter und wem weniger

Die Autoren beleuchten anhand der Selbstbestimmungstheorie drei Grundvoraussetzungen, welche die Umsetzung der *Respectful Inquiry* bedingen. Erstens, *Respectful Inquiry* setzt voraus, dass die Führungsperson eigenständige Kontrolle über die Konversation abgibt. Dementsprechend ist es unwahrscheinlicher, dass Führungskräfte ein solches Verhaltensmuster einsetzen, wenn diese sich in ihrer Autonomie beschränkt fühlen. Am besten veranschaulichen wir diese Logik anhand einer Analogie. Stellen Sie sich vor, Sie sind in der Wüste und haben kaum noch Wasser übrig zum Überleben. In dieser Situation gewinnt Wasser für Sie immer mehr an Bedeutung. Natürlich gehen Sie vorsichtig und sparsam mit den letzten Überresten um, teilen diese nur widerwillig, und setzen Ihre letzte Energie darauf, irgendwo Wasser aufzutreiben. Ähnlich einer spärlichen Ressource versuchen Menschen, ihr Autonomiebedürfnis wiederherzustellen, wenn es beinahe aufgebraucht ist (Ryan & Deci, 2008). Gleichermaßen tendieren Führungskräfte eher dazu, Kontrolle einzufordern, anstatt diese abzugeben, wenn ihr eigenes Bedürfnis nach Autonomie nicht ausreichend gedeckt ist. Das Empfinden von Kontrollverlust verleitet somit zu reglementierter Kommunikation, restriktiver Aufmerksamkeit und rigiden Entscheidungen (Roxssnagel, 2000; Epley et al., 2004). Wenn das eigene Grundbedürfnis nach Autonomie nicht gedeckt ist, wird es für Führungskräfte zur Herausforderung, durch Fragen und aufmerksames Zuhören zu führen.

Zweitens, wenn das eigene Kompetenzbedürfnis eingeschränkt ist, tendieren Führungskräfte weniger dazu, *Respectful Inquiry* anzuwenden. In der schnelllebigen Gesellschaft, in welcher wir agieren, ist es unmöglich, auf alles eine Antwort zu wissen (Marquardt, 2014). Dennoch erwarten wir von Führungspersonen, dass diese stets Antworten parat haben, oft, bevor die Frage selbst bereits im Raum steht. Dadurch begründen wir die Auffassung, dass Führungsverantwortung vorrangig darin liegt, Fragen zu beantworten, anstatt Fragen zu stellen. Kein Wunder also, dass die Idee „Wer fragt, der führt!" in unserem Führungsbild zu „Fragst du noch, oder führst du schon?" verzerrt wurde. Jegliche Form der aktiven Nachfrage beinhaltet ein Eingeständnis der Führungskraft, dass diese nicht auf alles eine Antwort weiß. Führungspersonen, die sich demzufolge in ihrer Kompetenz beeinträchtigt oder gar erniedrigt fühlen, tendieren weniger dazu, offene Fragen zu stellen, da diese als weitere Einstufung der eigenen Kompetenz gewertet werden. Tatsächlich werden Fragen fälschlicherweise oft als Zeichen der Inkompetenz, Unterlegenheit und Abhängigkeit gewertet (Druian & DePaulo, 1977; Ames & Lau, 1982; Karabenick & Knapp, 1988; Lee, 1997; Brooks et al., 2015). Dabei belegt die empirische Forschung, dass Fragen die wahrgenommene Kompetenz des Fragenden steigern (Brooks et al., 2015; Cojuharenco & Karelaia, 2020). Genau genommen können wir durch aktives Nachfragen auch nur an Kompetenz gewinnen. Wenn Führungskräfte sich jedoch durch aktives Fragen in ihrer Kompetenz eingeschüchtert fühlen, werden diese tendenziell durch einseitige Anweisungen, Befehle oder geschlossene Fragen ersetzt.

Drittens, wenn Führungskräfte sich nicht dazugehörig fühlen – wenn ihr Grundbedürfnis nach Zugehörigkeit eingeschränkt ist –, führt die hieraus entstandene soziale Unsicherheit dazu, dass Führungskräfte weniger Fragen stellen aus Angst, dass diese einen noch angreifbarer machen könnten. Menschen verzichten häufig bewusst darauf, Fragen zu stellen, um sich nicht gegebenenfalls beleidigend, einschüchternd oder aufdringlich zu äußern (Le Fevre et al., 2014). Dabei ist diese Sorge meist unberechtigt, da wir die interpersonellen und persönlichen Konsequenzen sensibler Fragen stark überbewerten (Hart et al., 2019). Trotzdem greifen Führungskräfte, die sich nicht sozial eingebunden fühlen, eher auf risikoaverse und konservativere Kommunikationsalternativen zurück, anstatt aktiv Fragen zu stellen und aufmerksam zuzuhören.

7.1.5 In welchen Situationen Respectful Inquiry besonders wertvoll ... und doch selten ist

Die Anwendung von *Respectful Inquiry* innerhalb von Unternehmen weist auf verschiedene widersprüchliche Situationen hin, in denen ein intrinsisch motivierter Arbeitsablauf besonders wertvoll ist, Führungskräfte dieses Verhaltensmuster jedoch selten einsetzen. Diese widersprüchlichen, quasi paradoxen Situationen treten aufgrund führungsspezifischer Jobanforderungen und zwischenmenschlichen Beziehungsdynamiken auf. In der Tat erschweren mehrere führungsspezifische Anforderungen die Umsetzung der *Respectful Inquiry*.

Zum einen operieren Führungskräfte scheinbar ständig unter Zeitdruck (Mintzberg, 1973). Unter Zeitdruck können Führungskräfte weniger Kapazitäten dafür aufwenden, das Verhalten ihrer Mitarbeitenden eng zu begleiten. Dementsprechend ist es in dieser Situation umso wichtiger, dass Mitarbeitende frei von externem Ansporn selbstbestimmt und eigenständig an ihren zugewiesenen Aufgabenstellungen arbeiten und sich proaktiv mit ihrem Arbeitsumfeld auseinandersetzen (Frese & Fay, 2001; Parker et al., 2010). Wenn Führungsverantwortliche unter starkem Zeitdruck stehen, ist es umso wichtiger, intrinsisch motivierte Mitarbeitende vorzufinden. Jedoch suggeriert steter Zeitdruck ein Gefühl eingeschränkter Kontrolle und Autonomie, wobei Betroffene sich in ihren Handlungen vollkommen beschlagnahmt fühlen, z. B. vor anstehenden Abgabeterminen (Maule et al., 2000; Muraven et al., 2008). Somit führt dieser meist zu kontrollerhaltenden Maßnahmen wie restriktiver Kommunikation, selektiver Aufmerksamkeit und rigiden Entscheidungen (Roxssnagel, 2000; Epley et al., 2004). Infolgedessen findet *Respectful Inquiry* unter starkem Zeitdruck selten Anwendung.

Zum anderen ist der Führungsalltag häufig durch eine Hektik geprägt, welche die menschliche Aufnahmekapazität immer wieder an ihre Grenzen bringt. Führungskräfte wähnen sich permanent in Bereitschaft, Anweisungen zu geben, um auftretende Probleme schnell lösen zu können. Dieser sogenannte *Fixing Modus* führt Führungskräfte umso häufiger an ihre menschlichen Grenzen. Wenn die mentale Aufnahmekapazität der Führungskraft in hektischen und informationsgeladenen Situationen an deren Grenze stößt, gewinnen intrinsisch motivierte Mitarbeitende an besonderer Bedeutung. Unter einer solchen kognitiven Überbelastung fällt es Führungskräften jedoch umso schwerer, weitere kognitive Ressourcen aufzuwenden, um Mitarbeitenden Fragen zu stellen und denen obendrein auch noch aufmerksam zuzuhören (Huber & Lewis, 2010; Driver & Streufert, 1969; Plass et al., 2010). Unter kognitiver Überbelastung werden Fragen aktiv umgangen, um nicht noch mehr Informationen oder neue Sichtweisen zu erhalten. Jegliche Konversation wird unter dieser Form der mentalen Anspannung zur Belastung, was dazu führt, dass Führungskräfte sich ihrer eigenen Kompetenz beraubt fühlen (Baumeister et al., 1998; Eppler & Mengis, 2004; Bawden & Robinson, 2008). Eine kurzzeitige kognitive Überbelastung kann somit das eigene Kompetenzgefühl derart einschränken, dass *Respectful Inquiry* langfristig ausgeschlagen wird.

Zuletzt erschwert physische Distanz die Kommunikation zwischen Führungskräften und deren Mitarbeitenden. Distanz beansprucht mehr Aufwand und Planung, um Kommunikation durchzuführen (Antonakis & Atwater, 2002; Cascio & Shurygailo, 2003). Wenn Mitarbeitende verteilt über diverse Ebenen, Gebäude, Länder oder Zeitzonen hinweg operieren, wird reguläre Kommunikation zunehmend zur Herausforderung (Davis, 1984; Cascio & Shurygailo, 2003). Besonders informelle und persönliche Gespräche, welche Führung oftmals auszeichnen, leiden unter Distanz. Physische Distanz erschwert es Führungskräften ferner, die derzeitigen Arbeitsgegebenheiten vor Ort einzuschätzen und dort präsent zu sein. Doch gerade in einem solchen Umfeld wäre es umso wertvoller, Mitarbeitende mit hoher intrinsischer Motivation aufzufinden, die sich eigenständig und proaktiv mit ihren Arbeitsaufgaben und -konditionen befassen. Durch physische Distanz werden die Gelegenheiten, Mitarbeitende durch Fragen und besonders durch aufmerksames Zuhören einzubinden, jedoch drastisch eingeschränkt. Außerdem mindert die Distanz zu den eigenen Mitarbeitenden das Zugehörigkeitsempfinden der verantwortlichen Führungskraft, da diese an den unbeschwerten sozialen Interaktionen – gemeinsamen Kaffeepausen, Mittagessen oder gelegentliche Feierabendaktivitäten – in denen Zusammengehörigkeit etabliert und gefördert wird, schwerer teilnehmen kann (Kacmar et al., 2003; Mueller & Lovell, 2015). Obendrein normiert physische Distanz digitale Formen der Korrespondenz, denen im Vergleich zu persönlichen Interaktionen weniger Wärme innewohnt und welche dementsprechend mehr Raum für Missverständnisse, Konflikte und Eskalationen zulassen (Friedman & Currall, 2003). Auch wenn Zugehörigkeitsgefühle anderweitig gesättigt werden können – durch soziale Interaktionen außerhalb des Arbeitsplatzes –, nimmt gerade für Führungskräfte die Arbeit eine zentrale Rolle ein (Harpaz & Fu, 2002). Somit reduziert physische Distanz häufig die Anwendung von *Respectful Inquiry*.

Ebenso geben zwischenmenschliche Beziehungsdynamiken darüber Aufschluss, in welchem Ausmaß *Respectful Inquiry* Anwendung findet. Das Machtverhältnis zwischen Sender und Empfänger spielt hierbei eine zentrale Rolle. Obwohl jeder offene Fragen stellen und anschließend aufmerksam zuhören kann, ist die motivierende Wirkung umso stärker, desto mehr Macht die fragende Person besitzt. Doch Individuen mit verhältnismäßig viel Einfluss neigen dazu, sich von anderen abzukoppeln. Im Gegensatz sind es die vergleichsweise machtlosen Individuen, die einen großen Teil ihrer Aufmerksamkeit darauf anwenden, herauszufinden, was die „Machtvollen" von ihnen erwarten (Fiske et al., 1996; Sturm & Antonakis, 2015). Innerhalb von Unternehmen verfügen Führungskräfte qua Position über die Möglichkeit, Ressourcen zu allokieren und gruppenintern Status zu verteilen (Tyler & Lind, 1992; van Knippenberg & Hogg, 2003). Desto größer der Machtunterschied zwischen Führungskraft und Mitarbeitendem ausfällt, desto mehr Zeit verwenden Letztere damit, sich über Einzelheiten der Kommunikation Gedanken zu machen (Fiske et al., 1996). Die drei Kernbotschaften, welche durch *Respectful Inquiry* übermittelt werden, besitzen somit stärkere Auswirkungen auf die Motivation weiter untergeordneter Mitarbeitenden. Jedoch führen starke Machtdiskrepanzen oftmals zu psychologischer Distanzierung (Antonakis & Atwater, 2002; Hart et al., 2009; Lilienfeld et al., 2009; Lee, 1997). Infolgedessen findet *Respectful Inquiry* meist gerade in Führungskonstellationen, bei denen dieses Verhalten auf besonders fruchtbaren Boden stoßen würde, am wenigsten Anwendung.

Ebenso wird *Respectful Inquiry* nur dann wirklich Früchte tragen, wenn die psychologischen Grundbedürfnisse der Mitarbeitenden noch nicht vollkommen gesättigt sind. Wenn Mitarbeitende bereits intrinsisch motiviert sind, wird derartiges Verhalten nur marginale Zusatzmotivation erzielen (s. Podsakoff et al., 1996; Nübold et al., 2013). Hier spielt auch die Interaktionshistorie eine wesentliche Rolle. Wenn Führungskräfte ihre Mitarbeitenden durch offenes Fragen und aufmerksames Zuhören bereits häufig eingebunden haben, werden einzelne Interaktionen in der Zukunft, ähnlich dem ökonomischen Ertragsgesetz, abnehmende Effekte aufweisen. Im Gegensatz dazu ist *Respectful Inquiry* besonders wirkungsvoll bei Mitarbeitenden, die ein dringendes Bedürfnis besitzen, die drei Kernbotschaften zu hören. Jedoch ist es in der Praxis besonders unwahrscheinlich, dass Führungskräfte mit jenen „bedürftigen" Mitarbeitenden derart interagieren. Denn Mitarbeitende mit geringem Eigenständigkeits-, Kompetenz- und Zugehörigkeitsempfinden neigen eher dazu, weitere Sorgen und Bedenken an die fragende

Führungsperson heranzutragen, besonders wenn diese zuvor selten eingeladen wurden, ihre Meinung mitzuteilen. Um derartige Situationen zu vermeiden, nutzen Führungskräfte bei solchen „Problemmitarbeitenden" eher reglementierte und einseitige Aussagen, bei denen die Kontrolle stark bei dem Fragenden bleibt, während dem Mitarbeitenden wenig Möglichkeit zur Meinungsäußerung geboten wird. Analog hierzu fragen Führungskräfte lieber bei motivierten Mitarbeitenden nach und hören diesen auch lieber aufmerksam zu, da hier positive Antworten zu erwarten sind. Ebenso neigen wir dazu, eher mit Leuten zu interagieren, mit denen wir zuvor positive Erfahrungen geteilt haben, wodurch immer nur dieselbe Schar auserwählter Mitarbeitende in den Genuss der *Respectful Inquiry* kommt.

Die Theorie der *Respectful Inquiry* weist auf die oben genannten widersprüchlichen Situationen hin, in denen Fragen und aufmerksames Zuhören gerade dann selten angewendet werden, wenn deren Wirkung besonders wertvoll und gewinnbringend ist. Welche Erkenntnisse ziehen wir zusammenfassend hieraus? Wenn ich als Führungskraft meinen Mitarbeitenden zur intrinsischen Motivation verhelfen möchte, muss ich darauf achten, besonders in Situationen, in denen starker Zeitdruck, physische Distanzierung und hohe kognitive Beanspruchung vorherrschen, mehr offene Fragen zu stellen und aufmerksam zuzuhören. Um die motivierende Wirkung der *Respectful Inquiry* vollkommen auszuschöpfen, sollte ich aktiv Gespräche mit Mitarbeitenden suchen, die weit weniger machtvolle Positionen einnehmen, Motivationsdefizite aufweisen (könnten), und mit welchen ich zuvor selten direkten Kontakt initiiert habe. Das bedeutet keinesfalls, dass ich aufhören sollte, mit hochmotivierten Mitarbeitenden Gespräche zu führen. Vielmehr muss ich lernen, aktiv gegen die Tendenz anzukämpfen, *ausschließlich* mit diesen Personen zu interagieren. Unter diesen Voraussetzungen entfalten offene Fragen und aufmerksames Zuhörverhalten als wertvolle Führungsinstrumente ihre vollständige Wirkung.

7.2 Zehn Tipps, um Respectful Inquiry zu lernen und zu institutionalisieren

Wie lernt man denn nun, bessere Fragen zu stellen, und vor allem wie lernen Sie, besser zuzuhören? Wir haben Ihnen 10 Tipps zusammengestellt, wie Sie innerhalb Ihres Unternehmens *Respectful Inquiry* als Führungsinstrument konkret umsetzen können. Dabei geht es in den Tipps 1–6 um den Komplex des besseren Fragens, wobei die Tipps 5 und 6 unweigerlich den Komplex des Zuhörens miteinschließen, in den Tipps 6–8 ums aufmerksamere Zuhören und schließlich in den Tipps 9 und 10 um die Rahmenbedingungen.

7.2.1 Tipp 1: Üben Sie offenes Fragen

Egal ob Sie sich mit Ihren Mitarbeitenden in Feedback-, Coaching- oder unternehmerischen Alltagsgesprächen befinden, Fragen werden ununterbrochen gestellt und zeigen Wirkung. Offene Fragen, die eine verbindliche Einladung an Ihr Gegenüber senden, die eigenen Meinungen und Gedanken mitzuteilen, sollten hierbei stets im Mittelpunkt stehen.

Durch *W*-Fragewörter können Sie im Alltag Ja/Nein-Fragen (Brauchen Sie Hilfe?) ganz einfach in offene Fragen umwandeln (Wie kann ich Ihnen helfen?). Jedoch sollten Sie das Fragewort *Warum* (Warum haben Sie …?) oder *Wieso* (Wieso haben Sie denn nicht …?) mit Vorsicht verwenden, da es häufig als sehr vorwurfsvoll empfunden wird und dementsprechend sehr geradlinige Erklärungsmuster anregen kann. Polizisten verhören via solcher Begründungsfragen, um Schuldige zu identifizieren. Führungskräfte, die Fehler vermeiden wollen, sollten solche Fragen nicht stellen. Greifen Sie in solchen Situationen lieber auf *Wie*-Fragen zurück, z. B. „Wie gedenken Sie, dieses Problem zu lösen?" oder „Wie lässt sich so was in Zukunft denn vermeiden?", um Mitarbeitende eigenständig zu motivieren, Lösungsansätze zu entwickeln.

Geschlossene Fragen (rhetorische oder als Fragen formulierte Aufforderungen) sollten Sie jedoch weitestgehend vermeiden. Die rhetorische Frage besitzt keine öffnende Funktion, sondern dient vielmehr dazu, eine Bestätigung des Fragenden beim Befragten herauszukitzeln. Somit sollte es nicht überraschen, dass rhetorische Fragen Mitarbeitende eher irritieren, anstatt sie zu motivieren. Doch wie steht es mit halboffenen Fragen? Sind Ja/Nein- oder Selektivfragen prinzipiell zu vermeiden? Es wäre utopisch anzunehmen, erfolgreiche Führungskräfte müssten ausschließlich über offene Fragen kommunizieren. Ja/Nein-Fragen bzw. Selektivfragen sind dann hilfreich, wenn es darum geht, Informationen schnell abzufragen (Sind Sie schon fertig?), das Gespräch gegebenenfalls auf die Thematik zurückzuführen (Meinten Sie nicht soeben, dass …?), oder um Komplexität zu reduzieren bzw. zu verdichten. Anderenfalls sind halboffene Fragen jedoch eher zu vermeiden, da die Aktivität stark bei dem oder der Fragenden bleibt und der Suchprozess des Gesprächspartners wenig angeregt wird. Wenn Sie ein anregendes Gespräch öffnen und erhalten wollen, müssen Sie offene Fragen stellen, ob beruflich oder privat. Erst dann wird Ihr Gegenüber motiviert sein, ehrlich und selbstbestimmt zu antworten. Hierzu können Sie ein paar geeignete Fragetypen im Kasten „Impulse zur Erweiterung Ihres Fragenrepertoires" einsehen.

▶ **Impulse zur Erweiterung Ihres Fragenrepertoires**

Über die Jahre schleichen sich feste Kommunikationsmuster bei uns ein. Warum führen Sie nicht neue Fragetechniken in Ihren Führungsstil ein, um frischen Wind in Ihre Mitarbeitendengespräche zu bringen? Hierzu eignen sich hypothetische und zirkuläre Fragen sowie Wunderfragen und Abschlussfragen besonders gut.

Die hypothetische Frage
Durch hypothetische Fragen ist es auf besonders elegante Art möglich, neue Informationen zu erhalten. Hierbei geht es darum, ein „außergewöhnliches" Gedankenexperiment zu wagen oder einen theoretischen Soll-Zustand zu erschaffen. Optionen, Alternativen, mutmaßlich eingeführte Veränderungen

oder Lösungen lassen sich gedanklich mit allen möglichen Folgewirkungen durchspielen, wodurch der Denkhorizont erweitert und bisher unentdeckte Entwicklungsmöglichkeiten aufgedeckt werden können.

Beispielhafte hypothetische Fragen wären:

- Was wäre, wenn Sie unbegrenzt viel Budget zur Verfügung hätten?
- Was würde Ihr wichtigster Konkurrent Ihnen empfehlen, jetzt zu tun?
- Gesetzt den Fall, Sie würden das Ziel nur zu 80 % statt zu 100 % erreichen wollen, wer würde das eher begrüßen, wer eher nicht?

Die zirkuläre Frage
Zirkuläre Fragen basieren auf einer familientherapeutischen Technik und regen den Mitarbeitende dazu an, sich in jemand anderen hineinzuversetzen und das eigene Verhalten von außen zu hinterfragen. Das „Mehrbrillenprinzip" des zirkulären Fragens bewirkt einen Wechsel der Perspektive und macht es leichter, eine Sache unter neuen Gesichtspunkten zu sehen, sowie subjektive Standpunkte als auch Unterschiede zu verdeutlichen.

Beispielhafte zirkuläre Fragen wären:

- Was würde XY dazu sagen?
- Wenn Sie Ihr Vorgesetzter/Ihre Vorgesetzte wären, wie würden Sie in dieser Situation reagieren?
- Wenn Ihr Kollege/Ihre Kollegin anwesend wäre, wie würde er/sie uns das Problem schildern?

Die Wunderfrage
Die Wunderfrage wird auch als „lösungsfokussierte Kurztherapie" bezeichnet und dient dazu – wie der Name schon sagt – lösungsorientierte Gedanken anzuregen, wenn augenscheinlich „nur noch ein Wunder helfen kann". Wunderfragen lenken in Problemsituationen die Aufmerksamkeit des Mitarbeitenden darauf, zu reflektieren, was es bedeuten würde, wenn das Problem aufgehoben ist, und ermöglichen so Einblicke in die eigenen derzeitigen Bedürfnisse.

Beispielhafte Wunderfragen wären:

- Wenn über Nacht ein Wunder geschehen würde und Ihr Problem verschwunden wäre, was würde dann passieren?
- Was würden Sie am Morgen danach anders machen?
- Woran würden es andere Menschen merken, ohne dass Sie es Ihnen sagen?

Die Abschlussfrage
Ein professioneller Abschluss eines Gespräches beinhaltet nicht nur eine kurze Zusammenfassung der gewonnenen Erkenntnisse, sondern auch eine aktive Nachfrage nach weiteren offenen Themen. Offene Abschlussfragen bieten

Mitarbeitenden eine letzte Möglichkeit, eigene Gedanken und Ansichten einfließen zu lassen. Somit motivieren diese Ihre Mitarbeitenden, eigenständig und selbstbestimmt an der Umsetzung der gewonnenen Erkenntnisse zu arbeiten.

Beispielhafte Abschlussfragen wären:

- Haben wir alle Fragen beantwortet, die wir vorhatten, zu beantworten?
- Sind innerhalb des Meetings neue Fragen entstanden? Wenn ja, wie wollen wir diese angehen?
- War dieses Gespräch hilfreich für Sie? Hätten wir irgendetwas besser kommunizieren können?

7.2.2 Tipp 2: einfach mal nachfragen, was Ihre Mitarbeitenden von Ihnen benötigen

Je wichtiger das angeschlagene Thema ist, desto wichtiger ist es für Sie, zu verstehen, was Ihr Mitarbeiter oder Ihre Mitarbeiterin von Ihnen gerade benötigt. Fragen Sie das nächste Mal, wenn jemand verunsichert oder verärgert zu Ihnen kommt, aktiv nach, was gerade von Ihnen erwartet oder benötigt wird. Stellen Sie Ihrem Mitarbeitenden z. B. folgende Fragen nach ihren oder seinen Erwartungen: Brauchen Sie gerade einen aufmerksamen Zuhörer? Was genau erwarten Sie oder brauchen Sie gerade von mir? Wie kann ich Ihnen momentan am besten helfen?

Wenn einer Ihrer Mitarbeitenden häufig zu Ihnen kommt, um frustriert oder wehmütig ein Problem bei Ihnen abzuladen, und Sie das Gefühl haben, hier geht es eher darum, Frust abzubauen, können diese Fragen zu raschen Veränderungen führen. Fragen nach den Erwartungen des Mitarbeitenden zwingen diesen dazu, sich Gedanken darüber zu machen, was überhaupt von Ihnen benötigt oder erwartet wird. Zusätzlich hilft es Ihnen dabei, die Bedürfnisse Ihres Mitarbeitenden aus dessen Perspektive zu erkennen. Zeigen Sie Ihrem Mitarbeitenden, dass Sie die Erwartungen an Sie bestmöglich erfüllen wollen, egal ob ein aufmerksamer Zuhörer oder konkrete Ratschläge benötigt werden. Häufig ist es wichtig, im Voraus kurz den Sachverhalt zu klären, um ein ganzheitliches Bild der Situation und der Bedürfnisse Ihrer Mitarbeitenden zu erhalten.

7.2.3 Tipp 3: Fragen Sie nicht, wenn Sie die Antwort bereits kennen

Fragen Sie nur, wenn Sie die Meinung Ihres Mitarbeitenden auch wirklich hören möchten und Sie nicht der Auffassung sind, dass Ihre Antwort grundsätzlich die einzig Richtige ist. Häufig werden Fragen nicht aus reiner Neugierde gestellt, sondern um den eigenen Standpunkt mitzuteilen und für diesen Bestätigung zu erhalten. Wenn Sie Fragen lediglich stellen, um Ihre Mitarbeitenden von Ihren Ansichten zu überzeugen, werden diese kaum dazu dienen, die Grundbedürfnisse Ihrer Angestellten zu erfüllen. Ebenso wenig eignen sich „*Make-me-know-that-you-know*-Fragen", die intrinsische Motivation Ihrer Mitarbeiter zu fördern. Wenn Sie Fragen stellen, um offenkundig das Wissen Ihrer Mitarbeitenden zu testen, übermitteln Sie wenig Interesse an den eigentlichen Gefühlen, Gedanken und Meinungen.

Bevor Sie eine Frage stellen, fragen Sie sich selbst, was Ihre Beweggründe hierfür sind. Es ist nicht damit getan, plötzlich mit Fragen zu beginnen. Wer Fragentechniken anwendet, weil er gelernt hat, dass Fragen dazu dienen, Mitarbeitende zu motivieren, sich jedoch für die Antwort reichlich wenig interessiert, wird mit dieser Strategie keinen Erfolg haben. Schlimmer noch, offene Fragen, verbunden mit übermitteltem Desinteresse an der eingeforderten Antwort, demotivieren Ihren Gegenüber. Fragen Sie nicht mit der Haltung, dass Sie ohnehin schon wissen, was bei dem Gespräch herauskommt, und erst recht nicht in der Annahme, es am Ende sowieso besser zu wissen. Nehmen Sie sich lieber die Aussage von dem deutschen Philosophen Hans-Georg Gadamer zu Herzen: Verstehen bedeutet, seine eigenen Ansichten zurückzustellen und „einem andern zuzuhören, in der Meinung, er könnte recht haben" (Egger, 2017).

7.2.4 Tipp 4: Achten Sie auf Ihren Tonfall

Jeder kennt die altbekannte Weisheit: Es kommt nicht drauf an, was Sie sagen, sondern wie Sie es sagen. Besonders im Führungsalltag gewinnt diese Aussage an Bedeutung. Wie bereits erwähnt, besteht ein starker Zusammenhang zwischen der Art, wie eine Frage gestellt wird, und den zu erwartenden Reaktionen. Je angenehmer und offener die Gesprächsatmosphäre ist, desto größer wird die Auskunftsbereitschaft des Mitarbeitenden ausfallen. Wenn Sie eine Frage stellen, fragen Sie sich, ob Sie eine Spur von Ironie, Gleichgültigkeit oder Zorn darin erkennen können. Könnten Ihre Mitarbeitenden die Frage somit falsch auffassen? Wenn ja, kann die Frage noch so gut sein, Ihre Mitarbeitenden werden trotzdem nicht intrinsisch motiviert werden. Wenn Sie beispielsweise die Frage „Wie kann ich Ihnen helfen, das Projekt rechtzeitig abzuschließen?" in einem irritierten oder ungeduldigen Tonfall stellen, wird Ihr Mitarbeiter oder ihre Mitarbeiterin höchstwahrscheinlich die zugrunde liegenden Gefühle wahrnehmen und dazu neigen, abweisend zu antworten oder Ihr Angebot auszuschlagen. Stellen Sie sicher, dass Ihr Tonfall die Bedeutung Ihrer Worte und die zugrunde liegende Absicht widerspiegelt. Wenn Sie eine Frage stellen, machen Sie sich im Voraus nicht nur Gedanken darüber, *was* Sie sagen, sondern auch *wie* Sie es sagen wollen.

7.2.5 Tipp 5: Folgefragen stellen, aber Rechtfertigungen vermeiden

Folgefragen bieten eine elegante Lösung, verbale Signale des aufmerksamen Zuhörens zu senden. Folgefragen sind extrem wirksam, da sie Ihnen ermöglichen, die Situation tiefgründiger zu verstehen und durch aktives Nachfragen doppelte und dreifache Lerneffekte erzielen zu können. Doch Folgefragen dienen nicht nur der Überprüfung, ob Sie auch alles richtig verstanden haben. Sie ermutigen Ihre Mitarbeitenden zusätzlich dazu, weitere Gedanken als Antworten zu formulieren. Damit bringen Sie den Mitarbeitenden Verständnis, Bestätigung und Fürsorge entgegen. Deshalb lohnt es sich, nachdem Ihr Mitarbeiter/Ihre Mitarbeiterin zu Ende gesprochen hat, Folgefragen zu stellen, wie z. B. „Wie werden Sie das von Ihnen geschilderte Problem angehen?".

Jedoch können Folgefragen auch fehlgeleitet werden, wenn sie eingesetzt werden, um die eigene Meinung zu rechtfertigen. Auch die aufmerksamsten Zuhörenden unter uns tendieren ab und an dazu abzuschalten, sobald die eigenen Herangehensweisen oder Grundsätze infrage gestellt oder kritisiert werden. Wer in solcher Situation jedoch rechtfertigende Folgefragen stellt, um Bestätigung für die eigene Meinung einzufordern, anstatt aufmerksam zuzuhören, verpasst wichtige Informationen, Einsichten und die Möglichkeit, potenzielle Konflikte zu entschärfen.

Im Umkehrschluss bedeutet das jedoch nicht, dass Sie die Meinungen Ihrer Mitarbeitenden teilen müssen oder dass aufmerksames Zuhören dies zwangsläufig suggeriert. Durch aufmerksames Zuhören vermitteln Sie Akzeptanz und Respekt gegenüber den Ansichten Ihrer Mitarbeitenden, auch wenn diese sich von Ihren Ansichten (grundlegend) unterscheiden. Aufmerksames Zuhören Ihrerseits wird somit nicht zu der Schlussfolgerung führen, dass Sie Ihren Mitarbeitenden in allen Punkten zustimmen. Auch wenn aktives Nachfragen und aufmerksames Zuhören zu mehr Übereinstimmung führen können, müssen Sie nicht zwangsläufig die Meinung Ihrer Mitarbeitenden teilen, um diesen *Respectful Inquiry* entgegenbringen zu können.

7.2.6 Tipp 6: Verhöratmosphäre, nein danke! Pausen und Zusammenfassungen, ja bitte!

> „Der Zuhörer ist ein schweigender Schmeichler!"
> (Immanuel Kant)

Fragen dienen dazu, Mitarbeitende am Arbeitsplatz zu motivieren. Super, denken Sie sich, desto mehr Fragen ich stelle, desto motivierter und selbstbestimmter werden meine Mitarbeitenden arbeiten. Rein theoretisch stimmt das auch, jedoch kommt es – wie bei allem – auf die Balance an. Wir tendieren häufig dazu, eine offene Frage zu stellen, jedoch direkt danach eine weitere Frage anzuhängen, bevor wir dem Mitarbeitenden die Möglichkeit bieten, zu antworten (Stewart & Cash, 2000). Dabei haben Fragen mit Verhörcharakter in der Führung nichts zu suchen.

Egal ob Sie unter Zeitdruck sind oder nicht, lassen Sie sich Zeit mit den Fragen in Mitarbeitendengesprächen. Wenn Sie eine offene Frage stellen, schenken Sie Ihrem Mitarbeiter/Ihrer Mitarbeiterin ein breites Spektrum an möglichen Richtungen, die er oder sie bei seiner oder ihrer Antwort einschlagen kann. Lassen Sie gerade deshalb Pausen aktiv zu und Ihre Mitarbeitenden aussprechen. Halten Sie Blickkontakt – dieser übermittelt Interesse und ist für aufmerksames Zuhören unumgänglich – und haben Sie vor allem keine Angst, Stille zuzulassen.

Gelegentliche Momente der Stille spiegeln Ihren Mitarbeitenden Respekt wider, indem Sie Zeit lassen, über Ihre Frage nachzudenken. Auch wenn Pausen als unangenehm wahrgenommen werden können, ermutigen diese Ihre Mitarbeitenden dazu, sich über das Gesagte Gedanken zu machen und somit durchdachtere Antworten zu geben. Können Sie die Pausen nicht aushalten, dann fassen Sie kurz zusammen, wie Sie das Gespräch verstanden haben. Eine solche Paraphrasierung bietet Ihnen eine elegante Möglichkeit, Ihre eigene Auffassung, was Ihr Gegenüber während des Gespräches übermitteln wollte, wiederzugeben und gleichzeitig aufrichtiges Interesse an den Ansichten widerzuspiegeln. Somit geben Sie Ihren Mitarbeitenden die Möglichkeit, Ansichten zu reflektieren und im Nachgang Dinge richtig zu stellen oder zu ergänzen.

7.2.7 Tipp 7: aufmerksames Zuhören als Vorsatz

Aufmerksames Zuhören ist wie ein Muskel: Es bedarf Training, Ausdauer, Anstrengung und vor allem einen starken Willen, sich zu steigern. Setzen Sie den Vorsatz, ein besserer Zuhörer zu werden, an allererste Stelle. Jedoch werden Sie auf Schwierigkeiten in der Umsetzung stoßen, wenn Sie die Vorteile des aufmerksamen Zuhörens und Zugehörtwerdens noch nicht erfahren haben. Versuchen Sie es doch einfach mal aus. Verkünden Sie das nächste Mal, wenn es Ihnen „in den Fingern juckt", Ihren Mitarbeitenden zu unterbrechen, dass Sie sich jetzt in einem Zuhörmodus befinden, bzw. sagen Sie Ihren Mitarbeitenden, dass Sie für die nächsten Minuten einfach nur aufmerksam zuhören werden.

Achten Sie hierbei verstärkt auf die körpersprachlichen Signale Ihres Gegenübers. Wenn Sie Ihre Aufmerksamkeit bewusst auf die übersendeten Körpersignale wenden, steigern Sie einerseits die eigene Konzentration auf Ihren Gesprächspartner/Ihre Gesprächspartnerin und werden andererseits Gedanken und Worte besser deuten können. Dadurch wird Ihnen das aufmerksame Zuhören automatisch leichter fallen. Versuchen Sie es mit drei verschiedenen Mitarbeitenden und reflektieren Sie, was Sie in der Situation gelernt haben. Sie werden positiv überrascht sein. Sobald Sie den Vorsatz verinnerlichen und die Vorteile des aufmerksamen Zuhörens zu schätzen wissen, werden Sie weniger gewillt sein, Ihre Mitarbeitenden zu unterbrechen oder voreilige Schlüsse aus den Gesprächen zu ziehen. Sie werden schnell realisieren, dass es keine einfache und passive Tätigkeit ist, anderen aufmerksam zuzuhören, sondern vielmehr als Grundvoraussetzung einer respektvollen und lösungsorientierten Verständigung fungiert.

7.2.8 Tipp 8: Ablenkungen unter allen Umständen vermeiden

Investieren Sie 100 % Ihrer gesamten Aufmerksamkeit, damit aufmerksames Zuhören erfolgreich für Sie und Ihre Mitarbeitenden wird. Wenn Sie mit Ihrer Aufmerksamkeit ganz woanders sind, signalisieren Sie automatisch, dass Sie kein wahrhaftiges Interesse an den Meinungen anderer haben – der Zweck der *Respectful Inquiry* wird aufgehoben. Menschen nehmen aufmerksames Zuhören ganzheitlich war, was zur Folge hat, dass wir in Sekundenschnelle beurteilen, ob unser Interaktionspartner/unsere Interaktionspartnerin uns zuhört oder nicht (Jones et al., 2016; Lipetz ct al., 2018). Somit reicht ein kurzer Blick auf das Smartphone aus, um den Eindruck zu erwecken, dass wenig Interesse an der Meinung des/der anderen besteht. Wenn Sie während des Gespräches auf „Nebenkriegsschauplätze" abwandern, leidet darunter nicht nur Ihr Vertrauensverhältnis, sondern auch das Grundbedürfnis Ihres Mitarbeitenden nach Eigenständigkeit, Kompetenz und Zugehörigkeit.

Führungskräfte können aufgrund alltäglicher Anforderungen nicht immer 100 % Ihrer Aufmerksamkeit Ihren Mitarbeitenden widmen. Fragen Sie sich deshalb vor jedem Gespräch, ob Sie gerade die erforderliche Aufmerksamkeit erbringen können. Wenn ja, dann starten Sie eine kurzweilige „Digital Detox" und legen Sie Ihr Smartphone weg, um Ihrem Gegenüber vollkommen aufmerksam zuhören zu können. Wenn nein, dann geben Sie gar nicht erst vor, als würden Sie zuhören. Entschuldigen Sie sich, dass Sie im Augenblick nicht die nötige Aufmerksamkeit aufbringen können und vereinbaren Sie einen nächstmöglichen Termin, bei dem Sie zu 100 % präsent sein können.

Fangen Sie zusätzlich damit an, Mitarbeitendengespräche zu institutionalisieren und schenken Sie auch Mitarbeitenden, mit denen Sie weniger interagieren, Ihre volle Aufmerksamkeit. Hierfür eignen sich informelle Gespräche außerhalb des direkten Arbeitsplatzes besonders gut, z. B. an Stehtischen oder bei einem Spaziergang. Wissenschaftliche Studien zeigen, dass Gespräche im Stehen wesentlich lebendiger und effizienter sind im Vergleich zu jenen im Sitzen. Zusätzlich wird im Stehen Ihr Blutkreislauf angeregt, wodurch Ihre Energie gesteigert und Stimmung aufgeheitert wird (Dutta et al., 2014; Knight & Baer, 2014; Smith et al., 2015; Esquirol et al., 2016). Führen Sie lieber wenige Gespräche, in denen Sie aufmerksam zuhören, anstatt viele, in denen Sie mit Ihren Gedanken woanders sind. Ihre Mitarbeitenden werden es Ihnen danken. Eine bewährte Möglichkeit, Kommunikation turnusmäßig zwischen Ihnen und Ihren Mitarbeitenden einzuführen, können Sie dem folgenden Kasten entnehmen.

▶ **Der Listening Circle: Kommunikation turnusmäßig einführen**

Eine Vielzahl an Studien, insbesondere die der Professoren Guy Itzchakov und Avraham Kluger, haben ergeben, dass der „Listening Circle", übersetzt Zuhörkreis, eine sehr interessante und interaktive Möglichkeit bietet, um das Zuhörverhalten in Ihrem Unternehmen zu verbessern. Es können zwischen 10–25 Personen teilnehmen, wobei alle Teilnehmenden im Kreis sitzen (oder stehen) und der Sprecherwechsel durch ein Sprechobjekt, welches im Kreis rumgereicht wird, gekennzeichnet wird. Nur wer das Sprechobjekt in der Hand hält, darf reden, während alle Beteiligten aufmerksam zuhören müssen. Unterbrechungen werden somit streng unterbunden, während aufmerksames Zuhören bidirektional erlernt wird. Der/die jeweilig Sprechende kommt in den Genuss, dass aufmerksam zugehört wird, während die Beteiligten ihr Zuhörverhalten aktiv üben. Während alle Teilnehmenden aufgefordert werden, aufmerksam zuzuhören, muss sich nicht jede/jeder Beteiligte zu dem zuvor festgelegten Thema äußern, wenn er/sie nicht möchte, sondern kann das Sprechobjekt auch weiterreichen. Die Teilnehmenden werden jedoch ermutigt, Unterstützung zu zeigen, indem sie „danke" sagen, nachdem zu Ende gesprochen wurde. Wissenschaftliche Studien belegen, dass der Listening Circle nicht nur das Zuhörverhalten deutlich verbessert, sondern auch soziale Angst- und Stresszustände reduziert und komplexere sowie weniger extreme Meinungen fördert (Itzchakov & Kluger, 2017a, b). Durch Einführung des Listening Circle verwenden Sie weniger Zeit damit, Ihren Mitarbeitenden aufmerksames Zuhören nahezulegen, sondern mehr Zeit damit, die Bedürfnisse Ihrer Mitarbeitenden zu fördern. Setzen Sie den Listening Circle doch ein- oder zweimal im Monat turnusmäßig als innovativen *Jour fixe* ein. Sie werden die Vorteile schnell bemerken.

7.2.9 Tipp 9: ein Umfeld für Respectful Inquiry schaffen

Verinnerlichen Sie und Ihre Mitarbeitenden die folgende Botschaft: Eine Frage zu stellen, bedeutet, Verantwortung zu übernehmen. Wenn wir Personen aktiv dazu einladen, uns ihre Gefühle, Gedanken und Meinungen mitzuteilen, tauschen wir nicht nur Informationen aus, sondern teilen auch Verantwortung. Durch Fragen verwandeln wir Neugier in Verhalten, Gedanken in Wissen, Meinungen in Erkenntnisse.

Etablieren Sie eine fragende Kultur innerhalb Ihres Unternehmens, indem Sie nicht nur offene Fragen stellen, sondern diese auch aktiv zulassen. Werden Sie zum Vorbild und heißen Sie offene Fragen Ihrer Mitarbeitenden willkommen, anstatt diese defensiv oder genervt abzuweisen oder zu unterbinden. Lernen Sie Mitarbeitende, die gute und wichtige Fragen stellen, zu schätzen und seien Sie bereit, diese auch zuzulassen. Denn Fragen befördern Mitarbeitende langfristig von einem Abhängigkeits- in ein Unabhängigkeitsverhältnis.

Fragen und aufmerksames Zuhören gehören – wie es die *Respectful Inquiry* Theorie zeigt – zusammen. Während Fragen jedoch aufmerksames Zuhören aktiv einfordern und voraussetzen, gibt es viele Führungskontexte, in denen aufmerksames Zuhören notwendig ist, aber nicht zwangsläufig in Anlehnung an eine zuvor gestellte Frage. Kreieren Sie deshalb eine Arbeitsmoral in der aufmerksames Zuhören als erste Priorität gesetzt wird. Wenn Sie offene Fragen stellen und aufmerksam zuhören, werden Ihre Mitarbeitenden Ihnen das nicht nur danken, sondern Ihr Verhalten auch weitertragen, wodurch ein Trickle-down-Effekt entstehen kann. Somit können Sie nicht nur dafür sorgen, dass die Bedürfnisse Ihrer Mitarbeitenden erfüllt werden, sondern durch Adaption Ihres gezeigten Verhaltens werden Mitarbeitende schnell lernen, durch aktives Fragen und aufmerksames Zuhören die Bedürfnisse ihrer Kolleginnen und Kollegen zu stärken.

7.2.10 Tipp 10: mit Reaktanzen umgehen

Offene Fragen können durchaus auch mal auf Reaktanz stoßen, z. B. wenn Ihre Mitarbeitenden die Antwort nicht kennen oder Angst davor haben, eine falsche Antwort zu geben. Jedoch können auch psychologische Faktoren Reaktanz auslösen. Wenn Sie Ihrem Gegenüber eine offene Frage stellen, die Grundbedürfnisse nach Eigenständigkeit, Kompetenz und Zugehörigkeit jedoch vollkommen ausgeschöpft sind, kann diese Aufforderung möglicherweise als Gefahr anstatt als positive Herausforderung eingestuft werden. Aufmerksames Zuhören Ihrerseits kann in diesem Fall die Nervosität Ihres Mitarbeitenden weiter steigern. Wie gehen Sie mit einer solchen Situation am besten um? Verfolgen Sie die Antwort auf keinen Fall zu offensiv, auch wenn diese auf sich warten lässt. Lassen Sie die Stille zu und formulieren Sie die Frage nach längerer Pause gegebenenfalls um oder schlagen Sie ein neues Thema an. Suggerieren Sie vor allem, dass eine Antwort nicht sofort erfolgen muss, sondern sagen Sie z. B. „Lassen Sie sich ruhig Zeit und kommen Sie auf mich zu, wenn Sie eine Antwort gefunden haben." Somit nehmen Sie einen großen Teil des Drucks aus der Situation und vermitteln Zuversicht und Verständnis.

Sprechen kann zwar jeder, aber die Fähigkeit, effektiv zu kommunizieren, wird oft überschätzt. Viele glauben, exzellente Kommunikatoren zu sein, ähnlich wie sich über 80 % der Menschen für überdurchschnittlich gute Autofahrer halten. Doch wie beim Autofahren gibt es auch in der Kommunikation immer Raum für Verbesserung.

Wir hoffen, Sie motiviert zu haben, die Strategien der Respectful Inquiry anzuwenden und aktiv in der Praxis umzusetzen. Führungskräfte, die offene Fragen stellen und aufmerksam zuhören, erhalten eine höhere Anerkennung und tragen zugleich zur Steigerung der Motivation ihrer Mitarbeitenden bei. Indem Sie täglich Respectful Inquiry praktizieren, zeigen Sie Ihren Mitarbeitenden Respekt und erhalten im Gegenzug ebenfalls mehr Respekt. Während die Führungskraft der Vergangenheit durch „große Reden" zu motivieren versuchte, setzt die Führungskraft der Zukunft auf die Kraft des Fragens und Zuhörens.

7.3 Zusammenfassung

- Kommunikation macht je nach Schätzung 60–80 % des Alltags einer Führungskraft aus. Je höher die Position der Führungskraft, desto mehr Kommunikation ist erforderlich. Somit ist Kommunikation ein zentrales Führungsinstrument.
- Es gibt die Vorstellung, dass Führungskräfte Ansagen machen sollen und als schwach gelten, wenn sie Fragen stellen und zuhören. Die Studienlage unterstützt diese Vorstellung nicht, sondern zeigt das Gegenteil: Führungskräfte, die offene Fragen stellen und aufmerksam zuhören, werden als effektiver wahrgenommen.
- Fragenstellen und Zuhören ergeben zusammen *Respectful Inquiry*. Eine (offene) Frage ist eine Einladung, die mit aktivem Zuhören bestätigt wird. Wird nach dem

Fragen nicht aufmerksam zugehört, wird es als verletzend und respektlos wahrgenommen. In diesem Fall wäre es besser gewesen, keine Fragen zu stellen.
- *Respectful Inquiry* sendet drei Metabotschaften: „Du kannst das", „Du hast Kontrolle" und „Du gehörst dazu", welche die fundamentalen psychologischen Bedürfnisse nach Kompetenz, Autonomie und Verbundenheit befriedigen. Diese sind das Fundament für intrinsische Motivation.
- Diese Art der Kommunikation fällt jedoch nicht jeder Führungskraft leicht, da auch Führungskräfte ihren psychologischen Bedürfnissen unterliegen. Wenn Führungskräfte sich nicht kompetent, in Kontrolle oder verbunden fühlen, stellen sie auch weniger Fragen.
- Gerade in Situationen, in denen Führungskräfte entweder unter Zeitdruck stehen, sich kognitiv überfordert fühlen oder nicht nah an ihren Mitarbeitenden sein können, ist *Respectful Inquiry* besonders wichtig, da diese Situationen von der intrinsischen Motivation der Mitarbeitenden profitieren würden. Leider sind es genau diese Merkmale, die dazu führen, dass sich Führungskräfte nicht kompetent, in Kontrolle oder verbunden fühlen, wodurch sie gerade dann weniger *Respectful Inquiry* zeigen.
- Sich zu erinnern, wie gutes Fragenstellen und Zuhören aussehen, ist der erste Schritt, um in der Praxis besser zu werden (s. unsere 10 Tipps in Abschn. 7.2).

Literatur

Ames, A. (2019). *Schlüsselkompetenz Zuhören*. Springer Gabler.
Ames, D., Maissen, L. B., & Brockner, J. (2012). The role of listening in interpersonal influence. *Journal of Research in Personality, 46*, 345–349.
Ames, R., & Lau, S. (1982). An attributional analysis of help-seeking in academic settings. *Journal of Educational Psychology, 74*, 414–423.
Antonakis, J., & Atwater, L. E. (2002). Leader distance: A review and a proposed theory. *Leadership Quarterly, 13*, 673–704.
Arcavi, A., & Isoda, M. (2007). Learning to listen: From historical sources to classroom practice. *Educational Studies in Mathematics, 66*, 111–129.
Baumeister, R. F., Bratslavsky, E., Muraven, M., & Tice, D. M. (1998). Ego depletion: Is the active self a limited resource? *Journal of Personality and Social Psychology, 74*, 1252–1265.
Bavelas, J. B., Coates, L., & Johnson, T. (2000). Listeners as co-narrators. *Journal of Personality and Social Psychology, 79*, 941–952.
Bawden, D., & Robinson, L. (2008). The dark side of information: Overload, anxiety and other paradoxes and pathologies. *Journal of Information Science, 35*, 180–191.
Bechler, C., & Johnson, S. D. (1995). Leadership and listening: A study of member perceptions. *Small Group Research, 26*, 77–85.
Bergeron, J., & Laroche, M. (2009). The effects of perceived salesperson listening effectiveness in the financial industry. *Journal of Financial Services Marketing, 14*, 6–25.
Brooks, A. W., Gino, F., & Schweitzer, M. E. (2015). Smart people ask for (my) advice: Seeking advice boosts perceptions of competence. *Management Science, 61*, 1421–1435.
Brownell, J. (1990). Perceptions of effective listeners: A management study. *Journal of Business Communication, 27*, 401–415.

Canlas, J. M., Miller, R. B., Busby, D. M., & Carroll, J. S. (2015). Same-race and interracial Asian-white couples: Relational and social contexts and relationship outcomes. *Journal of Comparative Family Studies, 46*, 307–328.

Carmeli, A., Dutton, J. E., & Hardin, A. E. (2015). Respect as an engine for new ideas: Linking respectful engagement, relational information processing and creativity among employees and teams. *Human Relations, 68*, 1021–1047.

Cascio, W. F., & Shurygailo, S. (2003). E-leadership and virtual teams. *Organizational Dynamics, 31*, 362–376.

Castro, D. R., Kluger, A. N., & Itzchakov, G. (2016). Does avoidance-attachment style attenuate the benefits of being listened to? *European Journal of Social Psychology, 46*, 762–775.

Chafe, W. L. (1970). *Meaning and the structure of language*. University of Chicago Press.

Chan, D. (2006). Interactive effects of situational judgment effectiveness and proactive personality on work perceptions and work outcomes. *Journal of Applied Psychology, 91*, 475–481.

Chen, F. S., Minson, J. A., & Tormala, Z. L. (2010). Tell me more: The effects of expressed interest on receptiveness during dialog. *Journal of Experimental Social Psychology, 46*, 850–853.

Cohen, G. B. (2009). *Just ask leadership: Why great managers always ask the right questions*. McGraw Hill Professional.

Cojuharenco, I., & Karelaia, N. (2020). When leaders ask questions: Can humility premiums buffer the effects of competence penalties? *Organizational Behavior and Human Decision Processes*.

Cooperrider, D., Whitney, D. D., & Stavros, J. M. (2008). *The appreciative inquiry handbook: For leaders of change*. Berrett-Koehler Publishers.

Davis, T. R. V. (1984). The influence of the physical environment in offices. *Academy of Management Review, 9*, 271–283.

Deci, E. L., & Ryan, R. M. (1993). Die Selbstbestimmungstheorie der Motivation und ihre Bedeutung für die Pädagogik. *Zeitschrift für Pädagogik, 39*, 223–238.

Deci, E. L., & Ryan, R. M. (2012). Self-determination theory. In P. A. M. Van Lange, A. W. Kruglanski, & E. T. Higgins (Hrsg.), *Handbook of theories of social psychology* (S. 416–437). Sage.

Deppermann, A., & Spranz-Fogasy, T. (2011). Doctor's questions as displays of understanding. *Communication and Medicine, 82*, 111–122.

Dillon, J. T. (1982). The multidisciplinary study of questioning. *Journal of Educational Psychology, 74*, 147–161.

Driver, M. J., & Streufert, S. (1969). Integrative complexity: An approach to individuals and groups as information processing systems. *Administrative Science Quarterly, 14*, 272–285.

Druian, P. R., & DePaulo, B. M. (1977). Asking a child for help. *Social behavior and Personality, 5*, 33–39.

Dubin, R., & Spray, S. L. (1964). Executive behavior and interaction. *Industrial Relations, 3*, 99–108.

Dunbar, R. I., Marriott, A., & Duncan, N. D. (1997). Human conversational behavior. *Human Nature, 8*, 231–246.

Dutta, N., Koepp, G., Stovitz, S., Levine, J., & Pereira, M. (2014). Using sit-stand workstations to decrease sedentary time in office workers: A randomized crossover trial. *International Journal of Environmental Research and Public Health, 11*, 6653–6665.

Egger, R. (2. Mai 2017). *Dr. Richard Egger: Führen im Finanzsektor – zuhören statt recht haben.* Abgerufen von https://blog.hslu.ch/ifz/2017/05/02/dr-richard-egger-fuehren-im-finanzsektor-zuhoeren-statt-recht-haben/

Emler, N. (1990). A social psychology of reputation. *European Review of Social Psychology, 1*, 171–193.

Epley, N., & Waytz, A. (2010). Mind perception. In S. T. Fiske, D. T. Gilbert, & G. Lindzey (Hrsg.), *Handbook of social psychology* (S. 498–541). Wiley.

Epley, N., Keysar, B., Van Boven, L., & Gilovich, T. (2004). Perspective taking as egocentric anchoring and adjustment. *Journal of Personality and Social Psychology, 87*, 327–339.

Eppler, M. J., & Mengis, J. (2004). The concept of information overload: A review of literature. *Information Society, 20*, 325–344.

Esquirol, Y., Yarnell, J., Ferrieres, J., Ruidavets, J.-B., & Kee, F. (2016). Effect of combined occupational tasks on cardiovascular events. *Archives of Cardiovascular Diseases Supplements, 8*, 12–13.

Fiske, S. T., Morling, B., & Stevens, L. E. (1996). Controlling self and others: A theory of anxiety, mental control, and social control. *Personality and Social Psychology Bulletin, 22*, 115–123.

Frese, M., & Fay, D. (2001). Personal initiative: An active performance concept for work in the 21st century. *Research in Organizational Behavior, 23*, 133–187.

Friedman, R. A., & Currall, S. S. (2003). E-mail escalation: Dispute exacerbating elements of e-mail communication. *Human Relations, 56*, 1325–1347.

Gagné, M., & Deci, E. L. (2005). Self-determination theory and work motivation. *Journal of Organizational Behavior, 26*, 331–362.

Gelb, M. (2000). *How to think like Leonardo da Vinci: Seven steps to genius every day*. Random House.

Gertz, W. (2005). Kommunikationsnotstand in deutschen Unternehmen. *Personalmagazin, 11*, 16–17.

Gilovich, T., Medvec, V. H., & Savitsky, K. (2000). The spotlight effect in social judgment: An egocentric bias in estimates of the salience of one's own actions and appearance. *Journal of Personality and Social Psychology, 78*, 211–222.

Godfrey, D. K., Jones, E. E., & Lord, C. G. (1986). Self-promotion is not ingratiating. *Journal of Personality and Social Psychology, 50*, 106–115.

Goldsmith, M., & Morgan, H. (2004). Leadership is a contact sport: The „follow-up factor" in management development. *Strategy and Business, 36*, 71–79.

Haller, R. (2018). *Bedürfnis- und lösungsorientierte Gespräche führen – privat und beruflich: 10 Tipps zur erfolgreichen Kommunikation*. Springer.

Hargie, O., & Dickson, D. (2004). *Skilled Interpersonal Communication*. Routledge.

Harpaz, I., & Fu, X. (2002). The structure of the meaning of work: A relative stability amidst change. *Human Relations, 55*, 639–667.

Hart, E., VanEpps, E., & Schweitzer, M. E. (2019), I Didn't Want to Offend You: The Cost of Avoiding Sensitive Questions. *SSRN*. Abgerufen von https://papers.ssrn.com/sol3/papers.cfm?abstract_id=3437468.

Hart, W., Albarracín, D., Eagly, A. H., Brechan, I., Lindberg, M. J., & Merrill, L. (2009). Feeling validated versus being correct: A meta-analysis of selective exposure to information. *Psychological Bulletin, 135*, 555–588.

Hawkins, K. W., & Power, C. B. (1999). Gender differences in questions asked during small decision-making group discussions. *Small Group Research, 30*, 235–256.

Heidermanns, F. (1993). *Etymologisches Wörterbuch der germanischen Primäradjektive*. De Gruyter.

Holtgraves, T., Eck, J., & Lasky, B. (1997). Face management, question wording, and social desirability. *Journal of Applied Social Psychology, 27*, 1650–1671.

Huang, K., Yeomans, M., Brooks, A. W., Minson, J. A., & Gino, F. (2017). It doesn't hurt to ask: Question-asking increases liking. *Journal of Personality and Social Psychology, 113*, 430–452.

Huber, G. P., & Lewis, K. (2010). Cross-understanding: Implications for group cognition and performance. *Academy of Management Review, 35*, 6–26.

Itzchakov, G., & Kluger, A. N. (2017a). Can holding a stick improve listening at work? The effect of Listening Circles on employees' emotions and cognitions. *European Journal of Work and Organizational Psychology, 26*, 663–676.

Itzchakov, G., & Kluger, A. N. (2017b). The listening circle: A simple tool to enhance listening and reduce extremism among employees. *Organizational Dynamics, 46*, 220–226.

Itzchakov, G., Castro, D. R., & Kluger, A. N. (2016). If you want people to listen to you, tell a story. *International Journal of Listening, 30*, 120–133.

Jablin, F. M. (1979). Superior-subordinate communication: The state of the art. *Psychological Bulletin, 86*, 1201–1222.

Johnson, S. D., & Bechler, C. (1998). Examining the relationship between listening effectiveness and leadership emergence: Perceptions, behaviors, and recall. *Small Group Research, 29*, 452–471.

Jones, S. M., Bodie, G. D., & Hughes, S. D. (2016). The impact of mindfulness on empathy, active listening, and perceived provisions of emotional support. *Communication Research, 46*, 838–865.

Kacmar, K. M., Witt, L. A., Zivnuska, S., & Gully, S. M. (2003). The interactive effect of leader-member exchange and communication frequency on performance ratings. *Journal of Applied Psychology, 88*, 764–772.

Kador, J. (2010). *301 best questions to ask on your interview*. McGraw-Hill.

Karabenick, S., & Knapp, J. (1988). Help seeking and the need for academic assistance. *Journal of Educational Psychology, 80*, 406–408.

Katz, L. F., & Woodin, E. M. (2002). Hostility, hostile detachment, and conflict engagement in marriages: Effects on child and family functioning. *Child Development, 73*, 636–651.

Kearsley, G. P. (1976). Questions and question asking in verbal discourse: A cross-disciplinary review. *Journal of Psycholinguistic Research, 5*, 355–375.

Kluger, A. N., & Zaidel, K. (2013). Are listeners perceived as leaders? *International Journal of Listening, 27*, 73–84.

Knight, A. P., & Baer, M. (2014). Get up, stand up: The effects of a non-sedentary workspace on information elaboration and group performance. *Social Psychological and Personality Science, 5*, 910–917.

Kovjanic, S., Schuh, S. C., Jonas, K., Van Quaquebeke, N., & van Dick, R. (2012). How do transformational leaders foster positive employee outcomes? A self-determination based analysis of employees' needs as mediating links. *Journal of Organizational Behavior, 33*, 1031–1052.

Lanaj, K., Johnson, R. E., & Lee, S. M. (2016). Benefits of transformational behaviors for leaders: A daily investigation of leader behaviors and need fulfillment. *Journal of Applied Psychology, 101*, 237–251.

Landis, M. H., & Burtt, H. E. (1924). A Study of Conversations. *Journal of Comparative Psychology, 4*, 81–89.

Le Fevre, D. M., Robinson, V. M. J., & Sinnema, C. E. L. (2014). Genuine inquiry: Widely espoused yet rarely enacted. *Educational Management Administration & Leadership, 43*, 883–899.

Lee, F. (1997). When the going gets tough, do the tough ask for help? Help seeking and power motivation in organizations. *Organizational Behavior and Human Decision Processes, 72*, 336–363.

Levinson, W., Roter, D. L., Mullooly, J. P., Dull, V. T., & Frankel, R. M. (1997). Physician-patient communication – The relationship with malpractice claims among primary care physicians and surgeons. *Journal of the American Medical Association, 277*, 553–559.

Lilienfeld, S. O., Ammirati, R., & Landfield, K. (2009). Giving debiasing away: Can psychological research on correcting cognitive errors promote human welfare? *Perspectives on Psychological Science, 4*, 390–398.

Lipetz, L., Kluger, A. N., & Bodie, G. D. (2018). Listening is Listening is Listening: Employees' Perception of Listening as a Holistic Phenomenon. *International Journal of Listening, 00*, 1–26.

Lloyd, K. J., Boer, D., Kluger, A. N., & Voelpel, S. C. (2015). Building trust and feeling well: Examining intraindividual and interpersonal outcomes and underlying mechanisms of listening. *International Journal of Listening, 29*, 12–29.

Maitlis, S., & Christianson, M. (2014). Sensemaking in organizations: Taking stock and moving forward. *Academy of Management Annals, 8*, 57–125.

Marquardt, M. J. (2014). *Leading with questions: How leaders find the right solutions by knowing what to ask.* Wiley.

Marr, J. C., & Cable, D. M. (2014). Do interviewers sell themselves short? The effects of selling orientation on interviewers' judgments. *Academy of Management Journal, 57*, 624–651.

Maule, A. J., Hockey, G. R. J., & Bdzola, L. (2000). Effects of time pressure on decision-making under uncertainty: Changes in affective state and information processing strategy. *Acta Psychologica, 104*, 283–301.

Meyer, J. P., & Gagné, M. (2008). Employee engagement from a self-determination theory perspective. *Industrial and Organizational Psychology, 1*, 60–62.

Miles, E. W. (2013). Developing strategies for asking questions in negotiation. *Negotiation Journal, 29*, 383–412.

Mintzberg, H. (1973). *The nature of managerial work.* Harper & Row.

Mueller, M. B., & Lovell, G. P. (2015). Theoretical constituents of relatedness need satisfaction in senior executives. *Human Resource Development Quarterly, 26*, 209–229.

Muraven, M., Gagné, M., & Rosman, H. (2008). Helpful self-control: Autonomy support, vitality, and depletion. *Journal of Experimental Social Psychology, 44*, 573–585.

Näher, A. F., & Krumpal, I. (2012). Asking sensitive questions: The impact of forgiving wording and question context on social desirability bias. *Quality & Quantity, 46*, 1601–1616.

Nink, M. (2014). *Engagement Index: Die neuesten Daten und Erkenntnisse aus 13 Jahren Gallup-Studie.* Redline Verlag.

Nübold, A., Muck, P. M., & Maier, G. W. (2013). A new substitute for leadership? Followers' state core self-evaluations. *Leadership Quarterly, 24*, 29–44.

Parker, S. K., Bindl, U. K., & Strauss, K. (2010). Making things happen: A model of proactive motivation. *Journal of Management, 36*, 827–856.

Pasupathi, M., & Billitteri, J. (2015). Being and becoming through being heard: Listener effects on stories and selves. *International Journal of Listening, 29*, 1–18.

Pasupathi, M., & Rich, B. (2005). Inattentive listening undermines self-verification in personal storytelling. *Journal of Personality, 73*, 1051–1085.

Penley, L. E. (1991). Communication abilities of managers: The relationship to performance. *Journal of Management, 17*, 57–76.

Pines, M. A., Ben-Ari, A., Utasi, A., & Larson, D. (2002). A cross-cultural investigation of social support and burnout. *European Psychologist, 7*, 256–264.

Plass, J. L., Moreno, R., & Brunken, R. (2010). *Cognitive load theory.* Cambridge University Press.

Podsakoff, P. M., MacKenzie, S. B., & Bommer, W. H. (1996). Meta-analysis of the relationships between Kerr and Jermier's substitutes for leadership and employee job attitudes, role perceptions, and performance. *Journal of Applied Psychology, 81*, 380–399.

Purdy, M. (1986). *Contributions of philosophical hermeneutics to listening research.* Vorgetragen bei dem Annual Meeting of the International Listening Association, San Diego, CA: International Listening Association.

Reis, H. T., Sheldon, K. M., Gable, S. L., Roscoe, J., & Ryan, R. M. (2000). Daily well-being: The role of autonomy, competence, and relatedness. *Personality and Social Psychology Bulletin, 26*, 419–435.

Román, S. (2014). Salesperson's listening in buyer–seller service relationships. *The Service Industries Journal, 34*, 630–644.

Roxssnagel, C. (2000). Cognitive load and perspective-taking: Applying the automatic-controlled distinction to verbal communication. *European Journal of Social Psychology, 30*, 429–445.

Ryan, R. M., & Deci, E. L. (2000). Self-determination theory and the facilitation of intrinsic motivation, social development, and well-being. *American Psychologist, 55*, 68–78.

Ryan, R. M., & Deci, E. L. (2008). From ego depletion to vitality: Theory and findings concerning the facilitation of energy available to the self. *Social and Personality Psychology Compass, 2*, 702–717.

Schaeffer, N. C., & Presser, S. (2003). The science of asking questions. *Annual Review of Sociology, 29*, 65–88.

Schein, E. H. (2013). *Humble Inquiry: The Gentle Art of Asking Instead of Telling*. Berrett-Koehler Publishers.

Searle, J. R. (1969). *Speech Acts: An Essay in the Philosophy of Language*. Cambridge University Press.

Searle, J. R., & Vanderveken, D. (1985). *Foundations of illocutionary logic*. Cambridge University Press.

See, K. E., Morrison, E. W., Rothman, N. B., & Soll, J. B. (2011). The detrimental effects of power on confidence, advice taking, and accuracy. *Organizational Behavior and Human Decision Processes, 116*, 272–285.

Sheldon, K. M. (2011). Integrating behavioral-motive and experiential-requirement perspectives on psychological needs: A two process model. *Psychological Review, 118*, 552–569.

Sheldon, K. M., Turban, D. B., Brown, K. G., Barrick, M. R., & Judge, T. A. (2003). Applying self-determination theory to organizational research. *Research in Personnel and Human Resources Management, 22*, 357–393.

Smith, L., Ekelund, U., & Hamer, M. (2015). The potential yield of non-exercise physical activity energy expenditure in public health. *Sports Medicine, 45*, 449–452.

Solomon, L. (2016, 9. März). *Two-thirds of managers are uncomfortable communicating with employees*. Abgerufen von hbr.org/2016/03/two-thirds-of-managers-are-uncomfortable-communicating-with-employees.

Specht, C., & Penland, P. R. (17. Februar 2016). *Wer etwas zu sagen hat, muss zuhören können*. Abgerufen von https://www.zeit.de/karriere/2016-02/aktives-zuhoeren-kommunikation-verbesserung.

Stewart, C., & Cash, W. (2000). *Interviewing: Principles and practice*. McGraw-Hill.

Sturm, R. E., & Antonakis, J. (2015). Interpersonal power: A review, critique, and research agenda. *Journal of Management, 41*, 136–163.

Tamir, D. I., & Mitchell, J. P. (2012). Disclosing information about the self is intrinsically rewarding. *PNAS, 109*, 8038–8043.

Tengblad, S. (2006). Is there a „new managerial work"? A comparison with Henry Mintzberg's classic study 30 years later. *Journal of Management Studies, 43*, 1437–1461.

Thompson, S. (1995). Teaching intonation on questions. *ELT Journal, 49*, 235–243.

Tödtmann, C. (2018, 22. August). *Wer als Chef nicht zuhört, wird bald überflüssig sein*. Abgerufen von https://www.wiwo.de/erfolg/management/unternehmenserfolg-wer-als-chef-nicht-zuhoert-wird-bald-ueberfluessig-sein/22917960.html.

Tost, L. P., Gino, F., & Larrick, R. P. (2012). When power makes others speechless: The negative impact of leader power on team performance. *Academy of Management Journal, 56*, 1465–1486.

Tyler, T. R., & Lind, E. A. (1992). A relational model of authority in groups. *Advances in Experimental Social Psychology, 25*, 115–191.

Van den Broeck, A., Ferris, D. L., Chang, C.-H., & Rosen, C. C. (2016). Review of research on self-determination theory's basic psychological needs at work. *Journal of Management, 42*, 1195–1229.

van Knippenberg, D., & Hogg, M. A. (2003). A social identity model of leadership effectiveness in organizations. *Research in Organizational Behavior, 25*, 243–295.

Van Quaquebeke, N., & Eckloff, T. (2010). Defining respectful leadership: What it is, how it can be measured, and another glimpse at what it is related to. *Journal of Business Ethics, 91*, 343–358.

Van Quaquebeke, N., & Felps, W. (2018). Respectful inquiry: A motivational account of leading through asking questions and listening. *Academy of Management Review, 43*, 5–27.

Van Quaquebeke, N., & Gerpott, F. H. (2023). Tell-and-sell or ask-and-listen: A self-concept perspective on why it needs leadership communication flexibility to engage subordinates at work. *Current Opinion in Psychology*, 101666.

Van Quaquebeke, N., Henrich, D. C., & Eckloff, T. (2007). „It's not tolerance I'm asking for, it's respect!" A conceptual framework to differentiate between tolerance, acceptance and (two types of) respect. *Gruppendynamik und Organisationsberatung, 38*, 185–200.

Vanderveken, D. (2009). *Meaning and speech acts. Volume 1: Principles of language use*. Cambridge University Press.

von der Heyde, A., & von der Linde, B. (2006). *Gesprächstechniken für Führungskräfte: Methoden und Übungen zur erfolgreichen Gesprächsführung*. Haufe.

Wajcman, J., & Rose, E. (2011). Constant connectivity: Rethinking interruptions at work. *Organization Studies, 32*, 941–961.

Wirth, J. H., Sacco, D. F., Hugenberg, K., & Williams, K. D. (2010). Eye gaze as relational evaluation: Averted eye gaze leads to feelings of ostracism and relational devaluation. *Personality and Social Psychology Bulletin, 36*, 869–882.

Wodak, R., Kwon, W., & Clarke, I. (2011). „Getting people on board": Discursive leadership for consensus building in team meetings. *Discourse & Society, 22*, 592–644.

If you have any concerns about our products,
you can contact us on
ProductSafety@springernature.com

In case Publisher is established outside the EU,
the EU authorized representative is:
**Springer Nature Customer Service Center GmbH
Europaplatz 3, 69115 Heidelberg, Germany**

Printed by Libri Plureos GmbH
in Hamburg, Germany